Richard Gutzwiller

Jesus der Messias

Richard Gutzwiller

Jesus der Messias

Christus im Matthäus-Evangelium

media maria

Erstmals herausgegeben im Benziger Verlag,
Einsiedeln – Zürich – Köln im Jahr 1949.

Die kirchliche Druckerlaubnis erteilte:
Chur, den 2. Februar 1949
† Christianus Caminada, Bischof von Chur

JESUS DER MESSIAS
Christus im Matthäus-Evangelium
Richard Gutzwiller
Media Maria Verlag, 1. Auflage 2024

ISBN 978-3-947931-58-3

www.media-maria.de

Inhalt

VORWORT 9

AUFBAU 13

ERSTER TEIL
DIE EINFÜHRUNG DES MESSIAS 15

Die Einführung des Messias in die Welt 23

Die Einführung des Messias ins öffentliche Wirken 40

Christus im Einführungskapitel 57

ZWEITER TEIL
DIE BERGPREDIGT UND IHRE BEGLAUBIGUNG 61

Die Bergpredigt 63

Christus in der Bergpredigt 113

Die Beglaubigung durch Wunder 120

Christus im Wunderkapitel 133

DRITTER TEIL
DIE SENDUNG 137

Die Sendung der Jünger 139

Die Sendung Jesu 151

Christus im Sendungskapitel 166

VIERTER TEIL
DIE SCHEIDUNG 171

Die Rede in Gleichnissen 176

Christus in der Gleichnisrede 192

Der Rückzug Jesu 197

Christus in der Auseinandersetzung 213
Die Wende 216

FÜNFTER TEIL
DIE UNTERWEISUNG DER JÜNGER 223
Das Gesetz des Kreuzes 225
Die Autorität in der Kirche 236
Das Geheimnis des Opfers 258
Christus in der Unterweisungsrede 263

SECHSTER TEIL
DAS GERICHT 267
Gericht über die Führer Israels 269
Gericht über die Welt 291
Christus in den Gerichtsreden 305

SIEBTER TEIL
CHRISTI TOD UND SIEG 309
Der Tod des Messias 311
Der Sieg des Messias 331
Christus in Niederlage und Sieg 341

JESUS DER MESSIAS 345

Du bist der Messias,
der Sohn des lebendigen Gottes!
Mt 16,16

VORWORT

Dieses Buch ist weder ein »Leben Jesu« noch ein Charakterbild Christi noch eine theologische Abhandlung über den Messias und die Messianität noch eine Sammlung religiöser Betrachtungen der Worte und Werke des Herrn, sondern es soll ganz einfach versucht werden, die Linien der Gestalt Christi nachzuzeichnen, wie sie bei Matthäus, dem ersten Evangelisten, sichtbar sind.

Zwar ist der Inhalt der Evangelien und der Bibel überhaupt nicht in erster Linie Christus, sondern Gott und das Reich Gottes, genauer der Vater und das Reich des Vaters. Aber derjenige, der uns diese Botschaft als Frohbotschaft gebracht und selbst das Reich Gottes grundgelegt und geschaffen hat, ist der Gesandte und Gesalbte Gottes, Jesus, der Christus. Darum schreitet seine Gestalt geheimnisvoll durch alle Bücher der Bibel.

Christus selbst deutet die Bibel christozentrisch. »Ihr erforscht die Schriften, weil ihr meint, in ihnen das ewige Leben zu haben; gerade sie legen Zeugnis über mich ab« (Joh 5,39). »Wenn ihr Mose glauben würdet, müsstet ihr auch mir glauben; denn über mich hat er geschrieben« (Joh 5,46). »Und er legte ihnen dar, ausgehend von Mose und allen Propheten, was in der gesamten Schrift über ihn geschrieben steht« (Lk 24,27). Der Herr wendet immer wieder Schrifttexte auf sich selbst an. So den 8. Psalm (Mt 21,16), den 118. (Mt 21,42), den 110. (Mt 22,44), den 41. (Joh 13,18), den 35. (Joh 15,25) usw. Die gleiche christologische Schrifterklärung finden wir bei den Aposteln. Paulus nennt das Alte Testament einen »Schatten der Zukunft« und einen »Erzieher auf Christus hin« (Gal 3,24). Und Petrus erklärt in der Tempelpredigt: »Gott aber hat auf diese Weise erfüllt, was er durch den

Mund aller Propheten im Voraus verkündet hat: dass Christus leiden werde« (Apg 3,18). Ja, er sagt: »Und auch alle Propheten von Samuel an und alle, die später auftraten, haben diese Tage angekündigt« (Apg 3,24). Auch die Evangelisten stellen immer wieder fest, dass sich in Christus die Schriftstellen des Alten Testamentes erfüllen. Nach Paulus hat jeder eine Binde vor den Augen und eine Hülle ums Herz, der die Schrift nicht auf Christus bezieht (2 Kor 3,12). Es ist somit echt biblisch, wenn man in der Bibel vor allem Christus sucht und findet.

Schon das Alte Testament legt von Christus Zeugnis ab. Es hat neben dem Literalsinn einen typologischen Sinn. Seine Gestalten, seine Ereignisse, seine Worte haben neben ihrer unmittelbaren Realbedeutung zugleich Symbolcharakter. Die Väter haben das Alte Testament durchgehend so aufgefasst, und heute ist dieses Verständnis des Alten Testamentes wieder lebendig geworden.[1] Im Neuen Testament ist das Symbol durch die lebendige Fülle und Wirklichkeit abgelöst. Bei den Synoptikern steht Christus mitten unter den Fischern und Bauern Galiläas, ein Mann aus dem Volk und für das Volk. Im Johannes-Evangelium ist er der fleischgewordene Logos, sodass man durch die menschliche Hülle ständig das Göttliche hindurchschimmern sieht. Die Apostelgeschichte zeigt das Wachstum seines mystischen Leibes. Paulus sieht ihn als den Erhöhten und Verklärten, mit dem wir als seine Glieder verbunden sind. Und die Apokalypse schreibt in gewaltigen Visionen einen Bilderkommentar zu seinem Wort: »Und siehe, ich bin mit euch alle Tage bis zum Ende der Welt« (Mt 28,20).

Nun könnte man diese Gesamtbotschaft der Bibel zusammenfassen, um ein »Leben Jesu« zu schreiben oder ein Bild Jesu zu zeichnen. So wertvoll derartige Zusammenfassungen sind, haben sie doch den Nachteil, dass sie durch die Vermengung die reine Linie der einzelnen biblischen Schriften ver-

---

[1] Vgl. Jean Daniélou, *Origène*, L. II, Ch. II, L'Interprétation typologique.

wischen, sodass eine solche »Harmonie« trotz allem Schönen doch auch ihre Schattenseiten hat. Darum soll hier der Versuch gemacht werden, die Christus-Darstellungen der einzelnen biblischen Bücher, vorab des Neuen Testaments, in ihrer ursprünglichen Art aufzuzeigen. Jedes Buch der Bibel redet wieder anders von Christus, nicht als Gegensatz, sondern als eine Vielheit von Betrachtungsweisen. Und alle zusammengenommen vermitteln noch nicht den ganzen Christus. Denn der Unfassbare kann durch keine Darstellung voll erfasst werden. Der Unaussprechliche kann durch Menschen nie ganz und richtig ausgesprochen werden. Und alle Worte, die vom Mensch gewordenen Wort sprechen, bleiben ein Gestammel. Christus sprengt alle Maßstäbe und bleibt als der Geheimnisvolle immer unerklärlich. Aber das Studium der Christus-Gestalt in den verschiedenen biblischen Büchern hat den großen Vorteil, dass der inspirierte Autor zu Wort kommt und also der Heilige Geist selbst die Gestalt des Herrn aufzeigt. Damit ist die Garantie der Echtheit gegeben. Die Quellen sprudeln in ursprünglicher Frische.

So soll im Folgenden mit Matthäus ein erster Versuch gemacht werden. Denn dieses Evangelium enthält ein besonders einheitliches und einprägsames Christusbild, nämlich Jesus als den Christus, das heißt als den Messias.

Beim Lesen der folgenden Ausführungen wird ernste Mitarbeit gefordert. Der Leser soll ständig anhand des Textes des Evangeliums den Darlegungen folgen, soll womöglich bei jedem Abschnitt vor und nach dem Studium dieser Erklärungen den Text bei Matthäus lesen, um in sein Verständnis immer tiefer einzudringen. Darum ist auch jedem Abschnitt der entsprechende biblische Text beigefügt. Damit der kunstvolle Aufbau des Evangeliums sichtbar wird, ist jedem Teil die Gliederung des entsprechenden Matthäus-Abschnittes vorausgeschickt. Wir halten uns dabei im Wesentlichen an die Darlegungen P. Hermann Cladders[2], weichen aber im Einzelnen häufig von ihm ab.

Sollte es sich zeigen, dass es diesem ersten Versuch gelingt, Christus dem Bibelleser näherzubringen und lebendiger zu machen, so sollen weitere Versuche im Anschluss an andere Schriften des Neuen Testamentes folgen. Denn eine Erneuerung des Christentums kann am besten durch den lebendigen Gott der Bibel erfolgen, wie er uns in Jesus, dem Christus, entgegentritt.

---

[2] P. Hermann Cladder S. J., *Als die Zeit erfüllt war*, Freiburg i. B. 1915.

AUFBAU

Das Matthäus-Evangelium gliedert sich in sieben Teile. Sieben ist die heilige Zahl, der Inbegriff des Vollkommenen. Die in der Antike bekannte Zahl der Planeten ist einer der Gründe gewesen, aus denen man die Weltschöpfung auf sieben Tage aufteilte. Die Zahl Sieben schien förmlich in den Himmel geschrieben zu sein. In der Apokalypse spielt die Siebenzahl eine besondere Rolle. Es ist da die Rede von sieben Briefen an sieben Gemeinden, von sieben Leuchtern und sieben Sternen, von den sieben Schalen des Zornes, den sieben Posaunen, den sieben Siegeln, sieben Engeln, sieben Geistern, den sieben Plagen, sieben Hörnern, sieben Augen usw.

Die sieben Abschnitte des Matthäus-Evangeliums stehen aber nicht einfach zusammenhanglos nebeneinander, sondern bilden ein festes Gefüge.

Der erste und der letzte Teil haben berichtenden, erzählenden Charakter und umrahmen so das Ganze. Die fünf mittleren Teile, das eigentliche Korpus des Evangeliums, gruppieren sich um die fünf großen Reden, die *Logia* (Worte) Christi: die Bergpredigt, die Aussendungsrede, die Parabelrede, die Unterweisungsrede und die Gerichtsrede. Aber auch diese fünf Abschnitte sind wieder gegliedert. Denn mittendrin ist der deutlich sichtbare Wendepunkt im 16. Kapitel. Die drei Abschnitte, die vor dieser Wende stehen, zeigen, dass Christus mehr zum Volk spricht und neben ihm zu den Jüngern. In den beiden Abschnitten nach der Wende ist es umgekehrt. Die Aufmerksamkeit des Herrn gilt hier vor allem den Jüngern und nur nebenher dem Volk. Auch der Ton ist ein anderer. In den Reden vor der Wende ist alles noch von einem frohen, werbenden Ton getragen. Nach der Wende haben die Worte Christi ernsteren und drohenden Charakter. Die erste Hälfte ist die Verkündigung des Gottesreiches an Israel, die zweite Hälfte der Bau der Kirche trotz Israel. So ist schon im Aufbau der Kampf des Messias für das Reich Gottes sichtbar. Die Gliederung stellt sich folgendermaßen dar:

Erste Hälfte
Verkündigung des Gottesreiches an Israel

1. Teil: Vorbereitung: Die Einführung des Messias in die Welt und in sein öffentliches Wirken
2. Teil: Die Bergpredigt und ihre Beglaubigung
3. Teil: Die Sendung
4. Teil: Die Scheidung

Zweite Hälfte
Der Bau des Gottesreiches trotz Israel

5. Teil: Die Unterweisung der Jünger
6. Teil: Die Gerichtsdrohung
7. Teil: Abschluss: Des Messias Tod und Sieg

ERSTER TEIL

DIE EINFÜHRUNG DES MESSIAS

Überschrift 1,1

I. DIE EINFÜHRUNG DES MESSIAS IN DIE WELT 1,2–2,23

1. Die Herkunft 1,2–1,17
2. Die Ankunft 1,18–1,25
3. Die erste Wirkung 2,1–2,25

II. DIE EINFÜHRUNG DES MESSIAS INS ÖFFENTLICHE WIRKEN 3,1–4,11

1. Ankündigung 3,1–3,12
2. Beglaubigung 3,13–3,17
3. Versuchung 4,1–4,11

CHRISTUS IM EINFÜHRUNGSKAPITEL

ÜBERSCHRIFT

»Buch der Herkunft Jesu, des Messias, des Sohnes Davids, des Sohnes Abrahams«

Die Überschrift des ersten Kapitels kann auch über das ganze Evangelium gesetzt werden. Die Worte lesen sich wie eine feierliche Inschrift, die über das Eingangsportal gemeißelt ist. In der Mitte steht ein Doppelname, um den es im Matthäus-Evangelium und im Neuen Testament überhaupt geht: Jesus, der Christus.

Jesus. Es handelt sich um eine konkrete menschliche Gestalt, den historischen Menschen Jesus, der in Bethlehem geboren wurde, in Nazareth seine Jugend verbrachte, in Galiläa und Judäa wirkte und schließlich unter Pontius Pilatus hingerichtet wurde. Es geht somit um geschichtliche Ereignisse, die an einem ganz bestimmten Ort und zu einer ganz bestimmten Zeit geschahen.

Aber die Gestalt, die in der Mitte der Geschehnisse steht, trägt nicht zufällig den Namen »Jesus«. Die Formulierung dieses Namens im Evangelium ist die griechische Wiedergabe der ursprünglich hebräischen Form »Jehoschua«, zu Deutsch »Jahwe ist Heil«. Damit ist das eigentliche Wesen Jesu ausgedrückt. In ihm ist Gott das Heil der Welt geworden. Und so ist sein Name, wie Paulus sagt, über allen Namen (Phil 2,9), weil er ein Wesen ausdrückt, das über allen Wesen ist.

Christus. Zum persönlichen Namen fügt der Evangelist noch den amtlichen und formuliert damit die eigentliche These seines ganzen Evangeliums: Jesus ist der Christus, d.h. der im Alten Testament verheißene Gesalbte des Herrn, der Messias. Salbung bedeutete im Orient Bestimmung, Weihe, Aussonderung für ein bestimmtes Amt, für eine Aufgabe. Der

Name Christus bezeichnet demnach die Aufgabe, die Christus gestellt ist. Gesalbt wurden in Israel die Könige. Der Messias als der Gesalbte schlechthin wird darum der eigentliche König von Israel sein. Der Königsgedanke geht durch das Leben Jesu, angefangen von den Magiern, die den »neugeborenen König der Juden« suchen und den irdischen König Herodes in Unruhe versetzen, bis hin zur Inschrift über dem Kreuz, »König der Juden«, die von der römischen Weltmacht als blutige Ironie gedacht war und doch in Wirklichkeit den ganz anders gearteten Charakter des Königtums Christi aufzeigt. Weil Jesus *der* Gesalbte schlechthin ist, d.h. derjenige, über dessen Menschheit das Salböl der Gottheit ausgegossen ist, wird er bei der Wiederkunft nach den Worten der Apokalypse den Titel tragen: »König aller Könige«.

Gesalbt wurden in Israel die Priester. Jesus ist der eigentliche Priester der Welt. Von seinem Priestertum nach der eigenen, höheren Ordnung des Melchisedek ist im Alten Testament die Rede. Als Priester wird er auf Golgotha das große Opfer darbringen, vor dessen Wirklichkeit die blutigen Symbole der alttestamentlichen Tempelopfer verblassen. Von diesem seinem Priestertum, in welchem er selbst Opfergabe und Opferpriester ist, wird der Hebräerbrief ausführlich handeln.

Der Leitsatz des Matthäus-Evangeliums »Jesus ist der Christus« bildet somit den Wendepunkt vom Alten zum Neuen Testament, zeigt die durchgehende Verbindungslinie zwischen beiden und die innere geschlossene Einheit beider. So ist es kein Zufall, wenn gerade Matthäus beinahe Seite für Seite in seinem Evangelium immer wieder Texte des Alten Testamentes zitiert. Es ist das messianische Evangelium.

Sohn Davids. Der Messias ist nicht nur gesetzlich ein Spross Davids, ein Nachkomme jenes großen Ahnherrn, sondern er ist der Sohn Davids schlechthin. Denn David als irdischer König des irdischen Israel ist nur Symbol des kommenden Königs des geistigen Israel und somit des Herrschers im neuen Gottesvolk. Wenn Königsbücher und Psalmen betonen, dass David ein ewiges Königtum und ein unerschütterlicher Thron verheißen sei, so ist Christus die Erfüllung dieser Verheißung (Ps 89,4 f.; 2 Sam 7,14). David ist für den Israeliten der Held Gottes, der den Philister Goliath erschlagen hat, der Führer des Volkes, der die Feste Zion erobert und Jerusalem zur eigentlichen Stadt des Gottesvolkes gemacht hat. Diese Großtaten Davids haben Symbolcharakter. Denn der erwartete und in Jesus gekommene Sohn Davids wird den geistigen Feind des gesamten Gottesvolkes, Satan, schlagen, das neue Zion, die Kirche, auf den Felsen bauen und schließlich die Erwählten zum neuen Jerusalem des vollendeten Gottesreiches im Jenseits führen. Von den Berichten des Alten Testamentes über König David geht somit die Linie über die Evangelien mit Jesus als dem Sohn Davids bis zur Apokalypse mit ihrer Schilderung des neuen Jerusalem.

Sohn Abrahams. Ob das Wort in der Überschrift unmittelbar auf David als den Sohn Abrahams zu beziehen ist und mittelbar auf Jesus oder ob der Evangelist es auch unmittelbar von Jesus aussagen wollte, ändert sachlich nichts. Das Entscheidende ist, dass der historische Jesus ein Sohn Abrahams ist, vor allem aber, dass er *der* eigentliche Sohn Abrahams ist. Abraham ist der Berufene Gottes, der Träger der Verheißung, der Vater aller Gläubigen. Jesus ist in der Fülle des Wortes der von Gott Angerufene. Denn er ist ja als Logos das vom Vater gesprochene Wort, der Ruf Gottes schlechthin. Und er ist *der* Gerufene, der durch den Ruf Gottes die Sendung hat, Gottes Heil in die Welt zu bringen, also Jesus zu sein und damit Jahwe nicht nur als das Heil zu zeigen, sondern Jahwes Heil zu wirken. Er ist der Erfüller und die Verwirklichung aller Verheißungen. Und er ist Sohn Abrahams, weil er selbst im vollkommenen Sinne der Vater aller Gläubigen ist. Denn durch seinen Tod sind sie alle zum Leben erweckt, durch sein Sterben sind sie geboren. Aus dem Blut und dem Wasser seines durchbohrten Herzens sind sie wiedergeboren zum neuen Leben in Gott.

Darum stehen neben dem amtlichen Namen »Christus« die beiden großen Namen der Geschichte Israels, die ragenden Symbolgestalten der Heilsgeschichte, David und Abraham.

Nicht umsonst nennt die Überschrift Jesus den *Sohn* Davids und den *Sohn* Abrahams. Die Sohnschaft gehört wesentlich zu Jesus. Sein eigentliches Wesen ist, dass er Sohn Gottes ist. Er ist also mehr als nur gesetzmäßiger und bluthafter Sohn Davids, mehr als nur geistiger Sohn Abrahams. Ja, er ist beides nur darum in der eigentlichen Fülle und Vollendung, weil er Sohn Gottes ist. David ist der erwählte Liebling Jahwes, und Abraham wird Sohn Jahwes genannt im Tiefsten nur darum, weil sie Vorherbilder des eigentlichen Sohnes Gottes sind. Seine Sohnschaft hat für alle Menschen die Bedeutung, dass sie in Verbindung mit ihm auch ihrerseits an der Sohnschaft teilhaben und somit Kinder Gottes werden. Die Gotteskindschaft klingt schon in der Matthäus-Überschrift an. Es ist der leise erste Ton des Jubels der Frohbotschaft.

In der Überschrift steht weiterhin das eigenartige, schillernde Wort *Genesis*. Es bedeutet einerseits Geschichte im Sinne eines Geschehens. Damit ist gesagt, dass die Matthäus-Schrift die Geschichte Jesu zeichnen will, also das Geschehen an und durch Jesus. Es geht im Evangelium nicht um Mythos und Legende. Es geht um Geschichte, also um wirklich Geschehenes. Ja, es geht sogar um das wichtigste Ereignis der Geschichte. Denn das größte Geschehen der Geschichte ist die Menschwerdung Gottes in Jesus, die Sendung des Christus, des Gesalbten Gottes, als König und Priester der Menschheit.

Das Wort »Genesis« bedeutet weiterhin Abstammung, aber nicht im Sinn einer lückenlosen Aufzählung der Vorfahren, sondern im Sinn eines Aufzeigens des historischen und rechtlichen Zusammenhanges Jesu mit dem Hause Davids. Ob Jesus auch blutmäßig ein Sohn Davids ist, interessiert

Matthäus gar nicht und ist bedeutungslos. Die Frage wird weder gestellt noch beantwortet. Im 1. Matthäus-Kapitel wird das Geschlechtsregister Jesu aufgezeigt, seine rechtliche, gesetzmäßige Abstammung.

Wenn Matthäus an die Spitze seiner Schrift das Wort »Genesis« stellt, so erinnert dieses erste neutestamentliche Buch an das erste Buch des Alten Testaments, das ja auch das »Buch Genesis« ist. Dort ist die Rede von der Abstammung, von der Entstehung der Erde als Schöpfung Gottes. Jene Genesis der Schöpfung findet in dieser Genesis Jesu ihren eigentlichen Sinn. Denn Jesus ist als der Christus der krönende Abschluss des Schöpfungswerkes. Wenn es im Schöpfungsbericht heißt, dass der Mensch als das entscheidende Schöpfungswerk zu betrachten sei, so ist Jesus als der Menschensohn, als *der* Mensch schlechthin, die Erfüllung des Menschenideals. Der Mensch ist nach dem Schöpfungsbericht als Bild Gottes geschaffen. Jesus ist als Logos seinem innersten Wesen nach *Imago Dei* und ist auch in seiner Menschheit als Menschensohn der viel geliebte Gottessohn, an dem der Vater sein Wohlgefallen hat, das konkrete Menschenbild, zu dem alle Menschen als Ideal aufschauen. Die paulinischen Darlegungen im Kolosserbrief führen diese Gedanken weiter aus.

Auch das Johannes-Evangelium beginnt mit einer Genesis. Und zwar einer Genesis, die noch weiter zurückreicht als der Schöpfungsbericht. Denn es zeigt, was im Anfang schon war, also über alle Anfänge zurückreicht in die zeitlose und darum anfangslose Ewigkeit, in die Genesis des Logos, der in ewiger Geisteszeugung aus dem Vater hervorgeht. So geht die Linie vom Genesis-Bericht des ersten Matthäus-Kapitels zurück in den Schöpfungsbericht des ersten biblischen Buches und noch weiter zurück in die ewige Genesis des Sohnes aus dem Vater. Und schließlich redet die Überschrift noch vom *Biblos genéseos*. Das schlichte Wort *Biblos*, Buch, bezeichnet hier nur die Matthäus-Schrift. Es ist aber auf alle Bücher der Heiligen

Schrift ausgedehnt worden und hat ihr den Namen »Bibel« verschafft. Mit Recht. Denn die Bibel ist das Buch aller Bücher. Es redet darin der Logos und somit das Wort aller Worte. Und es redet von Jesus, dem Menschen aller Menschen, dem Menschensohn und Gottessohn.

So hat diese Überschrift etwas Gewaltiges und doch zugleich etwas Schlichtes. Sie stellt Jesus von Anfang an in die Mitte, zeigt das Thema des ganzen Buches und gibt schon Durchblicke nach rückwärts und vorwärts, Durchblicke, die zeigen, dass Jesus als der Christus in jeder Hinsicht in die Mitte gehört. Denn er ist der Mittler zwischen Gott und der Menschheit.

I. DIE EINFÜHRUNG DES MESSIAS IN DIE WELT

Mt 1,2–2,23

Buch der Herkunft[3] *Jesu, des Messias*[4]*, des Sohnes Davids, des Sohnes Abrahams:*

Abraham zeugte den Isaak,
Isaak zeugte den Jakob,
Jakob zeugte den Juda und seine Brüder.
Juda zeugte den Perez und den Serach mit der Tamar.
Perez zeugte den Hezron,
Hezron zeugte den Aram,
Aram zeugte den Amminadab,
Amminadab zeugte den Nachschon,
Nachschon zeugte den Salmon.
Salmon zeugte den Boas mit der Rahab.
Boas zeugte den Obed mit der Rut.
Obed zeugte den Isai,
Isai zeugte David, den König.

David zeugte den Salomo mit der Frau des Urija.
Salomo zeugte den Rehabeam,
Rehabeam zeugte den Abija,

---

[3] Wörtlich: Abstammung. im Sinne des rechtsgültigen, offiziellen Stammbaumes, der nicht ohne Weiteres auch der blutmäßige Stammbaum sein muss und dessen Darstellung nicht lückenlos zu sein braucht.

[4] Wörtlich: des »Gesalbten«, im Sinne des Prophetischen, Priesterlichen und des Königlichen. Im engeren Sinne der Gesalbte schlechthin, also der Messias. Sehr bald wurde diese Bezeichnung ein feststehender Beiname Jesu, sodass man auch übersetzen könnte »Abstammung Jesu Christi«.

Abija zeugte den Asa,
Asa zeugte den Joschafat,
Joschafat zeugte den Joram,
Joram zeugte den Usija.
Usija zeugte den Jotam,
Jotam zeugte den Ahas,
Ahas zeugte den Hiskija,
Hiskija zeugte den Manasse,
Manasse zeugte den Amos,
Amos zeugte den Joschija.
Joschija zeugte den Jojachin und seine Brüder; das war zur Zeit der Babylonischen Gefangenschaft.

Nach der Babylonischen Gefangenschaft zeugte
Jojachin den Schealtiël,
Schealtiël zeugte den Serubbabel,
Serubbabel zeugte den Abihud,
Abihud zeugte den Eljakim,
Eljakim zeugte den Azor.
Azor zeugte den Zadok,
Zadok zeugte den Achim,
Achim zeugte den Eliud,
Eliud zeugte den Eleasar,
Eleasar zeugte den Mattan,
Mattan zeugte den Jakob.
Jakob zeugte den Josef, den Mann Marias; von ihr wurde Jesus geboren, der der Christus genannt wird.

Im Ganzen sind es also von Abraham bis David vierzehn Generationen, von David bis zur Babylonischen Gefangenschaft vierzehn Generationen und von der Babylonischen Gefangenschaft bis zu Christus vierzehn Generationen.

Mit der Geburt Jesu Christi war es so: Maria, seine Mutter, war mit Josef verlobt; noch bevor sie zusammengekommen waren, zeigte sich, dass sie ein Kind erwartete – durch das Wirken des Heiligen Geistes. Josef, ihr Mann, der gerecht war und sie nicht bloßstellen wollte, beschloss, sich in aller Stille von ihr zu trennen. Während er noch darüber nachdachte, siehe, da erschien ihm ein Engel des Herrn im Traum und sagte: Josef, Sohn Davids, fürchte dich nicht, Maria als deine Frau zu dir zu nehmen; denn das Kind, das sie erwartet, ist vom Heiligen Geist. Sie wird einen Sohn gebären; ihm sollst du den Namen Jesus geben; denn er wird sein Volk von seinen Sünden erlösen. Dies alles ist geschehen, damit sich erfüllte, was der Herr durch den Propheten gesagt hat: Siehe: Die Jungfrau wird empfangen und einen Sohn gebären und sie werden ihm den Namen Immanuel geben, das heißt übersetzt: Gott mit uns. Als Josef erwachte, tat er, was der Engel des Herrn ihm befohlen hatte, und nahm seine Frau zu sich. Er erkannte sie aber nicht, bis sie ihren Sohn gebar. Und er gab ihm den Namen Jesus.

Als Jesus zur Zeit des Königs Herodes in Bethlehem in Judäa geboren worden war, siehe, da kamen Sterndeuter aus dem Osten nach Jerusalem und fragten: Wo ist der neugeborene König der Juden? Wir haben seinen Stern aufgehen sehen und sind gekommen, um ihm zu huldigen. Als König Herodes das hörte, erschrak er und mit ihm ganz Jerusalem. Er ließ alle Hohepriester und Schriftgelehrten des Volkes zusammenkommen und erkundigte sich bei ihnen, wo der Christus geboren werden solle. Sie antworteten ihm: in Betlehem in Judäa; denn so steht es geschrieben bei dem Propheten: Du, Betlehem im Gebiet von Juda, bist keineswegs die unbedeutendste unter den führenden Städten von Juda; denn aus dir wird ein Fürst hervorgehen, der Hirt meines Volkes Israel. Danach rief Herodes die Sterndeuter heimlich zu sich und ließ sich von ihnen genau sagen, wann der Stern erschienen war. Dann schickte er sie nach Bethlehem und sagte: Geht und forscht sorgfältig nach dem Kind; und wenn ihr es gefunden habt, berichtet mir, damit auch ich hingehe und ihm huldige! Nach diesen Worten des Königs machten sie sich auf den Weg. Und siehe, der Stern, den sie hatten aufgehen sehen, zog vor ihnen her bis zu dem Ort, wo das Kind war; dort blieb er stehen. Als sie den Stern sahen, wurden sie von sehr großer Freude erfüllt. Sie gingen in das Haus und sahen das Kind und Maria, seine Mutter; da fielen sie nieder und huldigten ihm. Dann holten sie ihre Schätze hervor und brachten ihm Gold, Weihrauch und Myrrhe als Gaben dar. Weil ihnen aber im Traum geboten wurde, nicht zu Herodes zurückzukehren, zogen sie auf einem anderen Weg heim in ihr Land.

Als die Sterndeuter wieder gegangen waren, siehe, da erschien dem Josef im Traum ein Engel des Herrn und sagte: Steh auf, nimm das Kind und seine Mutter und flieh nach Ägypten; dort bleibe, bis ich dir etwas anderes auftrage; denn Herodes wird das Kind suchen, um es zu töten. Da stand Josef auf und floh in der Nacht mit dem Kind und dessen Mutter nach Ägypten. Dort blieb er bis zum Tod des Herodes. Denn es sollte sich erfüllen, was der Herr durch den Propheten gesagt hat: Aus Ägypten habe ich meinen Sohn gerufen.

Als Herodes merkte, dass ihn die Sterndeuter getäuscht hatten, wurde er sehr zornig und er sandte aus und ließ in Bethlehem und der ganzen Umgebung alle Knaben bis zum Alter von zwei Jahren töten, genau der Zeit entsprechend, die er von den Sterndeutern erfahren hatte. Damals erfüllte sich, was durch den Propheten Jeremia gesagt worden ist: Ein Geschrei war in Rama zu hören, lautes Weinen und Klagen: Rahel weinte um ihre Kinder und wollte sich nicht trösten lassen, denn sie waren nicht mehr.

Als Herodes gestorben war, siehe, da erschien dem Josef in Ägypten ein Engel des Herrn im Traum und sagte: Steh auf, nimm das Kind und seine Mutter und zieh in das Land Israel; denn die Leute, die dem Kind nach dem Leben getrachtet haben, sind tot. Da stand er auf und zog mit dem Kind und dessen Mutter in das Land Israel. Als er aber hörte, dass in Judäa Archelaus anstelle seines Vaters Herodes regierte, fürchtete er sich, dorthin zu gehen. Und weil er im Traum einen Befehl erhalten hatte, zog er in das Gebiet von Galiläa und ließ sich in einer Stadt namens Nazareth nieder. Denn es sollte sich erfüllen, was durch die Propheten gesagt worden ist: Er wird Nazaräer genannt werden.

1. DIE HERKUNFT: DIE ENTFERNTERE GENESIS

Matthäus beginnt mit einer Auswahl von Namen aus den offiziellen Geschlechtsregistern Jesu. Zwei Linien gehen durch die lange Namenreihe, eine menschliche und eine göttliche.

Die menschliche Linie. Jesus ist ganz Mensch und somit verwurzelt im menschlichen Boden. Er gehört zu einem bestimmtenVolk, in diesem Volk zu einem bestimmten Stamm, in diesem Stamm zu einer bestimmten Familie. Durch seinen gesetzlichen Vater ist er offiziell und rechtmäßig dem Hause David, dem Stamme Juda und dem Volke Israel verbunden und durch seine Mutter körperlich und bluthaft. Es ist die Linie von unten her. Er ist, wie alle Söhne Adams, belastet mit der Erdenschwere, mit dem Schollenhaften, mit dem Körperlichen und Leib-Seelischen der menschlichen Natur. Jede Art von Doketismus, die ihm nur einen Scheinleib zubilligt, und jede Art von Spiritualismus, die das Körperliche, Biologische und Blutmäßige vom Christentum fernhalten will, ist durch diese naturhafte Entstehung des Messias widerlegt.

Die vielen Namen, die hier aufgezählt werden, sind von vier überragenden und besonders hervorgehobenen Namen gehalten und getragen. Am Anfang steht Abraham, der Vater aller Gläubigen. Mit ihm als dem eigentlichen Vater setzen darum diese Geschlechtsregister an. Und am Ende steht »Jesus, der genannt wird der Christus«. Er ist die eigentliche und entscheidende Frucht an diesem Stammbaum und Baumstamm, und zwar wieder eigens betont als der Messias. Alle anderen Namen, alle dreimal vierzehn Generationen, sind nur der Unterbau zum Tragen seiner Gestalt. Sie sind nur die Vorbereitung auf sein Kommen. Aber nun steht in der Mitte zwischen Abraham und Jesus nicht bloß David, der König, durch diesen königlichen Beinamen vom Evangelisten besonders hervorgehoben, sondern zwischen beiden Ufern sind zwei Brückenpfeiler aufgerichtet. Neben David, der Macht und dem Glanz irdischen Königtums, und der Glorie der Verheißung stehen Jojachin und seine Brüder mit der Gefangenschaft in Babylon, also der Absturz von der irdischen Macht und Größe, das Symbol des Verworfenseins. Neben Jerusalem taucht Babylon auf. Neben der Stadt Gottes die Stadt des Widersachers. Neben dem Symbol des Friedens jener Name der Verwirrung und des Chaos. So ist die Geschichte Israels bis zu Christus hin nicht ein ruhiger, ständiger Aufstieg, sondern eine Entwicklung voller Dynamik mit Höhen und Tiefen, Erhebung und Sturz. Ja, das Heil kommt gerade dann, wenn es eigentlich von der menschlichen Seite her nicht mehr zu erwarten ist, wenn das Haus Davids seinen Glanz verloren hat und in Vergessenheit und Bedeutungslosigkeit versunken ist.

Unter den Namen, die genannt werden, sind große Gestalten neben unbekannten Männern. Es sind darin Könige und Verschollene, Heilige und Verbrecher. Aus der Patriarchenzeit ragen hervor Abraham, der von Gott Gerufene und Erwählte. Isaak, der Träger der Verheißung, zu einer Zeit, da deren Erfüllung unmöglich schien. Jakob, der nicht das Recht auf die Erstgeburt hatte und somit eigentlich ebenfalls für die Weitergabe der Verheißung nach menschlichem Ermessen ausgeschieden wäre. Es werden genannt Juda und seine Brüder. Die Andeutung genügt, um an die Geschichte des ägyptischen Josef zu erinnern, die auch ihrerseits zeigt, dass auf Menschen kein Verlass wäre, wenn nicht Gott helfend eingreifen würde. Unter den Königen werden herausragende Gestalten genannt, vor allem David, dem ein ewiges Königtum verheißen ist (Ps 89). Salomo, der Erbauer des Tempels des Herrn. Asa, von dem es im ersten Buch der Könige heißt: »Asa tat, was dem HERRN gefiel, wie sein Vater David« (1 Kön 15,11). Hiskija wird genannt, der durch das Leben des Propheten Jesaja bekannt ist und durch Gotteshilfe gerettet wurde, als Sanherib

Jerusalem belagerte. In der Reihe steht weiterhin Joschija, der große Reformator, unter dessen Regierung das Gesetz wieder neu zur Geltung gebracht und der Kult Jahwes in feierlichem Tempeldienst erneuert wurde. Aber in der gleichen Königsreihe stehen auch Abtrünnige wie Abija, von dem die Schrift sagt: »Er verfiel allen Sünden, die sein Vater vor ihm begangen hatte, und sein Herz war nicht ungeteilt beim HERRN, seinem Gott, wie das Herz seines Vaters David« (1 Kön 15). Von Ahas heißt es im zweiten Buch der Könige: »Er tat nicht wie sein Vater David, was dem HERRN, seinem Gott, gefiel« (2 Kön 16). Von Manasse wird berichtet, dass er Götzendienst getrieben und Götzenaltäre errichtet habe. »Er ließ seinen Sohn durch das Feuer gehen, trieb Zauberei und Wahrsagerei, bestellte Totenbeschwörer und Zeichendeuter. So tat er vieles, was böse war in den Augen des HERRN und ihn erzürnte. – Doch sie hörten nicht und Manasse verführte sie, noch Schlimmeres zu tun als die Völker, die der HERR vor den Augen der Israeliten vernichtet hatte« (2 Kön 21). Und schließlich Amon, von dem es kurz und bündig heißt: »Er verließ den HERRN, den Gott seiner Väter, und hielt sich nicht an die Wege des HERRN« (2 Kön 21,22). Alles menschliche Geschehen gehört in diese menschliche Linie: Krieg und Blut, Hass und Intrigen, Leid, Tränen und Sünde, aber auch Hoffnungen, Träume, Siege und Verheißungen, Freuden und Triumphe. Und alles dient schließlich der Verherrlichung Gottes, »etiam peccata«.

Bezeichnend sind auch die Namen der Mütter, die in diesen Geschlechtsregistern aufgeführt werden. Es sind nicht die herrlichen Frauengestalten Sara, Rebekka und Rahel, sondern es sind lauter Namen, an welche die Sünde geknüpft ist. Tamar mit der Blutschande, Rahab die Hure, Rut die Fremde, mit denen der Herr doch die Verbindung verboten hatte. Batseba die Ehebrecherin. In der Ahnenreihe des Messias geistert die Sünde, der Abfall von Gott, das Allzumenschliche. Diese

Frauennamen sind weiterhin Vertreter nicht israelitischer Völker. Tamar steht für die Kanaaniter, Rahab für Jericho und die Proselyten, Rut für die Moabiter, Batseba für die Hetiter. So steckt in der Ahnenreihe schon etwas vom Universalismus des messianischen Reiches. Und schließlich sind es die Namen von Frauen, die von außen her, ohne Rechtsanspruch, in die Geschlechterreihen Israels eingetreten sind als Vorboten der Berufung aus Gnade. Der letzte Frauenname, der am Schluss überraschend genannt wird, ist Maria. Bei ihr wird sich zeigen, dass die Sünde keinen Raum mehr hat, sodass von ihrem hellen Namen verklärender Glanz auf die dunklen Namen der anderen fällt. Sie wird ebenfalls neben Israel für andere Völker stehen, denn sie trägt in ihrem Schoß das Heil aller Völker. Und auch durch sie wird der Messias von außen her in die Geschlechterreihe kommen. Denn sie empfängt nicht von Josef, sondern vom Heiligen Geist. So ist das Geschehen in diesem ersten Matthäus-Kapitel voll wilder Leidenschaftlichkeit der Kämpfe und Kriege und Sünden, aber doch zugleich voll Geborgenheit in Gottes Führung und darum mündet es trotz aller Seitensprünge und Abwege, allen Zickzacks und aller Kurven, aller Aufstiege und Abstürze schließlich dort, wo der Herr es haben will, in Jesus, dem Christus.

Die *göttliche Linie*. Der Gang der Geschlechterreihen weist am Schluss völlig überraschend und unerwartet und an sich ganz unbegründet, alles störend und naturhaft geradezu zerstörend ein Abspringen auf. Denn es heißt am Schluss nicht: »Jakob zeugte den Josef, Josef zeugte den Jesus«, sondern es heißt: »Jakob zeugte den Josef, den Mann Marias; von ihr wurde Jesus geboren, der der Christus genannt wird.« Damit ist gesagt, dass die Linie nicht von Josef weitergeht auf Jesus, sondern dass das Bluthafte bei ihm aufhört und dass nur Maria das menschlich gebärende Element gewesen ist. Die Geschlechterreihe ist die offizielle, gesetzlich gültige. Die unmittelbare Genesis Jesu war eine andere. Jesus steht also rechtlich und gesetzlich in dieser Ahnenreihe und steht doch andererseits wieder nicht in ihr, wie das Abspringen der Linie von Josef auf Maria zeigt. So ist seine Menschwerdung: Er wird unter die Sünder gerechnet und übernimmt rechtlich und gesetzlich die Verantwortung für die Sünden und gehört doch eigentlich nicht hinein. Er ist ganz Mensch, völlig in die Menschheit eingetaucht, und ist doch in ihr wieder wie ein Fremdkörper. Er hat Anteil an menschlicher Größe und Kleinheit, ist hineingestellt in Erfolg und Misserfolg, in Heiligkeit und Sünde des Menschengeschlechtes: Homo factus est. Und doch kommt er von oben her als ein ganz anderer in diese Menschheit hinein. Die göttliche Linie zeigt sich in einem Dreifachen.

Einmal ist es Gott, der in freier Gnadenwahl ruft und wählt. Er ist es, der Abraham herausruft »aus seinem Volk, seiner Verwandtschaft und seinem Vaterhaus«. Er beruft nicht Ismael, sondern Isaak, nicht Esau, den Erstgeborenen, sondern Jakob. Und auch wiederum nicht dessen Erstgeborenen, sondern Juda. Immer wieder ist eine freie Berufung Gottes sichtbar. David wird gerufen, der jüngste aller Söhne Isais, noch als Knabe. Ein Zweites zeigt das Eingreifen Gottes, nämlich dass Gottes Plan durchgeführt wird trotz menschlichen Versagens und trotz menschlicher Katastrophen. Ja, es zeigt sich, dass Gott das Unmögliche möglich macht. Abraham zeugt den Isaak zu einer Zeit, wo es naturhaft nicht mehr möglich war. Jakob wird vor Esau gerettet. David vor Saul. Und hinter den Männern steht die geheimnisvolle Unfruchtbarkeit jener Frauengestalten der Patriarchenzeit, einer Sara, einer Rebekka (Gen 25,21), einer Rahel (Gen 30,1). Es soll gerade dadurch gezeigt werden, dass Gott es ist, der die Linie weiterführt. Sie wird weitergeführt auch trotz des Untergangs israelitischer Größe in der Babylonischen Gefangenschaft. Und es ist vielleicht kein Zufall, dass gerade an jener Stelle in der Ahnenreihe eine Unsicherheit liegt. Denn Jojachin wird zweimal gezählt. Vielleicht ist es gar nicht er, sondern Joachim, dessen Name leicht mit dem des Jojakim verwechselt wird. Durch die Babylonische Gefangenschaft ist eben die Verwirrung in der Reihe entstanden. Aber trotzdem führt Gott das Haus Davids weiter. Es verschwindet gleichsam in der Bedeutungslosigkeit der folgenden Namen, wird aber trotzdem im einfachen Zimmermannssohn Josef zum eigentlichen Ergebnis geführt. Er wird der gesetzliche Ahnherr Jesu. So wird der Plan Gottes verwirklicht trotz menschlicher Sünde und Schwäche, trotz irdischer Widerstände und Katastrophen. Ein Drittes zeigt die Hand Gottes: die fast mathematische Sicherheit, mit der Gottes Plan abläuft. Matthäus weist im 17. Vers darauf hin, wenn er von den dreimal vierzehn Generationen spricht. Die Menschen können die Pläne Gottes nicht durchkreuzen. Wenn die Stunde Gottes gekommen ist, wird sein Plan verwirklicht. Die Zahl Vierzehn ist die Verdoppelung der heiligen Siebenzahl. Und wenn die Vierzehn dreimal gesetzt wird, ist es sechs mal sieben. Es fehlt also für die Fülle des Sieben-mal-sieben nur noch die eine letzte Generation. Damit ist angedeutet, dass das Kommen des Messias die eigentliche Fülle bringt, die letzte Menschheitsgeneration. Denn nach dem Messias kommt nichts Neues mehr: »Venit ad vitae vesperam.« Das Volk der Christen ist *die* Generation der Menschheit, die Fülle der Zeit und die Fülle des Lebens. Sieben mal sieben Tage nach Ostern ist der Geist des Herrn am Pfingstfest über die Kirche gekommen, um auch dort zu zeigen, dass sieben mal sieben die Fülle und Erfüllung bedeutet. In der Zahl Vierzehn liegt vielleicht noch eine andere Andeutung. Denn wenn man sie als 4 + 6 + 4 schreibt, sind es nach hebräischer Schreibweise die drei Konsonanten des Namens David. Da der Hebräer die Vokale nicht schreibt, ist also in dieser Zahl Vierzehn wieder angedeutet, dass Jesus der Sohn Davids schlechthin ist.

Und schließlich endet die ganze Darstellung und Zeichnung in dem einen Namen, um den alles geht: Jesus, der genannt wird der Christus, also Jesus, der Messias.

2. DIE ANKUNFT: DIE NÄHERE GENESIS

Das Wort »Genesis« zieht sich wie ein roter Faden durch die ganze Aufzählung der Ahnenreihe. Und dieses Wort wird jetzt wieder aufgegriffen, um die eigentliche, unmittelbare Genesis Jesu zu zeichnen: die Genesis, »die Zeugung Jesu, des Messias, ging aber folgendermaßen vor sich«. Auch hier treten wieder die göttliche und die menschliche Linie in Erscheinung. Steht im Vorherigen die menschliche Linie im Vordergrund, sodass Gottes Eingreifen immer geheimnisvoll und unsichtbar hinter dem Ganzen stand, alles aus der Ferne leitend und haltend, so ist es jetzt umgekehrt. Das unmittelbare Eingreifen Gottes wird sichtbar. Das menschliche Element tritt zurück und bleibt in passiver Haltung. Passiv ist Maria. Es wird einfach gesagt, dass sie vom Heiligen Geist empfangen hatte. Es wird nichts berichtet über den Ort, nichts über die Zeit, nichts über den Charakter Marias, nichts über die Unterredung, die sie mit dem Engel hatte, nichts über ihre innere Haltung und Einstellung, sondern nur die eine entscheidende Tatsache, dass sie seine Mutter ist und vom Heiligen Geist in ihrem Schoß empfangen hatte, bevor sie mit Josef zusammenkam. Das Tun Gottes steht im Vordergrund und ist das Entscheidende. Dass aber gerade Maria die Erwählte für dieses einmalige und größte Tun Gottes ist, wird eigens betont.

Auch Josef ist passiv. Es wird einfach gesagt, dass er gerecht war und infolgedessen das Gesetz erfüllen wollte, nach welchem er mit einer Ehebrecherin nicht zusammen sein konnte, dass er aber auch gerecht war gegen die Menschen und infolgedessen Maria, die er kannte, unmöglich als Ehebrecherin betrachten konnte. So entschließt er sich, selbst nichts zu tun, sondern sich einfach wieder von Maria zurückzuziehen und alles Gott zu überlassen. Wieder ist es Gott, der eingreift. Sein Bote spricht das entscheidende Wort. Er redet bezeichnenderweise Josef an als »Sohn Davids«, um die königliche und messianische Linie anzudeuten. Und er sagt ihm, dass die Genesis – wieder dieses gleiche Wort – aus dem Heiligen Geist erfolgt sei. Es ist der Geist, der ordnend und belebend über der Urflut schwebte bei der Genesis der Welt. Es ist der gleiche Geist, der über dem jungfräulichen Schoß Mariens schwebt bei der Genesis Jesu. Gott ist es auch, der den Namen Jesu festlegt, und zwar so, dass der Träger dieses Namens zugleich sein Erfüller und Vollender ist. In ihm ist wirklich Jahwe das Heil, denn er heilt die Menschheit von der Krankheit der Sünde. Gott ist es auch, dessen prophetisches Wort vergangener Zeiten jetzt seine Erfüllung findet. Denn was bei Jesaja (Jes 7,14) vorausgesagt war, wird hier als erfüllt aufgezeigt: die Jungfrau, die aus Gott empfängt und gebiert. Der Name »Emmanuel«, Gott mit uns, zeigt noch einmal die Bedeutung des Jesus-Namens. Wenn der Name »Jahwe« besagt »Ich bin der ich bin da«[5] oder noch genauer im Gegensatz zu dem Baal als Lokalgottheit denjenigen bezeichnet, der immer bei den Seinen ist, wo immer sie sein mögen[6], so ist Jesus als Emmanuel gleichbedeutend wie Jahwe. Größeres kann von ihm nicht gesagt werden.

So laufen hier beide Linien, die göttliche und die menschliche, in voller Harmonie zusammen. Gott muss sich nicht mehr gewaltsam durchsetzen wie vorher. Denn hier sind die

---

[5] Martin Buber, *Königtum Gottes*, Schockenverlag, Berlin.
[6] Gerhard Kittel, *Theologisches Wörterbuch zum Neuen Testament*.

Menschen in Bereitschaft. Maria ist in Bereitschaft, von Gott zu empfangen. Sie wird Mutter und Jungfrau zugleich. Der tiefe Wunsch nach Mutterschaft ist hier nicht verknüpft mit dem Schmerz der Preisgabe der Jungfräulichkeit, sondern das Ideal der Mater und der Virgo ist hier in eins verbunden. Josef ist in Bereitschaft, nicht nur auf das Wort Gottes zu hören, sondern ihm auch zu gehorchen, und zwar nur und ganz als Werkzeug. Er will nichts für sich, sondern nur dem Plane Gottes dienen. Und so nimmt er Maria zu sich, aber nicht, um sie als Gattin zu haben, wie ausdrücklich betont wird, sondern um Gottes Willen zu erfüllen, sodass sie ihren Sohn gebären kann. Und er gibt ihm gehorchend den Namen »Jesus«. So schließt auch dieser Abschnitt mit dem Einen, um den alles geht und um dessentwillen alles berichtet wird: mit Jesus, dem Messias. Altes und Neues Testament, Prophetenwort und Gotteswort, Symbol und Erfüllung, Namen und Inhalt, Göttliches und Menschliches werden zur Einheit in dem Einen, der alles und alle verbindet: in Jesus, dem Christus.

3. DIE ERSTE WIRKUNG: SCHEIDUNG DER GEISTER

Im ersten Vers des zweiten Kapitels steht noch einmal das Wort »Genesis«, aber nur um zu sagen, dass diese nun abgeschlossen ist. So abgeschlossen, dass die Geburt des Messias sofort eine Scheidung der Geister bewirkt, und zwar in einer Richtung, die völlig im Widerspruch zu allen Erwartungen steht. Denn die Heiden kommen zur Huldigung, die Schergen des Königs von Israel zum Mord.

Die *Huldigung* ist höchst eigenartig. Magier aus dem Orient, also Sterndeuter, wohl aus Chaldäa, sehen am nächtlichen

Himmel ein Gestirn, das sie nicht deuten können. Sie erinnern sich der Prophezeiung Bileams[7], die im Orient verbreitet war, und kommen so zur Erkenntnis, dass der große verheißene König der Juden, also der Messias, geboren sein müsse. So wirken Vernunft und Offenbarung, eigene Forschung und Wort Gottes zusammen als Wegleitung zu Christus.

Das zeitweilige Verschwinden des Sternes bewirkt ein Doppeltes. Einmal die Anfrage der Magier bei den Behörden Jerusalems. Dadurch werden König, Priester und Volk auf das Ereignis aufmerksam und vor die Entscheidung gestellt. Dann aber auch den Hinweis der Schriftgelehrten auf die Prophezeiung des Micha (Mi 5,1), nach welcher der Messias, der große Hirte des Volkes Israel, zu Bethlehem im Lande Juda geboren werden muss. Durch diesen Hinweis auf Bethlehem und die erfüllte Prophezeiung müssen selbst die Feinde des Messias denen behilflich sein, die ihn ehrlich suchen. Sie finden das Kind mit der Mutter und huldigen ihm durch die Anbetung und Darreichung von Geschenken. Ob die Magier mit dem Gold, dem Weihrauch und der Myrrhe einfach von den Produkten ihres Landes Geschenke machen wollten oder sich der Symbolik der Gaben bewusst waren, ist schwer zu entscheiden. Dass aber in den Geschenken eine tiefe Symbolik liegt, war für die Christen schon früh eine frohe Erkenntnis. Nach ihnen galt das Gold dem König, der Weihrauch seinem göttlichen Wesen und die Myrrhe seiner Menschlichkeit. Denn diese Myrrhe ist einerseits eine wohlriechende Essenz für den menschlichen Gebrauch, andererseits auch ein Mittel zum Einbalsamieren der Leichen, sodass menschliches Leben und menschliches Sterben geheimnisvoll darin zum Ausdruck kommen. Durch Gottes Hilfe entrinnen die Magier dem Feind, dem sie ahnungslos vertraut hatten, und kehren auf einem anderen Weg in die Heimat zurück. Ihr Kommen zum

[7] Num 24 in Verbindung mit Gen 49,10.

neugeborenen Messias sprengt den Rahmen Israels und deutet an, dass Christus der Messias der ganzen Menschheit sein werde, der Gründer der Weltkirche und der Weltmission.

So birgt diese Szene in prägnanter Kürze die Größe des Messias, denn er erweist sich als vom Herrn durch ein Naturwunder angezeigt, vom Propheten bezeugt, von den Heiden angebetet, selbst von den Feinden wider Willen unterstützt. Und über dem Ganzen steht das Wort vom neugeborenen König der Juden, also der Titel »Rex Judaeorum«, der hier in vollem Glanz aufstrahlt und der am Ende seines Lebens im blutigen Untergang des Kreuzes noch einmal aufleuchten wird.

Die *Verfolgung* wird ebenfalls zu einem, wenn auch höchst eigenartigen Triumph des neugeborenen Messias im Angriff der Menschen und in der Abwehr durch Gott.

Der *Angriff* erfolgt mit List und mit Gewalt. Beides entspricht dem Charakter des Herodes. Die Worte »zur Zeit des Königs Herodes« bedeuten äußeren Glanz und innere Schmach, denn Herodes ist Idumäer. Das Zepter ist also von Juda gewichen. Die Söhne Jakobs sind beherrscht von einem Nachkommen Esaus. Dieser selbst denkt nicht daran, auf den Messias zu warten. Für ihn ist der Messias vielmehr eine Gefahr, die im Keim zu ersticken ist. Mit menschlicher Klugheit sucht er seine Gesinnung zu tarnen, nach dem Ort und der Zeit der Geburt zu forschen, die Ahnungslosen als seine Späher auszunutzen, Menschenfragen und Prophetenworte in den Dienst seiner eigenen Herrschsucht zu stellen, um sein widerrechtliches Königtum gegen die allein rechtliche Herrschaft des Messias durchzusetzen. Wo die List versagt, muss die Gewalt zum Ziel führen. Der siebzigjährige Mann, der seine Gattin und seine Söhne ermordet hat, schreckt vor dem Tod unschuldiger Kinder nicht zurück. Aber auch dieser Schritt wird zur Huldigung, denn er zeigt, dass ein Prophetenwort des Jeremias (Jer 31,15) sich in einer eigenartigen Weise erfüllt. Die Klage der Stammmutter Rahel über das Volk, das in die Verbannung geschleppt wird, ist hier aufgegriffen als Klage über die ersten Märtyrer, die im Kampf der Cäsaren gegen Christus ihr Leben lassen müssen und zum Zeugnis des Prophetenwortes das Zeugnis ihres Blutes hinzufügen. Ein Introitus der Kirchengeschichte!

Die *Abwehr* aller Angriffe erfolgt durch Gottes Eingreifen. Josef flieht mit dem Kind und der Mutter nach Ägypten und kehrt, wieder auf Gottes Geheiß, erst nach dem Tod des ersten Christenverfolgers zurück, aber nicht mehr nach Bethlehem, sondern nach Nazareth in Galiläa, worin Matthäus wieder die Erfüllung von zwei Prophetenworten sieht. Jenes Wort des Hosea (Hos 11,1), worin gesagt ist, dass Israel durch Gott aus Ägypten ins Gelobte Land gerufen wird, erfüllt sich neu im Messias Israels, der wieder durch Gottes Wort aus dem ägyptischen Exil ins Land der Väter heimkehrt. Und in jenem anderen Wort, wonach Christus »Nazarener« genannt wird, sieht Matthäus ein Wortspiel, nach dem Nazaräer so viel bedeutet wie Spross, also Spross Davids (Jes 11,1). So dient alles dazu, die Messianität des neugeborenen Kindes aufzuzeigen.

Die zwei Linien, die menschliche und die göttliche, werden also auch in dieser Szene sichtbar. Die menschliche in der freudigen Huldigung und im Hass, zugleich mit der düsteren Ahnung, dass das erwählte Israel aufseiten der Gegner stehen wird und das verworfene Heidentum den Weg zum Messias findet. Die göttliche Linie im Beschützen gegen Hass und Todesgefahr. Viermal wird in diesem kurzen Abschnitt auf Erfüllung prophetischer Worte hingewiesen. Und viermal erfolgt ein direktes Eingreifen Gottes. Denn er gibt den Magiern die Weisung, nicht zu Herodes zurückzukehren, und gibt Josef den Befehl zur Flucht nach Ägypten, zur Rückkehr aus Ägypten und zum Gang nach Nazareth. Beide Linien werden weitergehen durchs ganze Leben Jesu und über das Leben Jesu hinaus durch die ganze Geschichte der Kirche bis zum Ende der Zeiten. Am Messias scheiden sich die Geister.

II. DIE EINFÜHRUNG DES MESSIAS INS ÖFFENTLICHE WIRKEN

Mt 3,1–17; 4,1–11

In jenen Tagen trat Johannes der Täufer auf und verkündete in der Wüste von Judäa: Kehrt um! Denn das Himmelreich ist nahe. Er war es, von dem der Prophet Jesaja gesagt hat: Stimme eines Rufers in der Wüste: Bereitet den Weg des Herrn! Macht gerade seine Straßen! Johannes trug ein Gewand aus Kamelhaaren und einen ledernen Gürtel um seine Hüften; Heuschrecken und wilder Honig waren seine Nahrung. Die Leute von Jerusalem und ganz Judäa und aus der ganzen Jordangegend zogen zu ihm hinaus; sie bekannten ihre Sünden und ließen sich im Jordan von ihm taufen. Als Johannes sah, dass viele Pharisäer und Sadduzäer zur Taufe kamen, sagte er zu ihnen: Ihr Schlangenbrut, wer hat euch denn gelehrt, dass ihr dem kommenden Zorngericht entrinnen könnt? Bringt Frucht hervor, die eure Umkehr zeigt, und meint nicht, ihr könntet sagen: Wir haben Abraham zum Vater. Denn ich sage euch: Gott kann aus diesen Steinen dem Abraham Kinder erwecken. Schon ist die Axt an die Wurzel der Bäume gelegt; jeder Baum, der keine gute Frucht hervorbringt, wird umgehauen und ins Feuer geworfen. Ich taufe euch mit Wasser zur Umkehr. Der aber, der nach mir kommt, ist stärker als ich und ich bin es nicht wert, ihm die Sandalen auszuziehen. Er wird euch mit dem Heiligen Geist und mit Feuer taufen. Schon hält er die Schaufel in der Hand; und er wird seine Tenne reinigen und den Weizen in seine Scheune sammeln; die Spreu aber wird er in nie erlöschendem Feuer verbrennen.

Zu dieser Zeit kam Jesus von Galiläa an den Jordan zu Johannes, um sich von ihm taufen zu lassen. Johannes aber wollte es nicht zulassen und sagte zu ihm: Ich müsste von dir getauft werden und du kommst zu mir? Jesus antwortete ihm: Lass es nur zu! Denn so können wir die Gerechtigkeit ganz erfüllen. Da gab Johannes nach. Als Jesus getauft war, stieg er sogleich aus dem Wasser herauf. Und siehe, da öffnete sich der Himmel und er sah den Geist Gottes wie eine Taube auf sich herabkommen. Und siehe, eine Stimme aus dem Himmel sprach: Dieser ist mein geliebter Sohn, an dem ich Wohlgefallen gefunden habe.

Dann wurde Jesus vom Geist in die Wüste geführt; dort sollte er vom Teufel versucht werden. Als er vierzig Tage und vierzig Nächte gefastet hatte, hungerte ihn. Da trat der Versucher an ihn heran und sagte: Wenn du Gottes Sohn bist, so befiehl, dass aus diesen Steinen Brot wird. Er aber antwortete: In der Schrift heißt es: Der Mensch lebt nicht vom Brot allein, sondern von jedem Wort, das aus Gottes Mund kommt. Darauf nahm ihn der Teufel mit sich in die Heilige Stadt, stellte ihn oben auf den Tempel und sagte zu ihm: Wenn du Gottes Sohn bist, so stürz dich hinab; denn es heißt in der Schrift: Seinen Engeln befiehlt er um deinetwillen, und: Sie werden dich auf ihren Händen tragen, damit dein Fuß nicht an einen Stein stößt. Jesus antwortete ihm: In der Schrift heißt es auch: Du sollst den Herrn, deinen Gott, nicht auf die Probe stellen. Wieder nahm ihn der Teufel mit sich und führte ihn auf einen sehr hohen Berg; er zeigte ihm alle Reiche der Welt mit ihrer Pracht und sagte zu ihm: Das alles will ich dir geben, wenn du dich vor mir niederwirfst und mich anbetest. Da sagte Jesus zu ihm: Weg mit dir, Satan! Denn in der Schrift steht: Den Herrn, deinen Gott, sollst du anbeten und ihm allein dienen. Darauf ließ der Teufel von ihm ab und siehe, es kamen Engel und dienten ihm.

1. ANKÜNDIGUNG

Die Einführung in die Welt ist vollzogen. In der zweiten Hälfte des vorbereitenden Teiles zeichnet Matthäus die Einführung des Messias ins öffentliche Wirken. Alles, was dazwischen liegt, wird weggelassen. Mag das verborgene Leben Christi in Nazareth in sich noch so bedeutend sein, etwa für die Heiligung des Alltags, für die Weihe des Familienlebens, die Größe der Verborgenheit, das Vorbild eines Lebens im Stand der Gebote im Unterschied zum Stand der Räte[8] u. a. – Matthäus lässt trotzdem all das weg. Für seine Darstellung wählt er nur das, was zur Messianität Jesu Beziehung hat. Darum beginnt er sofort mit dem messianischen Wirken. Ein Dreifaches wird als Vorbereitung genannt: Der Messias wird durch einen gottgesandten Menschen verkündet, durch Gott selbst feierlich beglaubigt und durch den Widersacher Gottes versucht.

Von Johannes dem Täufer heißt es im ersten Vers des dritten Kapitels, dass er das Amt eines Keryx, also eines Herolds, betätigt habe. Sowohl die Gestalt dieses Herolds, der als Verkünder dem Messias vorausgeht, wie auch der Inhalt dieses Kerygma, seiner Verkündigung, sind eigenartig und aufrüttelnd.

Die *Gestalt* ist eindeutig in ihrer messianischen Funktion gezeichnet. Alle anderen Züge werden weggelassen. Daher finden sich bei Matthäus keine Angaben über die Geburt des Johannes, über seine Jugend, seinen Stammbaum usw. Er ist wesentlich Herold. Als solcher tritt er auf. Und als solcher verschwindet er wieder. Es geht nur um seine Aufgabe, um seinen Vorläuferdienst, um seine Ansage, um seine Wegbereitung. Darum wird wie eine Überschrift das Wort des Jesaja

---

[8] Vgl. Exerzitienbuch des hl. Ignatius.

angeführt: »Er war es, von dem der Prophet Jesaja gesagt hat: Stimme eines Rufers in der Wüste: Bereitet den Weg des Herrn! Macht gerade seine Straßen!« (Jes 40,3). Er ist Elija, der wiederkommt, bevor das Reich Gottes in Macht und Herrlichkeit erscheint. Wie Elija ist er gekleidet. Wie Elija geht er in die Wüste. Seine herbe Art ist die des Elija. Und sein Feuerwort atmet den Geist des Elija.

Sein *Wort* enthält ein Doppeltes: »Kehrt um! Denn das Himmelreich ist nahe.« Gesinnungsänderung ist Abkehr vom Bisherigen, Eingeständnis der eigenen Schuld, Buße als Vorstufe eines neuen Geistes. Buße ist das eigene, harte, raue Leben des Täufers, Buße aber auch seine Forderung. Die Menschen sollen ihre Sünden bekennen, sollen durch das Symbol der Bußtaufe zeigen, dass sie der Läuterung bedürfen, und sollen ihre innere Gesinnung ändern. Denn äußere Zugehörigkeit zum Volk Gottes genügt nicht. Die Berufung darauf, Kind Abrahams zu sein, findet beim Herold des Messias keine Anerkennung. Denn »Gott kann aus diesen Steinen dem Abraham Kinder erwecken«. Der Bußruf ergeht besonders an die Maßgebenden in Israel, an Pharisäer und Sadduzäer. Sie werden Schlangenbrut genannt. Die Schlange ist Satan. Sie, die sich Kinder Abrahams nennen, sind in Wirklichkeit Söhne des Teufels. Sie kommen sich vor wie ein ragender Baum und ahnen nicht, dass die Axt schon an die Wurzel gelegt ist. So ist der Bußruf des Herolds eine erschütternde Mahnung und unheimliche Drohung.

Das Reich Gottes, das Johannes verkündet, ist das Kommen des Messias. Denn derjenige, der nach ihm, dem Vorläufer, kommt, ist mächtiger und größer. Er ist der königliche Herr, dem Johannes Sklavendienste leisten will. Sein Wirken wird dementsprechend größer sein, denn er wird nicht bloß mit Wasser taufen, sondern mit Feuer. Denn zum Wasser der Taufe wird er das Feuer des Heiligen Geistes bringen, die Wiedergeburt aus dem Wasser und dem Geist, und sein Kommen in der Zeit ist nur Vorbereitung seines Wiederkommens zum Gericht am Ende der Zeiten im Feuer des Weltenbrandes. Johannes sieht das Reich Gottes, das der Messias bringen wird, als ein Ganzes. Er sieht es sowohl in seinen Anfängen wie auch in seiner Vollendung. Ganz nach Art der Propheten, bei welchen Zeitspannen sich verringern und Anfang und Ende in eins zusammenfließen. So hat sein Wort zugleich eschatologischen Charakter. Der Tag des Messias ist für ihn der Tag des göttlichen Zornes und Gerichtes, *dies irae*. Sein Wort klingt hier an an das fünfte Buch Mose: »Denn der HERR, dein Gott, ist verzehrendes Feuer« (Dtn 4,24). Und an Maleachi: »Doch wer erträgt den Tag, an dem er kommt? Wer kann bestehen, wenn er erscheint? Denn er ist wie das Feuer des Schmelzers und wie die Lauge der Walker. Er setzt sich, um das Silber zu schmelzen und zu reinigen« (Mal 3,2). Johannes führt ihn ein als den, der die Geister scheidet, weil er mit der Wurfschaufel in der Hand die Tenne reinigt, den Weizen in die Scheune bringt, die Spreu im Feuer verbrennt. So ist Johannes der letzte der Propheten. Seine Worte haben ganz den Klang der Propheten, ihr Verheißen und ihr Drohen. Seine Vision vom Gottesreich ist das Gesicht der Propheten vom Gerichtstag göttlichen Zornes, dieser Feuertaufe der Menschheit. Die Linien laufen bei ihm zusammen. Er bildet das Echo ihrer Worte und die letzte warnende Formulierung ihrer Drohungen. Aber mit dem einen und entscheidenden Unterschied, dass er diese Dinge nicht in weiter Ferne sieht wie Jeremia und Jesaja und die anderen, sondern dass er das als unmittelbare Zukunft, ja als Gegenwart verkündet: »[…] das Himmelreich ist nahe.« So ist er Ende und Anfang. Die Gestalt auf der Zeitenscheide und Zeitenwende vom Alten zum Neuen Bund. Er ist der letzte Wegweiser zum Reich Gottes, alttestamentlicher Finger, der auf den Messias hinweist, mächtig dröhnende Stimme, die zur Buße mahnt und zur Bereitung der Herzen. Und zugleich schrilles Warnsignal für alle, die nicht hören wollen. Sein Auftreten ist wie Blitz und Donner, wie dumpfes, rollendes Erdbeben. Die Fanfaren dieses Herolds klingen schon wie Posaunen des Jüngsten Gerichtes. Wer Ohren hat zu hören, kann sich der Stimme dieses Verkündigers nicht entziehen.

2. BEGLAUBIGUNG

Das erste Auftreten Jesu ist völlig anders, als man es nach der Predigt des Täufers erwarten sollte. Auf den mächtigen Heroldsruf folgt nicht eine königliche Gestalt mit großem Gefolge und Schaugepränge. Jesus kommt schlicht und einfach allein an den Jordan, mischt sich unter die Sünder und begehrt die Bußtaufe des Täufers. Dessen Widerstand ist begreiflich. »Ich müsste von dir getauft werden und du kommst zu mir?« Er hatte sich das Kommen des Messias anders gedacht. Aber auch so wird sein Widerstand zum Zeugnis. Er, der alle zur Buße auffordert, bezeugt, dass einer allein davon ausgenommen ist, nämlich Jesus. Er, der Bußprediger, ist selbst zur Buße verpflichtet und will die gleiche Taufe der Buße empfangen aus der Hand des Einen und Einzigen, der über aller Buße steht, weil er der Buße nicht bedarf. Der Widerstand des Täufers wird zur Beglaubigung des eigentlichen und wahren Täufers, des Messias. Aber Jesus besteht darauf. »Lass es nur zu! Denn so können wir die Gerechtigkeit ganz erfüllen.« Er gehört durch den Stammbaum rechtlich und gesetzlich zu den Sündern. Daraus zieht er die Konsequenz, nun auch de facto dort zu stehen, wo er sich de jure hingestellt hat. Gerechtigkeit ist es auch, weil es so dem Gesetz Gottes entspricht, d. h. der von ihm festgesetzten Heilsordnung. Gott will, dass der Sündenlose die Sünden auf sich nehme, um die Sünder sündenlos zu machen. Durch die Forderung vollgültiger Sühne will Gott zeigen, dass er gerecht ist und somit die Sünde nicht leichtnimmt. Durch diese Sühne will er aber zu gleicher Zeit die Ungerechten gerecht machen (Röm 3,26) und dadurch zeigen, dass er selbst gerecht ist und gerecht macht. Sein Gesetz ist es weiterhin, dass der Messias durch Erniedrigung erhöht, durch Sterben lebendig wird. Die Taufe im Jordan mit dem Untertauchen, bis die Flut über ihn hinwegspült, ist ein Zeichen seines Todes mit dem Verschwinden von der Oberfläche dieser Erde und der Auferstehung aus der Wasserflut und dem Grab. Und so werden auch alle Christen in der Taufe mit Christus begraben werden und mit Christus auferstehen, die Sünde wegspülen in der Flut des Wassers und des Blutes Christi und auferstehen in der Kraft des lebendig machenden Geistes, um mit Christus in einer Neuschöpfung zu leben (Röm 6,3).

Kaum steigt der Herr aus der Flut, erfolgt nun die feierliche Beglaubigung seines Wesens und seiner Sendung durch den Vater selbst.

»Da öffnete sich der Himmel.« Sie waren bisher verschlossen, so wie das Allerheiligste im Tempel durch einen schweren Vorhang unzugänglich ist. Christus ist gekommen, die Himmel zu öffnen. Darum wird auch bei seinem Tod der Vorhang vor dem Allerheiligsten zerreißen. Der Messias bringt die *revelatio*. So wird das *velum* weggezogen, denn wenn Christus als Priester der Welt ins Allerheiligste des Vaters im Himmel schreitet, ist damit für alle Christen der Zugang offen (Hebr 9). »Und er sah den Geist Gottes wie eine Taube auf sich herabkommen.« Der Geist, der schöpferisch und ordnend über der Urflut schwebte, schwebt hier über der Wasserflut des Jordan bei der Taufspendung. Er wird bei jeder Taufe schöpferisch, indem er neues Leben der Gnade spendet, über dem Wasser des Taufbrunnens schweben. Er kommt vom Himmel herab, denn er, der vom Vater und vom Sohn ausgeht, verlängert diese göttliche *processio* zu einer *missio*, einer Sendung in die Welt. Er kommt zuerst auf den Menschensohn schlechthin, um dann durch ihn, »per Christum Dominum nostrum«, auf alle Menschenkinder zu kommen, damit sie Kinder Gottes werden, wie der Menschensohn Sohn Gottes ist. Er hat die Gestalt der schwebenden Taube, denn er ist ja das schwebende Hin und Her der Liebe zwischen Gott und Mensch. Der Geist, der hier über den Wassern des Jordan schwebt, wird am Pfingsttag in feurigen Zungen über den Jüngern schweben, denn er verwandelt das Wasser alles bloß menschlichen Tuns in das Feuer göttlicher Kraft und Liebe. Johannes tauft nur mit Wasser, Christus mit Feuer. Die Gestalt der Taube erinnert an jene Taube, die aus der Arche Noah über die Wasser der Sintflut hinflog. So schwebt hier der Geist über der sündigen Menschheit, aber nur darum, weil hier die Arche der Rettung ist, Christus, der Gründer der Kirche. Mit dem Palmzweig des Friedens kehrte die Taube in die Arche zurück. Auch hier ist der Heilige Geist der Bringer des Friedens, weil Christus die Erlösung bringt, *in terra pax hominibus* (Friede den Menschen auf der Erde). In sichtbarer Gestalt erscheint der unsichtbare Geist Gottes, weil durch die Menschwerdung Gottes in Christus der unsichtbare Gott sichtbare Gestalt angenommen hat, damit wir beim Anblick dieses Sichtbaren uns hineinreißen lassen in die Liebe zum Unsichtbaren: *Ut dum visibiliter Deum cognoscimus per hunc in invisibilium amorem rapiamur.*[9]

Der Geist kommt auf Jesus. Das heißt nicht, dass Jesus ihn vorher nicht hatte und erst jetzt empfing. Es ist nur eine Sichtbarmachung dessen, was unsichtbar in ihm ist, also eine feierliche Bezeugung und Beglaubigung. Ein äußeres Zeichen einer inneren Tatsache. Dieses Geschehen wird dementsprechend auch durch Worte erläutert.

---

[9] Präfation der Weihnachtsliturgie.

»Eine Stimme aus dem Himmel sprach.« Bisher hat Gott zwar »vielfältig und auf vielerlei Weise« (Hebr 1,1) gesprochen, aber eben nur durch seine Boten, also durch Engel oder durch Propheten, und schließlich durch den Vorläufer des Herrn. Aber jetzt spricht Gott selbst. Christus ist der Logos, das Wort Gottes. Also nicht bloß ein Sichtbarwerden, sondern auch ein Hörbarwerden Gottes. Und so ist auch diese Stimme vom Himmel nur eine Bezeugung und Beglaubigung dessen, was Jesus tatsächlich ist: die lebendige Stimme vom Himmel, das Mensch gewordene Wort Gottes.

»Dieser ist mein geliebter Sohn.« Er, der hier scheinbar Sünder ist, also in der Gottferne der Verworfenen, ist in Wirklichkeit der Sohn in der intimsten Gottesnähe der Liebe. Nicht ein Sohn, sondern *der* Sohn, der vom Vater gezeugte, eingeborene, also einzig-geborene, dem Vater wesensgleiche Sohn. Und er ist der geliebte. Denn Vater und Sohn sind ja eins in der Liebe, denn gemeinsam hauchen sie den Heiligen Geist der Liebe, der ihr eigenes innerstes Wesen ist. So treten hier am Jordan Vater, Sohn und Geist als der Dreifaltige Gott in Erscheinung. Jede Taufe wird später an diese Jordantaufe erinnern, denn sie wird gespendet im Namen des Vaters und des Sohnes und des Heiligen Geistes. Und diese Stimme, die ihn als den Sohn bezeugt, der somit hinaufgehört zum Vater, ertönt in dem Augenblick, wo er herabgestiegen ist in die Flut der Sünde. Sein Hinabsteigen wird bewirken, dass er erst recht hinaufgehoben wird. Er ist der Sohn und darum werden alle, die durch ihn seine Brüder werden, auch an seiner Sohnschaft Anteil haben und Kinder Gottes sein.

»An dem ich Wohlgefallen gefunden habe.« Es liegt in diesem Wort einerseits der Gedanke der Erwählung. Der Messias ist der von Ewigkeit her Erwählte. Der Vater hat ihn erwählt, das Werk der Erlösung zu vollbringen. Der Sohn selbst hat in freiem Entschluss die Wahl getroffen und das Jawort gesprochen. Und diese Erwählung als Sendung und als Annahme der

Sendung ist geboren aus der Liebe des Heiligen Geistes. Darum tritt er bei der Sichtbarwerdung dieses Geistes in Erscheinung als der geliebte. Weiterhin liegt in diesem Wort der Gedanke der *Doxa*, der Herrlichkeit Gottes. Sie liegt auf Christus und ist in ihm, weil er dem Vater wesensgleich ist. Und umgekehrt wird durch ihn dem Vater vor aller Welt und in aller Welt die Herrlichkeit zuteil, denn der Messias ist gekommen, um den Namen Gottes zu verherrlichen (Joh 17). Die *gloria Dei* (Herrlichkeit Gottes) strahlt hier auf in Christus und durch Christus. Und darum liegt auch noch die dritte Bedeutung in diesem Wort, die Bedeutung des Wohlgefallens. Der erste Mensch, der nach dem Bild Gottes geschaffen war, trug Gottes Wohlgefallen: »Und siehe, es war sehr gut!« (Gen 1,31). Er hat aber Gottes Missfallen erregt durch die Sünde. Und erst jetzt ist wieder der wahre Mensch hier sichtbar, das eigentliche Abbild Gottes, *imago Dei invisibilis* (Kol 1,15), auf dem nun wieder das Wohlgefallen Gottes ruht.

So ist diese Beglaubigung Jesu durch die Theophanie (Erscheinung Gottes) am Jordan eine hochfeierliche Szene. Schlicht und unscheinbar beginnt sie in der Erniedrigung. Majestätisch und feierlich klingt sie aus in der Hoheit des göttlichen Zeugnisses, ja der Sicht- und Hörbarwerdung Gottes im Messias und durch ihn. Wieder klingen hier Menschliches und Göttliches zusammen. Scheinbar so ganz anders als der Täufer es verkündet hatte. In Wirklichkeit aber größer noch als der Täufer es ahnte. Der Messias ist beglaubigt.

3. VERSUCHUNG

In schroffem Gegensatz dazu führt der Geist des Herrn den Messias nun von den rauschenden Wassern des Jordan in die kahle, nackte Wüste der felsigen Berge. Vom Sprechen Gottes in tiefste Einsamkeit. Vom beglückenden Verbundensein mit dem Vater im Heiligen Geist zur Buße des Fastens. Und von der Gottesnähe in die Nähe Satans. Nach der Stimme von oben wird nun die Stimme von unten hörbar. Nach dem Wort Gottes das Wort des Teufels. Wo der Himmel geöffnet war, öffnet sich nun der Abgrund. Und neben dem Heiligen Geist steht der unheilige Geist. Auf das *mysterium aequitatis*, das alle Gerechtigkeit erfüllt, folgt das *mysterium iniquitatis*, das zum Unrecht der Sünde verleiten will. So steht in der Szene der Versuchung der Messias zwischen Gott und Teufel. Die Abgründe nach oben und nach unten stehen offen. Es geht um Himmel und Hölle, nicht bloß um irdische, menschliche Dinge. Neben dem Geheimnis Gottes und seiner Liebe steht die Unheimlichkeit der Dämonie. Und zugleich wird in den Versuchungen Christi sichtbar, dass die messianischen Erwartungen Israels Göttliches in Ungöttliches verwandelt haben, dass ihre Vorstellungen vom Messias gottfeindliche Selbstsucht an die Stelle des Gottsuchens gesetzt haben.

Wie Mose vierzig Tage gefastet hat, um das Wort des Herrn, das Gesetz Gottes zu vernehmen (Ex 34,28), wie Elias vierzig Tage in der Wüste war, um Gott zu finden, und wie das Volk Gottes vierzig Jahre durch die Wüste wanderte hin zum Gelobten Land, so weilt der Messias vierzig Tage und Nächte fastend in der Wüste, um dann dem Volk Gottes das Wort Gottes zu bringen und ihm das Gelobte Land des Reiches Gottes zu zeigen.

Die *erste Versuchung*, aus den Steinen Brot zu machen, ist nicht nur ein naheliegendes Ergebnis des Hungers nach dem langen Fasten. Sie ist tiefer begründet und hat messianischen Charakter. Das Volk Israel erwartet im messianischen Gottesreich die Aufhebung aller Not. Das Land wird fließen von Milch und Honig. Die Völker werden kommen von Ost und West, von Nord und Süd und ihre Reichtümer nach Jerusalem tragen. Die farbengesättigten Schilderungen der Propheten und der Psalmen werden nicht als bloße Symbole angenommen, sondern als irdisch-materielle Wirklichkeit erträumt. Nicht umsonst werden die Massen Christus gerade nach der Brotvermehrung zujubeln, denn dann glauben sie, dass das Reich Gottes gekommen sei. Darüber hinaus hat aber die Versuchung allgemein menschlichen Charakter. Das Materielle beschäftigt den Menschen vor allem anderen, angefangen von der äußeren Not mit ihrer Sorge ums tägliche Brot bis zur inneren Unrast des Kapitalismus, bis zum Luxus, der den Reichen fesselt und seine Seele nicht mehr freigibt. Und zwar ist dieser Materialismus nicht ohne Weiteres als etwas Gottfeindliches erkennbar, sondern er hat wirklich Versuchungscharakter. Denn wie soll der Mensch Gott dienen, wenn nicht für seinen Unterhalt gesorgt ist und er wenigstens ein Existenzminimum gesichert hat? Wie soll er Geist und Herz zum Gebet frei halten, wenn der zermürbende Kampf um Brot und Lohn und Wohnung all seine Kräfte verbraucht? Das wirtschaftliche Leben und die soziale Frage können dem Christentum nicht gleichgültig sein. Denn in der Tat hat Christus den Menschen auch materiell geholfen durch die Heilung ihrer Krankheiten und das Stillen ihres Hungers. Er wird den Seinen bei der Aussendung nicht nur sagen: »Verkündet das Reich Gottes!«, sondern auch: »Heilt die Kranken!«. In der Urkirche wird die Diakonie der Fürsorge mit der Seelsorge einhergehen, denn der Herr wird von der materiellen Hilfeleistung gegenüber den Mitmenschen das Urteil beim Jüngsten Gericht abhängig machen (Mt 25). Das alles besteht zu Recht. Und doch lautet die Antwort des Messias eindeutig: »Der Mensch lebt nicht nur von Brot […], sondern von allem […], was der Mund des HERRN spricht.« Dieses Zitat aus dem 5. Buch Mose erinnert an den Hunger in der Wüste, an die Nahrung durch Gott, aber nur so, wie es dem Willen Gottes entspricht. Das Erste und Wichtigste für den Menschen ist nicht das Brot, sondern das Wort Gottes. Denn der Mensch ist in erster Linie nicht ein bloß körperliches, sondern ein geistiges Wesen. Seine Würde besteht darin, dass er Abbild Gottes ist. Und darum ist das, was ihn lebendig erhält, in erster Linie die geistige Nahrung des Wortes Gottes. Dieses Wort Gottes ist im eigentlichen, vollen Sinn der *Logos*, also Christus selbst, das Mensch gewordene Wort Gottes. Er ist aber weiterhin die Offenbarung, die Gott dem Menschen gegeben hat, und ist endlich jedes innere Angesprochenwerden durch Gott. Primat des Geistigen vor dem Materiellen, Vorrang Gottes vor dem Irdischen liegt in der Antwort Christi. Diese seine Antwort schließt die materielle Hilfe nicht aus. Besagt keine Gleichgültigkeit gegenüber der menschlichen Not, der wirtschaftlichen und sozialen Problematik, sondern betont nur, dass die eigentlich religiöse Hilfe das Erste und Wichtigste ist. Der Herr wird im Vaterunser als Inhalt der ersten drei Bitten das Göttliche formulieren, Gottes Wesen, Gottes Reich und Gottes Willen, wird aber dann auch die materielle Bitte ums tägliche Brot seinem großen Gebet einfügen. Das Volk Israel soll in erster Linie von Gott und vom Reich Gottes den religiösen Reichtum des Gotteswortes, der Gottesgnade und der Gottesliebe erwarten, dann erst an materielle Erleichterung denken und nicht umgekehrt. Und die Menschheit darf Gebet und Religion nicht als äußere und irdische Sicherung betrachten und damit Gott zum bloßen Diener des Menschen herabwürdigen, sondern muss umgekehrt Gebet und Religion als Gottesdienst sehen und damit Gott die Ehre geben, der zuerst kommt und hinter dem alles andere zurückzutreten hat. So ist die Antwort Jesu eine Klarstellung der rechten Ordnung, die lautet: zuerst Gott und dann der Mensch. Und beim Menschen zuerst das Geistige und dann das Materielle.

Die *zweite Versuchung* mit der Forderung, der Herr solle sich von der Zinne des Tempels stürzen, wird vom Satan biblisch maskiert. Denn er zitiert zum Erweis, wie berechtigt und begründet seine Aufforderung sei, das Wort der Schrift aus dem 90. Psalm, wonach Gott den Engeln befohlen hat, dass sie ihn, den Messias, auf ihren Händen tragen, sodass sein Fuß sich nicht anstoße an einem Stein.

Auch diese Versuchung entspringt nicht bloß der augenblicklichen persönlichen Lage Jesu, der unmittelbar vor seinem ersten öffentlichen Auftreten vor dem Volk steht und sich somit die Frage stellt, wo und wie er auftreten solle, sondern auch diese Versuchung ist messianisch geprägt. Israel erwartet den Messias auf eine außergewöhnliche, auffallende, wunderbare Weise. Hat es nicht bei Jesaja beten gelernt: Tauet, Himmel, den Gerechten, Wolken, regnet ihn herab? (Jes 45,8). War nicht immer wieder davon die Rede, etwa noch beim Propheten Maleachi (Mal 3,1), dass der Herr plötzlich kommen und im Tempel erscheinen wird? Das Ungewöhnliche seines Auftretens, das Außergewöhnliche des Wunders wird darum auch im Leben Jesu eine besondere Rolle spielen. Immer wieder werden sie sagen: » Meister, wir möchten von dir ein Zeichen sehen« (Mt 12,38). Aber auch diese Versuchung ist allgemein menschlich. Der Mensch verbindet mit dem Gedanken an das Eingreifen Gottes, an die Hilfe und an das Kommen Gottes die Vorstellung vom Sensationellen und vom Wunder. Sobald irgendwo die Rede von auffallenden Erscheinungen und wunderbaren Dingen umgeht, strömen die Massen zusammen, gerät das Volk in Bewegung und bricht scheinbar eine neue Religiosität auf. Und doch ist der Wille Gottes das Dienen im Alltag, das schlichte Halten seiner Gebote, der religiöse Geist in der Gestaltung des gewöhnlichen, täglichen

Lebens. Die Antwort des Messias lautet dementsprechend wieder mit einem Wort der Schrift: »Du sollst den Herrn, deinen Gott, nicht auf die Probe stellen.« Der Mensch soll nicht ein Wunder verlangen, sondern Gottes Gnade und Kraft, um im Alltag zu bestehen und seinen Weg tapfer zu gehen. »Das Reich Gottes kommt nicht so, dass man es beobachten könnte« (Lk 17,20). Religion ist keine Sache der Sensation. Der Mensch soll nicht vom Schauen leben, sondern vom Glauben und somit vom Jasagen zum verborgenen Gott, der die Naturgesetze nicht gegeben hat, um sie dauernd zu durchbrechen, und der die moralischen Gesetze nicht erlassen hat, um ihre Erfüllung durch Wunder zu ermöglichen. Auch die Antwort auf diese Versuchung legt etwas vom innersten Wesen echter Religiosität bloß und zeigt die Wurzeln wirklicher Frömmigkeit.

Die *dritte Versuchung* mit dem Hinweis auf die politische Macht wäre an sich ebenfalls aus der augenblicklichen seelischen Verfassung Jesu verständlich. Er ist soeben am Jordan feierlich als der Sohn Gottes beglaubigt worden. Ihm gehört die Welt. Soll er nicht vom Thron Israels Besitz ergreifen und auftreten als Herr der Welt? Der Gedanke ist ebenfalls messianisch. Im 2. Psalm spricht Gott zum Messias: »Ich gebe dir die Völker zum Erbe und zum Eigentum die Enden der Erde.« Bei Jesaja heißt es, dass der Messias herrschen wird von Meer zu Meer und dass Könige kommen, ihm zu huldigen. Ist nicht immer wieder davon die Rede, dass Gott seine Feinde zum Schemel seiner Füße mache? Und wird das Reich Gottes nicht verkündet als der Triumph Israels? Ist es verwunderlich, dass das geknechtete und versklavte Israel, in dessen Mitte ein Fremdling aus Edom das Zepter führt und der Vertreter heidnischer Cäsaren mit verhasstem Militär seine Macht ausübt, die Verkündigung vom nahen Gottesreich aufnimmt mit der Hoffnung auf das Zerbrechen des politischen Jochs, auf das Bringen der politischen Freiheit und der irdischen Macht? Sie werden darum auch später ihn zum König machen wollen, um ihn mit irdischer Macht auszustatten. Und sie werden ihm am lautesten zujubeln an dem Tag, an dem er triumphal in die Hauptstadt Jerusalem einzieht, weil sie hoffen, es sei der Tag seiner irdischen Machtergreifung. Er wird sie enttäuschen und darum wird ihre Liebe umschlagen in Hass. Und sie werden ihm als Zeichen ihrer Enttäuschung die Dornenkrone aufs Haupt drücken und dem Gekreuzigten wie zum Hohn die königliche Inschrift ans Kreuz nageln: *Rex Judaeorum*. Und schließlich hat auch diese dritte Versuchung allgemein menschlichen Charakter. Ist der Wille zur Macht nicht die Versuchung eines jeden Mannes und eines jeden Volkes? Und wäre es nicht leichter, das Gesetz Gottes zu verkünden und durchzuführen, wenn die Vertreter der Religion auch über die irdischen Machtmittel verfügten und somit dem Gesetz auch die nötige Achtung zu verschaffen imstande wären? Haben die Machtkämpfe einer jeden Form von Cäsaropapismus nicht einen berechtigten religiösen Kern? Aber im Willen zur Macht steckt auch die menschliche Überheblichkeit, die Weigerung, sich der höheren Macht Gottes unterzuordnen, der Traum, wie Gott zu sein. So wird gerade in dieser Versuchung das eigentlich Satanische sichtbar. Darum lässt gerade hier Satan die Maske fallen, denn er fordert, dass Christus ihn anbete, sodass Gott mit Satan die Rolle vertausche und die Dämonie zum Inhalt der Religion werde. Darum lautet auch die Antwort Christi hier mit besonderer Schärfe: Weg mit dir, Satan! Er schleudert ihn wie ein giftiges Reptil von sich, denn hier gibt es kein Überlegen und kein Paktieren. Das Wort Gottes ist klar und eindeutig: »Den HERRN, deinen Gott, sollst du fürchten; ihm sollst du dienen, bei seinem Namen sollst du schwören« (Dtn 6,13). Gott ist also der Herr, nicht Satan. Somit gebührt Gott allein die Ehre, die Verherrlichung, die Anbetung. Gegen den Willen zur Macht wird die Unterordnung unter den Allmächtigen gefordert, von dem allein alle Macht kommt.

Die gewaltige Szene schließt mit dem Kommen der Engel zum Dienst des Messias. Er, der gefordert hat, dass man Gott dienen soll, empfängt den Dienst der Engel und erweist sich damit als derjenige, dem der Dienst gebührt. Das Dunkel weicht. Alle satanische Schwüle ist geschwunden. Und alles endet in der klaren, hellen Atmosphäre Gottes und seiner Engel. Endigte die erste Hälfte des einführenden Teils mit einer Scheidung der Geister unter den Menschen, für oder gegen Christus, so endigt hier die zweite Hälfte mit einer Scheidung der Geister als solche: Satan gegen Christus. Damit wird das metaphysische Geheimnis alles Antichristentums klar: Es ist Dämonie, ist der Gegensatz zwischen Satan und dem verheißenen und jetzt gekommenen Erlöser, ein Gegensatz, von dem im ersten Buch der Bibel die Rede ist und im letzten Buch der Bibel zum letzten Mal die Rede sein wird.

Damit ist der einführende Teil des Evangeliums abgerundet. Der Messias ist in die Welt eingeführt. Jahrtausende hindurch hat Gott ihm durch Generationen den Weg bereitet und dann für seinen Eintritt in die Welt in Maria und Josef die bereiten Menschen gewählt. Die Scheidung der Geister in freudige Anbetung und mörderischen Hass lässt schon ahnen, wie das Leben des Messias verlaufen wird. Nicht weniger gewaltig ist die Einführung Christi ins öffentliche Wirken. Jede Scheingröße äußerlich-majestätischen Auftretens fehlt. Aber seine wahre Größe wird verkündet durch den gottgesandten Herold Johannes, wird aufgezeigt durch die Stimme Gottes selbst. Und wieder endet es mit einer Scheidung der Geister, in der Gott als der reine und allein große Geist aufgezeigt und Satan als der Geist der Versuchung, als der böse Geist in den Abgrund geschleudert wird. Wieder ist es Hinweis auf den Verlauf des ganzen Wirkens und der Wirkung Jesu, des Messias.

CHRISTUS IM EINFÜHRUNGSKAPITEL

Die persönliche Gestalt Jesu tritt in diesem einführenden Abschnitt naturgemäß zurück. Dafür ist der Rahmen, in dem sich alles bewegen wird, umso deutlicher gezeichnet. Zwei Linien sind sichtbar hervorgehoben: die menschliche und die übermenschliche.

Die *menschliche Linie* zeigt sich in der raum-zeitlichen Abgrenzung, die zu allem Menschlichen gehört.

Der Raum ist in erster Linie das Land und Volk Israel. Der Messias ist der Sohn Davids, Sohn Abrahams, in Nazareth empfangen, in Bethlehem geboren, am Jordan getauft. Und doch wird der Rahmen bereits erweitert. Die Magier kommen als Vertreter fremder Völker, um ihm zu huldigen. Christus selbst wird von Maria und Josef nach Ägypten gebracht. Und Johannes der Täufer lässt die Israeliten wissen, dass die äußere Zugehörigkeit zum Gottesvolk nichts besage, denn Gott kann aus diesen Steinen dem Abraham Kinder erwecken (Mt 3,9). Die Erweiterung der jüdischen Synagoge zur universellen Weltkirche ist hier schon angedeutet.

Auffallend betont ist das Element des *zeitlichen* Geschehens. Das Christentum ist nicht eine Philosophie oder ein Mythos, sondern es ist, wie das erste Wort des Matthäus-Evangeliums sagt, eine Genesis, ein wirkliches Geschehen zu einem bestimmten Zeitpunkt der Geschichte und in einen bestimmten zeitlichen Ablauf eingespannt. Das Zeitelement wird im 17. Vers des 1. Kapitels besonders betont, wo von den dreimal 14 Generationen die Rede ist und damit bestimmte Zeiteinteilungen genannt werden: von Abraham bis David, von David bis zur Babylonischen Gefangenschaft, von der Babylonischen Gefangenschaft bis Christus. Christus wird als geschichtliche Mitte hingestellt. Alles Frühere ist Vorbereitung, alles Kommende Auswirkung. Mit ihm beginnt wirklich das neue Jahr 1. Die Linien laufen konvergierend auf Christus zu und dann von ihm aus divergierend wieder in die Zukunft. Das Zeitelement wird weiterhin dadurch betont, dass ausdrücklich gesagt wird, Jesus sei geboren »zur Zeit des Königs Herodes« (Mt 2,1). Herodes erkundigt sich bei den Magiern nach dem genauen Zeitpunkt der Sternerscheinung (Mt 2,7). In diesem Zusammenhang wird noch einmal (Mt 2,16) hervorgehoben, der Herodes-Befehl sei erlassen worden »genau der Zeit entsprechend, die er von den Sterndeutern erfahren hatte«. Die Rückkehr nach Nazareth erfolgt wieder mit einer Zeitangabe, nämlich »als in Judäa Archelaus anstelle seines Vaters Herodes regierte« (Mt 2,22). Es ist damit ausdrücklich gesagt, dass es sich bei Christus nicht um eine bloße Symbolgestalt handelt oder eine legendäre Figur. Er ist vielmehr ein wirklicher Mensch, der an einem bestimmten Ort und zu einer bestimmten Zeit gelebt und gewirkt hat. Der historische Mensch Jesus, seine Geburt, sein Leben und sein Sterben sind ein wirkliches geschichtliches Geschehen. Ja, das Geschehen, das jedem Geschehen und damit der Geschichte den eigentlichen Inhalt und Sinn gibt. Die Zeit, in der sich das messianische Leben abwickelt, ist die Fülle der Zeit. Das heißt, alles Vorausgehende ist nur Vorbereitung und alles Nachfolgende ist nur ein Strömen aus dieser Fülle. Die Weltgeschichte ist, christlich gesehen, Heilsgeschichte.

Die Weiterentwicklung des Matthäus-Evangeliums wird diese Zeitbewertung weiterführen, bis es am Schluss heißt, dass Christus unsichtbar bei den Seinen bleiben werde, »alle Tage bis zum Ende der Welt«, das heißt, dass er den ganzen weltgeschichtlichen Zeitablauf nun ausfüllen werde bis zu dem Augenblick, wo der jetzige Zeitabschnitt, der jetzige Äon, sein Ende findet und nicht durch eine zeitlose Ewigkeit, sondern durch eine Zeitdauer ohne Ende abgelöst wird. Und innerhalb dieses jetzigen Zeitablaufs wird es keinen Augenblick, keinen Abschnitt mehr geben, in welchem Christus nicht zugegen ist, denn er wird da sein »alle Tage«.

Ist das messianische Geschehen auf diese Weise einerseits raum-zeitlich festgelegt und andererseits doch wieder räumlich erweitert und zeitlich bis in die Endlosigkeit verlängert, so wird das Sprengen der menschlichen Enge von einer anderen Seite her noch erhöht und vermehrt. Denn zur menschlichen Linie kommt als Zweites in diesem Einführungsabschnitt die Linie des *Übermenschlichen,* und zwar in doppeltem Sinn. Einmal spielen im Wirken des Messias schon von Anfang an geheimnisvolle, übermenschliche Geistwesen eine Rolle: Engel und Dämonen. Ein Engel erscheint Josef, um ihm den Sinn des Geschehens mitzuteilen (Mt 1,20). Ein Engel veranlasst die Flucht nach Ägypten (Mt 2,13). Ein Engel bringt die Botschaft zur Rückkehr aus Ägypten (Mt 2,20). Auf der anderen Seite ist es der Teufel, der den Herrn in der Wüste versucht. Der Teufel beruft sich seinerseits auf das Wort der Schrift, dass Gott den Engeln befohlen habe, den Messias auf ihren Händen zu tragen, damit er seinen Fuß nicht stoße an einen Stein (Mt 4,6). Und der ganze Abschnitt schließt mit dem Satz: »Darauf ließ der Teufel von ihm ab und siehe, es kamen Engel und dienten ihm« (Mt 4,11). Die bloß menschliche Bedeutung des messianischen Heilsgeschehens wird hier durchbrochen und die Wirkung des Messias für die Geisteswelt der Engel einerseits und die Überwindung Satans und der Dämonen andererseits betont. So ist alles ins Übermenschliche erweitert. Darüber hinaus aber wird gezeigt, dass nicht nur höhere Geistwesen hier im Spiel sind, sondern dass es sich um ein göttliches Geschehen handelt. Dieses Göttliche zeigt sich einmal darin, dass sich alles nach einem festen, klaren Plan Gottes vollzieht, dass dieser Plan durch Gottes Boten, die Propheten, vorausgesagt war und nun in Erfüllung geht und dass die Engel als Boten Gottes Anordnungen durchführen. Auch der Stern, der den Magiern erscheint, wird als Zeichen Gottes sichtbar. Gottes besonderer

Schutz wacht über dem Kind. Der gottgesandte Vorläufer bereitet ihm den Weg. Aber die Linie geht noch höher. Es wird gezeigt, dass dieses Kind selbst etwas Göttliches ist. Denn die Zeugung im Schoß der Jungfrau ist durch den Geist Gottes erfolgt. »Denn das Kind, das sie erwartet, ist vom Heiligen Geist« (Mt 1,20). Sein Name lautet darum: Immanuel, Gott mit uns (Mt 1,23). Auch dieses Wort des ersten Kapitels wird im letzten Kapitel wieder aufgegriffen, wenn Jesus sagt: »Ich bin mit euch alle Tage.« Er ist also »Gott mit uns« bis zum Ende der Zeiten. Die Magier erkennen ihn nicht nur als König der Juden, sondern glauben an das Göttliche in ihm, denn »sie fielen nieder und huldigten ihm« (Mt 2,11). Johannes spricht ihm göttliche Macht zu, wenn er von ihm sagt, dass er taufe mit dem Heiligen Geist und mit Feuer. Und schließlich wird Christus bei der Taufe am Jordan als »der geliebte Sohn Gottes« vom Vater selbst bezeugt.

So ist schon in diesen Einführungskapiteln alles keimhaft gegeben: die Wirklichkeit des Menschlichen, die Wirkung ins Übermenschliche, die Göttlichkeit des Geschehens und die Gottheit des Messias selbst. All das wird im Evangelium weiterentwickelt. Die räumliche Sprengung durch die Sendung der Seinen zu allen Völkern (Mt 28), die zeitliche Erweiterung bis zum Ende dieser Zeit (Mt 28). Besessene werden dem Herrn immer wieder begegnen, weil der Herr gekommen ist, die Seinen aus der Knechtschaft Satans zu erlösen. Die Erde wird für ihn Zeugnis geben nicht nur im Sternenhimmel, sondern in der Finsternis bei seinem Sterben und im Beben der Erde bei seiner Auferstehung. Gott wird sichtbar mit ihm sein in den Wundern, die er wirkt. Und seine eigene Gottheit wird offenbar im Selbstzeugnis seiner Worte, im Zeichen seiner Werke, in der Kraft seiner Auferstehung und in der Majestät seiner Wiederkunft zum Gericht. Jesus ist der Messias Israels, der Heilbringer der Menschheit, das Kommen Gottes in Menschengestalt: Immanuel, Gott mit uns.

ZWEITER TEIL

DIE BERGPREDIGT UND IHRE BEGLAUBIGUNG

Einführung 4,12–4,25

I. DIE BERGPREDIGT 5,1–7,29

1. Der neue Geist 5,1–5,16
   Wesen des neuen Geistes 5,1–5,12
   Verkündigung des neuen Geistes 5,13–5,16
2. Die neue Gerechtigkeit 5,17–7,6
   Das Verhalten zu Gott:
   Anders als die Schriftgelehrten (Gesetz) 5,17–5,48
   Anders als die Pharisäer (Werke) 6,1–6,18
   Das Verhalten zur Welt 6,19–6,34
   Das Verhalten zu den Menschen 7,1–7,6
3. Der Weg zur Erfüllung 7,7–7,29
   Beten 7,7–7,11
   Handeln 7,12–7,29

CHRISTUS IN DER BERGPREDIGT

II. DIE BEGLAUBIGUNG DURCH WUNDER 8,1–9,35

1. Das Zeugnis der Wunder 8,1–8,17
   Erster Unterbruch: Jüngerschaft (positiv) 8,18–8,22
2. Scheidung der Geister als Wirkung der Wunder 8,23–9,8
   Zweiter Unterbruch: Jüngerschaft (negativ) 9,9–9,17
3. Glaube und Unglaube als Grund
   der Scheidung der Geister 9,18–9,35

CHRISTUS IM WUNDERKAPITEL

I. DIE BERGPREDIGT

Mt 4,12–7,29

Als Jesus hörte, dass Johannes ausgeliefert worden war, kehrte er nach Galiläa zurück. Er verließ Nazaret, um in Kafarnaum zu wohnen, das am See liegt, im Gebiet von Sebulon und Naftali. Denn es sollte sich erfüllen, was durch den Propheten Jesaja gesagt worden ist: Das Land Sebulon und das Land Naftali, die Straße am Meer, das Gebiet jenseits des Jordan, das heidnische Galiläa: Das Volk, das im Dunkel saß, hat ein helles Licht gesehen; denen, die im Schattenreich des Todes wohnten, ist ein Licht erschienen.

Von da an begann Jesus zu verkünden: Kehrt um! Denn das Himmelreich ist nahe. Als Jesus am See von Galiläa entlangging, sah er zwei Brüder, Simon, genannt Petrus, und seinen Bruder Andreas; sie warfen gerade ihr Netz in den See, denn sie waren Fischer. Da sagte er zu ihnen: Kommt her, mir nach! Ich werde euch zu Menschenfischern machen. Sofort ließen sie ihre Netze liegen und folgten ihm nach. Als er weiterging, sah er zwei andere Brüder, Jakobus, den Sohn des Zebedäus, und seinen Bruder Johannes; sie waren mit ihrem Vater Zebedäus im Boot und richteten ihre Netze her. Er rief sie und sogleich verließen sie das Boot und ihren Vater und folgten Jesus nach.

Er zog in ganz Galiläa umher, lehrte in den Synagogen, verkündete das Evangelium vom Reich und heilte im Volk alle Krankheiten und Leiden. Und sein Ruf verbreitete sich in ganz Syrien. Man brachte alle Kranken mit den verschiedensten Gebrechen und Leiden zu ihm, Besessene, Mondsüchtige und Gelähmte, und er heilte sie. Scharen von Menschen aus

Galiläa, der Dekapolis, aus Jerusalem und Judäa und aus dem Gebiet jenseits des Jordan folgten ihm nach.

Als Jesus die vielen Menschen sah, stieg er auf den Berg. Er setzte sich und seine Jünger traten zu ihm. Und er öffnete seinen Mund, er lehrte sie und sprach:

Selig, die arm sind vor Gott; denn ihnen gehört das Himmelreich. Selig die Trauernden; denn sie werden getröstet werden. Selig die Sanftmütigen; denn sie werden das Land erben. Selig, die hungern und dürsten nach der Gerechtigkeit; denn sie werden gesättigt werden. Selig die Barmherzigen; denn sie werden Erbarmen finden. Selig, die rein sind im Herzen; denn sie werden Gott schauen. Selig, die Frieden stiften; denn sie werden Kinder Gottes genannt werden. Selig, die verfolgt werden um der Gerechtigkeit willen; denn ihnen gehört das Himmelreich. Selig seid ihr, wenn man euch schmäht und verfolgt und alles Böse über euch redet um meinetwillen. Freut euch und jubelt: Denn euer Lohn wird groß sein im Himmel. So wurden nämlich schon vor euch die Propheten verfolgt.

Ihr seid das Salz der Erde. Wenn das Salz seinen Geschmack verliert, womit kann man es wieder salzig machen? Es taugt zu nichts mehr, außer weggeworfen und von den Leuten zertreten zu werden. Ihr seid das Licht der Welt. Eine Stadt, die auf einem Berg liegt, kann nicht verborgen bleiben. Man zündet auch nicht eine Leuchte an und stellt sie unter den Scheffel, sondern auf den Leuchter; dann leuchtet sie allen im Haus. So soll euer Licht vor den Menschen leuchten, damit sie eure guten Taten sehen und euren Vater im Himmel preisen.

Denkt nicht, ich sei gekommen, um das Gesetz und die Propheten aufzuheben! Ich bin nicht gekommen, um aufzuheben, sondern um zu erfüllen. Amen, ich sage euch: Bis Himmel und Erde vergehen, wird kein Jota und kein Häkchen des Gesetzes vergehen, bevor nicht alles geschehen ist. Wer auch nur eines von den kleinsten Geboten aufhebt und die Men-

schen entsprechend lehrt, der wird im Himmelreich der Kleinste sein. Wer sie aber hält und halten lehrt, der wird groß sein im Himmelreich. Darum sage ich euch: Wenn eure Gerechtigkeit nicht weit größer ist als die der Schriftgelehrten und der Pharisäer, werdet ihr nicht in das Himmelreich kommen.

Ihr habt gehört, dass zu den Alten gesagt worden ist: Du sollst nicht töten; wer aber jemanden tötet, soll dem Gericht verfallen sein. Ich aber sage euch: Jeder, der seinem Bruder auch nur zürnt, soll dem Gericht verfallen sein; und wer zu seinem Bruder sagt: Du Dummkopf!, soll dem Spruch des Hohen Rates verfallen sein; wer aber zu ihm sagt: Du Narr!, soll dem Feuer der Hölle verfallen sein. Wenn du deine Opfergabe zum Altar bringst und dir dabei einfällt, dass dein Bruder etwas gegen dich hat, so lass deine Gabe dort vor dem Altar liegen; geh und versöhne dich zuerst mit deinem Bruder, dann komm und opfere deine Gabe! Schließ ohne Zögern Frieden mit deinem Gegner, solange du mit ihm noch auf dem Weg zum Gericht bist! Sonst wird dich dein Gegner vor den Richter bringen und der Richter wird dich dem Gerichtsdiener übergeben und du wirst ins Gefängnis geworfen. Amen, ich sage dir: Du kommst von dort nicht heraus, bis du den letzten Pfennig bezahlt hast. Ihr habt gehört, dass gesagt worden ist: Du sollst nicht die Ehe brechen. Ich aber sage euch: Jeder, der eine Frau ansieht, um sie zu begehren, hat in seinem Herzen schon Ehebruch mit ihr begangen. Wenn dich dein rechtes Auge zum Bösen verführt, dann reiß es aus und wirf es weg! Denn es ist besser für dich, dass eines deiner Glieder verloren geht, als dass dein ganzer Leib in die Hölle geworfen wird. Und wenn dich deine rechte Hand zum Bösen verführt, dann hau sie ab und wirf sie weg! Denn es ist besser für dich, dass eines deiner Glieder verloren geht, als dass dein ganzer Leib in die Hölle kommt. Ferner ist gesagt worden: Wer seine Frau aus der Ehe entlässt, muss ihr eine Scheidungs-

urkunde geben. Ich aber sage euch: Wer seine Frau entlässt, obwohl kein Fall von Unzucht vorliegt, liefert sie dem Ehebruch aus; und wer eine Frau heiratet, die aus der Ehe entlassen worden ist, begeht Ehebruch. Ihr habt gehört, dass zu den Alten gesagt worden ist: Du sollst keinen Meineid schwören, und: Du sollst halten, was du dem Herrn geschworen hast. Ich aber sage euch: Schwört überhaupt nicht, weder beim Himmel, denn er ist Gottes Thron, noch bei der Erde, denn sie ist der Schemel seiner Füße, noch bei Jerusalem, denn es ist die Stadt des großen Königs! Auch bei deinem Haupt sollst du nicht schwören; denn du kannst kein einziges Haar weiß oder schwarz machen. Eure Rede sei: Ja ja, nein nein; was darüber hinausgeht, stammt vom Bösen. Ihr habt gehört, dass gesagt worden ist: Auge für Auge und Zahn für Zahn. Ich aber sage euch: Leistet dem, der euch etwas Böses antut, keinen Widerstand, sondern wenn dich einer auf die rechte Wange schlägt, dann halt ihm auch die andere hin! Und wenn dich einer vor Gericht bringen will, um dir das Hemd wegzunehmen, dann lass ihm auch den Mantel! Und wenn dich einer zwingen will, eine Meile mit ihm zu gehen, dann geh zwei mit ihm! Wer dich bittet, dem gib, und wer von dir borgen will, den weise nicht ab! Ihr habt gehört, dass gesagt worden ist: Du sollst deinen Nächsten lieben und deinen Feind hassen. Ich aber sage euch: Liebt eure Feinde und betet für die, die euch verfolgen, damit ihr Kinder eures Vaters im Himmel werdet; denn er lässt seine Sonne aufgehen über Bösen und Guten und er lässt regnen über Gerechte und Ungerechte. Wenn ihr nämlich nur die liebt, die euch lieben, welchen Lohn könnt ihr dafür erwarten? Tun das nicht auch die Zöllner? Und wenn ihr nur eure Brüder grüßt, was tut ihr damit Besonderes? Tun das nicht auch die Heiden? Seid also vollkommen, wie euer himmlischer Vater vollkommen ist!

Hütet euch, eure Gerechtigkeit vor den Menschen zu tun, um von ihnen gesehen zu werden; sonst habt ihr keinen Lohn von eurem Vater im Himmel zu erwarten. Wenn du Almosen gibst, posaune es nicht vor dir her, wie es die Heuchler in den Synagogen und auf den Gassen tun, um von den Leuten gelobt zu werden! Amen, ich sage euch: Sie haben ihren Lohn bereits erhalten. Wenn du Almosen gibst, soll deine linke Hand nicht wissen, was deine rechte tut, damit dein Almosen im Verborgenen bleibt; und dein Vater, der auch das Verborgene sieht, wird es dir vergelten.

Wenn ihr betet, macht es nicht wie die Heuchler! Sie stellen sich beim Gebet gern in die Synagogen und an die Straßenecken, damit sie von den Leuten gesehen werden. Amen, ich sage euch: Sie haben ihren Lohn bereits erhalten. Du aber, wenn du betest, geh in deine Kammer, schließ die Tür zu; dann bete zu deinem Vater, der im Verborgenen ist! Dein Vater, der auch das Verborgene sieht, wird es dir vergelten. Wenn ihr betet, sollt ihr nicht plappern wie die Heiden, die meinen, sie werden nur erhört, wenn sie viele Worte machen. Macht es nicht wie sie; denn euer Vater weiß, was ihr braucht, noch ehe ihr ihn bittet. So sollt ihr beten: Unser Vater im Himmel, geheiligt werde dein Name, dein Reich komme, dein Wille geschehe wie im Himmel, so auf der Erde. Gib uns heute das Brot, das wir brauchen! Und erlass uns unsere Schulden, wie auch wir sie unseren Schuldnern erlassen haben! Und führe uns nicht in Versuchung, sondern rette uns vor dem Bösen! Denn wenn ihr den Menschen ihre Verfehlungen vergebt, dann wird euer himmlischer Vater auch euch vergeben. Wenn ihr aber den Menschen nicht vergebt, dann wird euch euer Vater eure Verfehlungen auch nicht vergeben.

Wenn ihr fastet, macht kein finsteres Gesicht wie die Heuchler! Sie geben sich ein trübseliges Aussehen, damit die Leute merken, dass sie fasten. Amen, ich sage euch: Sie haben ihren Lohn bereits erhalten. Du aber, wenn du fastest, salbe dein Haupt und wasche dein Gesicht, damit die Leute nicht merken, dass du fastest, sondern nur dein Vater, der im Ver-

borgenen ist; und dein Vater, der das Verborgene sieht, wird es dir vergelten.

Sammelt euch nicht Schätze hier auf der Erde, wo Motte und Wurm sie zerstören und wo Diebe einbrechen und sie stehlen, sondern sammelt euch Schätze im Himmel, wo weder Motte noch Wurm sie zerstören und keine Diebe einbrechen und sie stehlen! Denn wo dein Schatz ist, da ist auch dein Herz. Die Leuchte des Leibes ist das Auge. Wenn dein Auge gesund ist, dann wird dein ganzer Leib hell sein. Wenn aber dein Auge krank ist, dann wird dein ganzer Leib finster sein. Wenn nun das Licht in dir Finsternis ist, wie groß muss dann die Finsternis sein! Niemand kann zwei Herren dienen; er wird entweder den einen hassen und den andern lieben oder er wird zu dem einen halten und den andern verachten. Ihr könnt nicht Gott dienen und dem Mammon. Deswegen sage ich euch: Sorgt euch nicht um euer Leben, was ihr essen oder trinken sollt, noch um euren Leib, was ihr anziehen sollt! Ist nicht das Leben mehr als die Nahrung und der Leib mehr als die Kleidung? Seht euch die Vögel des Himmels an: Sie säen nicht, sie ernten nicht und sammeln keine Vorräte in Scheunen; euer himmlischer Vater ernährt sie. Seid ihr nicht viel mehr wert als sie? Wer von euch kann mit all seiner Sorge sein Leben auch nur um eine kleine Spanne verlängern? Und was sorgt ihr euch um eure Kleidung? Lernt von den Lilien des Feldes, wie sie wachsen: Sie arbeiten nicht und spinnen nicht. Doch ich sage euch: Selbst Salomo war in all seiner Pracht nicht gekleidet wie eine von ihnen. Wenn aber Gott schon das Gras so kleidet, das heute auf dem Feld steht und morgen in den Ofen geworfen wird, wie viel mehr dann euch, ihr Kleingläubigen! Macht euch also keine Sorgen und fragt nicht: Was sollen wir essen? Was sollen wir trinken? Was sollen wir anziehen? Denn nach alldem streben die Heiden. Euer himmlischer Vater weiß, dass ihr das alles braucht. Sucht aber zuerst sein Reich und seine Gerechtigkeit; dann wird euch alles andere dazugegeben. Sorgt euch also nicht um morgen; denn der morgige Tag wird für sich selbst sorgen. Jeder Tag hat genug an seiner eigenen Plage.

Richtet nicht, damit ihr nicht gerichtet werdet! Denn wie ihr richtet, so werdet ihr gerichtet werden und nach dem Maß, mit dem ihr messt, werdet ihr gemessen werden. Warum siehst du den Splitter im Auge deines Bruders, aber den Balken in deinem Auge bemerkst du nicht? Oder wie kannst du zu deinem Bruder sagen: Lass mich den Splitter aus deinem Auge herausziehen! – und siehe, in deinem Auge steckt ein Balken! Du Heuchler! Zieh zuerst den Balken aus deinem Auge, dann kannst du zusehen, den Splitter aus dem Auge deines Bruders herauszuziehen!

Gebt das Heilige nicht den Hunden und werft eure Perlen nicht den Schweinen vor, denn sie könnten sie mit ihren Füßen zertreten und sich umwenden und euch zerreißen!

Bittet und es wird euch gegeben; sucht und ihr werdet finden; klopft an und es wird euch geöffnet! Denn wer bittet, der empfängt; wer sucht, der findet; und wer anklopft, dem wird geöffnet. Oder ist einer unter euch, der seinem Sohn einen Stein gibt, wenn er um Brot bittet, oder eine Schlange, wenn er um einen Fisch bittet? Wenn nun ihr, die ihr böse seid, euren Kindern gute Gaben zu geben wisst, wie viel mehr wird euer Vater im Himmel denen Gutes geben, die ihn bitten.

Alles, was ihr wollt, dass euch die Menschen tun, das tut auch ihnen! Darin besteht das Gesetz und die Propheten.

Geht durch das enge Tor! Denn weit ist das Tor und breit der Weg, der ins Verderben führt, und es sind viele, die auf ihm gehen. Wie eng ist das Tor und wie schmal der Weg, der zum Leben führt, und es sind wenige, die ihn finden.

Hütet euch vor den falschen Propheten; sie kommen zu euch in Schafskleidern, im Inneren aber sind sie reißende Wölfe. An ihren Früchten werdet ihr sie erkennen. Erntet man etwa von Dornen Trauben oder von Disteln Feigen?

Jeder gute Baum bringt gute Früchte hervor, ein schlechter Baum aber schlechte. Ein guter Baum kann keine schlechten Früchte hervorbringen und ein schlechter Baum keine guten. Jeder Baum, der keine guten Früchte hervorbringt, wird umgehauen und ins Feuer geworfen. An ihren Früchten also werdet ihr sie erkennen.

Nicht jeder, der zu mir sagt: Herr! Herr!, wird in das Himmelreich kommen, sondern wer den Willen meines Vaters im Himmel tut. Viele werden an jenem Tag zu mir sagen: Herr, Herr, sind wir nicht in deinem Namen als Propheten aufgetreten und haben wir nicht in deinem Namen Dämonen ausgetrieben und haben wir nicht in deinem Namen viele Machttaten gewirkt? Dann werde ich ihnen antworten: Ich kenne euch nicht. Weg von mir, ihr Gesetzlosen!

Jeder, der diese meine Worte hört und danach handelt, ist wie ein kluger Mann, der sein Haus auf Fels baute. Als ein Wolkenbruch kam und die Wassermassen heranfluteten, als die Stürme tobten und an dem Haus rüttelten, da stürzte es nicht ein; denn es war auf Fels gebaut. Und jeder, der diese meine Worte hört und nicht danach handelt, ist ein Tor, der sein Haus auf Sand baute. Als ein Wolkenbruch kam und die Wassermassen heranfluteten, als die Stürme tobten und an dem Haus rüttelten, da stürzte es ein und wurde völlig zerstört.

Und es geschah, als Jesus diese Rede beendet hatte, war die Menge voll Staunen über seine Lehre; denn er lehrte sie wie einer, der Vollmacht hat, und nicht wie ihre Schriftgelehrten.

EINFÜHRUNG

In wenigen Strichen skizziert der Evangelist die Situation, in welcher der Messias auftritt, die Art seines Wirkens und den Erfolg.

Die *Situation* hat schon zu Beginn etwas Bedrohliches. Johannes, der Vorläufer, ist gefangen genommen worden. Jesus zieht sich darum zurück nach Galiläa. Dort bleibt er aber nicht in der Verborgenheit von Nazareth, sondern geht nach Kafarnaum am See, also in das Gebiet von Sebulon und Naftali. Dieser Schritt bedeutet somit einerseits ein Zurückweichen vor dem Gegner in Jerusalem, andererseits einen Vorstoß in die Öffentlichkeit. Wieder erfüllt sich damit eine Prophezeiung, denn Jesaja hatte geschrieben: »Doch das Dunkel bleibt nicht dort, wo Bedrängnis ist. Wie er in früherer Zeit das Land Sebulon und das Land Naftali verachtet hat, so hat er später den Weg am Meer zu Ehren gebracht, das Land jenseits des Jordan, das Gebiet der Nationen. Das Volk, das in der Finsternis ging, sah ein helles Licht; über denen, die im Land des Todesschattens wohnten, strahlte ein Licht auf« (Jes 8,23–9,1). Was der Prophet damals als Trost verhieß, als die fremden Heere Assurs das Land besetzten, zeigt sich nun in neuer und höherer Weise erfüllt. Das verheißene Licht ist der Messias. Das halb heidnische Volk der Galiläer, das mit den Heidenvölkern ringsum Verbindung hat, von ihrem Denken und Leben beeinflusst ist, sodass seine Söhne und Töchter zum Teil schon griechische Namen tragen, hat mehr Glauben als das Volk in Judäa, das so sehr auf seine religiöse Gesetzlichkeit pocht.

Christus beginnt sein Wirken mit den gleichen Worten wie sein Vorläufer: »Kehrt um! Denn das Himmelreich ist nahe.« Er erweist sich damit als derjenige, der die Botschaft des gefangenen und verstummten Täufers aufgreift, weiterführt und vollendet.

Aus seinem *Wirken* werden drei Elemente besonders hervorgehoben:

Das erste ist die Sammlung eines Jüngerkreises. Zwei Brüderpaare werden zur Nachfolge aufgerufen. Zu zweien wird der Herr später seine Jünger ausschicken. Der Gemeinschaftsgedanke tritt hier bereits in Erscheinung. An erster Stelle steht Simon, der schon hier den Beinamen »Petrus« hat. Er wird auch später unter den Jüngern offiziell und in aller Form der erste sein, und zwar aufgrund einer amtlichen Stellung, die in seinem Beinamen Petrus, Fels, enthalten ist. Er wird der Grundstein der Kirche, des neuen, wahren, geistigen Israel sein. Sein Bruder Andreas deutet mit seinem griechischen Namen auf die Welt fremder Völker, die im neuen Israel Raum und Recht haben werden. Das zweite Brüderpaar, Jakobus und Johannes, bringt dem Herrn den ersten Blutzeugen und den letzten Geisteszeugen, der in seinem Evangelium, seinen Briefen und seiner Apokalypse das aufzeigen wird, was er »Was von Anfang an war, was wir gehört, was wir mit unseren Augen gesehen, was wir geschaut und was unsere Hände angefasst haben vom Wort des Lebens« (1 Joh 1,1). Alle vier werden ohne Einladung und ohne Diskussion aus freiem, souveränem Wollen Christi gerufen und folgen ohne Zaudern diesem Ruf. Die Kirche wird gegründet durch den Ruf Gottes, der die Menschen aus dem Bisherigen herausruft. So wird die Ekklesia die Gemeinschaft der durch Christus Herausgerufenen sein. Schon hier wird den Jüngern gesagt, dass sie Menschenfischer sein werden. Zum Ruf kommt schon hier die Sendung. Die Jünger sind gerufen, Apostel zu werden. So ist in wenigen Worten leise angedeutet, was später ausdrücklich betont und im Einzelnen durchgeführt wird.

Das zweite ist die Predigt. »Er zog in ganz Galiläa umher« streut somit die Saat seiner Worte in weitem Wurf über den ganzen galiläischen Acker. Seine Predigt geht ins Große und Weite und wendet sich an das ganze Volk.

»Er lehrte in den Synagogen.« Denn seine Verkündigung ergeht zuerst an Israel. Ihm ist der Messias verheißen. In seinen Bethäusern tritt er zuerst auf. Er kommt nicht wie ein Fremder, fällt nicht wie ein Meteor in ihre Mitte. In ihren Synagogen wurden die Worte der Propheten und der Psalmen jeden Sabbat gelesen und erklärt. Sie können also von ihm wissen. Er knüpft an diese Vorbereitung an.

»Und er verkündete das Evangelium vom Reich.« Seine Predigt ist als Frohbotschaft gezeichnet, nicht als Gerichtsdrohung. Sie hat frohen, befreienden Klang, denn sie verkündet das, was Israels Hoffnung und Erwartung bildete, die Königsherrschaft Jahwes, das Reich Gottes. So sind in wenigen Worten die Art und der Inhalt der Predigttätigkeit des Messias skizziert.

Das dritte Element ist das Heilen. »Er heilte im Volk alle Krankheiten und Leiden.« Durch diese helfende und durch Wunder heilende Tätigkeit verbreitet sich sein Ruf rasch. »Sie brachten ihm alle Leidenden, die mit verschiedenartigsten Krankheiten und Gebrechen behaftet waren.« Dieses Heilen bedeutet eine Bestätigung seiner Worte, denn die Wunder sind Zeichen Gottes, die sein Wort als Gotteswort beglaubigen. Er wird öfters auf diese Zeichen hinweisen und sie als eine Erhärtung und Bekräftigung seiner Predigt hinstellen. Es liegt darin aber auch die erbarmende Liebe zum leidenden Volk, das Tröstliche und Aufrichtende seines Wirkens. Ja, es werden darin schon die drei Arten von Not und Krankheit genannt, von denen er die Seinen immer wieder heilen wird: Besessenheit und Mondsüchtigkeit und Lähmung. Also Qualen dämonischen, satanischen Ursprungs, daneben psychische Leiden und schließlich auch körperliche Krankheiten. Alle drei werden ihm in seinem messianischen Wirken immer wieder begegnen.

Die drei Elemente seines Wirkens haben einen inneren Zusammenhang. Die wunderbaren Heilungen dienen seiner Predigt, und die Predigt dient der Gründung seiner Kirche.

Darum stellt die Reihenfolge auch eine Wertskala dar. Denn an erster Stelle steht die Gründung der neuen Gemeinschaft, an zweiter die Wortverkündigung und erst an dritter das wunderbare Heilen.

Auch der *Erfolg* wird vom Evangelisten skizziert. Sein erstes Auftreten löst eine gewaltige Bewegung aus. »Scharen von Menschen aus Galiläa, der Dekapolis, aus Jerusalem und Judäa und aus dem Gebiet jenseits des Jordan folgten ihm nach.« Obwohl er sein Wirken nur in der Provinz beginnt, an der Peripherie des Landes, im kleinen Kafarnaum, greift die Bewegung rasch um sich, wirft ihre Wellen in alle Gegenden des Landes und erfasst das ganze Volk. Etwas Frohes und Kühnes, Gewaltiges und Eroberndes, etwas Unwiderstehliches und Mitreißendes liegt in diesem ersten Aufbruch. Es ist die Andeutung der Weltbewegung, die Christus auslösen wird. Das Evangelium wird mit der Sendung der Seinen in die ganze Welt und zu allen Völkern schließen. So ist die Weltweite der christlichen Botschaft hier schon angedeutet.

1. DER NEUE GEIST

Christus sitzt an der Berghalde, um ihn die Jünger, in weiterem Kreis die Massen des Volkes. Er verkündet sein neues »Gesetz«. Aber die Umstände sind völlig anders als bei der Verkündigung des alten Gesetzes auf dem Sinai. Das Neue tritt schon äußerlich in Erscheinung. Dort war Gott unsichtbar, verhüllt im Gewölk. Der Berg in der Wüste, unnahbar. Das Nähertreten war unter Androhung des Todes verboten. Das Volk in banger Erwartung und in Todesangst. Das Gesetz ein hartes »Du sollst« und »Du sollst nicht«. Und alles begleitet von Blitz und Donner, von Drohung und Unheimlichkeit. Hier ist Jesus sichtbar. Seine Worte sind Seligpreisung. Alle können sich ihm nähern. Ringsum blühende Wiesen und sonniges Land. Über dem Ganzen der blaue Himmel. Es ist ein Bild der Kirche: Jesus als ihre geheimnisvolle Mitte und ihr eigentlicher Lehrer, um ihn die besonders Gerufenen und besonders Gesandten und im weiteren Umkreis die Volksmassen der Weltkirche, näher oder ferner. So wird es bis zum Ende der Zeiten bleiben.

Die Verkündigung beginnt mit den acht Seligpreisungen. Auch das Alte Testament kannte das »Selig«. Der erste Psalm beginnt damit. Aber es war doch umdüstert von der unheimlichen Androhung der Strafe und des Fluches. Hier gibt die Seligpreisung dem Ganzen den bestimmenden Ton der Frohbotschaft. Das Alte Testament war ein zweiseitiger Vertrag zwischen Gott und dem Volk, also ein Rechtsverhältnis. Die Formulierung dieses Rechtes war das Gesetz. Dementsprechend war die Ethik vor allem eine Rechtsethik. Der Gerechte ist der Mensch, der Gott gegenüber die Gerechtigkeit erfüllt, das heißt, das Gesetz beachtet. Das gibt ihm einen vermeintlichen Rechtsanspruch Gott gegenüber. Der Pharisäer der Parabel pocht auf diesen Rechtsanspruch, den er durch Einhaltung des Gesetzes und erst recht durch Werke der Übergebühr Gott gegenüber zu haben glaubt. Und im Buch Ijob steht das Erstaunen darüber, dass der gerechte Gott dem gerechten Menschen nicht in Gerechtigkeit den gerechten Lohn irdischer Wohlfahrt gibt.

Ganz anders das Denken Jesu. Es gibt auch da ein Gesetz und ein Recht. Aber alles geht auf im Geheimnis der Liebe, und zwar der unerfasslichen Liebe Gottes zum Menschen, deren Echo die menschliche Liebe zu Gott sein soll. Und weil Gott es ist, von dem die Liebe ausgeht, und der auch uns menschliche Liebe schenkt, ist letztlich alles in erster Linie Gnade, ein Beschenktwerden des Menschen. Wer diese Liebe und Gnade versteht und aufnimmt, der ist seligzupreisen, denn er hat die Seligkeit des wahren Glückes gefunden.

Achtmal wiederholt Christus dieses »Selig«. Er wird seine letzte Rede mit einem achtmaligen »Wehe« schließen, das er über diejenigen ausruft, die nicht wollen. Die ersten vier Seligpreisungen zeigen das Verhältnis zwischen Gott und Mensch, die zweiten vier das Verhältnis von Mensch zu Mensch. Die Parallele zu den zwei Gesetzestafeln des Sinai ist deutlich.

WESEN DES NEUEN GEISTES

»Selig, die arm sind vor Gott.« Die erste Seligpreisung bildet das Fundament der neuen Moral. Seliggepriesen wird der Mensch, der sich vor Gott seiner eigenen Armseligkeit bewusst ist. Es stehen sich nicht Schöpfer und Geschöpf gegenüber, sondern es steht der sündige Mensch vor dem heiligen, aber gnädigen Gott. Dieses Bewusstsein der eigenen Schwäche und des eigenen Ungenügens, ja der eigenen Sündhaftigkeit, ist die Grundlage und der Ausgangspunkt der Frömmigkeit. Der Mensch hat Gott gegenüber nichts Eigenes, auf das er sich berufen, das er erweisen, auf das er pochen könnte.

Nicht den materiellen Besitz. Denn er bedeutet vor Gott nichts. »Leichter geht ein Kamel durch ein Nadelöhr, als dass ein Reicher in das Reich Gottes gelangt« (Mt 19,24). Reichtum ist eher eine Gefahr, weil er die Herzen verhärtet und den Besitzenden zum Stolz verführt.

Nicht das geistige Wissen. Denn die *scientia inflans* führt leicht zur Überheblichkeit. Bildung kann zur Einbildung werden. Nicht detaillierte Kenntnis eines Gesetzes, also nicht Schriftgelehrsamkeit irgendwelcher Art ist Grundlage wahrer Frömmigkeit, denn sie erhöht die Verantwortung, ist aber in sich noch ohne religiösen Wert.

Nicht die sittlichen Leistungen. Der Mensch ist unfähig, aus eigener Kraft dauernd das Gute zu tun. Gott allein ist gut. Und darum ist im menschlichen Leben nur das gut, was der Mensch in der Kraft Gottes und in der Verbindung mit Gott, dem allein Guten, tut.

Nicht religiöse Werke. Denn *religio* als Gottverbundenheit wird nicht vom Menschen hergestellt, sondern von Gott. Es ist nicht ein Aufsteigen von unten nach oben und nicht ein Sichtreffen in irgendeiner Mitte, sondern es ist ein Herabkommen von oben. Es ist nicht ein Ergreifen Gottes durch einen Begriff oder ein Werk, denn das wäre frevlerischer Griff nach Gott, sondern es ist ein Ergriffenwerden durch Gott. Im Gegensatz zum Pharisäismus, der das Volk verachtet, weil es das Gesetz nicht kennt (Joh 7,49), steht Jesus auf der Seite der schlichten, einfachen, aber ihres Nichts und ihrer Sündhaftigkeit vor Gott sich bewussten Menschen. Er erfüllt damit die Prophezeiung des Propheten Jesaja, der vom Messias sagt: »Er hat mich gesandt, um den Armen frohe Botschaft zu bringen« (Jes 61,1).

Die erste Seligpreisung steht im klaren Gegensatz zu pharisäischer Selbstgefälligkeit, zu stoischer Selbstgenügsamkeit und zu jeder Art von Titanentum und Prometheus-Trotz. Es gibt nach der Lehre Christi keine Selbsterlösung und Selbstheiligung des Menschen. Das Heil liegt weder in der Wissenschaft und Bildung noch in richtiger Besitzverteilung noch in technischer Weltbeherrschung noch in ästhetischer Weltgestaltung noch in der Schaffung einer neuen Menschheit auf dem Wege der Politik, der militärischen Gewalt oder eines irgendwie gearteten Imperialismus oder irgendeiner Menschheitsverbrüderung und utopischen Weltverbesserung zu irdischen Paradiesen. Sondern das Entscheidende ist das Tun Gottes und ist vonseiten des Menschen die Bereitschaft, dieses Tun Gottes auch wirklich geschehen zu lassen und aufzunehmen. Voraussetzung für solche Haltung ist das Bewusstsein des eigenen Unvermögens, der eigenen Unzulänglichkeit, des eigenen Versagens und damit der eigenen Sünde. Das Bewusstsein dieser Armseligkeit scheint die eigentliche Tragik und das Unglück, der Jammer der Menschen zu sein. Und so liegt das Paradox darin, dass Christus gerade diese Haltung als erste und grundlegende nicht nur fordert, sondern seligpreist. Selig darum, weil dann eben Gott wirkt. Und weil Gott die Liebe ist, wird dieses sein Wirken ein Werk der Liebe sein und wird den Menschen, der nur in Liebe selig wird, beseligen.

»Ihnen gehört das Himmelreich.« Christus ist gekommen, das Reich Gottes zu verkünden. Die Armut im Geiste ist der Weg zu diesem Gottesreich, der Schlüssel, der seine Portale öffnet. Das Reich Gottes ist der Ort, wo Gott ist, wo sein Geist und sein Wesen die volle Macht entfalten und wo Gott seine ganze Herrschaft ausübt. Der Mensch, der sein Ich betont und selbst die Dinge schaffen will, sei es allein durch seine Intelligenz, seine Energie, seinen Willen und sein Werk, sei es gemeinsam, kollektiv, durch Organisation und Konzentration der Kräfte, durch die Masse und die Zahl und die Vervielfältigung des eigenen Ich ins Tausend- und Millionenfache, nimmt Gott die Ehre und engt den Herrschaftsbezirk Gottes ein. Sein Ich, des Einzelnen oder des Kollektivs, sitzt

neben Gott oder thront anstelle Gottes. Der Götze, wie immer er heißen mag, hat dann sein Götzenreich errichtet. Der Mensch dagegen, der sich bewusst ist, dass all das vor Gott nichts bedeutet, und der infolgedessen Gott wirklich die Ehre gibt, das heißt ihn als den Herrn, den wirklichen und den alleinigen Herrn anerkennt, unterstellt sich der Herrschaft Gottes und lässt damit das Reich Gottes zur Entfaltung kommen. So steht er schon in diesem irdischen Leben geistig im Reich Gottes und im jenseitigen Leben wird er die Fülle des Gottesreiches besitzen. Die Verheißung Christi hat zeitlichen und ewigen Charakter. Sie hat Gegenwartsbedeutung und eschatologisches Gepräge.

In dieser ersten Seligpreisung und ersten Verheißung sind alle Kartenhäuser menschlicher Versuche mit königlicher Handbewegung weggewischt, ist über alle babylonischen Turmbauten, so grandios sie äußerlich scheinen mögen, das Urteil gesprochen und ist der eigentliche und einzige Weg zu Gott freigelegt. Es ist der Weg, auf dem nicht der Mensch zu Gott schreitet, sondern Gott zum Menschen kommt, also der Weg der Gnade. Nur der Demütige versteht es und ist aufnahmebereit für die Gnade und Liebe Gottes. Darum wird er als der Arme im Geiste seliggepriesen.

»Selig die Trauernden.« Neben der Herrschaft Gottes, deren Verkündigung die Frohbotschaft ist, gibt es auch die Herrschaft und die Macht des Bösen. Ihre Wirkung ist die Trauer. Es ist das Böse im eigenen Leben, die Sünde und das Versagen, das Unvermögen und die Distanz Gott gegenüber, das Nichtmitgehen und Nichtentsprechen. Es ist die Entstellung und Verdüsterung des Bildes Gottes in der eigenen Seele, das bloße Glimmen und halbe Verlöschen des heiligen Feuers. Die kleine Antwort auf die Größe Gottes. Dazu kommt die Macht des Bösen in der Welt. Die religiöse Gleichgültigkeit und Kälte, die sittliche Verkommenheit und Schlechtigkeit, die sozialen Ungerechtigkeiten und die politischen Verbrechen. Alles Un-

recht, was im Geheimen und öffentlich ständig geschieht. Die Trauer wird vermehrt durch den Blick hinter die Kulissen und Fassaden, in die Wirklichkeit des Lebens und den Ablauf der Weltgeschichte, in das Räderwerk der Motive der Menschen und der Welt. Und die Wirkung des Bösen sind Leiden und Schmerz, Kummer und Tränen, Not und Tod, körperliche Krankheiten und Schmerzen aller Art und seelisches Leid. Das ganze Wissen, dass die Welt im Argen liegt, dass neben allem Schönen das Hässliche steht und dass über allem Leben der Tod schwebt, weckt beim religiösen Menschen den tiefen Ernst und die stille Trauer. Es ist nicht der Weltschmerz des Pessimismus, nicht angeborene Melancholie des Temperaments, auch nicht müde Resignation und noch weniger die Verzweiflung des Nihilisten. Es ist im Grunde genommen auch nicht die Problematik des Leidens, die hier gemeint ist, sondern es ist ganz einfach das Wissen um die Macht und Gewalt des Bösen in der Welt, die doch gut sein sollte. Das weckt die Trauer, die nicht durch Äußerlichkeiten der Vergnügungen und irdische Freuden, nicht durch oberflächliche Lebenshaltung getäuscht oder betäubt werden kann, weil sie zutiefst weiß um das, was sein sollte und nicht ist, und um das, was ist und nicht sein sollte.

Diese Trauer wird von Christus bejaht und seliggepriesen Nicht um ihrer selbst willen, sondern weil sie zu Gott führt.

»Sie werden getröstet werden.« Diese Trauer vertieft den Menschen und läutert ihn seelisch. Sie bewahrt ihn vor dem Verstricktwerden ins Irdische und führt ihn immer wieder zu Gott. Der verheißene Trost hat vor allem jenseitigen Charakter. Er ist Hinweis auf den neuen Himmel und die neue Erde, wo Gott alle Tränen abwischen wird (Offb 21,4), wo Leid und Schmerz und Tod überwunden sind und die Vaterunser-Bitte um Erlösung vom Übel ihre Erfüllung findet. Wo Gott alles neu macht (Offb 21,5) und alle, »die mit Tränen säen, werden mit Jubel ernten« (Ps 126,5). Und es ist endlich der

Besitz Christi selbst, denn er ist der »Trost Israels« (Lk 2,25). Sein Geist ist der Geist des Trostes, den er verheißt und sendet (Joh 16,7), der *consolator optimus*, wie die Kirche ihn in der Pfingstsequenz nennt. Das Böse geht letztlich auf den Bösen zurück, auf Satan. Der Trost der Glaubenden aber ist, dass das Gute, das letztlich auf den allein Guten, auf Gott, zurückgeht, unendlich stärker ist, weil gegen Gott nichts bestehen kann und darum die Herrschaft Satans durch das Kommen Gottes in Christus überwunden wird. So erfüllt sich in dieser Seligpreisung jenes zweite Jesaja-Wort, nach welchem der Messias kommt, um die aufzurichten, die gebrochenen Herzens sind (Jes 61,2).

»Selig die Sanftmütigen.« Die Seligpreisung ist dem 36. Psalm entnommen, aber hier auf das Reich Gottes angewandt. Reich Gottes besagt, dass Gott die Herrschaft hat, dass er somit das Entscheidende tut. Der Mensch muss warten können und Gott machen lassen. Das gilt im Inneren der Seele und im Reich Gottes in der Welt. Man soll nichts forcieren und mit eigenen Mitteln erzwingen wollen. Goliath wird nicht überwunden mit Schild und Speer, sondern im Namen Gottes (1 Sam 17,45). Und Israel schlägt seine Schlachten nicht mit Ross und Wagen, sondern durch den Herrn der Heerscharen. So soll der Mensch nicht auf eigene Kraft bauen, sondern auf die Macht Gottes, der nach den Worten des Magnifikat die Mächtigen vom Thron wirft und die Niedrigen erhöht (Lk 1,52). Die Seligpreisung ist nicht eine Forderung des bloßen Wartens, der Passivität, des Nichtstuns, besagt erst recht nicht einen Mangel an Kraft, Glut, Leidenschaft, sondern die Lehre, dass Gott das Wichtigste tut und dass somit menschliches Tun sich dem Tun Gottes einbauen und einfügen soll. Es ist die Sanftmut der seelischen Biegsamkeit und Geschmeidigkeit gegenüber Gott. Der Mensch soll Werkzeug in der Hand Gottes sein und darum gefügig im Geist der Sanftmut. Alles Wilde, Trotzige, Stürmische, alles Gewaltsame, Fanatische, alles stu-

re Sich-durchsetzen-Wollen wird hier abgelöst durch das Wissen um die Gnade und das Mitgehen mit ihr. Christus selbst ist das Vorbild. »Lernt von mir; denn ich bin gütig und von Herzen demütig« (Mt 11,29). Er will nur das, was der Vater will, und nur so, wie es der Vater will. Er ist völlig eingefügt in Wort, Willen und Werk des Vaters. So soll der Sanftmütige eine ähnliche Gefügigkeit haben durch die Hingabe an Gott, das Eingehen auf seine Pläne und Absichten, die Anwendung seiner Methoden und das Warten auf seine Zeit. Es gibt im Reich Gottes keine Machtpolitik und keinen Imperialismus, kein falsches Heldentum und keine rekordhaften Erfolge. Die Menschen sind sich bewusst, dass sie »unnütze Knechte« (Lk 17,10) sind, weil Gott allein der Herr ist, der Erfolg und Sieg bestimmt, und zwar einen Sieg, der durch das Kreuz errungen wird und ein Leben gibt, das durch das Sterben erreicht wird. »Denn wer sein Leben retten will, wird es verlieren; wer aber sein Leben um meinetwillen verliert, wird es finden« (Mt 16,25). Nur der Verzicht auf das eigene Ich mit seinem harten Willen und trotzigen Aufbegehren kann zu dieser inneren Gelassenheit und wahren Sanftmut führen, in welcher alle Energie und aller straffe Wille völlig in die Kraft und den Willen Gottes eingehen und nur in ihm Sinn und Betätigung haben. Sanftmut ist Anerkennung des Primates Gottes im Wachstum und in der Entwicklung des Reiches Gottes.

»Sie werden das Land erben.« Das irdische Gelobte Land ist nur Symbol des geistigen Reiches Gottes hier auf Erden und in der Vollendung des neuen Himmels und der neuen Erde. Wie das bluthafte Israel Vorläufer und Symbol des geistigen Israel der Kirche ist, so ist der harte, materielle Boden des Heiligen Landes nur Symbol des geistigen Landes, dessen Mitte das neue Jerusalem bildet, von dem die Apokalypse spricht. Die Verheißung ist somit nichts anderes als der Besitz Gottes selbst. Denn wer in seinem Tun sich ganz Gott überlässt, wird eben auch Gott finden. So führt die Sanftmut des Menschen

zum Besitz Gottes. Wörtlich heißt es nicht, sie werden das Land »erben«, sondern es wird ihnen als ein gesetzliches Los zufallen. Hinter dem Ganzen steht das Gesetz Gottes, wonach bei der Verteilung das beste Stück Boden durch das Los demjenigen zufallen wird, der in Sanftmut die Entscheidung Gott überlässt. Gott ist der, der die Lose verteilt. Er ist selbst das große Los, und es fällt demjenigen zu, der ihm die Ehre gibt.

»Selig die hungern und dürsten nach der Gerechtigkeit.« Es handelt sich hier nicht um die Rechtsordnung im juridischen Sinn. Also etwa um das Verlangen, dass einem jeden Gerechtigkeit widerfahre und jedem das Seine zuteilwerde, sondern es geht um die Gerechtigkeit im alttestamentlichen Sinn. Also etwa um das Verlangen, vor Gott gerecht zu sein und im Gericht Gottes als gerecht bestehen zu können. Aber wie kann es der Mensch, der wesentlich Sünder ist? In dem Augenblick, da er glaubt, es erreicht zu haben und ein Gerechter zu sein, verfällt er pharisäischer Anmaßung und stellt sich damit erst recht ins Unrecht vor Gott. Nur einer ist gerecht: Gott. Darum gibt es einen gerechten Menschen nur dann, wenn Gott ihn gerecht macht, also durch die Rechtfertigung aus Gott. So ist der Inhalt dieser Seligpreisung im eigentlichen und tiefsten Sinn das Verlangen nach Gott. Gott ist der Gerechte schlechthin. Denn alles, was er will, ist gerecht, weil sein Wille oberstes Gesetz ist. Darum ist jedes seiner Gesetze gerecht und ist sein ganzes Tun gerecht.

Dieses Verlangen nach Gott wird hier ein Hungern und Dürsten genannt. Also nicht bloß ein gelegentliches Denken an Gott und ein verborgener Wunsch nach Gott, sondern eine geradezu leidenschaftliche Sehnsucht nach Gott, brennend wie der Durst und verzehrend wie der Hunger. Je näher der Mensch Gott kommt, desto ferner scheint ihm Gott. Je mehr der Mensch im Licht Gottes steht, desto schmerzlicher wird er sich seiner eigenen Sündhaftigkeit bewusst. Und je mehr er sich in den Unendlichen vertieft, desto härter stößt er sich an den Schranken der eigenen Endlichkeit. Die Welt wird für ihn immer kleiner. Ihr Besitz könnte seine Seele nie füllen. Die Menschen werden ihm immer ferner, denn sie sind ihm nur noch in Gott nächste. Darum kann ihre Liebe ihn nicht sättigen. Er weiß, dass das Auge nicht satt wird vom Sehen und das Ohr nicht vom Hören. Und so erwacht in ihm die Unruhe zu Gott. Er wird zum ruhelosen Wanderer, zum Segler nach fernen Gestaden. Er weiß, dass Gott allein ihm Genüge leisten kann. Und so wird er von ihm angezogen wie das Eisen vom Magneten. Dieser Hunger und Durst formt die Heiligen.

»Sie werden gesättigt werden.« Zwar verlangt der Mensch immer mehr nach Gott, je mehr er sich ihm öffnet. Er hat nie genug. Es steht immer die *maior gloria* (größere Ehre) vor seinem Geist. Das *magis* (mehr) ist wie ein Stachel in seiner Seele. Und doch verkostet er schon die Fülle göttlichen Reichtums, das Überfließen und Überströmen der Gnade und der Liebe: »Esurientes implevit bonis et divites dimisit inanes« (Die Hungernden beschenkt er mit seinen Gaben und lässt die Reichen leer ausgehen) (Lk 1,53). Alles, was nicht Gott ist, ist ihm schal und nichtig, weil er die wahre Speise der Seele verkostet hat. Die Sättigung ist Christus selbst. »Ich bin das Brot des Lebens. Wer von diesem Brot isst, wird in Ewigkeit leben. Wer mein Fleisch isst und mein Blut trinkt, der bleibt in mir und ich bleibe in ihm« (Joh 6,52.56). »Wer Durst hat, komme zu mir und es trinke, wer an mich glaubt! Wie die Schrift sagt: Aus seinem Inneren werden Ströme von lebendigem Wasser fließen« (Joh 7,37–38). Sein Blut ist der berauschende Trank der Heiligen. *Sanguis Christi inebria me.* Die Dürstenden werden nach der Apokalypse Wasser aus dem Quell des Lebens trinken (Offb 21,6; 22,17). Bei Amos (Am 8,11) ist die Rede vom Hunger nach dem Wort Gottes. Christus ist das Mensch gewordene Wort Gottes. Wer nach ihm hungert, wird durch ihn gesättigt. So gesättigt, dass ihm alles, was nicht in Christus ist, widersteht. *Non sapit mihi,*

sagt Bernhard von Clairvaux von allem, worin nicht Christus zu finden ist. Die Satten durch Besitz, Wissen, Genuss, Macht sind vor Gott die Leeren.

So zeichnen diese vier ersten Seligkeiten das Stehen des Menschen vor Gott. Im Bewusstsein der eigenen Armseligkeit, im Schmerz über die Macht des Bösen und Gottfeindlichen, aber auch im demütigenVertrauen auf Gottes Tun und im verzehrenden Verlangen nach Gott. Gott steht in der Mitte als die eine und entscheidende große Wirklichkeit des Lebens. Als strahlendes Licht und wärmendes Feuer. Als Anfang und Ende und Mitte. Als die große Gegenwart und die lockende Verheißung. Als das Ein und Alles.

Aber der Mensch steht nicht allein vor Gott. Er ist von Mitmenschen, von Brüdern und Schwestern umgeben. Darum will die zweite Gruppe von Seligpreisungen dieses Verhältnis von Mensch zu Mensch regeln.

»Selig die Barmherzigen.« Diese Seligpreisung fordert, dass der Mensch dem Menschen gegenüber ein Herz habe. Hartherzigkeit oder Herzlosigkeit soll durch Barmherzigkeit überwunden werden. Jede Art von Egoismus wird abgelöst durch den Altruismus. Der Mensch ist ein gesellschaftliches Wesen, kann also nicht für sich allein leben, ohne sich um andere zu kümmern. Ob er will oder nicht, ist er in die Verflechtungen der verschiedenartigsten Beziehungen verwickelt und kann nicht als einsamer Einzelgänger durchs Leben gehen oder auf einem Isolierschemel vornehmer Distanz sich grundsätzlich und tatsächlich nicht um andere kümmern. Diese Beziehungen von Mensch zu Mensch sollen aber nicht bloß äußerlich geregelt und geordnet werden durch Gesetze, Einrichtungen, Organisationen usw., sondern es soll ein inneres Verhältnis sein. Und dieses Verhältnis ist im Christentum das Tiefste und Größte, das es gibt: die Liebe. Wenn diese Liebe den Mitmenschen leiden sieht, wird sie zum Mitleiden. Wenn sie ihn in Not sieht, wird sie zur Barmherzigkeit. Das heißt, die Not

des anderen greift ihm ans Herz und zwingt ihn, nicht von außen, sondern von innen zur Hilfeleistung. Die äußere und die innere Not der anderen wecken die Werke der leiblichen und geistlichen Barmherzigkeit. Materielle Not nötigt zu materieller Hilfe. Jede Art von Raffgier oder hartem Geiz oder kapitalistischem Denken, das nur an die Vermehrung des eigenen Besitzes denkt und mit kalter Achtlosigkeit am Leidenden vorübergeht oder ihn gar als Lebensuntüchtigen seinem »verdienten« Schicksal überlässt, wird hier unmöglich. Der Geist, den diese Seligpreisung fordert, ist nicht Almosen von oben herab mit gnädiger Gönnermiene, sondern Barmherzigkeit, also Hilfe menschlich-persönlicher Art, die von Herzen kommt und zu Herzen geht. Geistige Not des Mitmenschen, der sich im Leben nicht zurechtfindet, im Chaos der Ideen, im Wirrwarr philosophischer Lehren die Richtung verliert, darf beim Christen, der die Klarheit der Offenbarung hat, nicht das Gefühl der *beati possidentes* (glücklichen Besitzer) auslösen, sondern die Verantwortung, die Wahrheit in Wort und Schrift weiterzutragen. Sittliche Not kann nicht aus pharisäischem Sich-besser-Dünken eine harte Verurteilung erfahren, sondern sie nötigt den Barmherzigen zur Hilfeleistung und damit zur Schaffung von Verhältnissen, in denen die christliche Sitte wieder möglich ist, und zur Formung von Menschen, die wieder den Wunsch und den Willen haben, in sittlicher Kraft und Sauberkeit zu leben. Religiöse Not muss das christliche Ghetto öffnen und die Gläubigen wieder zum Sauerteig machen, der nicht neben der heidnischen Teigmasse liegt, sondern mittendrin, um sie nach dem Geiste Gottes umzugestalten. Barmherzigkeit ist auf allen Gebieten des Lebens nötig. Richtig geübt, löst sie eine geistige Revolution und damit eine völlige Umgestaltung der Verhältnisse aus. Es ist Reform von innen her, Revolution aus dem Geiste und der Gesinnung, und steht darum auf der zweiten Tafel der Seligpreisungen an erster Stelle.

»Sie werden Erbarmen finden.« Dieses Wort rührt an jene eigenartige Wechselwirkung zwischen Empfangen und Geben, von der im Evangelium öfter die Rede ist. Was der Mensch von Gott empfängt, soll er an Mitmenschen weitergeben. Und umgekehrt: In dem Maß, in dem er weitergibt, wird er von Gott empfangen. Der Mensch ist auf die Barmherzigkeit Gottes angewiesen. Denn wenn Gott nicht mit ihm, dem Sünder, barmherzig verfahren würde, wäre es um ihn geschehen. Wüssten der Priester und Levit, dass sie selbst seelisch halb tot an der Lebensstraße zwischen dem geistigen Jerusalem Gottes und dem Jericho der Niederungen Satans liegen, so könnten sie nicht gleichgültig am körperlich Halbtoten vorübergehen, sondern müssten etwas verspüren vom Geist Christi, des barmherzigen Samaritans der Menschheit, würden Barmherzigkeit üben, wie sie ihrerseits Barmherzigkeit empfangen. Die Liebe ist aus dem Herzen Gottes geboren und muss darum im Herzen gottbezogener, also religiöser Menschen zu finden sein. Wer weiß, dass er aus der Gnade lebt, muss gegen andere Gnade üben können. Wer Liebe empfängt, muss Liebe schenken. Und umgekehrt: Wir werden in dem Maß empfangen, als wir schenken. Das ist so wichtig, dass das Urteil über Wert oder Unwert unseres Lebens von diesem Schenken der Barmherzigkeit abhängig gemacht ist (Mt 25). Wir werden also einen barmherzigen Gott nur dann finden, wenn die Menschen an uns einen barmherzigen Menschen finden. Darum ist der seligzupreisen, der ein gutes Herz hat.

»Selig, die rein sind im Herzen.« Wie die erste Eigenschaft dem Mitmenschen gegenüber eine Sache des Herzens ist, die Barmherzigkeit, so ist es auch die zweite Einstellung, die Forderung eines reinen Herzens. Damit ist gesagt, dass man den Mitmenschen nicht mit Nebenabsichten begegnen soll und dass das Wort, das man zum anderen spricht, nicht von inneren Nebengeräuschen begleitet sein darf. Die Ehrlichkeit des Denkens, die Zuverlässigkeit des Sprechens und die Gerad-

linigkeit des Handelns schaffen den klaren, durchsichtigen Charakter, der in dieser Seligpreisung gezeichnet ist. Jede Verbiegung und Verkrümmung der Linie und jede Verdunkelung der Bestrebungen verunstaltet den Menschen, macht ihn unklar, undurchsichtig, trübt sein Bild und schafft eine unsaubere Situation. Die Einstellung zum Mitmenschen darf weder finanzielle noch sexuelle noch geistige Nebenzwecke verfolgen. Er muss wissen, woran er mit mir ist. Jedes Intrigieren, alles Hintenherum widerspricht dieser Seligpreisung. Es genügt nicht, äußerlich sich an Gesetze, Verordnungen, Konventionen und ein Savoir-faire zu halten. Das alles bewirkt nur äußerliche Reinheit. Was Christus fordert, ist die innere Reinheit des Herzens, die Lauterkeit der Absicht, die Geradheit der Gesinnung, die *simplicitas cordis* (Einfachheit des Herzens) Gott und den Menschen gegenüber. Nur wer in seinem Herzen ganz und lauter auf Gott ausgerichtet ist, wird auch den Menschen mit reinem Herzen begegnen.

»Sie werden Gott schauen.« Hier ist wieder von jenem Gesetz des Reziproken die Rede. Wer den Mitmenschen gegenüber klar und sauber ist, kann auch mit klarem Blick und sauberem Herzen zu Gott aufschauen. Der Spiegel seiner Seele kann das Licht Gottes voll auffangen und voll zurückgeben. Wer das Antlitz Gottes sehen will, muss etwas vom Wesen Gottes in sich tragen, die strahlende Reinheit der *imago Dei.* Wer den Mitmenschen in lauterer Gesinnung begegnet, ist schon hier empfänglich für die Begegnung Gottes. Reine Herzen sind empfänglich für die Gnade. Und erst recht wird das Schauen von Angesicht zu Angesicht (1 Kor 13) im Licht der Ewigkeit nur denen möglich sein, die Kinder des Lichtes sind und darum etwas von der Helligkeit des Lichtes haben und für das Licht von oben durchlässig sind, weil die Trübungen und dunklen Stellen von ihrer Seele genommen sind. Nichts Unreines wird in die Vollendung des Reiches Gottes eingehen

(Offb 21,27). Die Reinen aber werden allzeit Gottes Antlitz schauen (Offb 22,4).

»Selig, die Frieden stiften.« Wenn der Mensch dem Mitmenschen mit gutem Herzen begegnet und ohne Nebenabsichten, wird er, soweit es an ihm liegt, mit allen in Frieden leben. Gelingt es nicht oder sieht er, dass andere untereinander Streit haben, wird es ihn schmerzen und wird er versuchen, für den Frieden zu wirken. Friede ist *tranquillitas ordinis*, also die rechte Ordnung in ruhigem Besitz. Ordnung ist nur dort, wo alles auf den entscheidenden Punkt hingeordnet und ausgerichtet ist, auf Gott. Also nur dort, wo Gott als der Herr anerkannt wird und sein Gesetz Geltung hat. Der gottbezogene, der religiöse Mensch will in der Ordnung Gottes leben und mithelfen, die Ordnung Gottes zu verwirklichen. Darum ist er wesentlich Friedensstifter. Er hat den Frieden im Inneren der Seele, weil die Unordnung der Sünde in ihm in die Gnadenordnung der Liebe Gottes umgewandelt ist. Er hat Frieden in der Ehe und Familie, weil alle sich bemühen, nach dem Willen Gottes zu leben, und weil der Geist der Liebe die eigenen Wünsche zurückstellt und in Anpassung die rechte Eintracht schafft, weil alle nach demselben einen trachten: nach dem Willen und Gesetz Gottes. Er wirkt für den sozialen Frieden, weil das Zusammenarbeiten der Menschen und ihrer verschiedenen Gruppen und Schichten dem Schöpfungsplan Gottes entspricht, also das Miteinander zu gemeinsamem Aufbau, nicht das Gegeneinander des Kampfes als Strukturprinzip der menschlichen Gesellschaft. Er wirkt für den Frieden der Völker, weil die Menschheit in gemeinsamem Ursprung, gemeinsamer Natur und gemeinsamem letztem Ziel eine Gemeinschaft bildet, eine große Familie Gottes, von dem sie als dem gemeinsamen Vater abstammen, dessen Züge sie alle als Gottes Ebenbild tragen und in dessen Reich sie alle gerufen sind. Wie Christus gekommen ist, den Frieden zu bringen, *et in terra pax hominibus* (Lk 2,14), so müssen auch

die Christen wesentlich friedfertige und für den Frieden wirkende Menschen sein.

»Sie werden Kinder Gottes genannt werden.« Das messianische Reich ist als ein Reich des Friedens vorausgesagt. Nach Jesaja (Jes 9,5) wird der Messias »Fürst des Friedens« heißen. Nach Jeremia (Jer 23,5) wird er als König herrschen, weise handeln und Recht und Gerechtigkeit im Land üben. Und nach Micha (Mi 4,3) werden dann die Völker ihre Schwerter zu Pflugscharen umschmieden und ihre Lanzen zu Winzermessern. Kein Volk wird gegen das andere das Schwert erheben, und sie werden den Krieg nicht mehr lernen. Christus hat »Frieden gestiftet am Kreuz durch sein Blut« (Kol 1,20). Der Messias ist Sohn Gottes. Sein Wesen ist Gottes Wesen, das heißt die Liebe. Ist er der Sohn Gottes, so werden durch ihn die Seinen Söhne Gottes. Sie werden Anteil haben an seinem Geist und darum die Liebe und damit den Frieden haben. Und umgekehrt: Wo immer ein Mensch für den Frieden wirkt und den Geist der Liebe hat, wird man daran die Kindschaft Gottes, den Geist Christi in ihm erkennen und ihn ebenfalls einen der Söhne Gottes nennen. Die Vision einer geeinten, friedlichen, die Welt umspannenden Gottesfamilie wird hier sichtbar.

»Selig, die verfolgt werden.« Wie ein harter, schroffer Gegensatz schließt sich an die Seligpreisung des Friedens und das Bild der Eintracht überraschend der Lobpreis der Verfolgten, Gequälten, Gemarterten. Man sollte erwarten, dass gütige, ehrliche, friedliebende Menschen überall auf Verständnis und Gegenliebe stoßen, offene Herzen und offene Türen finden werden. Aber das Gegenteil ist der Fall. Verfolgung wartet auf sie. Israel war immer Prophetenmörder. Es wird mit dem Christus-Mord enden. Und dieses gleiche Schicksal wird weiterhin durch die Geschichte der Christenheit und der christlichen Kirche gehen. Die Einzelnen, die nach dem Geist Christi leben wollen, werden verfolgt werden um ihres Glaubens wil-

len und um des christlichen Lebens willen. Sie sind für die anderen ein Vorwurf und ein Stachel. Sie leben nicht wie die große Masse. Sie fügen sich nicht restlos ein, denn sie haben ihr Gewissen und ihr höheres Gesetz. Sie müssen immer wieder Zeugnis geben und dieses Zeugnis wird oft genug zum Martyrium, zum Zeugnis des Blutes. Nicht alle Verfolgten werden seliggepriesen. Denn wer selbst schuld ist an Verfolgung durch Unklugheit, Provokation, unnötiges Draufgängertum, Fanatismus und Übertreibung, beruft sich zu Unrecht auf die achte Seligpreisung. Ausdrücklich fügt Christus hinzu »Um der Gerechtigkeit willen«. Also ein Verfolgtwerden, weil man ein gerechtes Leben führen will nach dem Gesetz und Recht Gottes und des Gewissens und weil man für die richtige Ordnung im Leben und unter den Menschen, für das Ideal der Heiligkeit eintreten will. Mit einem Wort: Wer um des Guten willen verfolgt wird, der wird gepriesen. Das Leben des Messias wird keineswegs wie ein ruhiger Strom dahinfließen. Seine Wasser werden immer wieder aufspritzen an den Felsen, die Widerstand leisten. Sein Weg führt auf die blutige Richtstätte von Golgotha. Und alle, die in seiner Nachfolge stehen, werden mit jeder Art von Verleumdung, Widerspruch und Widerstand, List und Gewalt, Verfolgung und Tod rechnen müssen. So zittert durch die frohe Botschaft der Seligpreisung auch der unheimliche, dumpfe Klang des Kampfes und der Verfolgung. Es wird mitten in den Seligpreisungen das Kreuz sichtbar, das große Zeichen des Messias.

»Ihnen gehört das Himmelreich.« Mit dieser Formulierung schloss die erste Seligpreisung. Mit der wörtlich gleichen Formulierung schließt die achte und rundet so das Ganze ab. Über Schwierigkeiten und Kampf, über Blut und Tod steht doch die ruhige Feierlichkeit, der verklärte Glanz des Himmelreiches, die Hoffnung und der Trost aller Christen, die Vollendung des Werkes Christi.

Das Reich Gottes zu bringen, ist der Messias gekommen. Er wird die Gottesherrschaft begründen trotz Israel und trotz aller feindlichen Mächte. So hat die Zeichnung seines Geistes etwas Triumphales, Sieghaftes, etwas Helles und Frohes. Und sie hat das trotz aller Feindschaft, allem Kampf, allem Aufstehen menschlicher und höllischer Mächte gegen ihn, den Gesalbten des Herrn, und gegen die Seinen, die Kinder Gottes. Das *passus et sepultus est* (gestorben und begraben) und das *resurrexit et ascendit in coelum* (auferstanden und aufgefahren in den Himmel) klingt hier auf als Schicksal Christi und der Christen.

VERKÜNDIGUNG DES NEUEN GEISTES

Christus begnügt sich nicht damit, den neuen Geist in den acht Seligkeiten zu zeichnen. Er will, dass dieser Geist weitergetragen wird von Mensch zu Mensch und von Volk zu Volk. Um den Trägern und Verkündern dieses Geistes von Anfang an jede Illusion zu nehmen, knüpft er an die letzte Seligpreisung an, die ihr Schicksal zeichnet. In eindringlicher Sprache sagt er ihnen, was ihrer wartet: Sie werden um seinetwillen geschmäht und verfolgt werden. Man wird lügnerisch alles Böse von ihnen sagen. Trotzdem, ja gerade deswegen sollen sie sich freuen und frohlocken, denn ihr Lohn ist groß im Himmel. Ihr Los ist das Prophetenlos. Ihr Schicksal ist das Prophetenschicksal. Christus ist der Größte aller Propheten. Sein Schicksal ist das Kreuz. Es ist das, womit auch die Seinen eindeutig zu rechnen haben.

Trotz dieser klaren Voraussage und Voraussicht haben sie aber Boten seines Geistes zu sein. Sie sind »Salz der Erde«. Die Menschheit ist fade und geschmacklos ohne diesen Geist. Die Botschaft Christi soll die Würze der Menschheit bilden, soll das Menschengeschlecht frisch erhalten und vor jeder Art geistiger und moralischer Fäulnis bewahren. Das ist nur dann möglich, wenn die Christen selbst das Salz des rechten Geistes haben. Eine Christenheit, die nur den Namen Christi hat und nicht seinen Geist, ist schal und taugt zu nichts. *Corruptio optimi pessima* (Die Korrumpierung des Besten führt zum Schlechtesten).

Und sie sind »Licht der Welt«, und zwar in doppeltem Sinne. Einmal sollen sie wie das Licht der Sonne Helligkeit des Geistes und Glut der Liebe ausstrahlen und so überall Freude und Leben wecken. Dann sollen sie wie das Licht im Haus nicht unter dem Scheffel verborgen sein, sondern auf den Leuchter gestellt und durch ihr Beispiel, ihr gutes Leben, ihr Tun ein Licht sein, dessen Schein in allen Finsternissen und Nächten des Lebens Helligkeit verbreitet.

»Stadt auf dem Berge« sollen sie sein, zu der der menschliche Wanderer in der Verworrenheit zeitlichen Lebens immer wieder aufschauen, an der er sich orientieren und in aller Weglosigkeit des geistigen oder moralischen Chaos wieder den Weg zur *Civitas Dei*, zu Gott selbst, finden kann. So werden sie Wegweiser zu Gott, Führer zum Himmel, Boten Gottes. Und darum wird man, wenn man sie sieht, den Vater preisen, der im Himmel ist. So klingt alles aus in der *gloria Dei*, in dem Lob und der Verherrlichung des Vaters, denn diese Verherrlichung ist die Aufgabe und das innerste Herzensgeheimnis Christi, des Sohnes Gottes.

2. DIE NEUE GERECHTIGKEIT

Der neue Geist ist das Entscheidende. Die Botschaft Christi ist wesentlich geistbetont. Aber der Geist allein genügt nicht. Er muss dem Leben Form geben, muss sich im Werk auswirken.

Er wird infolgedessen auch die Gestalt konkreter Forderungen annehmen und wird in Gesetzen seinen Niederschlag, seine feste Form und Formulierung finden. Die Frage nach dem Verhältnis des Messias und seines neuen Geistes zum alten Gesetz ist unausweichlich. Die Antwort Christi ist eindeutig: »Denkt nicht, ich sei gekommen, um das Gesetz und die Propheten aufzuheben! Ich bin nicht gekommen, um aufzuheben, sondern um zu erfüllen.« Erfüllung ist aber hier nicht im Sinne einer Buchstabentreue gemeint, sondern im geistigen Sinne des Vollendens.

Das Ritual- und Zeremonialgesetz Israels findet seine Erfüllung in Christus, genauer in seinem Opfer. Denn jenes Gesetz war Zeichen und Symbol des neuen geistigen Heiligtums und des neuen Opfers, das Christus als der neue Hohepriester der Welt im Heiligtum Gottes durch Hingabe seines Lebens an den Vater im Himmel darbringt. Also jenes Opfers, das seine Weiterführung durch Raum und Zeit erfährt in der neuen, durch den Messias geschaffenen Liturgie. Das staatliche Gesetz Israels findet seine Erfüllung dadurch, dass das irdische Israel abgelöst wird durch das neue, geistige Israel, dass also an die Stelle der Synagoge des einen erwählten Volkes die Weltkirche aller Völker tritt, eine geistige Theokratie, in welcher der staatlichen Autorität gegeben wird, was des Cäsars ist, diese aber Gott geben soll, was Gottes ist.

Das moralische Gesetz und um dieses handelt es sich hier vor allem, findet durch Christus seine Vollendung, weil er es zur eigentlichen und letzten Vollkommenheit führt. Denn er stößt vom Äußeren vor ins Innere, beseelt es durch den neuen Geist und gibt ihm damit einen größeren Ernst, eine religiösere Weihe und wesentlich weitergehende Forderung. Christus ist selbst die Erfüllung des Gesetzes, weil es ja Wegbereitung, Erziehung auf ihn hin sein sollte (Gal 3,24). Und er ist Vollender des Gesetzes, weil er seine Forderung bis zur Vollkommenheit führt und selbst erfüllt. Seine neue Botschaft ist also nicht Revolution im Sinne eines Verachtens des Gewesenen und einer Zerstörung des Bisherigen, sondern sie ist Aufbau, Weiterführung, Vollendung, alte und neue Botschaft, altes und neues Gesetz. Alter und Neuer Bund sind nicht Gegensätze, sondern Anfang und Vollendung, Grundlage und Aufbau, Wurzel und Baum.

DAS VERHALTEN ZU GOTT

Das Gesetz, das Christus bringt, ist wesentlich religiös. Das heißt, es fordert in allem Tun die Einstellung auf Gott hin, die innere Gesinnung, die den Blick auf Gott richtet und das Tun vor Gott gestaltet. Auch das alte Gesetz hatte religiösen Charakter. Aber Schriftgelehrte und Pharisäer haben als Ausleger des Gesetzes den Blick immer mehr auf das bloß Äußere der sichtbaren Tat gerichtet. Darum lautet die Forderung Jesu: »Eure Gerechtigkeit muss größer sein als die der Schriftgelehrten und der Pharisäer.« Beide, Schriftgelehrte und Pharisäer, sind schuld an der Veräußerlichung der Moral. Das Äußere, das sie fordern, wird mit Recht gefordert, aber es ist zu wenig. Das Innere muss als Wichtigstes hinzukommen. Diese Grundforderung einer Gesinnungsethik anstelle einer bloßen Legalität muss auf zwei Gebieten zur Auswirkung kommen. Im Grundsätzlichen und im Tatsächlichen, im Gesetz und in den Werken. In den Fragen des Gesetzes waren die Schriftgelehrten zuständig, in der Beurteilung der Werke die Pharisäer. Darum steht das neue Gesetz der inneren Gesinnung im Gegensatz zur äußerlichen Gesetzesauffassung der Schriftgelehrten und steht das einzig auf Gott ausgerichtete Tun im Gegensatz zu dem auf die Menschen schauenden und sich selbst suchenden Tun der Pharisäer. Dementsprechend ist auch die Gedankenfolge der Bergpredigt.

Das neue Gesetz ist strenger als das der Schriftgelehrten

Mit der Gegensatzforderung »Ihr habt gehört, dass zu den Alten gesagt worden ist, [...] ich aber sage euch«, will sich Christus nicht zum Alten Testament als solchem oder gar zum Dekalog in Gegensatz stellen, sondern der Gegensatz gilt der Auslegung und Deutung jenes Gesetzes durch die Schriftgelehrten und ist somit ein Gegensatz zwischen dem bloß äußeren Tun und der Forderung innerer Gesinnung. In der Darlegung geht Christus schrittweise vor vom mehr Äußerlichen, Massiven, Groben zum immer Feineren.

Er beginnt mit dem Verbot von *Mord und Totschlag.* Gewiss ist die Errichtung dieser äußersten Schranke für den Bestand des Lebens und der menschlichen Gemeinschaft das Erste und Entscheidende. Aber eine wirkliche Sicherung ist erst gegeben, wenn der Mensch eine dementsprechende innere Gesinnung hat. Ist der innere Geist des Zornes überwunden, wird die Auswirkung in Streit und Mord von selbst schwinden. Je nach der Schwere der äußeren Vergehen waren in Israel verschiedene Gerichtshöfe zuständig. Entweder das Lokalgericht oder bei qualifizierten Verbrechen das Zentralgericht des Hohen Rates in Jerusalem. Und für die schwersten Dinge war das Gericht Gottes und damit das Feuer der Gehenna angedroht. Christus betont, dass die falsche Gesinnung des Zornes, aus der alles andere fließt, im Grunde genommen bei allen drei Gerichten anhängig gemacht werden müsste. So entscheidend und wichtig ist sie. Die äußere Wirkung ist im Grunde genommen weniger wichtig. Denn ob einer seinen Mitmenschen einen Frevler nennt oder einen Gottlosen, macht keinen Wesensunterschied aus. Die innere Gesinnung des Zornes und des Hasses ist das Bestimmende. Sie muss durch alle Gerichte verurteilt und ihre Überwindung muss die erste und entscheidende Forderung des Gesetzes sein.

Die Wichtigkeit dieser Gesinnungsreform wird durch zwei Zusätze betont. Einmal durch die Gegenüberstellung zum Kultus. Die Gesinnung ist wichtiger als der Kult, denn ohne hat der Kult keinen Sinn. Der Mensch muss also, auch wenn er schon im Heiligtum stünde, um seine Opfergabe darzubringen, alles stehen und liegen lassen, um zuerst eine etwaige Feindschaft in Ordnung zu bringen. Dann erst haben sein Hintreten zum Altar und die Feier des Opfers Sinn und Wert. Liturgie mit unreinem Herzen ist vor Gott sinnlos. Gesinnung ist wichtiger als Opfer.

Der zweite Zusatz betont die Dringlichkeit der Forderung. Es ist keine Zeit zu verlieren. Der Mensch ist in seinem Leben gewissermaßen schon unterwegs auf dem Weg zum Gericht Gottes. Er hat noch eine letzte Chance, sich unterwegs mit seinem Gegner zu versöhnen. Sonst ist ihm nicht mehr zu helfen. Die Wichtigkeitsklausel und Dringlichkeitsformel ist damit in eindrucksvollen Worten gegeben.

Als Zweites wird der bereits feinere Lebensbezirk der *Ehe* aufgegriffen. Auch hier darf eine bloß äußere Sicherung des Bestandes der Ehe nicht genügen, sondern es muss die innere Gesinnung ehelicher Treue gefordert werden. Dann erst ist eine wirklich gründliche, der Sache auf den Grund gehende Hilfe und Heilung erfolgt. Die symptomatische Behandlung ist durch eine kausale abgelöst. Das Unkraut ist nicht oben weggeschnitten, sondern die Wurzel ist ausgerissen.

Das Gesetz verbietet den Ehebruch. Christus verbietet das ehebrecherische innere Begehren: Wer eine Frau anschaut, um sie zu begehren, hat in seinem Herzen bereits Ehebruch mit ihr begangen. Wieder wird die Wichtigkeit betont. Es genügt nicht, den Absturz in den Ehebruch zu vermeiden. Es müssen schon die Zufahrtsstraßen und Zugangswege abgeriegelt werden. Eher muss man sich ein Auge ausreißen oder sich eine Hand abhacken, wenn sie Anlass zur Sünde werden, denn das ewige Leben ist wichtiger als ein Glied des Körpers. Es geht um ewiges Sein oder Nichtsein. Da ist der letzte Radikalismus gefordert. Ernster und gründlicher kann das Übel des Ehebruchs, das die Familien und die Staaten zerstört, nicht bekämpft werden.

Zum Ehebruch kommt die Ehescheidung. Das Gesetz erlaubte in bestimmten Fällen einen Scheidebrief. Christus ist strenger. Wer sich von seiner Frau scheiden lässt, lädt damit die Verantwortung auf sich und ist mitschuldig, dass sie zur Ehebrecherin wird, denn sie wird allein nicht leben können, sondern einen anderen heiraten und damit zur Ehebrecherin werden. Und wer eine Geschiedene heiratet, begeht Ehebruch. Denn sie ist schon gebunden und bleibt gebunden. Nur wenn die Frau ihrerseits schon vor der Scheidung Ehebruch begangen hat, ist der Mann für ihren Ehebruch nicht verantwortlich und hat nach dem Gesetz sogar das Recht, die ehebrecherische Frau anzuzeigen und sie verurteilen zu lassen. Die Forderung Jesu richtet sich also nicht bloß gegen den eigentlichen Bruch der Ehe, sondern auch gegen die Scheidung, wenigstens immer dann, wenn nicht bereits ein Ehebruch vorliegt.

Das Dritte ist die Stellungnahme zum *Eid*. Die bisherige Forderung blieb auch hier im Äußeren hängen, denn sie besagte bloß, dass nicht etwas Falsches eidlich beschworen werden dürfe und dass ein geleisteter Eid zu halten sei. Christus geht auch hier auf die Gesinnung. Ein Eid besagt, Gott zum Zeugen anrufen. Wer die Gesinnung der Ehrfurcht vor Gott hat, wird es nicht fertigbringen, Gott in die kleinen Händel des Alltags zu mischen. Die Ehrfurcht vor Gott muss in jeder Art von Eid zu spüren sein. Wenn man beim Himmel schwört, hat das eine Beziehung zu Gott, denn er ist Gottes Thron. Wenn man bei der Erde schwört, ist die gleiche Beziehung da, denn sie ist der Schemel der Füße Gottes, wie es bei Jesaja (Jes 66,1) heißt. Wer bei Jerusalem schwört, muss an die gleiche Beziehung denken, denn es ist nach Psalm 48 (Ps 48,2) die Stadt des Großen Königs, also die Stadt Gottes. Und selbst wenn der Mensch bei seinem Haupt schwört, so ist auch dieses ein Eigentum Gottes. Wer innerlich beim Reden und bei einer Beteuerung vor Gott steht, dessen Ja ist ein Ja und dessen Nein ist ein Nein. Darauf soll man sich verlassen können.

Die Forderung Jesu geht noch weiter und wird noch höher getrieben in der Frage der *Vergeltung*. Das Gesetz bestimmte das rein äußerliche Maß, dass nämlich zwischen Vergehen und Vergeltung eine Proportion bestehen müsse: Aug um Aug, Zahn um Zahn. Christus dagegen fordert auch hier eine Gesinnung. Und zwar nicht die Gesinnung der bloßen Gerechtigkeit, sondern die Gesinnung der Versöhnlichkeit. Friede und Versöhnung sind wichtiger als starres Recht und strenge Gerechtigkeit. Darum muss der Christ zum Entgegenkommen bereit sein. Wo es nur um ihn persönlich geht, nicht um anderes oder andere ihm Anvertraute, soll er lieber Unrecht leiden als auf Gerechtigkeit bestehen. »Wenn dich jemand auf die rechte Wange schlägt, halte ihm auch die andere hin!« Und wenn jemand prozessieren will um eines Rockes willen, gibt man ihm lieber gleich Mantel und Rock. Wenn einer Gewalt anwenden und dich zwingen will, ihn eine ganze Meile weit zu begleiten, gehe lieber gleich zwei Meilen mit ihm, damit Friede unter euch herrscht. Der Geist des Entgegenkommens und der Bereitschaft soll sich überall zeigen. »Wer dich bittet, dem gib, und wer von dir borgen will, den weise nicht ab!«

Diese Forderung darf nicht buchstabengetreu, also wieder pharisäisch ausgelegt werden. Christus selbst hat mit der Geißel in der Hand den Tempel gesäubert, den Pharisäern das »Wehe« entgegengeschleudert und vor Hannas sein Recht verteidigt. Es geht hier nicht um Kasuistik, sondern um eine grundsätzliche Haltung, um die innere Einstellung einer friedfertigen Gesinnung und der Bereitschaft, dem anderen so weit wie möglich entgegenzukommen, soweit nicht eine andere Forderung Gottes im Wege steht.

Und schließlich führt Christus seine Forderung zur obersten Spitze, zum eigentlichen Gipfel der *Feindesliebe*. Das Gesetz fordert die Liebe zum Nächsten. Nach der Auslegung der Schriftgelehrten ist aber nur der Volksgenosse als Nächster zu betrachten, somit darf man den Volksfremden, den Feind, hassen. Ganz anders Christus. Die Liebe kennt bei ihm weder Schranken noch Grenzen, erstreckt sich somit auch auf die Feinde. Und damit der Mensch einen Prüfstein hat, ob es ihm ernst ist mit dieser Liebe, soll er für die Feinde beten. Damit trägt er seine Feindschaft vor Gott, stellt sie auf eine höhere Ebene, wo sie in diesem größeren Dritten aufgelöst wird. Denn wer auf Gott schaut, erkennt, dass dieser als Vater im Himmel seine Sonne über Gute und Böse scheinen lässt und den befruchtenden Regen Heiligen und Sündern spendet. Wer die Liebe nur innerhalb der Schranken der Sympathie und Freundschaft betätigt und Gegenliebe fordert, handelt nicht besser als die Heiden und Zöllner. Christen dagegen sollen anders und besser handeln. Ihr Maßstab ist das Tun Gottes, ihr Ideal die Gesinnung Gottes. Dieser aber ist die Vollkommenheit schlechthin. So gipfelt die Gesinnungsethik der Bergpredigt, die Geistesforderung Christi, in der unerhörten Formulierung: »Seid also vollkommen, wie euer Vater im Himmel vollkommen ist!« Mit diesem Wort »vollkommen«, das zugleich Spitze, Ausklang, Ende bedeutet, erreicht die Vertiefung des Dekalogs durch die Forderung Christi ihre Spitze, ihren Ausklang und ihr Ende.

Die neue Gerechtigkeit ist größer als die der Pharisäer

Die Gesetzesauslegung der Schriftgelehrten ist durch Christus überholt. Ebenso kühn ist aber seine zweite Forderung: »Eure Gerechtigkeit muss größer sein als die der Pharisäer.« Der Pharisäer ist Spezialist im Handeln, also in guten Werken. Er beruft sich auf seine Werke der Übergebühr, tut mehr als gefordert ist. Ja, er lebt so, dass eine Nachahmung oder gar eine Überbietung unmöglich erscheint. Und doch fordert Christus gerade diese Überbietung, aber wieder nicht im äußeren Tun, sondern in der inneren Gesinnung. Das Leitmotiv lautet: Nicht vor den Menschen, sondern vor Gott. »Hütet euch, eure Gerechtigkeit vor den Menschen zu tun, um von ihnen gesehen zu werden; sonst habt ihr keinen Lohn von eurem Vater im Himmel zu erwarten.« Wer Gott dienen will, aber dabei auf das Urteil der Menschen schaut und menschlichen Lohn erhofft, dient nur scheinbar Gott. Er ist somit ein Heuchler. Er scheint heilig zu sein, ist also ein Scheinheiliger mit dem Widerspruch zwischen Schein und Sein. Das Lohnmotiv ist nicht abwegig, aber es darf nicht menschlicher Lohn sein, sondern Lohn, den Gott gibt, und zwar besonders dem, der nicht um des Lohnes willen handelt, sondern im schlichten Blick auf den Willen und den Geist Gottes.

Auf drei Gebieten wird sich das besonders zeigen: im Almosengeben, im Beten und im Fasten.

Wer *Almosen* gibt, um als wohltätig zu gelten, mag diesen seinen Zweck erreichen und hat damit seinen Lohn empfangen. Vor Gott gilt das nicht. Die Äußerlichkeit dieses Tuns wird durch das Bild des Ausposaunens in Synagogen und auf Straßen bloßgestellt. Ebenso einprägsam ist das umgekehrte Bild, das die rechte Gesinnung des Christen zeichnet: Seine Linke soll nicht wissen, was seine Rechte tut. Also nicht der Blick auf die Menschen, sondern einzig der Blick auf Gott darf entscheiden. Nur solches Tun ist echt religiös. Alles andere ist heuchlerisch. Wer Gutes tut, um die Anerkennung der Menschen zu finden, hat »die Quittung schon empfangen«, hat somit von Gott nichts zu erwarten.

Das Gleiche gilt beim *Gebet.* Man darf nicht beten, um als fromm zu gelten, sondern um wirklich zu Gott aufzuschauen. Bildlich ausgedrückt: Man soll sich beim Beten nicht an die Straßenecken stellen, um aufzufallen, sondern im Kämmerlein hinter verschlossenen Türen im Verborgenen zum Vater beten, wo niemand es sieht als Gott allein. Echtes Beten wird notwendig auch nichts auf die Zahl der Worte und die Quantität der Gebetsleistung geben, sondern wird schlichtes Gehen zum Vater im Himmel sein mit vertrauendem Herzen.

Matthäus benutzt diesen Abschnitt über den Geist des rechten Betens, um ihn an einem großen Beispiel zu erläutern: am Gebet des Herrn, dem *Vaterunser.* Dieses Gebet ist schon äußerlich, formal gesehen, vollendet. Es gliedert sich in die heilige Zahl von sieben Bitten. Davon handeln drei von der Welt über dem Menschen und drei von der Welt unter dem Menschen. Und in der Mitte steht die harte Wirklichkeit des menschlichen Alltags. Das Gebet beginnt auf der höchsten Höhe des Vaters im Himmel und endet in der tiefsten Tiefe des Bösen schlechthin, also Satans. So umspannt es die ganze Wirklichkeit des Seins, um alles im Gebet vor Gott hinzutragen. Dabei ist die Sprache von ruhiger Ausgeglichenheit, ein still gleitendes Fließen, ein Ebenmaß des Geistes und des Herzens ohne leidenschaftliche Ausbrüche stürmischen Drängens oder verzweifelter Schreie, dafür aber voll tiefen Vertrauens, verhaltener Glut und kindlicher Liebe. Es ist Gebet zum Vater, darum getragen von Vertrauen, Geborgenheit und Gewissheit der Erhörung. Es setzt mit großer Schlichtheit und Selbstverständlichkeit eine Gemeinschaft der Betenden voraus und ist zugleich seinerseits wieder gemeinschaftsbildend.

Die ersten drei Bitten enthalten die Welt Gottes, und zwar zuerst Gottes Namen, der geheiligt werden soll. Es ist die Bitte, dass Gottes heiliges Wesen, das in seinem Namen Ausdruck findet, immer heller und herrlicher aufstrahle. Also die Bitte um die Selbstoffenbarung Gottes in der Welt durch alle Zeiten hin, bis er beim Anbruch des kommenden Äons in seiner ganzen Herrlichkeit sichtbar werde.

Die zweite Bitte umfasst die Herrschaft Gottes. Gott selbst ist es, der sein Reich ausbreitet im Menschen und in der Welt.

Es ist der ständige, fortwährend sich vollziehende Advent des Kommens Gottes in jedem Menschenleben und in jeder Generation. Und es ist zugleich Erwartung des großen Weltadvents der Parusie, der Blick nach dem Ende, das in Wirklichkeit der Anfang ist, weil die Weltherrschaft in die Gottesherrschaft übergeht und alle Reiche im Reich Gottes aufgehen.

Die dritte Bitte erfleht die Erfüllung des göttlichen Willens. Es steht dahinter das Bewusstsein, dass der kleine menschliche Eigenwille oft genug, bewusst oder unbewusst, dem großen heiligen Willen Gottes widersteht. Die Bitte ist somit der Ausdruck: »Aber nicht mein, sondern dein Wille soll geschehen« (Lk 22,42). Oder, dem Geist des Vaterunsers entsprechend, weiter gefasst: nicht unser Wille, sondern dein Wille. Also nicht das verkehrte, enge, menschliche Wollen, sondern das heilige Wollen Gottes, denn Gottes Wille ist Weisheit und Liebe. In der Vollendung des Himmels, wenn das Reich Gottes vollends anbricht, wird die Liebe nichts anderes wollen als Gott. Und so wird der Zusammenklang des Willens aller Menschen mit dem einen Willen Gottes in der Liebe vollendet sein. Dieses Vorbild soll schon hier und jetzt sein Abbild finden. »Wie im Himmel, so auf der Erde.«

In der Mitte der großen Bitten steht die scheinbar kleine ums tägliche Brot. In den ersten drei Bitten war nur von Gott die Rede: dein Name, dein Reich, dein Wille. Aber mit dem Zusatz der dritten Bitte »Wie im Himmel, so auf der Erde« ist der Abstieg von oben nach unten erfolgt, eben vom Himmel auf die Erde. Und hier dreht sich nun auf einmal alles um den Menschen, sodass in allen vier Bitten jetzt von »uns« die Rede ist, nicht mehr von »ihm«: von unserem Brot, unseren Sünden, unserer Versuchung und dem für uns Bösen. Mit dem Brot beginnt es. Es ist damit alles gemeint, was der Mensch zu seinem Lebensunterhalt braucht. Mehr wird nicht erbeten. Es geht nicht um Überfluss, sondern um den Lebensbedarf. Dieser wird vertrauensvoll von Gott erbeten und erhofft. Täglich wieder vertraut sich der Mensch mit all seinen Bedürfnissen der schenkenden Liebe seines Vaters im Himmel an. Wörtlich heißt es: »Gib uns heute das Brot, das wir brauchen!« Wenn für den morgigen Tag gesorgt ist, kann der Mensch für heute beruhigt sein.

Dann gehen die Bitten in die Tiefe der Gottferne. Denn die fünfte Bitte zeigt den Menschen als Schuldner durch die Sünde. Er kann nur um Schuldennachlass bitten und zugleich sich bewusst werden, dass er dann seinerseits nicht den Gläubiger gegenüber mitmenschlichen Schuldnern spielen darf. Die Bitte um Vergebung vonseiten Gottes setzt voraus, dass der Betende seinen Mitmenschen bereits vergeben hat, was sie ihm schulden. Sonst kann er nicht vor Gottes Angesicht treten.

Die sechste Bitte um Bewahrung vor Versuchung meint nicht den Anreiz Gottes zum Bösen, denn dieser wäre mit Gottes Wesen unvereinbar. Sie meint auch nicht die Bewahrung vor einer Läuterung, Erprobung, Bewährung, denn diese gehört zu jedem Menschenleben, sondern sie meint die unmittelbare Gefahr zum Sündigen, das Abgleiten in die ernstliche Gefahrenzone. Der Betende weiß um seine Schwäche. Sittliches Selbstvertrauen liegt ihm fern. Und so bittet er um Bewahrung vor dieser unmittelbar drohenden Gefahr: Gott möge nicht zulassen, dass er, der schwache Mensch, durch den Versucher an den Rand des Abgrunds geführt werde, sonst droht der Sturz in die Tiefe.

Mit dieser Tiefe schließt das Vaterunser. Denn das Übel, das Böse, ist das religiös Böse, die Sünde das Werk des bösen Feindes, das Dämonische, Satanische, Teuflische. Davor möge Gott den Menschen bewahren oder genauer, weil der Mensch ohne Gott Satan verfallen ist, lautet die Bitte: Gott möge den Menschen vom Bösen befreien. Es ist also die Bitte um das Werk der Erlösung.

Die Verbindung, der Zusammenhang mit den guten Werken, wird wiederhergestellt durch die mahnende Beifügung, dass Gott verzeihen wird, wenn auch wir verzeihen, und nicht verzeihen wird, wenn wir nicht verzeihen. Der Aufblick zu Gott, das innere Stehen vor Gott in der Gesinnung echter Frömmigkeit, wird zum richtigen Tun und Handeln führen. Die Formel »Nicht vor den Menschen, sondern vor Gott« zeigt hier, dass damit in keiner Weise Menschenfeindlichkeit oder Isolierung von allem Menschlichen gegeben ist, sondern dass im Gegenteil der Blick zu Gott den richtigen Blick für die Menschen geben wird. Gottesliebe führt zur Nächstenliebe. Das Bewusstsein, von Gott begnadet zu sein, nötigt den Menschen zu einem gnädigen Urteil dem fehlenden Mitmenschen gegenüber. Distanz vom Mitmenschen und Überheblichkeit wird zu einer Distanzierung von Gott und zur Gottferne führen.

Auch für ein drittes Gebiet menschlicher »Werke«, für das *Fasten*, gilt der gleiche Grundsatz: Nicht vor den Menschen!

Auch hier wird die Forderung in eindringlicher Bildhaftigkeit gezeichnet: Macht kein finsteres Gesicht und entstellt euch nicht, damit die Menschen sehen, dass ihr fastet. Im Gegenteil! Das Fasten soll so sehr verborgen sein, dass man geradezu sein Antlitz waschen und sein Haupt salben solle, damit die Leute nichts merken. Der Vater im Himmel weiß es, denn er sieht ins Verborgene.

So ist im Gutestun des Almosens, im Beten und in Bußwerken des Fastens der gleiche Geist aufgezeigt: die echte Religiosität, die wirklich Gott sucht und darum nur auf Gott schaut. Echte Heiligkeit anstelle heuchlerischer Scheinheiligkeit ist das, was Christus von den Seinen fordert.

Die religiöse Haltung wirkt sich auch im Verhältnis zu den Dingen dieser Welt aus. Nach der Lehre Christi soll man nicht auf die Dinge dieser Welt Wert legen, sondern nach Gott verlangen und nicht ängstlich um diese Dinge besorgt sein, sondern auf Gott vertrauen.

Es liegen darin zwei Stufen und damit wieder ein Aufstieg vom Gröberen zum Feineren.

»Sammelt euch nicht Schätze hier auf der Erde.« Alle Gier nach Besitz, das Jagen nach Reichtum, das Besessensein vom Materiellen wird hier verurteilt, und zwar mit einer dreifachen Begründung. Einmal sind die Dinge dieser Erde vergänglich. Kostbare Gewänder in Schränken und Truhen werden von der Motte verzehrt, metallische Reichtümer und Kleinodien durch den Rost, wertvolle Möbel durch den Holzwurm. Und wenn man sich dagegen schützt, können sie der Diebeshand verfallen. Schätze im Himmel sind allein eine sichere Garantie, denn sie haben Ewigkeitswert und dauernden Bestand. Das zweite Motiv ist religiöser formuliert. Irdische Reichtümer umgarnen das Herz. Der Vergleich mit dem Auge soll das erläutern. Das Auge ist das äußere Licht des Lebens, das Herz das innere Licht. Verfinstert sich das äußere Licht des Auges, so lebt der ganze Leib im Dunkeln. Schlimmer aber ist es, wenn das innere Licht verlöscht. Denn »der Atem des Menschen ist die Leuchte des HERRN, sie durchforscht alle Kammern des Leibes« (Spr 20,27). Eine klare, ungetrübte Hingabe an Gott ist nur dem Menschen möglich, der nicht von der Sucht nach Besitz erfüllt ist. Das dritte Motiv ist der Hinweis darauf, dass der Mensch letztlich vor die Entscheidung eines Entweder-oder gestellt ist. Das Verlangen nach Besitz zieht vom Dienst Gottes ab. Man kann aber nicht zwei Herren dienen, also muss man sich entscheiden, das Leben entweder in den Dienst des Götzen Mammon oder in den

Dienst des lebendigen Gottes zu stellen. Entweder ist das Leben, nach der Formel Augustins, vom *amor coelestis* oder vom *amor terrestris* (Liebe zum Himmlischen oder zum Irdischen) bestimmt. Das materialistische Denken ist hier bis in die letzte Wurzel und die äußerste Konsequenz bloßgelegt. Unerbittlich bohren die Worte Christi bis ins Innerste. Der Hinweis auf die Vergänglichkeit des Materiellen ist noch ein ruhiger Appell an die menschliche Intelligenz. Die Warnung vor der seelischen Umstrickung geht schon ins Lebendige. Und die kategorische Forderung einer Entscheidung zwingt unerbittlich zur Stellungnahme.

»Sorgt euch nicht um euer Leben.« Wenn der Mensch die Jagd nach dem Besitz aufgegeben hat, kann das Irdische ihn immer noch gefährden, wenigstens in der Weise, dass er sich innerlich unnötige Sorge darum macht. Aber auch das wird von Christus weggeräumt. Das Christentum nimmt zwar den Menschen die Lebenssorgen nicht ab, wohl aber die Ängstlichkeit, die innerliche Unruhe um das Materielle. Nach zwei Seiten hin wird das illustriert. Nämlich die Unruhe um das Leben im Allgemeinen und um den Leib im Besonderen. »Seid nicht ängstlich besorgt um euer Leben […] noch um euren Leib.«

Das *Leben* wird im Entscheidenden durch Gott erhalten, nicht durch den Menschen. Gott ist es, der die Nahrung gibt. Gewiss muss der Mensch sich darum mühen. Aber wenn er auf Gott vertraut, wird seine Mühe nicht umsonst sein. Die Vögel des Himmels, die ihre Nahrung suchen, sie aber auch immer wieder finden, beweisen es. Der Mensch seinerseits kann sein Leben nicht verlängern, nicht einmal um eine Spanne. Es liegt in der Hand Gottes. Das Christentum gibt die Geborgenheit in Gott. Es lässt damit dem Menschen die Lebenssorgen, nimmt ihm aber die Lebensangst. Es nötigt ihn zur Arbeit ums tägliche Brot, nimmt ihm aber das Qualvolle ängstlicher Unsicherheit vor der Zukunft. Er hängt nicht im Nichts, sondern ist geborgen in Gott.

Das Gleiche gilt für den *Leib* des Menschen. Die Kleidung soll ihn vor Krankheit schützen. Darum muss der Mensch sich um die Kleidung kümmern, aber wieder ohne ängstliche Sorge. Die Lilien des Feldes, die schöner gewandet sind als Salomo in all seiner Pracht und die ihr Gewand von Gott empfangen, sollen ihn immer wieder daran erinnern. Denn wie nichtig ist das Gras des Feldes im Vergleich zum Menschen! Darum soll dieser nicht kleinmütig sein, sondern aus dem Glauben an Gottes Hilfe großmütig leben, das heißt immer wieder Mut haben, das Leben aus der Verbundenheit mit Gott zu meistern.

Anstelle der ängstlichen Sorge ums Irdische, die eine heidnische Gesinnung verrät, soll die Sorge ums Überirdische treten: *»Sucht aber zuerst sein Reich.«* Alles andere kommt an zweiter Stelle und wird dem Menschen, der sich um Gerechtigkeit und Heiligkeit müht, durch Gottes Hilfe hinzugegeben. Angstvolle Sorge für morgen und übermorgen liegt dem Christen fern. Er nimmt jeden Tag, wie Gott ihn schickt, und trägt seine Plage in Ruhe und Gelassenheit.

Primat des Religiösen, bedingungslose Vorrangstellung Gottes, Einbau des Irdischen und Materiellen in diese Linie zu Gott hin ist die Forderung Christi.

DAS VERHALTEN ZU DEN MENSCHEN

Nach dem Blick auf Gott und die Welt ist noch ein Drittes zu regeln: die Einstellung zum Menschen. Zwei Forderungen werden hier aufgestellt.

Nicht kritisieren lautet die erste. Der Mensch soll sich bewusst sein, dass er selbst vor einem Richter steht, und soll sich darum nicht richterliche Funktionen anmaßen. Das Urteil, das der göttliche Richter über ihn fällt, hängt vom Urteil ab, das er, der Mensch, über seinesgleichen fällt. »Mit dem Maß, mit dem ihr messt, werdet auch ihr gemessen werden.« Wahre Reform beginnt bei sich selbst. Nicht die Besserung anderer verbessert die Welt, sondern die Besserung des eigenen Ich. Jeder hat bei sich selbst genug in Ordnung zu bringen. Damit soll er anfangen. Es ist lächerlich und heuchlerisch, die Splitter im Auge des Mitmenschen zu sehen und die Balken im eigenen Auge zu übersehen. Dieses drastische Bild soll dem Menschen das unnötige Kritisieren endgültig verleiden.

Sich nicht aufdrängen lautet die zweite Forderung. Soll man das Schlechte im Menschen nicht zu stark beleuchten und beurteilen, so soll man andererseits das Gute, das man ihm bringen kann, ihm nicht aufnötigen. Diskretion gehört zum christlichen Geist. Auch hier formuliert Christus seine Forderung in zwei Bildern. »Gebt das Heilige nicht den Hunden.« Das Bild stammt vom Fleisch der Opfertiere, das nicht den Hunden zum Fraß gegeben werden darf. Die christliche Botschaft ist Wort Gottes, also etwas Heiliges, das vom heiligen Gott zur Heiligung des Lebens gegeben ist. Man gibt es nicht dem Gespött preis und redet nicht auf allen Gassen davon. Es gibt eine Klugheit und Ehrfurcht, die vor jeder Profanierung zurückschreckt. Das zweite Bild ist noch drastischer. »Werft eure Perlen nicht den Schweinen vor.« Denn Schweine wollen Schweinefutter haben. Wirft man ihnen Perlen vor, so erregt das ihre Wut gegen den Spender, der ihnen nicht das gibt, was sie fressen wollen. *Sancta sanctis* lautet die alte Forderung. Blindes Draufgängertum, Fanatismus der Verkündigung, Reden über religiöse Dinge zur unrechten Zeit und am unrechten Ort haben immer etwas Peinliches und sind mit dem Geist des Herrn unvereinbar.

Die beiden Forderungen sind negativ formuliert. Aber sie setzen beide eine innere Haltung wohlwollender Liebe, verstehender Rücksicht und kluger Diskretion voraus und damit Vornehmheit und innere Feinheit des Geistes und des Herzens, wie sie so ganz der Gesinnung Christi entsprechen.

3. DER WEG ZUR ERFÜLLUNG

Der neue Geist, den der Herr bringt, ist in den acht Seligkeiten skizziert. Das neue Tun, das Sollen des Gesetzes und Erfüllen des Handelns, das diesem neuen Geist entspringt, ist aufgezeigt. Es bleibt noch das Dritte: der Weg zur Erfüllung. In zwei Worten ist das Wesentliche gesagt: »Bittet und es wird euch gegeben; sucht und ihr werdet finden.«

Beten: Das Reich Gottes ist in erster Linie eine Gabe. Der Mensch kann sie sich nicht geben, sondern kann sie nur empfangen. Er kann sie nicht machen, sondern nur entgegennehmen. Es ist die Gnade, nicht das Werk. Darum ist das Bitten das Erste. Aber die Erhörung der Bitte ist für jeden gesichert, der weiß, wer Gott ist. Ein *argumentum a minore ad maius* (Schluss vom Kleineren auf das Größere) soll es zeigen. Der Mensch, der doch kleinlich und bösartig ist, bringt es nicht über sich, einem bittenden Kind einen Stein zu geben anstelle des Brotes oder eine Schlange statt einem Fisch. Wie viel mehr wird Gott, der groß und gut ist, dem richtig Betenden Gutes geben! Dieses Gute ist Gott selbst, denn nur er ist im Vollsinn des Wortes gut. Jeder richtig Betende wird im tiefsten Sinn seines Betens erhört. Denn Gott wird sich ihm mitteilen und damit empfängt er das Reich Gottes. Wer aber Gott empfängt und so den Geist Gottes in sich hat, dem ist die Erfüllung der Bergpredigt und ihrer Forderungen möglich.

Handeln: Das Reich Gottes ist auch eine Aufgabe, auch ein Tun. Der Mensch muss sich darum mühen. Er muss es suchen. Das Tun des Menschen wird in die allgemeine Formel zusammengefasst: »Alles, was ihr wollt, dass euch die Menschen tun, das tut auch ihnen!« Es ist also nicht die wesentlich schwächere negative Formulierung »Was du nicht willst, dass man dir tu, das füg auch keinem andern zu«, sondern die Forderung Christi geht wesentlich weiter. Der Mensch soll dem anderen das tun, was er seinerseits von ihm erwartet. Es liegt darin die Forderung der Liebe, und zwar praktisch und konkret ausgedrückt. Und darum enthält dieser Satz die ganze Moral: »Gesetz und Propheten.« Die Schwierigkeit dieses Tuns wird nicht übersehen. Denn die Pforte ist eng und der Weg ist schmal. Und nur wenige finden ihn. Der Christ kann also nicht mit der großen Masse laufen und auf bequemer Straße durchs Leben schreiten. Er wird anders sein als die anderen und anders leben als die Umgebung. Das Bild der zwei Wege ist dem Urchristentum sehr vertraut. Es findet sich in der Didache, im Barnabasbrief und in anderen Schriften. Die Schwierigkeit wird aber noch größer, denn auf dem schmalen Weg bieten sich falsche Führer an, die in Wirklichkeit Verführer sind. Sie sind Wölfe in Schafspelzen. Unter dem Schein des Guten verführen sie zum Bösen. Nicht aus ihren Worten, wohl aber aus ihren Werken wird man sie richtig beurteilen und demaskieren können, denn der gute Baum ist an den guten Früchten erkennbar und schlechte Früchte verraten einen schlechten Baum. Ist also das Leben nach der Bergpredigt schwierig, so wird andererseits noch betont, wie wichtig gerade das Tun, das konkrete, praktische Handeln, ist. Nicht das schöne Reden und Beten »Herr, Herr« öffnet den Weg ins Reich Gottes, sondern zu Gott kommt nur der, der den Willen des Vaters im Himmel tut. Selbst die Berufung auf außergewöhnliche Dinge, auf die Gabe der Weissagung, der Teufelsaustreibung und der Wunder wird beim Gericht Gottes nicht entscheiden, sondern nur der Hinweis auf die Tat, auf das Mitgehen und Mitwirken mit dem Wort und Willen Gottes. Hier ist ein Christentum der Tat gefordert, und zwar mit unerbittlicher Schärfe. Der Glaube allein genügt nicht, sondern nur ein Leben aus dem Glauben, also ein Glaube, der sich im Werk auswirkt. Nicht christliches Beten und christliches Reden, sondern christliches Leben entscheidet.

Christus gibt der Bergpredigt einen eigenartigen, eindringlichen Abschluss. Gesetzesbestimmungen werden in Israel sonst mit Segenswünschen für die Beobachter und Androhungen des Fluches für die Übertreter beschlossen. Man lese etwa im Buch Levitikus das 26. oder im Buch Deuteronomium das 28. Kapitel. Ähnlich schließt Christus seine erste Predigt. Und doch wieder ganz anders. Es ist Drohung und es ist Verheißung, aber milder und zugleich ernster formuliert. Wer Christi Worte hört und befolgt, also sein Leben aus dem Glauben gestaltet, baut auf einen Felsen. Sein Lebensbau wird jedem Sturm trotzen, auch dem Sturm der Endkatastrophe. Er ist ein Weiser. Wer dagegen die Worte Christi hört, aber nicht danach handelt, wer also seine Botschaft wohl in der Theorie, aber nicht in der Praxis aufnimmt, wer nur einen Glauben hat ohne ein Leben aus dem Glauben, der baut das Haus seines Lebens auf Sand. In den Stürmen des Lebens, vor allem in der großen Endkatastrophe des Todes und des Gerichts wird er nicht bestehen. Er ist ein Tor. Damit ist jeder Mensch persönlich aufgerufen. Man kann die Bergpredigt nicht als etwas lesen, das einen nicht selbst angeht. Sie ist Anruf und Aufruf zur eigenen persönlichen Entscheidung mit dem Entweder-oder, mit dem Für-oder-gegen-Christus und dadurch mit der Entscheidung zur Weisheit oder Torheit.

Die Wirkung der Bergpredigt war eine ungeheure. So hatten die Schriftgelehrten nie gesprochen. Hier sprach einer nicht nur mit der Wucht persönlicher Überzeugung, sondern mit der übermenschlichen Macht Gottes. Es ist wirklich Gottes Wort, das hier seine Größe und seine unwiderstehliche Macht kundtut. Darum sind die Volksscharen vor Staunen hingerissen.

CHRISTUS IN DER BERGPREDIGT

Durch alle Worte der Bergpredigt schimmert geheimnisvoll das Bild desjenigen, der die Worte formuliert und sie selbst erfüllt. Es ist geradezu eine Zeichnung der Gestalt Christi selbst. Der Herr tut seine eigene Gesinnung kund. Er ist durch sein Leben der authentische Interpret dieses seines Gesetzes, der lebendige Ausleger seiner eigenen Worte. Christi Leben ist der Kommentar zu Christi Lehre. Jesu Gestalt und Persönlichkeit sind das lebendige Beispiel für die Erfüllung der Bergpredigt.

Die Gesinnung, die der ganzen Bergpredigt zugrunde liegt, ist das frohe, vertrauende Aufschauen zu Gott als dem Vater im Himmel. Wer hat das stärker und lebendiger als Jesus? Er ist der Sohn Gottes. Gott ist sein Vater in besonderem Sinn. Und darum hat sein Aufschauen zum Vater eine besondere Selbstverständlichkeit, aber auch Tiefe, Größe und Schönheit. Sein Sprechen vom Vater und zum Vater hat einen ganz eigenen Klang der verhaltenen Freude, des grenzenlosen Vertrauens, der tiefen, beseligenden Liebe. Der Vater ist sein eigentliches Geheimnis. Nur von da aus sind sein Wesen und sein Werk verständlich. Sein Geheimnis ist somit etwas, das über ihm steht und doch zutiefst in ihm lebt. Er weist über sich hinaus und bleibt doch ganz er selbst. Denn er und der Vater sind letztlich eins.

Sein Geist ist die Verlebendigung der acht Seligkeiten. Kann man von ihm sagen, dass er die Armut im Geiste besitze? In gewissem Sinne ja, wenn auch völlig anders als die Menschen. Sein ganzes Wesen als Logos besteht darin, dass er vom Vater gesprochen wird. Er hat also letztlich nichts aus sich, sondern alles aus dem Vater. Er ist Sohn und ist somit gezeugt. In noch höherem Maße gilt das von seiner Menschheit. Er betont ausdrücklich immer wieder, dass er alles vom Vater habe.

Die Lehre, die er verkündet, die Worte, die er spricht, die Werke, die er tut, die Wunder, die er wirkt, alles ist ihm vom Vater gegeben. So lebt er völlig aus dem Vater und für den Vater. Der Philipperbrief spricht von seiner »Ausleerung«, von der Entäußerung. Jesus stellt die göttliche Person und die menschliche Größe zurück, um völlig in der Ehre und im Willen des Vaters aufzugehen.

Er ist der Trauernde im richtigen Sinn des Wortes. Ein tiefer Ernst liegt auf seinem Antlitz und über seinem ganzen Leben. Denn er kennt die Menschen und die Welt. Er kennt alles Hintergründige der Bosheit und des Satanismus, alle Unheimlichkeiten des Dämonischen. Er weiß um Schmerz und Sünde, um Tod und Hölle, aber auch um den einzigen, aber wirklichen Trost: die Liebe des Vaters.

Er ist sanftmütig und sagt es selbst von sich: »Lernt von mir, denn ich bin gütig und von Herzen demütig« (Mt 11,29). Er erzwingt die Dinge nicht. In Ruhe und Gelassenheit lässt er den Vater bestimmen. Die Donnersöhne, die gewaltsam dreinfahren wollen, weist er zurecht (Lk 9,54). Und Petrus, der das Schwert zieht, muss es wieder in die Scheide stecken (Mt 26,52). Er weiß, dass der Vater ihm zwölf Legionen Engel zu Hilfe schicken würde, wenn er darum bäte. Aber die Gewalt ist nicht der Weg der Sanftmut.

Er kennt den Hunger und Durst nach dem heiligen Gott, nach dem Vater. Mit Sehnsucht wartet er auf die Stunde, da er wieder zum Vater heimkehren kann. Er ist auf dieser Erde wie an einem Ort der Verbannung, der Fremde. Die einzige Speise, die den Hunger seines Herzens stillt, besteht darin, dass er täglich den Willen seines Vaters im Himmel tut (Joh 4,34).

Barmherzig ist er gegen die Mitmenschen. Denn die Liebe seines Herzens verströmt er für sie und erbarmt sich des Volkes, das wie eine Herde ohne Hirten ist (Mt 9,36).

Die Herzensreinheit gibt ihm die unwiderstehliche Macht, mit der er auf die Kinder und auf die schlichten Menschen des Volkes wirkt. Er hat keine Nebenabsichten. Wohl ist er erfüllt von einem herrlichen Selbstbewusstsein. Aber es ist nie Selbstsucht, denn er sucht weder seine Interessen noch seinen Vorteil noch seine Ehre, sondern immer nur die Ehre des Vaters.

Er ist der Friedfertige schlechthin, denn er hat Frieden gestiftet zwischen dem zürnenden Gott und der sündigen Menschheit und durch das Gebot der Liebe den Frieden zwischen den Menschen in die Welt gebracht.

Trotzdem leidet er unter Verfolgung, wird geschmäht und verleumdet, gehasst und getötet wirklich um der Gerechtigkeit willen. Denn er ist ja der Gerechte im Vollsinn des Wortes. Und doch liegt über seinem Leben nicht das Gefühl des Tragischen, nicht ein müder Zug der Enttäuschung, sondern das innere Frohlocken dessen, der durch Blut und Not und Tod hinschreitet ins Licht und in die Liebe des Vaters. Darum ist er auch das Salz der Erde und das Licht der Welt (Mt 5,13–14). Er hat sich selbst so genannt. Und wenn der alte Plinius sagt: *Nihil utilius sale et sole* (Es braucht nichts außer Salz und Sonne), so ist Jesus Salz und Sonne und damit das Nützlichste, was die Welt kennt und braucht. Sein Licht steht nicht unter dem Scheffel, sondern ist hoch aufgerichtet auf dem Leuchter, dass alle Welt seine Werke sehe und den Vater im Himmel preise, von dem er Kunde gebracht hat und dessen Abbild er ist.

Was Christus über das Gesetz sagt, bezieht er selbst auf seine Person und sein Leben. Er ist nicht eine Kraft der Zerstörung, sondern des Aufbaus. Er steht über dem Gesetz und kann darum das kühne Wort sprechen: »Ich aber sage euch …« Und doch hält er sich im Gehorsam an das Gesetz, weil der Vater im Himmel es gegeben hat und weil er, der Sohn, es erfüllt und vollendet.

Sein Leben ist verwirklichte Gesinnungsethik.

Wenn er über Menschen urteilt, ist es immer ein Urteil über die Gesinnung, nicht über die äußere Tat. So lobt er das kleine Scherflein der Witwe, das mit großem Herzen gegeben ist, und verachtet die große Gabe der Reichen, die aus kleinem Herzen stammt. Er verurteilt die Ehebrecherin nicht, obwohl ihre Werke schlecht sind. Denn er weiß, dass es Verirrung einer falschen Liebe war. Und die Liebe ist etwas Großes. Wohl aber verurteilt er die Pharisäer, deren Werke erstaunlich sind, deren Gesinnung aber verkehrt ist, weil sie sich selbst suchen und nicht Gott. Die Kinder stellt er als Vorbild hin, weil ihre Gesinnung noch lauter und ungetrübt ist. Und das Volk ist ihm lieber als die Schriftgelehrten, weil es in schlichtem Herzen wenige Ränke hat. Vor allem ist es die Gesinnung der Liebe zum Mitmenschen, ja zum Feind, die er selbst im Leben verwirklicht. Er gibt dem Bedränger nicht bloß Rock und Mantel, sondern Leib und Leben. Er betet sterbend für seine Feinde und macht aus dem göttlichen Werk ihres Hasses die belebende Tat der Liebe Gottes. So ist er vollkommen wie sein Vater im Himmel.

Wenn er fordert, dass man das Gute nicht tun soll, um von den Menschen gesehen zu werden, so steht er zwar selbst mitten unter den Menschen. Sie beobachten ihn und kontrollieren ihn. Er wirkt die Werke, die der Vater ihm aufgetragen hat, vor aller Augen und beruft sich darauf. Aber er tut es nie um der eigenen Ehre willen, sondern immer nur mit dem Blick auf den Willen des Vaters und in der Absicht, den Vater zu verherrlichen. Oft und oft, wenn er Kranke heilt, verbietet er ihnen, darüber zu sprechen. Denn wo seine Wunder nicht als weithin sichtbare Zeichen aufgerichtet sind, sondern nur den leidenden Menschen helfen sollen, will er, dass sie im Verborgenen bleiben. Auch sein Fasten verrichtet er allein in der Wüste. Wenn er unter den Menschen lebt, will er nicht als strenger Asket gelten. Und so verwandelt er bei der Hochzeit zu Kana das Wasser in Wein, gibt sich an Festgelagen ungezwungen, sodass sie ihn, im Unterschied zum strengen Täufer, einen »Fresser und Säufer« schelten (Mt 11,19). Wenn er betet, geht er gern in die Einsamkeit irgendwo draußen am Ufer des Sees oder auf nächtliche Berge, um allein beim Vater zu sein. Sein Gebet ist Aufblick zum Vater im Himmel, dessen Namen er heiligt, dessen Reich er verkündet und dessen Willen er erfüllt. Sein eigenes irdisches Leben und die Not der anderen empfiehlt er dem Vater und weiß, dass der Vater ihn erhört. Er hat die Sünden der Menschen auf sich genommen und kann so den Vater um Vergebung bitten, so wie er selbst allen vergibt. Er wird vom bösen Feind versucht und weiß um die Gefährlichkeit des Abgrunds, sodass er beten kann, der Vater möge die Menschen nicht in Versuchung führen. Ihm, dem Erlöser, ist die Erlösung vom Übel und von jeglichem Bösen ein Herzensanliegen, das er in die Hände seines Vaters legt. Kann ein Mensch schlichter, herzlicher und doch zugleich ehrfürchtiger vom Vater und zum Vater reden, als Christus es tut?

Auch im Verhältnis zu den Dingen dieser Welt ist er das Vorbild. Er ist so erfüllt vom Gedanken an den Vater und von der Liebe zum Vater im Himmel, dass ihn das Irdische kaum berührt. Dabei kennt er die Sorgen ums Leben. Er ist in einem Stall geboren worden, in Armut und Arbeit herangewachsen und lebt unter dem schlichten, arbeitenden Volk. Aber ob er bei den Reichen zu Tisch geladen ist oder im Haus der Geschwister des Lazarus in Bethanien weilt oder irgendwo im Freien unter einem Baum übernachtet und selbst am Sabbat Ähren zwischen den Fingern zerreiben muss, um seinen Hunger zu stillen, berührt ihn nicht. Ob er die Nacht auf dem Bretterboden des Schiffleins auf dem See Genesareth zubringt oder im Haus des Simon zu Kafarnaum, macht für ihn keinen Unterschied. Er weiß, dass er seinem Leben keine Spanne zusetzen kann, wenn der Vater es nicht will. Und so lässt er sein Leben im schönsten Anstieg abbrechen und abreißen. Zuerst das Reich Gottes zu suchen und seine Gerechtigkeit, ist für ihn so selbstverständlich, dass dies eigentlich sein einziger Gedanke ist, auf den er immer wieder zurückkommt, sein einziges Suchen, von dem er immer wieder spricht.

Auch im Verhältnis zu den Menschen erfüllt er die Forderungen, die er an andere stellt. Wohl urteilt er, aber er verurteilt nicht. Wo immer ein Mensch guten Willens ist, zur Umkehr bereit, mit einem Wort der Reue, ist er gewillt, ihn aufzunehmen und ihm alles zu vergeben wie dem Schächer am Kreuz. Es geht ihm eben nicht darum zu richten, sondern zu retten. Dabei drängt er sich aber niemandem auf. Ja, er zieht sich immer wieder von den Menschen zurück, lässt sich oft förmlich nötigen, spricht zu ihnen in Gleichnissen, damit sie selbst die Wahrheit finden. Und den Seinen gibt er die Weisung, den Staub von den Füßen zu schütteln, wenn die Menschen sie nicht hören wollen. Er kennt wohl den brennenden Eifer, aber keinen Fanatismus. Er hat die Unruhe der Liebe, aber er drängt sie niemandem auf und überfällt niemanden mit einem drängerischen Wesen.

Das Beten zum Vater mit dem Vertrauen des Kindes, das weiß, dass es nicht einen Stein erhält, sondern Brot, ist für ihn nicht eine Notwendigkeit, sondern eine Freude. Es zieht ihn immer wieder zum Vater, denn er weiß sich bei ihm in der vertrauenden Liebe geborgen. Obwohl der Kelch nicht vorübergeht, sondern getrunken werden muss, nimmt er ihn doch aus der Hand seines Vaters mit Liebe an. Fragezeichen oder Vertrauenskrisen sind bei ihm undenkbar, weil er den Vater kennt und liebt. Er geht den schmalen Weg, der ihn nach Golgotha führt, und schreitet allein, von Gott und den Menschen verlassen, durch die enge Pforte des Todes. Das Volk hat kein Verständnis. Selbst die Jünger verweigern ihm die Gefolgschaft. Und Satan will als Wolf im Schafspelz messianischer Gedanken und biblischer Sprüche ihn vom rechten Weg abbringen. Aber er geht den Weg, den der Vater ihm gewiesen, bis zum bitteren und bis zum süßen Ende. Seine Hingabe an den Vater ist die Erfüllung des Willens des Vaters. Es sind nicht bloß billige Worte, sondern ernste Taten. Er erbringt den Beweis der Echtheit in seinem Tun und im Zeugnis seines Blutes. Keines Menschen Haus ist so von einem Sturm gerüttelt und geschüttelt worden wie der Lebensbau Christi, gegen den nicht nur menschlicher, sondern satanischer Hass anstürmt. Aber der Bau hat selbst den Erschütterungen durch Tod und Teufel standgehalten.

Wer durch alle Worte der Bergpredigt immer wieder die Gestalt Christi hindurchleuchten sieht und im Leben Jesu die Verwirklichung aller Forderungen der Bergpredigt findet, der wird vor Staunen hingerissen wie das Volk, das seinen Worten gelauscht hat, aber vom Staunen nicht bloß über seine Rede, sondern über sein Leben. Denn er spricht nicht bloß wie einer, der Macht hat, sondern er lebt wie einer, dessen Worte sich machtvoll auswirken, zuerst bei sich selbst und gerade dadurch auch bei anderen. So zeichnet die Bergpredigt nicht bloß das Christentum in seiner geistigen, seelischen Haltung, sondern vor allem Christus selbst und seine Gesinnung. Die Bergpredigt ist ein Aufriss nicht nur der Lehre, sondern des Lebens Jesu.

II. DIE BEGLAUBIGUNG DURCH WUNDER

Mt 8,1–9,35

Als Jesus von dem Berg herabstieg, folgten ihm viele Menschen nach. Und siehe, da kam ein Aussätziger, fiel vor ihm nieder und sagte: Herr, wenn du willst, kannst du mich rein machen. Jesus streckte die Hand aus, berührte ihn und sagte: Ich will – werde rein! Im gleichen Augenblick wurde der Aussätzige rein. Jesus aber sagte zu ihm: Nimm dich in Acht! Erzähl niemandem davon, sondern geh, zeig dich dem Priester und bring das Opfer dar, das Mose angeordnet hat – ihnen zum Zeugnis!

Als er nach Kafarnaum kam, trat ein Hauptmann an ihn heran und bat ihn: Herr, mein Diener liegt gelähmt zu Hause und hat große Schmerzen. Jesus sagte zu ihm: Ich will kommen und ihn heilen. Und der Hauptmann antwortete: Herr, ich bin es nicht wert, dass du unter mein Dach einkehrst; aber sprich nur ein Wort, dann wird mein Diener gesund! Denn auch ich muss Befehlen gehorchen und ich habe selbst Soldaten unter mir; sage ich nun zu einem: Geh!, so geht er, und zu einem andern: Komm!, so kommt er, und zu meinem Diener: Tu das!, so tut er es. Jesus war erstaunt, als er das hörte, und sagte zu denen, die ihm nachfolgten: Amen, ich sage euch: Einen solchen Glauben habe ich in Israel noch bei niemandem gefunden. Ich sage euch: Viele werden von Osten und Westen kommen und mit Abraham, Isaak und Jakob im Himmelreich zu Tisch sitzen; aber die Söhne des Reiches werden hinausgeworfen in die äußerste Finsternis; dort wird Heulen und Zähneknirschen sein. Und zum Hauptmann sagte Jesus: Geh! Es soll dir geschehen, wie du geglaubt hast. Und in derselben Stunde wurde sein Diener gesund.

Jesus ging in das Haus des Petrus und sah dessen Schwiegermutter mit Fieber daniederliegen. Da berührte er ihre Hand und das Fieber wich von ihr, sie stand auf und diente ihm.

Am Abend brachte man viele Besessene zu ihm. Er trieb mit seinem Wort die Geister aus und heilte alle Kranken, damit sich erfüllen sollte, was durch den Propheten Jesaja gesagt worden ist: Er hat unsere Leiden auf sich genommen und unsere Krankheiten getragen.

Als Jesus die Menge sah, die um ihn war, befahl er, ans andere Ufer zu fahren. Da kam ein Schriftgelehrter zu ihm und sagte: Meister, ich will dir nachfolgen, wohin du auch gehst. Jesus antwortete ihm: Die Füchse haben Höhlen und die Vögel des Himmels Nester; der Menschensohn aber hat keinen Ort, wo er sein Haupt hinlegen kann. Ein anderer aber, einer seiner Jünger, sagte zu ihm: Herr, lass mich zuerst weggehen und meinen Vater begraben. Jesus erwiderte: Folge mir nach; lass die Toten ihre Toten begraben!

Er stieg in das Boot und seine Jünger folgten ihm nach. Und siehe, es erhob sich auf dem See ein gewaltiger Sturm, sodass das Boot von den Wellen überflutet wurde. Jesus aber schlief. Da traten die Jünger zu ihm und weckten ihn; sie riefen: Herr, rette uns, wir gehen zugrunde! Er sagte zu ihnen: Warum habt ihr solche Angst, ihr Kleingläubigen? Dann stand er auf, drohte den Winden und dem See und es trat völlige Stille ein. Die Menschen aber staunten und sagten: Was für einer ist dieser, dass ihm sogar die Winde und der See gehorchen?

Als Jesus an das andere Ufer kam, in das Gebiet der Gadarener, liefen ihm aus den Grabhöhlen zwei Besessene entgegen. Sie waren so gefährlich, dass niemand auf jenem Weg entlanggehen konnte. Und siehe, sie schrien: Was haben wir mit dir zu tun, Sohn Gottes? Bist du hierhergekommen, um uns vor der Zeit zu quälen? In einiger Entfernung weidete eine große Schweineherde. Da baten ihn die Dämonen: Wenn du uns austreibst, dann schick uns in die Schweineherde! Und er sagte zu ihnen: Weg mit euch! Die aber fuhren aus und in die Schweine hinein. Und siehe, die ganze Herde stürmte den Abhang hinab in den See und kam in den Fluten um. Die Hirten aber flohen, liefen in die Stadt und erzählten alles, auch das, was mit den Besessenen geschehen war. Und siehe, die ganze Stadt zog hinaus, um Jesus zu begegnen; als sie ihn sahen, baten sie ihn, ihr Gebiet zu verlassen.

Und Jesus stieg ins Boot, fuhr über den See und kam in seine Stadt. Und siehe, man brachte einen Gelähmten auf seinem Bett zu ihm. Als Jesus ihren Glauben sah, sagte er zu dem Gelähmten: Hab Vertrauen, mein Sohn, deine Sünden sind dir vergeben! Und siehe, einige Schriftgelehrte dachten: Er lästert Gott. Jesus wusste, was sie dachten, und sagte: Warum denkt ihr Böses in euren Herzen? Was ist denn leichter, zu sagen: Deine Sünden sind dir vergeben! oder zu sagen: Steh auf und geh umher? Damit ihr aber erkennt, dass der Menschensohn die Vollmacht hat, auf der Erde Sünden zu vergeben, sagte er zu dem Gelähmten: Steh auf, nimm dein Bett und geh in dein Haus! Und der Mann stand auf und ging in sein Haus. Als die Leute das sahen, erschraken sie und priesen Gott, der solche Vollmacht den Menschen gegeben hat.

Als Jesus weiterging, sah er einen Mann namens Matthäus am Zoll sitzen und sagte zu ihm: Folge mir nach! Und Matthäus stand auf und folgte ihm nach. Und als Jesus in seinem Haus bei Tisch war, siehe, viele Zöllner und Sünder kamen und aßen zusammen mit ihm und seinen Jüngern. Als die Pharisäer das sahen, sagten sie zu seinen Jüngern: Wie kann euer Meister zusammen mit Zöllnern und Sündern essen? Er hörte es und sagte: Nicht die Gesunden bedürfen des Arztes, sondern die Kranken. Geht und lernt, was es heißt: Barmherzigkeit will ich, nicht Opfer! Denn ich bin nicht gekommen, um Gerechte zu rufen, sondern Sünder.

Da kamen die Jünger des Johannes zu ihm und sagten: Warum fasten deine Jünger nicht, während wir und die Pharisäer fasten? Jesus antwortete ihnen: Können denn die Hochzeitsgäste trauern, solange der Bräutigam bei ihnen ist? Es werden aber Tage kommen, da wird ihnen der Bräutigam weggenommen sein; dann werden sie fasten. Niemand setzt ein Stück neuen Stoff auf ein altes Gewand; denn der neue Stoff reißt doch wieder ab und es entsteht ein noch größerer Riss. Auch füllt man nicht jungen Wein in alte Schläuche. Sonst reißen die Schläuche, der Wein läuft aus und die Schläuche sind unbrauchbar. Jungen Wein füllt man in neue Schläuche, dann bleibt beides erhalten.

Während Jesus so mit ihnen redete, siehe, da kam ein Synagogenvorsteher, fiel vor ihm nieder und sagte: Meine Tochter ist eben gestorben; komm doch, leg ihr deine Hand auf und sie wird leben! Jesus stand auf und folgte ihm mit seinen Jüngern. Und siehe, eine Frau, die schon zwölf Jahre an Blutfluss litt, trat von hinten heran und berührte den Saum seines Gewandes; denn sie sagte sich: Wenn ich auch nur sein Gewand berühre, werde ich geheilt. Jesus wandte sich um, und als er sie sah, sagte er: Hab keine Angst, meine Tochter, dein Glaube hat dich gerettet! Und von dieser Stunde an war die Frau geheilt. Als Jesus in das Haus des Synagogenvorstehers kam und die Flötenspieler und die Menge der klagenden Leute sah, sagte er: Geht hinaus! Das Mädchen ist nicht gestorben, es schläft nur. Da lachten sie ihn aus. Als man die Leute hinausgeworfen hatte, trat er ein und fasste das Mädchen an der Hand; da stand es auf. Und die Kunde davon verbreitete sich in der ganzen Gegend.

Als Jesus weiterging, folgten ihm zwei Blinde und schrien: Hab Erbarmen mit uns, Sohn Davids! Nachdem er ins Haus gegangen war, kamen die Blinden zu ihm. Und Jesus sagte zu ihnen: Glaubt ihr, dass ich dies tun kann? Sie antworteten: Ja, Herr. Darauf berührte er ihre Augen und sagte: Wie ihr ge-

glaubt habt, so soll euch geschehen. Da wurden ihre Augen geöffnet. Jesus aber wies sie streng an: Nehmt euch in Acht! Niemand darf es erfahren. Doch sie gingen weg und erzählten von ihm in der ganzen Gegend.

Als sie gegangen waren, siehe, da brachte man einen Stummen zu ihm, der von einem Dämon besessen war. Er trieb den Dämon aus und der Stumme konnte reden. Alle Leute staunten und sagten: So etwas ist in Israel noch nie gesehen worden. Die Pharisäer aber sagten: Mit Hilfe des Anführers der Dämonen treibt er die Dämonen aus.

Jesus zog durch alle Städte und Dörfer, lehrte in ihren Synagogen, verkündete das Evangelium vom Reich und heilte alle Krankheiten und Leiden.

1. DAS ZEUGNIS DER WUNDER

Jesus »lehrte sie wie einer, der Vollmacht hat«. Aber er hat die Macht nicht nur im Wort, sondern auch im Werk. Er erbringt den Tatbeweis für die Berechtigung seiner machtvollen Worte durch die Wunder. Die Wunder sind die Beglaubigung seiner Worte durch Gott, denn sie sind außergewöhnlich und beweisen damit, dass derjenige, der sie wirkt, etwas Außergewöhnliches ist. Sie sind die Durchbrechung der gewohnten Ordnung und ihres Ablaufes und damit der Beweis, dass Jesus über der gewöhnlichen Ordnung steht und ihren Ablauf bestimmt. Sie erfordern Macht, die über das Menschliche hinausgeht, und zeigen somit die übermenschliche Macht des Wundertäters. So sind sie Zeugnis, dass Gott mit ihm ist und dadurch seine Worte in feierlicher Form bestätigt. Darum folgt das Wunderkapitel auf die erste große Rede des Herrn und steht mit ihr in innerem logischen Zusammenhang. Man kann die Wunder nicht aus dem Evangelium herausbrechen, ohne den Bau zu zerstören. Und man kann sie nicht vermenschlichen und auf das Maß des bloß Naturhaften zurückdrängen, weil dann ihr eigentlicher Sinn, die Aufzeigung des Übermenschlichen, verloren geht. Man muss sie also entweder lassen, wie sie sind, und nehmen, wie sie dastehen, damit aber auch ihr Zeugnis annehmen, dass Christus etwas Übermenschliches ist. Oder man muss sie und ihre Beweiskraft bestreiten, dann aber auch Christus nicht bloß ins Nur-Menschliche zurückdrängen, sondern dann eben den ganzen Bericht als legendenhaft nehmen und ihm damit praktisch jede Beweiskraft entziehen. Die Wunder gehören zur Gestalt Christi. Ohne sie ist die Wirkung, die von ihm ausging, unerklärlich. Man kann also von ihnen nicht absehen. Man kann sich nicht a priori ein Christusbild machen und dann aus den Berichten der Evangelien auswählen, was zu diesem Bild passt, und das weglassen, was nicht passt, sondern man muss das Bild so nehmen, wie es in den Evangelien gezeichnet ist, und dann entweder das Ganze annehmen oder das Ganze verwerfen. Eine Christus-Zeichnung, die der Wirklichkeit der Evangelien entspricht, muss somit die Wunder als das nehmen, was sie sind, nämlich als jene übernatürliche Wirklichkeit, die ein Zeichen und ein Beweis ist für das übernatürliche Wesen Jesu. Matthäus häuft nach der Bergpredigt die Wunder, aber nicht wahllos, sondern in klarer Übersicht und logischer Ordnung werden dreimal drei Wunder angeführt.

Drei Wunder werden hier angeführt. Sie bilden ein dreifaches Zeugnis.

Das *erste Zeugnis* wird den *Führern* in Israel gegeben: Ein Aussätziger wird durch Jesus geheilt. Christus berührt ihn und wird damit levitisch unrein, macht aber in Wirklichkeit damit den Unreinen rein. »Ich will – werde rein!« Das Zeugnis ist nicht für die Öffentlichkeit bestimmt. »Erzähl niemandem davon.« Aber es ist ein Beweis an die Adresse der Führer. »Zeig dich dem Priester und bring das Opfer dar, das Mose angeordnet hat – ihnen zum Zeugnis!« Es liegt darin das dreifache Zeugnis, dass er das Gesetz des Mose hält, dass der Aussatz wirklich geheilt ist und dass somit Jesus, der das wirkt, von Gott kommt und durch Gott bezeugt ist.

Die Wirkung besteht also darin, dass die Tatsache des Wunders amtlich und offiziell anerkannt wird.

Das *zweite Zeugnis* wird den *Heiden* gegeben. Ein römischer Hauptmann bittet um die Heilung seines gelähmten Dieners. Er bezeugt dabei einen erstaunlichen Glauben, denn seine Worte besagen, dass nach seiner Überzeugung Jesus Befehlsgewalt über die Krankheit hat, wie ein Offizier das Kommando über seine Untergebenen führt. Der Heide zieht aus dieser Erkenntnis auch die Konsequenz der Ehrfurcht und betrachtet sich als unwürdig, dass Christus als der Herr unter sein Dach komme. Jesus belohnt nicht nur den Glauben durch das Wunder, sondern rühmt diesen Glauben im Gegensatz zum Unglauben Israels. Die Wirkung wird sein, dass viele Heiden aus dem Orient und Okzident mit Abraham, Isaak und Jakob im Reich Gottes zu Tische sitzen und dass umgekehrt diejenigen, die eigentlich zur Tischgemeinschaft Gottes gehören sollten, die nicht Fremdlinge, sondern Kinder des Hauses sind, wegen ihres Unglaubens hinausgeworfen werden. Die Scheidung der Geister tritt wieder in Erscheinung.

Das zweite Wunder zeigt, dass die Wunder tatsächlich für jeden Unbefangenen und Unvoreingenommenen Beweiskraft besitzen.

Das *dritte Zeugnis* gibt Jesus den *Seinen*. Und zwar zuerst Simon Petrus, der ja das Oberhaupt der Seinen wird. In seinem Haus wird seine Schwiegermutter vom Fieber geheilt. Sie kann sofort aufstehen und dienen. Am Abend des gleichen Tages heilt Jesus eine Menge Besessene und Kranke, die man bringt. Damit ist nicht nur das Zeichen seiner Wunderkraft gewirkt, sondern zugleich auch ein moralisches Zeugnis gegeben, denn er erfüllt damit die Prophezeiung des Jesaja: »Aber er hat unsere Krankheit getragen und unsere Schmerzen auf sich geladen« (Jes 53,4).

So sind in dieser ersten Wundergruppe die Wunder amtlich anerkannt, von Heiden angenommen, dem Volk kundgetan und als Erfüllung von Prophetenworten sichtbar.

Die Worte Jesu sind aber nicht bloß Vermittlung theoretischer Wahrheiten, sondern seine Botschaft ist Anrufung an den Menschen, Aufruf zur Nachfolge. Darum werden die Wunderberichte zweimal unterbrochen, denn aus der Erkenntnis der Macht dessen, der spricht, ergibt sich auch die Berechtigung, Forderungen zu stellen, die ins Leben eingreifen.

Erste Unterbrechung: Was braucht es zur Jüngerschaft? Die Macht Jesu könnte die falsche Vorstellung wecken, dass jeder, der ihm nachfolgt, durch ihn in seiner Existenz bis ins

Materielle hinein gesichert wäre. Denn wenn der Herr über die Wundermacht verfügt, kann dem Jünger doch wohl nichts geschehen. Christus benutzt die Gelegenheit, da sich einer zur Nachfolge anbietet, um diese Illusion gründlich zu zerstören. Nachfolge besagt nicht gesicherte Existenz, sondern im Gegenteil Auslieferung in die menschliche Unsicherheit. »Die Füchse haben Höhlen und die Vögel des Himmels Nester; der Menschensohn aber hat keinen Ort, wo er sein Haupt hinlegen kann.« Nachfolge Christi besagt Loslösung aus bürgerlich-ruhiger Sicherheit, besagt Leben in Entsagung, Verzicht, Härte, Ungewissheit.

Noch mehr: Die Auslieferung an ihn soll trotzdem eine völlige und ausschließliche sein. Denn er fordert nicht nur die Hingabe, sondern zugleich den Verzicht auf die Verbundenheit mit anderen. Er fordert Loslösung aus dem Familienverband. Der Mensch soll, aus dem bisherigen Erdreich entwurzelt, in der natürlichen Ungewissheit seine einzige Gewissheit im Übernatürlichen der Verbundenheit mit Christus finden. Ein Jünger, der warten will mit der Nachfolge aus Rücksicht auf den eigenen Vater, erhält die schroffe Antwort: »Folge mir nach; lass die Toten ihre Toten begraben!« Christus ist wirklich der, der Macht hat, also auch Macht über das Schicksal und Leben der Menschen. Er greift souverän in dieses Leben ein und verfügt darüber als der Herr, der auf nichts und niemanden Rücksicht nehmen muss und dem keine andere Rücksicht vorgezogen werden darf. Der Jünger muss für den Dienst am Reich Gottes frei sein, muss zu jeder Zeit, an jedem Ort und in jeder Hinsicht verfügbar sein; nur auf Gott und seinen Willen darf und soll der Jünger Rücksicht nehmen. Seine Forderungen haben etwas Herrisches, aber gerade dadurch auch Majestätisches. Und so fügt sich auch dieser Abschnitt in die Linie dieses Kapitels, das seine Macht aufzeigt, nicht nur in dem, was er tut, sondern auch in dem, was er fordert.

2. SCHEIDUNG DER GEISTER ALS WIRKUNG DER WUNDER

Drei überwältigende Machtwunder werden in dieser Gruppe berichtet. Jesus erweist sich darin als Herr der Elemente, als Herr der Dämonen und als Herr über die Sünde.

Annahme ist die Wirkung des ersten Wunders dieser Gruppe. Der Herr stillt den Sturm auf dem Meer, gebietet dem Wind und den Wellen und tadelt die Furcht der Kleinmütigen, die sich in seiner Gegenwart nicht restlos geborgen wissen. Die Wirkung ist ein allgemeines Staunen: »Was für einer ist dieser, dass ihm sogar die Winde und der See gehorchen?«

Ablehnung ist die Wirkung des zweiten Wunders. Der Herr heilt die Besessenen von Gadara. Die Dämonen geben ihm wider Willen Zeugnis, dass er der Sohn Gottes sei. Dann fahren sie in die Schweineherde, bis alle Tiere im Wasser umkommen. Aber trotz dieses Zeugnisses im Wort und in der Tat bittet das Volk den Herrn, er möge sich aus ihrem Gebiet entfernen. Der materielle Schaden ist für sie bestimmender als die Botschaft des Messias.

Spaltung ist die Wirkung des dritten Wunders. Jesus heilt den Gelähmten und vergibt ihm dazu noch die Sünden. Von den Anwesenden sind die einen gläubig, die anderen, vor allem die Schriftgelehrten, sagen: »Er lästert Gott.«

Die ganze Gruppe gipfelt als Ergebnis dieser untrüglichen Zeichen in dem Satz: «Sie priesen Gott, der solche Vollmacht den Menschen gegeben hat.« Der Machterweis zeigt sich als unwiderleglich.

Zweite Unterbrechung: Was braucht es zur Jüngerschaft nicht? Der Geist des Herrn erweist sich in den Wundern als ein Geist des Helfens. Jesus besitzt seine Macht nicht zum Verderben, sondern zum Heilen. Das zeigt sich nun auch in der zweiten Unterbrechung, in der wieder von Jüngerschaft und

Nachfolge die Rede ist. Aber jetzt in einem anderen Sinn. Er beruft durch ein kategorisches »Folge mir nach!« den Zöllner Matthäus. Bei diesem Anlass sitzt er bei einem Fest mitten unter den Zöllnern und Sündern. Das Ärgernis der Pharisäer ist begreiflich, aber nicht berechtigt. Zur Nachfolge sind nicht diejenigen gerufen, die auf ihre eigene Gerechtigkeit und Heiligkeit pochen und darum womöglich noch glauben, dass sie zur Nachfolge etwas Brauchbares mitbringen. Gerade das Gegenteil ist der Fall. Der Messias ist als Arzt gekommen. Darum geht er nicht zu den Gesunden, sondern zu den Kranken, die sich bewusst sind, dass sie Hilfe brauchen. Sein Ruf zur Nachfolge wendet sich nicht an Gerechte, sondern an Sünder. Der Mensch wird nicht erwählt und gerufen, weil er dazu geeignet ist, sondern obwohl er nicht geeignet ist. Nicht der Heilige entschließt sich zur Nachfolge, sondern der Sünder wird zur Nachfolge berufen. Von Gott geht der Ruf aus und vom Sünder wird er aufgenommen. Der Gnadencharakter der Nachfolge ist eindeutig.

In der gleichen Linie liegt die Ablehnung einer anderen falschen Vorstellung der Jüngerschaft. Sie heißt diesmal »Betonen der eigenen Leistung«. Die Jünger des Täufers fasten, die Jünger Jesu fasten nicht. Christus greift diesen Vorwurf auf und beantwortet ihn durch ein Doppeltes. Einmal ist sein Verweilen auf Erden in der Mitte der Seinen eine Freudenfeier. Es ist die Hochzeit der Weltgeschichte. Er ist der Bräutigam, der hier seine Braut, die Kirche, zur Hochzeit führt. Das ist nicht der Augenblick zum Trauern und zur Buße, sondern es ist Zeit der Freude. Also nicht eine Zeit des Fastens, sondern des Festens. Wenn er die Erde verlassen hat und nicht mehr sichtbar unter ihnen weilt, wird auch für sie eine Zeit des Fastens kommen. Aber es hat dann einen ganz anderen Charakter als das Fasten der Johannesjünger, denn es ist nicht mehr vom Gedanken getragen, durch das Fasten Gott wohlgefällig zu werden und ihn gewissermaßen zu nötigen, zum Menschen zu kommen, sondern es ist etwas ganz Neues. Es ist nicht ein Fasten als Werk, als Leistung, als Mittel zu einem Zweck, sondern es ist vor allem ein Fasten aus Liebe und aus Sehnsucht. Dieser Geist ist neu. Aber die Botschaft Jesu ist eben etwas Neues. Sie ist nicht nur wie ein Flicken auf einem alten Kleid. Sie ist neuer, feuriger Wein. Darum kann man auch die alten Schläuche bisheriger religiöser Formen und Gebräuche nicht mehr benutzen. Die Formen religiöser Lebensgestaltung werden neu, damit sie einem neuen Geist entsprechen können. Etwas Starkes, Kühnes, Frohes klingt hier mitten durch die Worte von den Zöllnern und vom Fasten, also von Sünde und von Buße. Es wird auch weiterhin Sünder geben. Es wird auch weiterhin gefastet werden. Aber das alles hat eine ganz andere Bedeutung und einen neuen Klang, weil in Christus alles neu wird.

3. GLAUBE UND UNGLAUBE ALS GRUND DER SCHEIDUNG DER GEISTER

Wieder werden drei Wunder berichtet. Und diesmal wird bei allen dreien die Glaubensfrage betont. Das erste ist ein Doppelwunder: Eine Frau wird vom Blutfluss geheilt, und zwar aufgrund ihres Glaubens. Denn Christus sagt ihr: »Hab keine Angst, meine Tochter, dein Glaube hat dich gerettet!« Jaïrus glaubt an die Macht Christi, obwohl sein Töchterlein bereits tot ist und das ganze Volk die Worte Christi, dass es nur schlafe, mit Hohnlachen quittiert. Aber der Glaube behält recht. Das Mädchen wird zum Leben erweckt und »die Kunde davon verbreitete sich in der ganzen Gegend«. Das dritte Zeichen ist wieder ein Doppelwunder: Die Blinden von Jericho werden geheilt. Aber zuerst stellt Jesus ihnen die Frage: »Glaubt ihr, dass ich dies tun kann?« Und erst auf ihr Jawort hin heilt er sie mit den Worten: »Wie ihr geglaubt habt, so soll euch geschehen.« Ein Taubstummer und Besessener wird geheilt. Die Wirkung beim Volk ist eindeutig: »So etwas ist in Israel noch nie gesehen worden.« Selbst die Feinde können den übernatürlichen Charakter des Geschehens nicht leugnen. Aber sie führen das Werk nicht auf die Macht Gottes, sondern auf die Macht Satans zurück: »Mit Hilfe des Anführers der Dämonen treibt er die Dämonen aus.«

So hat Jesus den Machtbeweis für die Berechtigung seiner Worte erbracht. Wer Augen hatte zu sehen, konnte und musste sehen. Und wer Ohren hatte zu hören, konnte und musste infolgedessen auch auf seine Worte hören. Wenn trotzdem eine Scheidung der Geister erfolgt, so steht dahinter ein halsstarriger Unglaube und ein inneres Festgelegtsein und dadurch ein völliger Mangel an Offenheit und an Bereitschaft dem Werk und dem Wort Gottes gegenüber. Die Scheidung der Geister, mit der dieser Abschnitt endet, ist die Weiterführung der Linie, die sich vom Einleitungskapitel des Evangeliums über die ganze Vorbereitung auf das Kommen des Messias hindurchzieht und nun auch gleich beim ersten großen Auftreten trotz seiner Worte und seiner Werke sichtbar wird.

Der ganze zweite Teil des Evangeliums schließt mit der zusammenfassenden Formel: »Jesus zog durch alle Städte und Dörfer, lehrte in ihren Synagogen, verkündete das Evangelium vom Reich und heilte alle Krankheiten und Leiden.« Der Doppelcharakter des Auftretens Jesu im Wort und im Werk, in der Rede und in der Tat wird hier noch einmal betont. Und beides, das Sprechen und das Tun, hat den Charakter des Befreienden, denn seine Rede ist Frohbotschaft vom Kommen Gottes. Und sein Tun ist Befreiung von Krankheit und Not. So wird er hier nicht nur als der sichtbar, der die Macht hat, sondern der die Macht zum Helfen gebraucht. Der Messias, der sein Volk im tiefsten und im wahrsten Sinn des Wortes aus der Not des Geistes und des Leibes erlöst.

CHRISTUS IM WUNDERKAPITEL

Machtvoll steht Christus in diesem Wunderkapitel.

Man spürt, dass ihm eine geheimnisvolle Macht anvertraut ist, die Macht, Wunder zu wirken. In souveräner Freiheit verfügt er über die Kräfte und das Geschehen der Natur. Die verschiedenartigsten Krankheiten begegnen ihm in diesen zwei kurzen Kapiteln. Und über alle hat er heilende Macht. Über das Fieber und die Lähmung, den Blutfluss und die Blindheit, über den Taubstummen und den Aussätzigen. Dazu kommen die erste Totenerweckung, die Stillung des Sturms und die Heilung der Besessenen. Er hat also Macht über die Kräfte der leblosen Natur, über die lebendigen Menschen, über die Toten und über die bösen Geister. Nichts ist seiner Macht entzogen. Seine Macht zeigt sich auch in der Art, wie er die Wunder wirkt. Er ist nicht an eine bestimmte Methode gebunden, von einer Situation abhängig, in eine Schablone gezwängt. In voller Freiheit macht er es bald so, bald anders. Den Aussätzigen heilt er durch die Berührung seiner Hand, den Diener des Hauptmanns durch seinen bloßen Willen. Die bösen Geister vertreibt er durch sein Wort. Den Lahmen heilt er durch ein Kommando. Und das tote Töchterlein des Jaïrus fasst er bei der Hand. Es braucht bei ihm keinerlei Anstrengung, keinen Apparat, kein Drum und Dran, keine Stimmung. Es genügt sein Wort oder sein Wille.

Mit Macht verfügt er auch über die Menschen und ihr Schicksal. Er beruft sie, stellt kategorische Forderungen an sie und bindet ihr Schicksal an sein eigenes. Er weiß, dass er etwas Neues bringt, dem die alten Formen nicht genügen. Sein Kommen ist etwas so Herrliches, dass die Menschen in seiner Gegenwart nicht fasten können und sollen. Er bestimmt in Freiheit, wer zu ihm gehört, gleichgültig, ob es Sünder sind oder Heilige.

Und doch ist vielleicht noch größer als sein Tun die Macht seiner Persönlichkeit, die in diesen zwei Kapiteln sichtbar wird. Er steht hier mitten unter den Menschen, im Leben des Volkes, im Gewühl der Massen, wie einer von ihnen. Gewaltige Scharen umringen und umdrängen ihn. Und doch ist er von ihnen nicht mitgerissen. Er ist wie einer von ihnen und doch zugleich fremd. Er lebt in einer anderen Welt. Seine Seele ist anderswo. Er ist in dieser Welt, aber nicht von dieser Welt. Er sieht und kennt ihre Leiden und ihre Not. Und er leidet mit ihnen. Ja, es heißt von ihm, dass er geradezu ihre Krankheiten und Gebrechen auf sich nimmt und trägt. So stellt er sich in ihre Reihen als einer der großen Lastträger der Menschheit, der Kreuzträger der Welt. Und doch kann der Anblick dieser Not ihn nicht verwirren, nicht beunruhigen und unsicher machen. All das ist für ihn kein Stachel der Empörung, der Auflehnung, kein Grund der Verzweiflung und der Niedergeschlagenheit, denn er kennt den Sinn des Leidens. Und er weiß, dass das alles zum Vater führen soll und zu seiner Verherrlichung dient.

Er erfährt zum ersten Mal die Begeisterung der Massen, ihren Jubel, ihre Verehrung, ihre stürmische Liebe. Und er erfährt zugleich den Widerstand, die kühle Distanz, die schroffe Ablehnung, die Verleumdung und den Hass. Die Blinden nennen ihn »Sohn Davids«, die Besessenen »Sohn Gottes«. Das Volk spürt in ihm die übermenschliche Nähe Gottes. Andere betrachten ihn als Gotteslästerer, nehmen Anstoß an seinem Benehmen, ärgern sich über seine Haltung und sein Tun. Ja, sie betrachten ihn als einen, der mit dem obersten aller Teufel im Bunde steht. So steht er mitten unter den Menschen. Ihr Jubel brandet an ihm auf, der Hass spritzt an ihm empor. Und doch schreitet er weiter, von beidem unberührt, denn nur eines erfüllt ihn: der Wille und die Welt des Vaters. In völliger Gelassenheit tut er das Wunderbarste. In göttlich-großem Selbstbewusstsein spricht er von sich. Und doch ist in allem nichts Gemachtes, nichts Gezwungenes, nichts Gekünsteltes, sondern alles in der Selbstverständlichkeit und Natürlichkeit seiner eigentlichen und wahren Größe. Er sprengt das menschliche Maß und durchbricht die Schranken der Kreatur. Göttliche Macht fließt aus seinen Worten, strömt geheimnisvoll aus seinen Händen und strahlt aus der Größe seiner ganzen Persönlichkeit. So ist das erste Auftreten, das erste Reden und Handeln des Messias von übermenschlicher Größe. Es ist geheimnisvolle Andeutung seiner Gottheit.

DRITTER TEIL

DIE SENDUNG

I. DIE SENDUNG DER JÜNGER 9,36–10,42

1. Die Zwölf 9,36–10,4
2. Die Sendung der Zwölf
   Der Auftrag 10,5–10,15
   Das Schicksal 10,16–10,25
   Die Gesinnung 10,26–10,33
   Das Ergebnis 10,34–10,42

II. DIE SENDUNG JESU 11,1–12,50

Erste Etappe: Der Messias 11,1–11,24
Zweite Etappe: Der Sohn Gottes 11,25–12,14
Dritte Etappe: Der Verheißene 12,15–12,50

CHRISTUS IM SENDUNGSKAPITEL:
DAS LAMM UNTER WÖLFEN

I. DIE SENDUNG DER JÜNGER
Mt 9,36–10,42

Als er die vielen Menschen sah, hatte er Mitleid mit ihnen; denn sie waren müde und erschöpft wie Schafe, die keinen Hirten haben. Da sagte er zu seinen Jüngern: Die Ernte ist groß, aber es gibt nur wenig Arbeiter. Bittet also den Herrn der Ernte, Arbeiter für seine Ernte auszusenden!

Dann rief er seine zwölf Jünger zu sich und gab ihnen die Vollmacht, die unreinen Geister auszutreiben und alle Krankheiten und Leiden zu heilen. Die Namen der zwölf Apostel sind: an erster Stelle Simon, genannt Petrus, und sein Bruder Andreas, dann Jakobus, der Sohn des Zebedäus, und sein Bruder Johannes, Philippus und Bartholomäus, Thomas und Matthäus, der Zöllner, Jakobus, der Sohn des Alphäus, und Thaddäus, Simon Kananäus und Judas Iskariot, der ihn ausgeliefert hat.

Diese Zwölf sandte Jesus aus und gebot ihnen: Geht nicht den Weg zu den Heiden und betretet keine Stadt der Samariter, sondern geht zu den verlorenen Schafen des Hauses Israel! Geht und verkündet: Das Himmelreich ist nahe! Heilt Kranke, weckt Tote auf, macht Aussätzige rein, treibt Dämonen aus! Umsonst habt ihr empfangen, umsonst sollt ihr geben. Steckt nicht Gold, Silber und Kupfermünzen in euren Gürtel! Nehmt keine Vorratstasche mit auf den Weg, kein zweites Hemd, keine Schuhe, keinen Wanderstab; denn wer arbeitet, ist seines Lohnes wert. Wenn ihr in eine Stadt oder in ein Dorf kommt, erkundigt euch, wer es wert ist, euch aufzunehmen; bei ihm bleibt, bis ihr den Ort wieder verlasst. Wenn ihr in ein Haus kommt, dann entbietet ihm den Gruß. Wenn das Haus es wert ist, soll euer Friede bei ihm einkehren. Wenn das Haus es aber nicht wert ist, dann soll euer Friede zu euch zurückkehren. Und wenn man euch nicht aufnimmt und eure Worte nicht hören will, geht weg aus jenem Haus oder aus jener Stadt und schüttelt den Staub von euren Füßen! Amen, ich sage euch: Dem Gebiet von Sodom und Gomorra wird es am Tag des Gerichts erträglicher ergehen als dieser Stadt.

Siehe, ich sende euch wie Schafe mitten unter die Wölfe; seid daher klug wie die Schlangen und arglos wie die Tauben! Nehmt euch aber vor den Menschen in Acht! Denn sie werden euch an die Gerichte ausliefern und in ihren Synagogen auspeitschen. Ihr werdet um meinetwillen vor Statthalter und Könige geführt werden, ihnen und den Heiden zum Zeugnis. Wenn sie euch aber ausliefern, macht euch keine Sorgen, wie und was ihr reden sollt; denn es wird euch in jener Stunde eingegeben, was ihr sagen sollt. Nicht ihr werdet dann reden, sondern der Geist eures Vaters wird durch euch reden. Der Bruder wird den Bruder dem Tod ausliefern und der Vater das Kind und Kinder werden sich gegen die Eltern auflehnen und sie in den Tod schicken. Und ihr werdet um meines Namens willen von allen gehasst werden; wer aber bis zum Ende standhaft bleibt, der wird gerettet. Wenn man euch in der einen Stadt verfolgt, so flieht in eine andere. Denn, amen, ich sage euch: Ihr werdet nicht zu Ende kommen mit den Städten Israels, bis der Menschensohn kommt. Ein Jünger steht nicht über seinem Meister und ein Sklave nicht über seinem Herrn. Der Jünger muss sich damit begnügen, dass es ihm geht wie seinem Meister, und der Sklave, dass es ihm geht wie seinem Herrn. Wenn man schon den Herrn des Hauses Beelzebul nennt, dann erst recht seine Hausgenossen. Darum fürchtet euch nicht vor ihnen! Denn nichts ist verhüllt, was nicht enthüllt wird, und nichts ist verborgen, was nicht bekannt wird. Was ich euch im Dunkeln sage, davon redet im Licht, und was man euch ins Ohr flüstert, das verkündet auf den Dächern! Fürchtet euch nicht vor denen, die den Leib töten, die

Seele aber nicht töten können, sondern fürchtet euch eher vor dem, der Seele und Leib in der Hölle verderben kann! Verkauft man nicht zwei Spatzen für einen Pfennig? Und doch fällt keiner von ihnen zur Erde ohne den Willen eures Vaters. Bei euch aber sind sogar die Haare auf dem Kopf alle gezählt. Fürchtet euch also nicht! Ihr seid mehr wert als viele Spatzen. Jeder, der sich vor den Menschen zu mir bekennt, zu dem werde auch ich mich vor meinem Vater im Himmel bekennen. Wer mich aber vor den Menschen verleugnet, den werde auch ich vor meinem Vater im Himmel verleugnen. Denkt nicht, ich sei gekommen, um Frieden auf die Erde zu bringen! Ich bin nicht gekommen, um Frieden zu bringen, sondern das Schwert. Denn ich bin gekommen, um den Sohn mit seinem Vater zu entzweien und die Tochter mit ihrer Mutter und die Schwiegertochter mit ihrer Schwiegermutter; und die Hausgenossen eines Menschen werden seine Feinde sein. Wer Vater oder Mutter mehr liebt als mich, ist meiner nicht wert, und wer Sohn oder Tochter mehr liebt als mich, ist meiner nicht wert. Und wer nicht sein Kreuz auf sich nimmt und mir nachfolgt, ist meiner nicht wert. Wer das Leben findet, wird es verlieren; wer aber das Leben um meinetwillen verliert, wird es finden.

Wer euch aufnimmt, der nimmt mich auf, und wer mich aufnimmt, nimmt den auf, der mich gesandt hat. Wer einen Propheten aufnimmt, weil es ein Prophet ist, wird den Lohn eines Propheten erhalten. Wer einen Gerechten aufnimmt, weil es ein Gerechter ist, wird den Lohn eines Gerechten erhalten. Und wer einem von diesen Kleinen auch nur einen Becher frisches Wasser zu trinken gibt, weil es ein Jünger ist – Amen, ich sage euch: Er wird gewiss nicht um seinen Lohn kommen.

1. DIE ZWÖLF

Die Bergpredigt ist nur das Programm. Und die darauffolgenden Wunder des Herrn sind in erster Linie die göttliche Beglaubigung und Bestätigung dieses Programms. Nun folgt die Ausführung.

Christus überlässt sich dabei nicht einfach planlos den Ereignissen, lässt sich auch nicht den Kurs vom Gegner diktieren, sondern er geht selbst systematisch nach einem festen Plan vor. Sein Wirken hat von Anfang an zwei Linien. Die eine ist das Wirken in die Breite des Volkes, die andere das Wirken im engeren Kreis seiner Jünger. Nun zeigt es sich aber, dass es in Wirklichkeit doch nur eine Linie ist. Denn die Berufung der Jünger geschieht im Hinblick auf ihre Sendung zum Volk. Sie sollen gewissermaßen Christus vervielfachen, sein Wort und sein Werk überall hintragen, und sollen, wenn er nicht mehr sichtbar da ist, dieses sein Werk weiterführen. Es geht also von Anfang an nicht bloß um die Formung einer Elite, sondern diese steht ganz im Dienst der Masse, das heißt des zu gewinnenden Volkes oder genauer, des zu schaffenden Volkes Gottes.

Christus gibt den Jüngern die Sendung zu den Menschen und führt dann als ihr Haupt und ihr Vorbild diese Sendung persönlich aus, um sein Wort durch das Beispiel zu erläutern und ihnen die theoretische Sendung praktisch vorzuleben. So rundet sich dieses Sendungskapitel zu einem geschlossenen Ganzen ab. Christus erscheint darin sowohl als der Sendende als auch als der Gesandte, sodass alles zurückgeht auf den Vater im Himmel, von dem seine eigene Sendung ausgeht, nach dessen Willen die Sendung der anderen erfolgt und in den die Ausführung jeder Sendung mündet. Denn es geht um die Heimholung der Menschen zum Vater. Theologisch ist die *missio* eine Weiterführung der *processio*, ist also die Sendung des Logos in die Welt eine Weiterführung seines Hervorgehens aus dem Vater. Wie aber sein Hervorgehen wieder zurückkehrt zum Vater und er in der Einheit der Liebe mit dem Vater den Heiligen Geist haucht, so führt auch seine Sendung in die Welt zur Rückkehr der Welt zum Vater in der Kraft des Heiligen Geistes, der die Liebe ist, die aus der Einheit strömt und zur Einswerdung drängt.

Der Zustand des Volkes ruft förmlich nach geistiger Führung. Jesus, der lehrend und heilend durch die Lande zieht, stellt fest, dass dieses Volk wie eine Herde ohne Hirten ist, also eine Masse ohne Führung, und wie eine Ernte, die reif ist zum Schneiden, für die aber die Schnitter fehlen. Beide Bilder sind dem Landleben entnommen und darum für das Bauernvolk der Galiläer verständlich. Beide Bilder stehen aber auch in innerem Zusammenhang. Hirtensorge hat nichts Selbstherrliches an sich, sondern sie geschieht im Auftrag, in der Sendung eines Höheren, so wie auch die Schnitter nur Arbeiter im Dienst eines anderen sind und die Ernte in die Scheunen des Herrn heimholen. Autorität und Vollmacht, die durch die Sendung Christi gegeben werden, sind nicht autokratisch, dürfen darum nichts Selbstsüchtiges an sich haben. Sie sind nicht ein Herrschen, sondern ein Dienen.

Christus ruft die Zwölf zu sich. Sie gehen nicht von sich aus zum Volk, sondern sie müssen zuerst zum Herrn kommen, um von ihm die Vollmacht und Sendung zu empfangen. Dann erst können sie zum Volk gehen. Er ist die Mitte. Die Sendung ist nur möglich durch die Berufung. Und die Ausübung der Sendung ist nur möglich in ständiger Verbundenheit mit dem, der beruft und sendet.

Die Zwölf bilden von nun an einen festen Begriff, eine Einheit, ein Kollegium, eine Ganzheit, eine Größe für sich, und zwar so sehr, dass der Name »die Zwölf« auch nach dem Ausscheiden des einen Judas noch bleibt. Nicht zufällig sind es zwölf. Der Alte Bund war auf den zwölf Söhnen Jakobs und damit auf den zwölf Stämmen aufgebaut. So soll der Neue Bund auf den zwölf Aposteln aufgebaut sein, denn hier entscheidet nicht mehr die blutmäßige Abstammung von Jakob, sondern das geistige Wurzeln in Christus durch Ruf und Sendung. Wenn der Hohepriester Israels auf dem Brustschild seines amtlichen Gewandes die Namen der zwölf Stämme trug, so trägt Christus als der neue Hohepriester der Welt die Namen der Zwölf in seinem Herzen. In der Apokalypse wird Johannes schreiben, dass auf den zwölf Toren des neuen Jerusalem die Namen der zwölf Stämme geschrieben sind, aber auf den zwölf Grundmauern die Namen der zwölf Apostel. Die Einheit des Alten und des Neuen Bundes, der Synagoge und der Kirche, des fleischlichen und des geistigen Israel, wird somit in der Berufung der Zwölf sichtbar.

Ihre Namen werden im Einzelnen genannt, weil sie gewissermaßen aufgrund des Namensaufrufs und der Bereitschaft ihres *Adsum* die Sendung empfangen. An erster Stelle steht Simon. Und zwar wird ausdrücklich betont, dass er der Erste sei. Und es wird ihm der Beiname »Petrus« gegeben. Mit seiner Person ist die Andeutung der amtlichen Funktion verbunden. Das 16. Kapitel wird darauf zurückgreifen. Neben ihm steht sein Bruder Andreas. Die griechischen Namen Andreas und Philippus zeigen, wie stark in Galiläa der hellenistische Einfluss war. Auch die Übrigen werden paarweise angeführt, zum Teil weil sie leibliche Brüder sind wie Jakobus und Johannes, die Söhne des Zebedäus, und wie Jakobus und Thaddäus, die Söhne des Alphäus. Oder weil sie Freunde sind, wie Philippus und Bartholomäus, oder charakterliche Ähnlichkeiten haben wie Thomas und Matthäus, der den Beinamen »der Zöllner« hat und als Verfasser des Evangeliums selbst an seine Herkunft erinnert. Als letztes Paar stehen zwei, die ähnliche Ziele hatten, aber dann doch verschiedene Wege gingen: Simon und Judas. Simon, »der Zelot«, ist Anhänger jener politischen Partei, die das Reich Gottes mit Gewalt herbeiführen will. Er hat aber dann umgelernt. Judas hingegen erwartet ein irdisches Messias-Reich, das mit irdischen Mitteln errichtet werden muss. Die Passion wird ihm zum Ärgernis, an dem er zugrunde geht.

Die Zwölf erhalten Vollmacht, böse Geister auszutreiben und Krankheiten zu heilen, also die Menschen vom übernatürlich und vom natürlich Bösen zu befreien. Diese Vollmacht ist nicht so sehr Inhalt ihrer Sendung als vielmehr Begleiterscheinung zur Beglaubigung vor dem Volk.

Es liegt in der Tatsache, dass Christus Menschen mit Vollmacht ausrüstet, in seinem Namen und Auftrag sendet, ein unerhörtes Wagnis. Denn dieses Wagnis birgt die Gefahr des Missbrauchs der Macht zu selbstsüchtigen Zwecken und zugleich andererseits die Gefahr menschlicher Kleinheit, die von der Vollmacht keinen rechten Gebrauch zu machen wagt, oder auch umgekehrt eine Ausdehnung der Macht mit Kompetenzüberschreitungen. All diese Gefahren haben sich in der Geschichte des Christentums verwirklicht. Das Menschlich-Allzumenschliche hat oft genug den göttlichen Ursprung verdunkelt. Aber durch das Kommen Gottes in die Welt, durch die Menschwerdung Gottes, ist das Einbeziehen der Welt und des Menschlichen ins göttliche Werk gegeben. Die Sendung von Menschen durch Gott ist die Weiterführung der Menschwerdung Gottes. Seitdem gehört das Menschliche zum Reich Gottes. Mit der autoritativen Sendung ist noch ein Weiteres gegeben: der Unterschied zwischen Gebenden und Empfangenden, zwischen Lehrenden und Hörenden, zwischen Klerus und Laien. Klerus sind diejenigen, die das besondere Los (*kleros*) haben, in einer amtlichen besonderen Nähe Gottes zu sein und amtlich die Sendung zu den anderen Menschen zu haben, um auch sie in die Nähe Gottes zu führen. Und Laien sind das Volk Gottes (*laos*), das sich durch die Beauftragten zu Gott führen lässt.

Die Masse des Gottesvolkes, geführt durch die zwölf Beauftragten, mit Simon Petrus als dem Ersten, ist die Struktur, die in der Kirche Christi bis heute geblieben ist. Es ist die Gliederung der Kirche in Volk, in die Bischöfe als Nachfolger der Apostel und den Papst als Nachfolger des amtlich Ersten der Apostel.

2. DIE SENDUNG DER ZWÖLF

Der *Auftrag* wird klar formuliert. Zuerst wird das Arbeitsfeld genau umrissen. Sie haben weder das Gebiet der Heiden zu betreten noch die Ortschaften Samarias. Ihre Sendung erstreckt sich also nur auf Israel. Das Arbeitsfeld ist klein. In der zweiten, endgültigen Sendung wird es die ganze Welt umfassen. Dann wird es heißen: »Darum geht und macht alle Völker zu meinen Jüngern und lehrt sie, alles zu befolgen, was ich euch geboten habe.« Die Botschaft ergeht zuerst an das erwählte Volk. Es hat den Vorzug. Dann aber wird die Universalität des Neuen Bundes sichtbar in der Weltmission. Die Bevorzugung Israels zeigt, dass Gott seinem Wort treu bleibt. Sein Volk wird aber den Bund in Treulosigkeit brechen und im Neuen Bund der Vorrangstellung verlustig gehen.

Diese Sendung umfasst ein Doppeltes: das Kerygma und die Fürsorge, die Predigt vom Reich Gottes und jede Art von Hilfeleistung für Kranke, Aussätzige, Tote und Besessene.

Die Methode, die die Jünger bei der Ausübung ihrer Sendung einzuhalten haben, ist sehr eigenartig. Die äußerlichen und irdischen Hilfsmittel sollen auf das Nötigste beschränkt werden. Sie sollen keinerlei Vorrat an Gold oder Silber oder anderem Geld mitnehmen. Auch keine vorsorglichen Sicherungen menschlicher Art treffen durch Reservekleider oder durch Dinge, die ein Luxus oder wenigstens nicht unbedingt nötig sind wie Schuhe und Reisestab. Sie haben das Recht auf den Lebensunterhalt durch die Menschen, denen sie in Wort und Werk helfen. Der Arbeiter ist seines Lohnes wert. Hinter dem Ganzen steht das schlichte Vertrauen auf Gott. Er ist es ja, der die Arbeiter in die Ernte sendet. Er wird sie auch nicht verhungern lassen. Mit dieser Methode sind alle egoistischen Nebenabsichten, alle materialistischen Gedanken und jedes zu große Vertrauen auf die natürlichen Hilfsmittel unvereinbar. Die Armut, die Christus hier fordert, ist nicht die Bettlerarmut, sondern die Armut dessen, der durch seine Arbeit den täglichen Lebensunterhalt verdient, ohne Reserven zu haben oder anzulegen.

Ebenso einfach soll das Vorgehen im Einzelnen sein. Sie sollen im Kleinen anfangen beim Einzelmenschen, in Privathäusern, nicht durch Auftreten in Synagogen oder Predigt vor der Masse. Es handelt sich hier um die vorläufige Sendung und die ersten Versuche. Sie sollen möglichst anspruchslos unternommen werden. Nicht mit unruhigem Hin und Her sollen sie anfangen, sondern durch ruhige, kluge Überlegung, bei wem der Anfang zu machen ist, und durch ein ebenso ruhiges Bleiben in dem Haus, von welchem aus der Anfang gemacht wird. Die Saat wird nicht umsonst ausgestreut. Denn wenn das Wort des Friedens keine rechte Aufnahme findet, wird es doch nicht verloren sein, sondern dem, der es spricht, seinen Segen bringen, also gewissermaßen auf ihn zurückfallen. Der Misserfolg trifft auf diese Weise nicht den Boten des Herrn, sondern die Menschen, die den Boten nicht aufnehmen. Man wird sie verlassen, wird selbst den Staub ihres Bodens von den Füßen schütteln und sie dem Gericht Gottes überlassen. Es wird Sodom und Gomorra besser gehen als solchen Menschen. So einfach das Auftreten der Apostel ist, so ernst ist das Ganze, um das es geht. Die Gerichtsdrohung ist das gewaltige, göttliche Finale dieser Sendung, die auf alles äußerlich Große verzichtet, aber innerlich umso größer ist.

Wie wird es den Boten des Messias ergehen? Er sagt ihnen ihr *Schicksal* deutlich voraus. Es lässt sich zusammenfassen in dem anschaulichen und unheimlichen Bild: Sie werden sein wie Schafe unter den Wölfen. Ihre Sendung wird also keine angenehme und gemütliche Angelegenheit sein, sondern voller Gefahr für Leib und Leben. Sie werden als Boten Gottes unter den Menschen einerseits das schlichte Vertrauen auf Gottes Hilfe, andererseits kluge Vorsicht den Menschen gegenüber walten lassen, also die Arglosigkeit der Taube mit der Klugheit der Schlange verbinden müssen. Es ist höchst bemerkenswert, dass derselbe Christus, der seine Jünger zu den Menschen schickt, sie im gleichen Atemzug vor den Menschen warnt: »Nehmt euch aber vor den Menschen in Acht!« Verfolgung erwartet seine Boten. Man wird sie öffentlich auspeitschen, sie vor Gerichte und Könige stellen. Aber sie dürfen sich für diese gefahrvollen Stunden völlig auf den Geist Gottes verlassen, der ihnen den Mut ins Herz und das rechte Wort auf die Lippen legen wird. Selbst in der eigenen Familie werden sie Gegner finden. Die Botschaft Christi wird die Familien entzweien, weil die einen das Wort aufnehmen und die anderen es verachten werden. Man wird die Boten nicht empfangen wie Engel Gottes, sondern sie müssen auf Hass gefasst sein, müssen aber trotzdem bis zum Ende durchhalten können. Das Gericht Gottes wird ihnen recht geben. Denn sie werden mit der Predigt an die Städte und Dörfer Israels nicht zu Ende kommen, bis der Menschensohn das Gericht über Jerusalem hereinbrechen lässt im Untergang dieser widerspenstigen Stadt. Und auch nachher wird die Verfolgung fortdauern. Aber der Gedanke an das Schicksal des Meisters wird den Jüngern ein Trost sein. Denn es geht ihm nicht besser. Wenn man ihn einen Teufel nennt, haben seine Jünger nichts Besseres zu erwarten.

Die *Gesinnung*, die Christus von den Jüngern verlangt, ist Furchtlosigkeit und Gottvertrauen. »Fürchtet euch nicht!« lautet die dreimalige Forderung. Sie sollen offen, frei und mutig im hellen Tageslicht reden und »auf den Dächern verkünden«. Seine Botschaft muss in die Öffentlichkeit dringen und zu allen getragen werden. Vor den Menschen brauchen sie keine Angst zu haben, denn menschliche Feinde können höchstens den Leib vernichten, aber nicht die Seele. Fürchten muss man nur den, der Leib und Leben dem ewigen Verderben ausliefern kann. Dieser Gott, der verderben kann, will aber helfen. Er, der selbst für die Sperlinge sorgt und die Haare des Hauptes zählt, wird die Seinen nicht verlassen. Darum sollen sie den Herrn offen vor aller Welt bekennen, dann wird der Menschensohn vor dem Vater im Himmel für sie Zeugnis ablegen.

Was wird das *Ergebnis* der Sendung sein? Auch das sagt ihnen der Meister. Es wird eine Scheidung der Geister geben bei ihnen wie bei ihm. Denn er ist nicht gekommen, den Frieden zu bringen, sondern das Schwert, jenes durchdringende Schwert, das Gut und Bös scheidet. Oft genug wird es Vater und Sohn scheiden, Mutter und Tochter und so zwei Lager im gleichen Haus schaffen. So erfüllt Christus das Wort des Propheten Micha (Mi 7,6), nach welchem die eigenen Hausgenossen die Feinde der Menschen sein werden und der Riss der Entscheidung oft quer durch die Familie geht. Der Mensch muss sich entscheiden. Liebt er Vater und Mutter mehr als Gott, so ist er Gottes nicht wert. Liebt er Sohn oder Tochter mehr als Christus, so ist er Christi nicht würdig. Er muss bereit sein, nicht nur alles daranzugeben, sondern das Kreuz auf sich zu nehmen und dem Herrn zu folgen auf dem Weg zum Tod am Schandpfahl. Nur wer bereit ist, sein Leben daranzugeben, wird es in Wirklichkeit gewinnen. Wer aber darauf ausgeht, sein Leben zu sichern und zu gewinnen, wird es in Wirklichkeit verlieren. Die Scheidung der Geister wird aber auf der anderen Seite bewirken, dass die Guten aufnahmebereit sind. Wenn sie die Jünger des Herrn aufnehmen, nehmen sie den Herrn selbst auf und werden darum ihren Lohn empfangen. So schließt auch diese Rede, wie die Bergpredigt, mit einem Segensspruch. Denn wer einem der Seinen, und mögen sie äußerlich noch so unscheinbar sein, auch nur einen Becher frischen Wassers reicht, weil er Jünger Christi ist, wird seines Lohnes nicht verlustig gehen. Mit diesem Segen schließt der Herr den Sendungsauftrag, in welchem gewaltige Vollmachten, Klänge der Frohbotschaft, menschliche Schlichtheit und Größe verbunden sind mit tiefem Ernst, streitbaren Worten, Kampfansage und Todesdrohung. Von Himmel und Hölle ist die Rede, von Gott und vom Teufel, von Angst und von Vertrauen, von Gefahr und von Ruhe. Neben dem Bild des Friedens stehen Hass und Kampf bis zum Tod. Scheidung und Entscheidung wird gefordert. Mit dem Gericht wird gedroht. Es ist der Ausblick in die Geschichte des Christentums mit Licht und Dunkel, Sieg und Niederlage, Tod und Auferstehung. Aber über allem wird der ewig ruhige, souveräne Gott stehen. Der Aufblick zu ihm, die Verbundenheit mit ihm, wird den Seinen Kraft geben. Und mittendrin steht er selbst, der Messias, der die Sendung gibt und der nun seinerseits als Vorbild und Beispiel die Sendung ausübt, damit die Seinen von ihm, dem Gottgesandten, lernen können, was göttliche Sendung ist.

II. DIE SENDUNG JESU

Mt 11,36–12,50

Und es geschah, als Jesus die Unterweisung der zwölf Jünger beendet hatte, zog er weiter, um in den Städten zu lehren und zu predigen.

Johannes hörte im Gefängnis von den Taten des Christus. Da schickte er seine Jünger zu ihm und ließ ihn fragen: Bist du der, der kommen soll, oder sollen wir auf einen anderen warten? Jesus antwortete ihnen: Geht und berichtet Johannes, was ihr hört und seht: Blinde sehen wieder und Lahme gehen; Aussätzige werden rein und Taube hören; Tote stehen auf und Armen wird das Evangelium verkündet. Selig ist, wer an mir keinen Anstoß nimmt. Als sie gegangen waren, begann Jesus zu der Menge über Johannes zu reden: Was habt ihr denn sehen wollen, als ihr in die Wüste hinausgegangen seid? Ein Schilfrohr, das im Wind schwankt? Oder was habt ihr sehen wollen, als ihr hinausgegangen seid? Einen Mann in feiner Kleidung? Siehe, die fein gekleidet sind, findet man in den Palästen der Könige. Oder wozu seid ihr hinausgegangen? Um einen Propheten zu sehen? Ja, ich sage euch: sogar mehr als einen Propheten. Dieser ist es, von dem geschrieben steht: Siehe, ich sende meinen Boten vor dir her, der deinen Weg vor dir bahnen wird. Amen, ich sage euch: Unter den von einer Frau Geborenen ist kein Größerer aufgetreten als Johannes der Täufer; doch der Kleinste im Himmelreich ist größer als er. Seit den Tagen Johannes des Täufers bis heute wird dem Himmelreich Gewalt angetan und Gewalttätige reißen es an sich. Denn alle Propheten und das Gesetz bis zu Johannes haben prophetisch geredet. Und wenn ihr es annehmen wollt: Er ist Elija, der wiederkommen soll. Wer Ohren hat, der höre! Mit wem soll ich diese Generation vergleichen? Sie gleicht Kindern, die auf den Marktplätzen sitzen und anderen zurufen: Wir haben für euch auf der Flöte gespielt und ihr habt nicht getanzt; wir haben die Totenklage angestimmt und ihr habt euch nicht an die Brust geschlagen. Denn Johannes ist gekommen, er isst nicht und trinkt nicht und sie sagen: Er hat einen Dämon. Der Menschensohn ist gekommen, er isst und trinkt und sie sagen: Siehe, ein Fresser und Säufer, ein Freund der Zöllner und Sünder! Und doch hat die Weisheit durch ihre Taten Recht bekommen.

Dann begann er den Städten, in denen er die meisten Machttaten getan hatte, Vorwürfe zu machen, weil sie nicht Buße getan hatten: Weh dir, Chorazin! Weh dir, Betsaida! Denn wenn in Tyrus und Sidon die Machttaten geschehen wären, die bei euch geschehen sind – längst schon wären sie in Sack und Asche umgekehrt. Das sage ich euch: Tyrus und Sidon wird es am Tag des Gerichts erträglicher ergehen als euch. Und du, Kafarnaum, wirst du etwa bis zum Himmel erhoben werden? Bis zur Unterwelt wirst du hinabsteigen. Wenn in Sodom die Machttaten geschehen wären, die bei dir geschehen sind, dann stünde es noch heute. Das sage ich euch: Dem Gebiet von Sodom wird es am Tag des Gerichts erträglicher ergehen als dir.

In jener Zeit sprach Jesus: Ich preise dich, Vater, Herr des Himmels und der Erde, weil du das vor den Weisen und Klugen verborgen und es den Unmündigen offenbart hast. Ja, Vater, so hat es dir gefallen. Alles ist mir von meinem Vater übergeben worden; niemand kennt den Sohn, nur der Vater, und niemand kennt den Vater, nur der Sohn und der, dem es der Sohn offenbaren will. Kommt alle zu mir, die ihr mühselig und beladen seid! Ich will euch erquicken. Nehmt mein Joch auf euch und lernt von mir; denn ich bin gütig und von Herzen demütig; und ihr werdet Ruhe finden für eure Seele. Denn mein Joch ist sanft und meine Last ist leicht.

In jener Zeit ging Jesus am Sabbat durch die Kornfelder. Seine Jünger hatten Hunger; sie rissen Ähren ab und aßen davon. Die Pharisäer sahen es und sagten zu ihm: Sieh her, deine Jünger tun etwas, das am Sabbat verboten ist. Da sagte er zu ihnen: Habt ihr nicht gelesen, was David getan hat, als er und seine Begleiter hungrig waren – wie er in das Haus Gottes ging und wie sie die Schaubrote aßen, die weder er noch seine Begleiter, sondern nur die Priester essen durften? Oder habt ihr nicht im Gesetz gelesen, dass am Sabbat die Priester im Tempel den Sabbat entweihen, ohne sich schuldig zu machen? Ich sage euch: Hier ist Größeres als der Tempel. Wenn ihr begriffen hättet, was das heißt: Barmherzigkeit will ich, nicht Opfer, dann hättet ihr nicht Unschuldige verurteilt; denn der Menschensohn ist Herr über den Sabbat.

Von dort ging er weiter und kam in ihre Synagoge. Und siehe, dort saß ein Mann, dessen Hand verdorrt war. Sie fragten ihn: Ist es am Sabbat erlaubt zu heilen? Sie suchten ihn nämlich anzuklagen. Er aber sprach zu ihnen: Wer von euch, der ein einziges Schaf hat, wird es nicht packen und herausziehen, wenn es ihm am Sabbat in eine Grube fällt? Wie viel mehr ist ein Mensch als ein Schaf? Darum ist es am Sabbat erlaubt, Gutes zu tun. Dann sagte er zu dem Mann: Streck deine Hand aus! Er streckte sie aus und die Hand wurde wiederhergestellt – gesund wie die andere. Die Pharisäer aber gingen hinaus und fassten den Beschluss, Jesus umzubringen.

Als Jesus das erfuhr, ging er von dort weg. Viele folgten ihm nach und er heilte sie alle. Er gebot ihnen, dass sie ihn nicht bekannt machen sollten, damit erfüllt werde, was durch den Propheten Jesaja gesagt worden ist: Siehe, mein Knecht, den ich erwählt habe, mein Geliebter, an dem ich Gefallen gefunden habe. Ich werde meinen Geist auf ihn legen und er wird den Völkern das Recht verkünden. Er wird nicht streiten und nicht schreien und man wird seine Stimme nicht auf den Straßen hören. Das geknickte Rohr wird er nicht zerbrechen und den glimmenden Docht nicht auslöschen, bis er dem Recht zum Sieg verholfen hat. Und auf seinen Namen werden die Völker ihre Hoffnung setzen.

Dann brachte man zu ihm einen Besessenen, der blind und stumm war. Er heilte ihn, sodass der Stumme wieder reden und sehen konnte. Die Menge war fassungslos und sagte: Ist dieser nicht der Sohn Davids? Als die Pharisäer das hörten, sagten sie: Nur mit Hilfe von Beelzebul, dem Herrscher der Dämonen, treibt er die Dämonen aus. Doch Jesus wusste, was sie dachten, und sagte zu ihnen: Jedes Reich, das in sich gespalten ist, wird veröden und eine Stadt und eine Familie, die in sich gespalten ist, wird keinen Bestand haben. Wenn also der Satan den Satan austreibt, dann ist Satan in sich selbst gespalten. Wie kann sein Reich dann Bestand haben? Und wenn ich die Dämonen durch Beelzebul austreibe, durch wen treiben dann eure Söhne sie aus? Deswegen werden sie eure Richter sein. Wenn ich aber im Geist Gottes die Dämonen austreibe, dann ist das Reich Gottes schon zu euch gekommen. Wie kann einer in das Haus des Starken eindringen und ihm den Hausrat rauben, wenn er nicht zuerst den Starken fesselt? Erst dann kann er sein Haus plündern. Wer nicht mit mir ist, der ist gegen mich; wer nicht mit mir sammelt, der zerstreut. Darum sage ich euch: Jede Sünde und Lästerung wird den Menschen vergeben werden, aber die Lästerung gegen den Geist wird nicht vergeben werden. Auch wer ein Wort gegen den Menschensohn sagt, dem wird vergeben werden; wer aber etwas gegen den Heiligen Geist sagt, dem wird nicht vergeben, weder in dieser noch in der zukünftigen Welt. Entweder: Der Baum ist gut – dann sind auch seine Früchte gut. Oder: Der Baum ist schlecht – dann sind auch seine Früchte schlecht. An der Frucht also erkennt man den Baum. Ihr Schlangenbrut, wie könnt ihr Gutes reden, wenn ihr böse seid? Denn wovon das Herz überfließt, davon spricht der Mund. Der gute Mensch bringt aus dem guten Schatz Gutes hervor und der böse Mensch bringt aus dem bösen Schatz Böses hervor. Ich sage euch aber: Über jedes unnütze Wort, das die Menschen reden, werden sie am Tag des Gerichts Rechenschaft ablegen müssen; denn aufgrund deiner Worte wirst du freigesprochen und aufgrund deiner Worte wirst du verurteilt werden.

Darauf wandten sich einige Schriftgelehrte und Pharisäer an ihn: Meister, wir möchten von dir ein Zeichen sehen. Er antwortete ihnen: Diese böse und treulose Generation fordert ein Zeichen, aber es wird ihr kein Zeichen gegeben werden außer das Zeichen des Propheten Jona. Denn wie Jona drei Tage und drei Nächte im Bauch des Fisches war, so wird auch der Menschensohn drei Tage und drei Nächte im Schoß der Erde sein. Die Männer von Ninive werden beim Gericht mit dieser Generation auftreten und sie verurteilen; denn sie sind auf die Botschaft des Jona hin umgekehrt. Und siehe, hier ist mehr als Jona. Die Königin des Südens wird beim Gericht gegen diese Generation auftreten und sie verurteilen; denn sie kam vom Ende der Erde, um die Weisheit Salomos zu hören. Und siehe, hier ist mehr als Salomo.

Wenn ein unreiner Geist aus einem Menschen ausfährt, durchwandert er wasserlose Gegenden, um eine Ruhestätte zu suchen, findet aber keine. Dann sagt er: Ich will in mein Haus zurückkehren, das ich verlassen habe. Und er kommt und findet es leer, sauber und geschmückt. Dann geht er und nimmt sieben andere Geister mit sich, die noch schlimmer sind als er selbst. Sie ziehen dort ein und lassen sich nieder. Und die letzten Dinge jenes Menschen werden schlimmer sein als die ersten. Dieser bösen Generation wird es genauso gehen.

Als Jesus noch mit den Leuten redete, siehe, da standen seine Mutter und seine Brüder draußen und wollten mit ihm sprechen. Da sagte jemand zu ihm: Siehe, deine Mutter und deine Brüder stehen draußen und wollen mit dir sprechen.

Dem, der ihm das gesagt hatte, erwiderte er: Wer ist meine Mutter und wer sind meine Brüder? Und er streckte die Hand über seine Jünger aus und sagte: Siehe, meine Mutter und meine Brüder. Denn wer den Willen meines himmlischen Vaters tut, der ist für mich Bruder und Schwester und Mutter.

ERSTE ETAPPE: DER MESSIAS

Der Messias ist der Gottgesandte. Als solcher tut er sich kund. Seine Verkündigung scheidet die Geister. In drei Etappen entwickelt sich diese Selbstoffenbarung Christi.

Jesus knüpft an die Johannes-Frage an. Der Täufer ist im Kerker. Seine Jünger sind verschüchtert. Nicht nur weil ihr Meister nicht mehr wirken kann und der feindlichen Gewalt ausgeliefert ist, sondern mehr noch weil sein Wort sich nicht zu erfüllen scheint. Wohl ist der gekommen, dessen Herold er sein wollte. Aber sein Auftreten ist ganz anders als der Täufer es vorausgesagt. Man spürt nichts vom Zorngericht, von der Taufe mit Feuer, von der Axt an der Wurzel, von der Wurfschaufel in der Hand. Daher die Anfrage an Jesus: »Bist du der, der kommen soll, oder sollen wir auf einen anderen warten?« Der Täufer will Jesus zu einem klaren und bestimmten Bekenntnis veranlassen. Die Antwort Jesu ist eindeutig. Er nennt sich noch nicht »Messias«, um keine falschen Vorstellungen zu wecken, weist aber auf die Tatsache hin, dass er Werke verrichtet, welche die Propheten vom Messias geweissagt haben. Denn er erfüllt das Wort des Jesaja (Jes 35), dass Blinde sehen und dass Armen die Frohbotschaft verkündet wird. Das messianische Reich ist also in der Tat angebrochen. Die Erfüllung dieser Prophezeiung soll für Johannes und seine Jünger das Zeugnis sein. Ja, es geschieht noch mehr, als Jesaja gesagt hat. Denn auch Lahme gehen, Aussätzige werden rein, Taube hören und Tote stehen auf. Man darf sich durch das schlichte Auftreten des Messias nicht täuschen lassen. Hinter der einfachen Hülle birgt sich die göttliche Fülle, hinter dem schlichten Schein das göttliche Sein. Darum wohl dem, der an ihm keinen Anstoß nimmt. Aber noch mehr! Johannes selbst ist Zeuge für Jesu Messianität. Denn was ist denn seine Größe? Das Volk ist doch nicht in Massen zum Jordan gepilgert, um dort das schwankende Schilfrohr zu sehen oder einen Menschen, der in prächtigen Gewändern eine Sehenswürdigkeit wäre, sondern das prophetische Wort hat sie angezogen, und in Wirklichkeit ist Johannes noch mehr als ein Prophet. Er erfüllt die Prophezeiung des Maleachi (Mal 3,1) und ist unmittelbarer Vorläufer des Messias. Darum ist er durch diese seine amtliche Funktion des unmittelbaren Vorläufertums der Größte aller, die bisher von einer Frau geboren wurden. Und doch war alles das eben nur Vorläufertum, nur Vorbereitung. Viel größer ist das Reich Gottes, das jetzt angebrochen ist trotz aller äußeren Unscheinbarkeit. Es ist so wesentlich größer, dass auch der Kleinste im Gottesreich, eben weil er zum Gottesreich gehört, größer ist als alles, was nur Vorläufertum bedeutet, also größer als Johannes, der Vorläufer. Und wenn diesem äußerlich Gewalt angetan wird und er ein Gefangener ist, so ist es nur ein Zeichen, dass sich eben das Reich Gottes gegen alle Gewalt durchsetzen muss. Aber es wird sich durchsetzen, denn es ist die Erfüllung dessen, was Gesetz und Propheten im Voraus angekündigt haben. Nun ist es angebrochen. Und Johannes ist gewissermaßen der wiederkommende Elias, also der Prophet, der den Anbruch des Gottesreiches kundtut.

So ist die Rede Jesu sachlich eine klare Offenbarung, dass er der Messias ist, der das Reich Gottes gebracht hat, wenn er auch das Wort »Messias« aus Vorsicht noch vermeidet.

Wie wird seine Botschaft aufgenommen? Viele werden sie ablehnen. Sie wollen sie nicht. Die Offenbarung ist nicht schuld daran. Denn ob diese Offenbarung in Strenge und Buße erfolgt, wie der Täufer durch sein hartes Leben des Fastens und der Buße sie gebracht hat, oder ob sie in Anpassung an die menschliche Art erfolgt, also in Milde und Verständnis, wie der Menschensohn sie gebracht hat, der sich mit ihnen zusammensetzt und mit ihnen isst und trinkt, so macht doch keine der beiden Arten Eindruck auf sie, weil sie eigensinnig sind wie hartköpfige Kinder, die beim Spielen sich weder am

Tanze noch am gemimten Klagelied beteiligen wollen, sondern in Eigensinn zu allem Nein sagen. Das Urteil dieser grundsätzlichen Neinsager lautet über Johannes, er habe einen bösen Geist, und über den Menschensohn, er sei ein Fresser und Säufer, und er gehe mit Zöllnern und Sündern. Aber seine Botschaft setzt sich trotzdem durch, und ihre Richtigkeit wird aus ihren Wirkungen erkannt.

Diese Ablehnung ist jedoch keine harmlose Angelegenheit. Es gilt hier die Drohung Jesu, dass es selbst Sodom am Tag des Gerichts besser gehen wird als den Städten, denen er seine Offenbarung gebracht hat. Denn die heidnischen Bewohner von Tyrus und Sidon hätten längst in Sack und Asche Buße getan und Sodom würde heute noch stehen, wenn darin die Wunderwerke geschehen wären, die der Messias wirkt. Wer die Werke sieht und trotzdem Nein sagt, dem gilt das »Wehe« der Drohung und des Fluches.

ZWEITE ETAPPE: DER SOHN GOTTES

Noch einmal tut sich Jesus kund. Neben denen, die Nein sagen, stehen die anderen, die das Jawort des Glaubens geben. Es sind nicht die Großen dieser Erde, nicht die Weisen dieser Welt, sondern oft die Unbedeutenden, die sich aber ein unverdorbenes Herz und einen empfänglichen Geist bewahrt haben. Christus sieht es und preist dafür den Vater, den Herrn des Himmels und der Erde. Daran anschließend geht er in der Selbstoffenbarung über die Messianität hinaus und tut sich kund als Sohn Gottes. Alles ist ihm vom Vater übergeben, denn als Sohn ist er vom Vater gezeugt, hat also alles vom Vater. Er steht darum auch mit ihm in einer Linie und auf gleicher Ebene. Die geistige Zeugung ist Erkenntnis. Darum erkennt niemand in vollem Sinne den Sohn als der Vater, der im Erkennen den Sohn zeugt. Es erkennt aber auch niemand den Vater als der Sohn, dessen Wort Antwort, dessen Erkennen Lieben ist und der im Erkennen und Lieben eins ist mit dem Vater im Heiligen Geist. Andere können den Vater nur erkennen, wenn und soweit der Sohn es ihnen kundtut. Seine Offenbarung ist der einzige Weg, der die Menschen zum Vater führt. Das Jawort des Glaubens zu seiner Offenbarung gibt dem Menschen die wahre Größe und das eigentliche Leben. Die Neinsager schließen sich von Gott aus. Die Gläubigen aber werden ins göttliche Leben, in den Feuerstrom des innertrinitarischen Erkennens und Liebens miteinbezogen. Gott tut sich ihnen kund. Größeres gibt es nicht für das Erkennen des Menschen. Und aus dem Erkennen flammt das Feuer der Liebe auf. Der Messias weiß um dieses Geheimnis der Offenbarung Gottes. Darum bricht er in jubelnden Lobpreis des Vaters aus. Kleine werden groß, wenn sie die Größe Gottes sehen und aufnehmen. Große werden klein, wenn sie sich der allein wirklichen Größe verschließen. Jesu Selbstoffenbarung ist ein Anruf an die Menschen. Darum ruft er sie alle, die Verständnis haben, vor allem die Mühseligen und Beladenen, denn wenn sie ihn finden, finden sie Gott und damit die Erquickung der Seele. Das Leben nach seiner Forderung mag äußerlich als eine Last erscheinen und als ein Joch. Aber wer es auf sich nimmt, wird zu seinem Staunen erfahren, dass dieses Joch in Wirklichkeit keines ist und die Bürde leicht zu tragen. Denn sein Gebot ist Liebe. Darum sollen alle ihn hören und von ihm lernen. Er spricht nicht hart wie die Schriftgelehrten und nicht stolz wie die Pharisäer. So gewaltig der Inhalt seiner Offenbarung ist, indem sie alles Menschliche überbietet, alle Enge sprengt, alles Begreifen übersteigt, eben nur durch Offenbarung Gottes zugänglich, so einfach ist die Art, wie Christus seine Botschaft kundtut. Und so einfach ist dementsprechend die Antwort des Glaubens, und so leicht zu erfüllen sind auch die Forderungen, die er stellt, weil er selbst alles gibt, er, der es vom Vater empfangen hat und es den Menschen schenkt: das Erkennen, das Wollen und das Vollbringen (Phil 2,13).

Die Wirkung dieser zweiten Selbstoffenbarung, in der ein ganz anderer Ton des Jubels und der Freude mitschwingt und in der zugleich etwas Lockendes, Einladendes liegt, ist aber bei seinen Feinden wieder eine Ablehnung. In engstirniger Borniertheit sehen sie nur den Buchstaben ihrer Satzung und sehen nicht den Geist, der die Satzungen gegeben hat und sich ihnen hier im Fleisch des Menschensohnes kundtut. Seine Jünger rupfen am Sabbat Ähren und essen davon. Der Vorwurf der Gegner lautet: Ihr übertretet das Sabbatgebot. Aber die Antwort Christi ist schlagend: Gott steht über dem Sabbat. Darum bindet das Gesetz dann nicht, wenn Gott es nicht will. So war es schon bei David, der im Haus Gottes von den Schaubroten aß, was nach dem Buchstaben des Gesetzes verboten, nach dem Geist und Willen Gottes aber im Notfall erlaubt war. Das Gleiche zeigt sich in der Tatsache, dass die Priester im Tempeldienst auch dem äußeren Buchstaben nach das Arbeitsverbot durchbrachen, dem Geist Gottes nach ihm aber in Wirklichkeit entsprachen. Nicht das äußere Tun entscheidet, sondern der innere Geist. Schon der Prophet Hosea hat betont (Hos 6,6), dass nicht die Darbringung äußerer Opfergaben Gott wohlgefalle, sondern die innere Gesinnung des Herzens. Und der Menschensohn, der hier vor ihnen steht, ist größer als der Tempel und Herr über den Sabbat. So bietet die lächerliche Kasuistik der Gegner dem Herrn einen neuen Anlass zur Offenbarung seiner Gottessohnschaft, die über dem Tempel und dem Sabbat steht.

Aber die Gegner bleiben nicht bei der bloßen Ablehnung stehen. Sie gehen zum Angriff über. Sie fordern ihn geradezu heraus. Ein Mann mit einer verdorrten Hand, der am Sabbat in die Synagoge kommt, bietet eine willkommene Gelegenheit dazu. »Darf man am Sabbat heilen?« lautet ihre Frage. Wieder ist seine Antwort von einer Treffsicherheit ohnegleichen.

Wenn einem von ihnen am Sabbat das einzige Schaf, das er hat, in eine Grube fällt, wird er es herausziehen, also eine knechtliche Arbeit leisten, unbekümmert um das Sabbatgesetz. Der Mensch ist aber mehr als ein Schaf. Also darf man einem Menschen auch am Sabbat helfen, wenn er in Not ist. Und so heilt er den Kranken. Die Wirkung bei den Feinden ist nicht etwa eine innere Umkehr ihres Denkens, sondern vielmehr die Verhärtung und Verstockung. »Die Pharisäer aber gingen hinaus und fassten den Beschluss, Jesus umzubringen.« Die Reihen der Opposition schließen sich. Hatte die erste Etappe mit der Drohung Christi geendet, so endet die zweite mit dem Mordplan seiner Gegner.

DRITTE ETAPPE: DER VERHEISSENE

Noch einmal offenbart sich der Herr. Er zieht sich zwar äußerlich zurück und verbietet sogar denen, die er heilt, das Wunder bekannt zu machen. Aber gerade durch dieses Zurückziehen in die Stille und Verborgenheit offenbart er sich als der Messias, wie ihn Jesaja gezeichnet hat (Jes 42,1). Er wird nicht lärmen und zanken, schreit nicht auf den Gassen. Und doch ist er der Knecht Jahwes, der Liebling Gottes. Er ist gütig und mild, will das geknickte Rohr nicht brechen und den glimmenden Docht nicht löschen. Und doch führt er das Recht zum Sieg und ist der, auf den die Völker warten. Gerade in der Schlichtheit und Unscheinbarkeit seines menschlichen Auftretens, hinter der sich in Wirklichkeit die Macht, Weisheit und Größe Gottes verbergen, offenbart er sich als der, von dem die Propheten gesprochen haben: als der Messias.

Die Wirkung ist aber wieder die gleiche. Die Feinde lehnen ihn ab. Es zeigt sich bei der Heilung eines Besessenen, der blind und stumm war. Das Volk staunt und stellt mit der Selbstverständlichkeit des Unverbildeten fest: »Ist dieser nicht der Sohn Davids?« Die Feinde können die Tatsache des Wunders nicht leugnen, müssen den übernatürlichen Geist, der in Christus lebendig ist, anerkennen. Aber dieser Geist ist nach ihnen nicht Gott, sondern Satan. »Nur mit Hilfe von Beelzebul, dem Herrscher der Dämonen, treibt er die Dämonen aus.« Wieder ist diese Ablehnung für Christus der Anlass, seine Selbstoffenbarung zu vertiefen. Würde er in der Kraft Satans Teufel austreiben, so würde Satan sich selbst widersprechen. Heilt er aber die Besessenen in der Kraft Gottes, so beweist er damit, dass er stärker ist als Satan. Das Haus Satans wird durch ihn erobert und Satan selbst wird in Fesseln gelegt. Das Reich Gottes ist angebrochen. Darum wird das Reich Satans vernichtet. Die Menschen müssen sich entscheiden für oder gegen Christus, für oder gegen Satan. Wer Christus einen Satan nennt, begeht eine Lästerung gegen den Geist Gottes selbst. Gegen den Menschensohn als solchen, also gegen das Menschliche an Christus zu reden, ist Sünde. Aber es lässt sich in etwa verstehen, kann darum vergeben werden. Wer aber gegen den Geist Gottes redet, obwohl er weiß, dass es der Geist Gottes ist, wer das Übernatürliche in Christus als göttlich erkennt und doch als satanisch bezeichnet, der begeht die Sünde gegen den Heiligen Geist, die weder in diesem noch im kommenden Leben vergeben wird. Ihre Lästerworte machen sie als Menschen kenntlich, die dem Laster verfallen sind, so wie schlechte Früchte den schlechten Baum kenntlich machen. Sie sind eine Schlangenbrut und ihr Herz ist voller Gift. Darum spricht ihr Mund Lästerungen aus. Das Gericht wird nicht auf sich warten lassen. So schließt auch diese dritte Etappe mit einer Drohung wie die erste. Und wie die Offenbarung beim Angriff der Pharisäer vertieft wird, so wird auch die Drohung anlässlich einer Pharisäerfrage wiederholt und verstärkt. Sie verlangen von ihm ein Wunder. Aber er weiß, dass sie in Wirklichkeit bereits seinen Tod beschlossen haben. Darum wird er ihnen auch kein anderes Wunderzeichen geben als gerade das Zeichen dieses seines Todes. Denn wie Jona an drei Tagen und drei Nächten im Bauch des Seeungeheuers war, so wird der Menschensohn an drei Tagen und Nächten im Schoß der Erde sein und gerade durch seinen Tod, den sie planen, die Prophezeiung erfüllen und zeigen, dass er stärker ist als der Tod. Jona hat gepredigt und Glauben gefunden. Christus predigt und findet keinen Glauben. Darum werden die Männer von Ninive, die geglaubt haben, gegen das ungläubige Volk der Juden beim Gericht als Zeugen auftreten. Und die Königin von Saba, die von weit her gekommen ist, um die Weisheit Salomos zu hören, wird als Zeuge auftreten gegen die Männer von Israel, die die Weisheit Gottes hören dürfen und nicht glauben. Ihr Unglaube ist eine schuldhafte Verstockung. Das Gericht Gottes wird die Antwort sein. Denn der Messias ist mehr als Jona und mehr als Salomo. Der Messias ist gekommen, um aus Israel den Teufel auszutreiben, wie er hier aus einem einzelnen Besessenen den bösen Feind vertrieben hat. Wenn sie aber durch ihren Unglauben den Messias ablehnen, ist ihr Ende schlimmer als der Anfang und wird das Kommen des Messias für sie nicht zum Heil, sondern zum Untergang. Die letzten Dinge sind dann schlimmer als die ersten, denn der vertriebene Teufel kommt mit siebenfacher Verstärkung zurück.

Aber nicht alle lehnen ihn ab. Die Schlichten, von denen er gesprochen hat, sind für ihn wie Bruder, Schwester und Mutter. Denn sie erfüllen den Willen seines himmlischen Vaters. Sie bilden mit ihm zusammen die eine Familie der Kinder Gottes.

Und so klingt seine Drohung gegen die Feinde hier doch wieder aus in jenen Jubel seines Herzens im Gedanken an die,

die ihn und durch ihn den Vater gefunden haben. Die Sendung des Gesandten erfüllt ihren Zweck, denn sie führt diejenigen, zu denen er gesandt ist, zu dem, der ihn gesandt hat. Vom Vater ist er als der Gesandte ausgegangen. Im Auftrag des Vaters sendet er die Seinen. Die Menschen, die die Sendung aufnehmen, kehren mit ihm zum Vater zurück, von dem er ausgegangen ist.

So rundet sich das Werk ab und erfüllt sich der Heilsplan Gottes.

CHRISTUS IM SENDUNGSKAPITEL: DAS LAMM UNTER DEN WÖLFEN

Was für die Bergpredigt gesagt wurde, gilt auch für die Aussendungsrede. Wort und Werk des Herrn bilden eine Einheit. In seinen Worten skizziert er seine eigene Gestalt. Sein Leben ist die Ausführung dieser Skizze. So kann man aus seinen Worten sein Leben ablesen und umgekehrt aus seinem Tun ersehen, wessen Geistes er ist. Seine Rede ist das Programm, sein Leben die Durchführung, beides, Theorie und Praxis, eine lebendige Einheit. Seine Aussendungsrede ist wie ein Prolog seines Wirkens. Und sein Wirken ist die lebendige Deutung seiner Sendungsrede.

Das ganze Bild dieses dritten Abschnittes weist im Wesentlichen folgende Züge auf: Das Auftreten des Messias erfolgt schlicht, ungekünstelt, ohne jeden Apparat, ohne alles Drum und Dran. Er verzichtet auf alles Unnötige an menschlichen Hilfsmitteln des Geldes und der Ausstattung. Er beginnt nicht mit großen Reden im Tempel zu Jerusalem, bei gottesdienstlichen Feiern, sondern in den Dörfern Galiläas, im Gespräch von Mensch zu Mensch, in der Unterhaltung mit einzelnen Gruppen. Er geht nicht in die Großstädte der damaligen Heidenwelt, sondern hält sich an die engen Grenzen Israels. Einfach und menschlich ist nicht nur sein Auftreten, sondern auch sein Wirken. Er hat Mitleid mit dem einfachen Volk, das führerlos sich selbst überlassen ist. Er will ihnen helfen, ihre Kranken heilen, alles Unreine entfernen, den glimmenden Docht nicht löschen und das geknickte Rohr nicht brechen. Er will zu ihnen vom Reich Gottes und von der Liebe des Vaters reden. Er will ihnen kein hartes Joch auf die Schultern legen und keine schwere Last zu tragen geben. Seine Botschaft ist

Botschaft des Friedens. Sein Kommen bringt Segen. Es liegt etwas Helles, Frohes, Befreiendes über ihm.

Und doch stößt er auf Widerspruch. Zum hellen Klang mischt sich der dunkle des Widerspruchs und der Verfolgung. Ihrem Eigensinn kann er es nicht recht machen. Ihren Buchstabenseelen ist sein Geist zu frei und zu weit. Er ist nicht das, was sie erwarten, denn er erfüllt nicht ihre erdhaften Wünsche. So gehen sie gegen ihn vor mit Verleumdung und Hass, mit Drohung und Mordplänen. Er ist das Lamm unter den Wölfen. In seiner Menschlichkeit scheint er ihrer Bosheit wehrlos ausgeliefert. Sein Schicksal ist besiegelt, bevor er recht begonnen hat.

Das Helldunkel dieses Bildes wird weiter dauern durch die ganze Geschichte des Christentums. Machtlos und wehrlos wird die Kirche den Mächten dieser Welt ausgeliefert sein und, menschlich gesprochen, auf verlorenem Posten stehen.

Hinter dem Schleier der Menschlichkeit ist aber Gottes Macht und Größe sichtbar. Er hat Macht, Kranke zu heilen, Tote zu erwecken, böse Geister zu vertreiben. Er heilt den Mann mit der verkrüppelten Hand und den Blinden und Taubstummen. Er ist Herr des Tempels und des Sabbats. Er ist mehr als Salomo und Jona. Er hat Macht über den Tod und über das Reich Satans. Er erfüllt die Prophezeiungen und beruft sich den Boten des Johannes gegenüber auf das Wort des Jesaja. Und er nennt sich, wieder nach einem Prophetenwort, »Liebling Jahwes«, dessen Geist auf ihm ruht. Er weiß sich als der Bote, der allen Völkern das Recht verkündet und auf den alle harren. Er erfüllt das Wort des Propheten Hosea, dass er Barmherzigkeit bringe, nicht kultische Opfer. Vor ihm her geht der Bote und Wegbereiter, von dem Maleachi geschrieben hat. Und mit ihm bricht das Reich Gottes an, denn in Johannes dem Täufer ist Elija wiedergekommen. So ist er der Gewaltige und Starke. Wenn sie Gewalt gegen ihn anwenden, so setzt er sich gegen alle Gewalt durch, selbst gegen Tod und

Teufel. Mögen sie auch zeitweilig über ihn siegen, so weiß er doch, dass es ihnen schlimmer ergehen wird als Sodom und Gomorra, wenn er wiederkommt zum Gericht.

Auch diese Linie wird sich weiterziehen durch die ganze Geschichte seiner Kirche. Immer wieder werden die Verfolgungen kommen und werden die Seinen vor Statthaltern und Königen das Zeugnis des Wortes und des Blutes geben müssen. Es wird den Jüngern nicht anders gehen als ihm, dem Meister. Der Hass wird sie verfolgen, Verleumdung wird sie schmähen. Trotzdem werden sie von allen Dächern reden, bis der Menschensohn wiederkommt zur Abrechnung am Gerichtstag.

Und über allem steht als Wichtigstes sein Vater im Himmel. Von ihm hat er die Sendung. Darum ist sein Leben Gehorsam. Er geht dahin, wohin der Vater ihn schickt. Er verkündet das Reich des Vaters. Er wirkt in der Art, wie der Vater es durch die Propheten vorgezeichnet hat. Dafür weiß er sich auch geborgen in der sorgenden Liebe seines Vaters, der sogar für die Spatzen auf dem Dach sorgt und die Haare des Hauptes zählt. Mitten in den Angriffen, Kämpfen und Verfolgungen preist er den Vater, der in Weisheit und Liebe alles fügt. Er weiß sich eins mit dem Vater. Von ihm hat er alles empfangen. Ihm gibt er alles zurück. Hoch über alles Menschliche und Geschöpfliche ragt sein Wesen hinaus in die geheimnisvolle innere Welt des Seins beim Vater und im Vater.

Darum wird seine Kirche mitten in der Welt doch nicht von dieser Welt sein. Sie wird nicht nur vom Vater gehalten und beschützt sein, sondern sie wird, während ihre Füße über diese Erde schreiten und ihre Hände hier helfen und segnen, zugleich mit dem Haupt in den Himmel ragen und im Herzen Himmel und Erde verbinden.

Menschlichkeit und übermenschliche Größe vereinigen sich in Christus, dem Gottmenschen, zur Einheit. Aber dieser Gottmensch wird von den Menschen nicht mit offenen Armen und Herzen aufgenommen und mit Jubel begrüßt, sondern von verstockten, engstirnigen, selbstsüchtigen, im Dienste Satans stehenden Verführern abgelehnt, verfolgt und bedroht. Er ist das Lamm Gottes unter reißenden Wölfen. Und doch ist er der Stärkere, weil er eben das Lamm *Gottes* ist. Victor quia victima.

VIERTER TEIL

DIE SCHEIDUNG

I. DIE REDE IN GLEICHNISSEN 13,1–13,52

1. Die Gleichnisse vor dem Volk 13,1–13,35
2. Die Gleichnisse vor den Jüngern 13,36–13,52

CHRISTUS IN DER GLEICHNISREDE

II. DER RÜCKZUG JESU 13,53–16,12

Erste Etappe: Angriff der Feinde 13,53–14,12
Stärkung der Jünger (3 Wunder) 14,13–14,36
Zweite Etappe: Angriff der Feinde 15,1–15,20
Stärkung der Jünger (3 Wunder) 15,21–15,39
Dritte Etappe: Angriff der Feinde 16,1–16,4
Stärkung der Jünger 16,5–16,12

CHRISTUS IN DER AUSEINANDERSETZUNG

III. DIE WENDE 16,13–16,20

ZUM AUFBAU DES VIERTEN TEILES

Die beiden Linien des Wirkens Jesu werden weitergeführt, sowohl die Linie des Wirkens in die breite Öffentlichkeit wie auch die Linie einer besonderen Formung der Apostel. Aber der Akzent wird immer deutlicher auf die zweite Aufgabe gelegt. Jesus zieht sich mehr und mehr vom Volk zurück und schenkt seine Aufmerksamkeit immer mehr der Schulung und Ausbildung der Apostel, dieser verantwortlichen Führer des neuen Gottesvolkes.

Das zeigt sich in beiden Abschnitten dieses vierten Teiles der Matthäus-Schrift, sowohl im Redeabschnitt wie im Tatsachenbericht.

Der *Redeabschnitt* erweist sich schon äußerlich als Einheit durch den Gleichnischarakter aller hier berichteten Worte des Herrn wie auch durch die Siebenzahl dieser Gleichnisse. Und doch ist innerhalb dieser formalen Einheit eine eigenartige Stufung unverkennbar. Denn die ersten vier Gleichnisse werden vor dem Volk und den Jüngern dargelegt. Aber die Erklärung wird nur den Jüngern gegeben. Die letzten drei Parabeln werden überhaupt nur noch vor den Jüngern behandelt. Die Entwicklung ist somit eindeutig. Auch inhaltlich stehen die Gleichnisse auf dieser Linie. Das liegt schon im Wesen der Parabel als solcher. Sie will einerseits enthüllen, also das Unsichtbare, Geistige durch ein Sichtbares, Materielles verständlich machen, andererseits aber auch verhüllen, das heißt nur mehr andeuten, rätselartige Fragen stellen, ohne eine eindeutige Antwort zu geben. Dieser Doppelcharakter ist im Text ausdrücklich betont. Denn bei der Erklärung der ersten Parabel wird zwischen Volk und Jüngern unterschieden. »Euch ist es gegeben, die Geheimnisse des Himmelreichs zu verstehen; ihnen aber ist es nicht gegeben. […] Ich rede zu ihnen in

Gleichnissen, weil sie sehen und doch nicht sehen, hören und doch nicht hören und nicht verstehen.« Und es wird dabei ausdrücklich auf Jesaja verwiesen, der die Verstocktheit, Blindheit und Taubheit des Volkes vorausgesagt hatte (Jes 6,9). Zu gleicher Zeit aber wird am Schluss der ersten Parabelgruppe durch Matthäus betont, dass eine zweite Prophezeiung (Ps 78,2) im Sinne des Enthüllens sich erfülle, das Wort: »Ich öffne meinen Mund zu einem Spruch; ich will Geheimnisse der Vorzeit verkünden.« Es liegt in den Parabeln etwas Eindringliches und Drängendes. Darum betont der Herr auch zweimal: »Wer Ohren hat, der höre!« (Mt 13,9 und 13,43).

In der Aufreihung der Parabeln wird eine deutliche Gedankenentwicklung sichtbar. Die Scheidung der Geister, die im vorausgehenden Matthäus-Abschnitt gezeigt wurde, kann eine beunruhigende Wirkung haben. Hier setzt die Parabelrede ein. Sie zeigt im ersten Gleichnis, dass diese Scheidung der Geister nicht in einer Schwachheit der Gottesbotschaft begründet ist, sondern in guter oder schlechter seelischer Bereitschaft der Menschen. Ja selbst unter denen, die zur Aufnahme bereit sind, wird noch Schlechtes zu finden sein, sodass eine endgültige Bereinigung erst am Ende der Zeiten erfolgt, wie das Gleichnis vom Unkraut es dartut. Trotzdem, so zeigt die dritte Parabel, wächst aber das messianische Reich, und zwar mit erstaunlicher Schnelligkeit. Und es kommt trotz seiner äußeren Kleinheit in der Welt zu einer gewaltigen Auswirkung wie der Sauerteig in der Teigmasse. Die drei Parabeln an die Adresse der Jünger zeigen den Wert des Gottesreiches. Es lohnt sich, alles daranzugeben, um dieses Reich zu gewinnen, erst recht, wenn man es gesucht und endlich gefunden hat. Seine ganze Größe und Schönheit wird erst sichtbar werden in der Vollendung. So reden die Gleichnisse sowohl vom Reich Gottes in seiner irdischen Grundlegung wie auch in der eschatologischen Vollendung.

Die Linie der Abkehr vom Volk und der Hinwendung zu den Jüngern ist auch im *Tatsachenbericht*, der sich an die Gleichnisreden anschließt, zu erkennen.

Drei Etappen der Entwicklung sind formal in gleicher Weise gestaltet. In jeder der drei Etappen sind die Führer Israels den Aposteln als den neuen künftigen Führern eines neuen Israel gegenübergestellt, und zwar so, dass die bisherigen Führer des Volkes als Feinde Christi auftreten und angreifen, von Christus aber widerlegt und abgelehnt werden, während die Apostel durch Christi Wunder und Worte auf ihre kommende Aufgabe vorbereitet und für ihr Werk gestärkt werden. Zu dieser inhaltlichen Gegensätzlichkeit der beiden Gruppen, der bisherigen und der neuen, kommt noch das rein äußerliche Element eines mehrmals betonten Weggangs Jesu. In jeder der drei Etappen ist von einem Rückzug Christi die Rede. Zuerst ist es ein Rückzug innerhalb des Landes, dann über die Grenzen des Landes hinaus und schließlich ein Weggang mit den Seinen in die Einsamkeit in Cäsarea Philippi, wo dann der endgültige Trennungsstrich gezogen wird.

So erweist sich dieser Teil des Matthäus-Evangeliums als ein geschlossenes Ganzes. Äußerlich kunstvoll gebaut, ausgewogen und ausgeglichen, aber innerlich voll Spannung und Dynamik, verhaltener Glut und leidenschaftlichem Vorwärtsdrängen sowohl der Gegner wie Christi selbst. Zugleich aber ist dieser ganze Abschnitt wie ein behauener Stein der Gesamtarchitektur des Evangeliums kunstvoll eingefügt.

I. DIE REDE IN GLEICHNISSEN
Mt 13,1–52

An jenem Tag verließ Jesus das Haus und setzte sich an das Ufer des Sees. Da versammelte sich eine große Menschenmenge um ihn. Er stieg deshalb in ein Boot und setzte sich. Und alle Menschen standen am Ufer. Und er sprach lange zu ihnen in Gleichnissen. Er sagte: Siehe, ein Sämann ging hinaus, um zu säen. Als er säte, fiel ein Teil auf den Weg und die Vögel kamen und fraßen es. Ein anderer Teil fiel auf felsigen Boden, wo es nur wenig Erde gab, und ging sofort auf, weil das Erdreich nicht tief war; als aber die Sonne hochstieg, wurde die Saat versengt und verdorrte, weil sie keine Wurzeln hatte. Wieder ein anderer Teil fiel in die Dornen und die Dornen wuchsen und erstickten die Saat. Ein anderer Teil aber fiel auf guten Boden und brachte Frucht, teils hundertfach, teils sechzigfach, teils dreißigfach. Wer Ohren hat, der höre!

Da traten die Jünger zu ihm und sagten: Warum redest du zu ihnen in Gleichnissen? Er antwortete ihnen: Euch ist es gegeben, die Geheimnisse des Himmelreichs zu verstehen; ihnen aber ist es nicht gegeben. Denn wer hat, dem wird gegeben und er wird im Überfluss haben; wer aber nicht hat, dem wird auch noch weggenommen, was er hat. Deshalb rede ich zu ihnen in Gleichnissen, weil sie sehen und doch nicht sehen und hören und doch nicht hören und nicht verstehen. An ihnen erfüllt sich das Prophetenwort Jesajas: Hören sollt ihr, hören und doch nicht verstehen; sehen sollt ihr, sehen und doch nicht einsehen. Denn das Herz dieses Volkes ist hart geworden. Mit ihren Ohren hören sie schwer und ihre Augen verschließen sie, damit sie mit ihren Augen nicht sehen und mit ihren Ohren nicht hören und mit ihrem Herzen nicht zur

Einsicht kommen und sich bekehren und ich sie heile. Eure Augen aber sind selig, weil sie sehen, und eure Ohren, weil sie hören. Denn, amen, ich sage euch: Viele Propheten und Gerechte haben sich danach gesehnt zu sehen, was ihr seht, und haben es nicht gesehen, und zu hören, was ihr hört, und haben es nicht gehört.

Ihr also, hört, was das Gleichnis vom Sämann bedeutet. Zu jedem Menschen, der das Wort vom Reich hört und es nicht versteht, kommt der Böse und nimmt weg, was diesem Menschen ins Herz gesät wurde; bei diesem ist der Samen auf den Weg gefallen. Auf felsigen Boden ist der Samen bei dem gefallen, der das Wort hört und sofort freudig aufnimmt; er hat aber keine Wurzeln, sondern ist unbeständig; sobald er um des Wortes willen bedrängt oder verfolgt wird, kommt er sofort zu Fall. In die Dornen ist der Samen bei dem gefallen, der das Wort hört, und die Sorgen dieser Welt und der trügerische Reichtum ersticken es und es bleibt ohne Frucht. Auf guten Boden ist der Samen bei dem gesät, der das Wort hört und es auch versteht; er bringt Frucht – hundertfach oder sechzigfach oder dreißigfach.

Jesus legte ihnen ein anderes Gleichnis vor: Mit dem Himmelreich ist es wie mit einem Mann, der guten Samen auf seinen Acker säte. Während nun die Menschen schliefen, kam sein Feind, säte Unkraut unter den Weizen und ging weg. Als die Saat aufging und sich die Ähren bildeten, kam auch das Unkraut zum Vorschein. Da gingen die Knechte zu dem Gutsherrn und sagten: Herr, hast du nicht guten Samen auf deinen Acker gesät? Woher kommt dann das Unkraut? Er antwortete: Das hat ein Feind getan. Da sagten die Knechte zu ihm: Sollen wir gehen und es ausreißen? Er entgegnete: Nein, damit ihr nicht zusammen mit dem Unkraut den Weizen ausreißt. Lasst beides wachsen bis zur Ernte und zur Zeit der Ernte werde ich den Schnittern sagen: Sammelt zuerst das Un-

kraut und bindet es in Bündel, um es zu verbrennen; den Weizen aber bringt in meine Scheune!

Er legte ihnen ein weiteres Gleichnis vor und sagte: Mit dem Himmelreich ist es wie mit einem Senfkorn, das ein Mann auf seinen Acker säte. Es ist das kleinste von allen Samenkörnern; sobald es aber hochgewachsen ist, ist es größer als die anderen Gewächse und wird zu einem Baum, sodass die Vögel des Himmels kommen und in seinen Zweigen nisten.

Er sagte ihnen ein weiteres Gleichnis: Mit dem Himmelreich ist es wie mit dem Sauerteig, den eine Frau nahm und unter drei Sea Mehl verbarg, bis das Ganze durchsäuert war.

Dies alles sagte Jesus der Menschenmenge in Gleichnissen und ohne Gleichnisse redete er nicht zu ihnen, damit sich erfülle, was durch den Propheten gesagt worden ist: Ich öffne meinen Mund in Gleichnissen, ich spreche aus, was seit der Schöpfung der Welt verborgen war.

Dann verließ er die Menge und ging in das Haus. Und seine Jünger kamen zu ihm und sagten: Erkläre uns das Gleichnis vom Unkraut auf dem Acker! Er antwortete: Der den guten Samen sät, ist der Menschensohn; der Acker ist die Welt; der gute Samen, das sind die Kinder des Reiches; das Unkraut sind die Kinder des Bösen; der Feind, der es gesät hat, ist der Teufel; die Ernte ist das Ende der Welt; die Schnitter sind die Engel. Wie nun das Unkraut aufgesammelt und im Feuer verbrannt wird, so wird es auch bei dem Ende der Welt sein: Der Menschensohn wird seine Engel aussenden und sie werden aus seinem Reich alle zusammenholen, die andere verführt und Gesetzloses getan haben, und werden sie in den Feuerofen werfen. Dort wird Heulen und Zähneknirschen sein. Dann werden die Gerechten im Reich ihres Vaters wie die Sonne leuchten. Wer Ohren hat, der höre!

Mit dem Himmelreich ist es wie mit einem Schatz, der in einem Acker vergraben war. Ein Mann entdeckte ihn und grub ihn wieder ein. Und in seiner Freude ging er hin, ver-

kaufte alles, was er besaß, und kaufte den Acker. Auch ist es mit dem Himmelreich wie mit einem Kaufmann, der schöne Perlen suchte. Als er eine besonders wertvolle Perle fand, ging er hin, verkaufte alles, was er besaß, und kaufte sie.

Wiederum ist es mit dem Himmelreich wie mit einem Netz, das ins Meer ausgeworfen wurde und in dem sich Fische aller Art fingen. Als es voll war, zogen es die Fischer ans Ufer; sie setzten sich, sammelten die guten Fische in Körbe, die schlechten aber warfen sie weg. So wird es auch bei dem Ende der Welt sein: Die Engel werden kommen und die Bösen aus der Mitte der Gerechten aussondern und sie in den Feuerofen werfen. Dort wird Heulen und Zähneknirschen sein.

Habt ihr das alles verstanden? Sie antworteten ihm: Ja. Da sagte er zu ihnen: Deswegen gleicht jeder Schriftgelehrte, der ein Jünger des Himmelreichs geworden ist, einem Hausherrn, der aus seinem Schatz Neues und Altes hervorholt.

EINFÜHRUNG

Das Sprechen in *Gleichnissen* ist für den Herrn so bezeichnend, dass man es geradezu seine Art zu reden nennen muss. Denn während sich im ganzen Alten Testament nur wenige Gleichnisse finden[10] und während sich in der Apostelgeschichte, in den sämtlichen Briefen und in der Apokalypse kaum eine Parabel findet, enthalten allein die Synoptiker mehr als siebzig Gleichnisreden und Gleichnissprüche.

Es zeigt sich darin einerseits die Gottverbundenheit Jesu. Alles Sichtbare ist ihm Zeichen der unsichtbaren Welt. Alles Geschaffene redet ihm vom Schöpfer. Alles führt ihn zum Vater. Die Parabeln sind außerdem ein Beweis, wie sehr sich Christus in seiner Art zu sprechen dem Volk anpasst. Dem schlichten Volk im Allgemeinen und dem Orientalen im Besonderen liegt das abstrakte, theoretische Denken nicht. Das Volk denkt bildhaft, anschaulich, oft mehr in der Fantasie und Vorstellungskraft als mit diskursivem Verstand. Darum versteht es der Herr, so hochgeistige Dinge wie das Reich Gottes, das Zusammengehen von Wirken Gottes und Mitwirken des Menschen, die Notwendigkeit des Verzichtes, die Unvollendung und Vollendung des Gottesreiches durch einfachste Vergleiche klarzumachen. Diese sind dem alltäglichen Leben der galiläischen Bauern und Fischer entnommen, gehen aus von der Saat auf dem Acker, vom Unkraut, von der Senfstaude, vom Fischnetz usw.

Ihr Inhalt ist das Reich Gottes. Es bildet ja auch den Hauptinhalt aller Reden und des ganzen Wirkens Jesu. Dieses Reich Gottes nimmt durch ihn den Anfang. Es ist also schon da auf dieser Erde. Aber es ist hier noch mit allen mensch-

---

[10] Jes 5,1; Ez 19,2; Sam 12,12.14 usw.

lichen Unvollkommenheiten behaftet und wird erst am Ende der Zeiten in der Vollendung dastehen. Es ist sehr bezeichnend, dass Jesus selbst in den beiden Erklärungen, die er zu den Parabeln gibt, die eine auf das Diesseits anwendet mit einer moralischen Forderung, der anderen aber eschatologische Deutung gibt, also den Hinweis aufs Jenseits. Die beiden Deutungen schließen sich somit nicht aus, sondern ergänzen sich und geben nur in diesem Zusammenspiel die richtige Auffassung der Reich-Gottes-Predigt Jesu. Wer sich also von vornherein auf die eine oder andere Deutung festlegt, versperrt sich den Weg zur richtigen Erklärung.

Es muss auch beachtet werden, ob ein Gleichnis auf den Einzelmenschen zu beziehen, also individualistisch gemeint ist, oder ob es kollektiv für das Volk zu deuten ist in der Gegenüberstellung Israels und der Heidenvölker. Der Zusammenhang gibt gewöhnlich darüber Aufschluss.

Für die Auslegung ist es weiterhin wichtig, nicht zu sehr in die Einzelheiten zu gehen, sondern den eigentlichen Vergleichspunkt herauszuarbeiten. Parabel besagt das Nebeneinanderstellen von zwei Geschehnisreihen, einer sichtbaren und einer unsichtbaren. Beide Reihen fließen in einem entscheidenden Punkt zusammen, der den Sinn des Vergleichs, das *Tertium Comparationis*, bildet. Darum geht es vor allem. Die Übertragung von Einzelheiten des Sichtbaren auf Einzelheiten des Unsichtbaren muss sich auf alle Fälle diesem entscheidenden Vergleichspunkt ein- und unterordnen. Sonst verliert die Parabel ihre eigentliche Spitze und kann sogar irreführen.

ERSTE GRUPPE: DIE GLEICHNISSE VOR DEM VOLK

Mit wenigen Worten ist die lebendige Szene geschildert: »Da versammelte sich eine große Menschenmenge um ihn. Er stieg deshalb in ein Boot und setzte sich. Und alle Menschen standen am Ufer. Und er sprach lange zu ihnen in Gleichnissen« (Mt 13,2–3).

Das *Gleichnis vom Sämann* geht von einem Bild aus, das dem Volk in Galiläa aus persönlicher Kenntnis vertraut war.

Vom gleichen Sämann wird die gleiche Saat im gleichen Wurf ausgestreut. Und doch ist das Ergebnis außerordentlich verschieden. Einiges geht überhaupt nicht auf. Anderes geht auf und verdorrt. Und wieder anderes geht wirklich auf und bringt Frucht. Aber auch da wieder gibt es teils wenig, teils viel, teils geradezu wunderbare Frucht. Denn ein hundertfältiger Ertrag, von dem der Herr spricht, kommt in den Feldern Galiläas überhaupt nicht vor. Für die erfahrenen Bauern, die Jesu Zuhörer bildeten, war also diese Art der Fruchtbarkeit etwas im eigentlichen Sinn des Wortes Wunderbares.

Die Anwendung wird durch Christus selbst gegeben. Der Vergleichspunkt ist die Bereitschaft. Der Boden kann eine sehr unterschiedliche Bereitschaft haben, eine schlechte, eine ungenügende, eine gute und eine ganz außerordentliche. So ist es auch mit den Seelen der Menschen. Und hier zeigt Christus noch, worin die unterschiedliche Bereitschaft besteht. Bei den einen dringt das Wort überhaupt nicht ins Innere. Bei anderen dringt es zwar ein, kann aber nicht richtig Wurzel fassen, weil sie als Oberflächenmenschen keinen seelischen Tiefgang haben. Bei einer dritten Gruppe wächst es regelrecht. Aber es wächst daneben auch anderes, Feindliches, vor allem die Anhänglichkeit an irdische Dinge und trügerischen Reichtum. Und so wird es auf die Dauer erstickt. Und selbst dort, wo es wirkliche Bereitschaft findet, kann diese nicht nur eine gute, sondern eine sehr gute, ja, durch besondere Gnade Gottes eine außergewöhnliche sein. Das Entscheidende ist also die Bereitschaft. Denn der gleiche Christus verkündet das gleiche Gotteswort in der gleichen Art an die Massen. Und doch ist die Wirkung eine völlig ungleiche: von der Ablehnung verstockter Herzen über die vorübergehende, zeitweilige Aufnahme äußerlicher Menschen und über die inneren Kämpfe und Auseinandersetzungen zwischen dem Gottesreich und Weltreich, der Gottesherrschaft und dem Beherrschtsein von weltlichen Dingen, bis zur richtigen Aufnahme bereiter Menschen, ja bis zur wunderbaren Wirkung in den Herzen der Heiligen. Die Bereitschaft entscheidet.

Das *Gleichnis vom Unkraut* hebt ein anderes Element hervor. Die mangelnde Bereitschaft Israels, trotz der Warnung der Propheten, trotz der Botschaft des Täufers, trotz der Worte und Werke Jesu, ist verschuldet und bedeutet eine Beiseiteschiebung Gottes. Die Frage der Jünger liegt also nahe: Warum greift Gott nicht ein? Warum erfolgt nicht auf der Stelle ein Strafgericht? Die Parabel gibt die Antwort. Es gibt Äcker, auf welche gutes Korn gesät ist, auf die aber neidische und rachsüchtige Feinde in dunkler Nacht auch Unkraut gesät haben. Das klingt für uns Heutige schwer verständlich. Aber es muss doch gar nicht so selten vorgekommen sein, denn wir haben in alten Rechtssatzungen eine eigene Strafe, die auf dieses Tun gesetzt war. Erst beim Wachsen des Unkrautes und des Weizens kommt das Verbrechen zum Vorschein. Zorniges Eingreifen und radikales Dreinfahren würde mehr schaden als nutzen, denn mit dem Ausreißen des Unkrautes würde auch ein großer Teil des Getreides vernichtet. So ist es auch mit dem Reich Gottes. Gutes und Schlechtes ist beisammen, weil neben dem Wirken Christi auch das Wirken des Antichrists vorhanden ist. Eine Vernichtung Israels, sowohl des fleischlichen Israel, das heißt des damaligen Judenvolkes, wie auch des geistigen Israel, das heißt der gesamten gläubigen Menschheit, würde neben den Bösen auch die Guten treffen und so wäre die Zeit zum rechten Wachsen nicht gegeben. Gott aber hat nicht nur selbst Zeit, sondern lässt auch seiner Kirche Zeit zur Entfaltung und Entwicklung. Erst am Ende der Tage wird die Zeit der Ernte sein und dann erst wird die Scheidung erfolgen. Das Unkraut wird gebündelt und verbrannt, der Weizen in die Scheunen gefahren. Die Scheidung der Geister wird somit dann eine endgültige sein, das heißt, sie werden endgültig zu Gott gelangen oder von Gott verworfen sein. Der Vergleichspunkt zwischen Bild und Anwendung, also zwischen Acker und Menschheit, ist das Warten im Gegensatz zum fanatischen Radikalismus des Eingreifens. Die eschatologische Blickrichtung ist hier deutlich. Sie wird von Christus selbst gegeben. Denn er erklärt diese Parabel eschatologisch. Er selbst ist der Sämann. Der Acker ist die Welt. Der Feind ist der Teufel. Und die Ernte ist das Ende der Welt. Es geht also hier um die ganze Menschheit, um Zeit und Ewigkeit, um Engel und Teufel, um Himmel und Hölle. So geht die Perspektive ins Gewaltige und Endzeitliche. Gerade aus diesem Blick ergibt sich auch die Zurückweisung und Ablehnung eines stürmischen Vorgehens. Wer auf das Ende schaut und mit Sicherheit weiß, dass es kommt und wie es kommt, braucht in der Zeit nichts zu erzwingen und zu überstürzen. Fanatismus ist kurzlebig und Zeichen eines kleinen Geistes. Radikales Draufgängertum ist Mangel an Vertrauen auf die ruhige, sichere Führung Gottes. So begreiflich der Zorn der Knechte über das Unkraut im Weizenfeld und der Grimm religiöser Menschen über das Allzumenschliche in der Kirche ist, so sehr wird andererseits der lebendige Glaube die letzte Entscheidung über die Art und die Stunde des Eingreifens und der Säuberung Gott überlassen. Bilderstürmerei jeder Art ist im Grunde immer unchristlich. Das besagt nicht, dass man allen Übelständen ihren Lauf lassen muss – an anderen biblischen

Stellen wird darüber deutlich genug geredet –, aber in diesem Text wird gesagt, dass man nicht indiskret, stürmisch und gewaltsam Abhilfe schaffen soll. Aus dem Gleichnis ist auch ersichtlich, dass Jesus das Gottesreich nicht als endgültig gekommen betrachtet, sondern dass zwischen seinem Anbruch und seiner Vollendung ein Zwischenstadium des unvollkommenen, weil unvollendeten Reiches besteht: die Zeit der Kirchengeschichte.

Wie wird sich aber die kleine Schar der von Christus Erwählten durchsetzen können? Wenn man weiß, dass Satan am Werk ist und dass seine Saat aufgehen kann, wenn man sich damit abfinden muss, dass Gott nicht eingreift und somit eine Intervention von oben nicht erfolgt, sind doch die Aussichten für ein wirkliches Wachsen, ein Sichdurchsetzen oder gar ein siegreiches, eroberndes Vordringen äußerst gering. Das dritte Gleichnis gibt darauf die Antwort. Das *Senfkörnlein* ist das kleinste unter allen Samenkörnern. Und doch wird es zum größten Strauch des Gartens, so buschig und so stark im Gezweig, dass selbst die Vögel sich auf diesem Gesträuch niederlassen können. So wird aus dem Kleinsten Großes. Genauso ist es mit dem Reich Gottes. Klein beginnt es mit der unscheinbaren Zahl der um Christus Gescharten. Aber groß wird es im Garten Gottes. Der Vergleichspunkt zwischen Bild und Wirklichkeit ist hier das Wachstumsgesetz, nach welchem aus Kleinem Großes wird. Hier wie dort. Zwischen Vollendung und Beginn, Wirkung und Ursache, Ende und Anfang ist scheinbar gar keine Proportion. Diese Entfaltung von Kleinem zu Großem ist nur erklärlich, weil Gott die Kraft gibt. Die Proportion liegt also in Gott. Darum gibt es im Reich Gottes keine Minderwertigkeitsgefühle, keine Minoritätenangst, kein Bangen ob der Unzulänglichkeit menschlicher Kräfte und menschlichen Tuns. Gott entscheidet. Und er macht aus Kleinstem Großes. Denn er erwählt mit Vorliebe das Schwache, um das Starke zu beschämen. Er benutzt das

Kleine, damit es, groß geworden, das Ergebnis nicht sich selbst zuschreibt und damit Gott die Ehre nimmt. Alles Große in der Kirche beginnt meist im Senfkörnleinstadium, denn vor Gott entscheiden nicht menschliche Maße, Gewichte und Größenverhältnisse. Es braucht zwischen unserem Tun und dem von Gott geforderten Ergebnis gar keine Proportion zu geben. Eine solche wäre nur dann nötig, wenn es auf das menschliche Tun allein oder in erster Linie ankäme. Das ist aber nicht der Fall, wenn Gott das Entscheidende tut. Am Gleichnis der Senfstaude ist ersichtlich, dass er es tut und wie er es tut.

Aber noch mehr: Es ist nicht nur so, dass das Kleine sich trotz seiner Kleinheit durchsetzt, sondern es wirkt auf die ihm überlegene Macht und Masse der anderen. Das *Gleichnis vom Sauerteig* illustriert das. Eine verschwindend kleine Menge Sauerteig hat die Kraft, die große Teigmasse zu durchsäuern. Genauso hat die kleine Schar der um Christus Gesammelten durch Gott die Kraft, die Masse der ganzen Menschheit umzugestalten. Der Vergleichspunkt ist hier die Kraft, durch welche das Kleine das Große umformen kann. Das Reich Gottes hat eine innere Dynamik. Es lebt nicht abgesondert für sich allein, sondern es wirkt auf die Welt. Es strahlt aus. Es ist energiegeladen. Es ist ein vitales Prinzip, von dem die formenden und gestaltenden Kräfte ausgehen.

In allen vier Parabeln steht als Erstes das Tun Gottes. Er streut die Saat des Gotteswortes aus. Er hat das Kornfeld angelegt. Er gibt dem Senfkörnlein die Kraft zum Wachsen und dem Sauerteig die erstaunliche Wirkung. Oder ohne Bild gesprochen: Gott ist es, der sein Wort verkündet, das Reich Gottes grundlegt, ihm das Wachstum sichert und ihm die Kraft gibt, die Menschheit umzuformen. In allen Parabeln ist das aber gezeichnet im Hinblick auf die Menschen, ihr Tun und ihre Haltung. Von ihrer seelischen Bereitschaft hängt es weitgehend ab, ob das Wort Gottes zur Wirkung kommt. In ihrem Leben kommt, sowohl beim Einzelnen als auch bei der Gesamtheit der Berufenen, also bei der Kirche, neben dem Guten auch Böses zur Entfaltung, weil sie neben Gott auch Satan Einfluss gewähren. Sie dürfen aber nicht mutlos sein und sich nie fürchten, wenn das Gute scheinbar klein und schwach ist, denn Gott macht aus Kleinem Großes. Ja, sie werden, wenn sie im Glauben die Kraft Gottes in sich tragen, eine geistig revolutionierende Kraft besitzen, die durch nichts zu brechen ist. Göttliches und Menschliches ist so in den Parabeln zur Einheit verwoben. Ebenso ist in den Gleichnissen sowohl vom Einzelmenschen die Rede, also vom Reich Gottes in ihm, wie auch von der Gesamtkirche, also vom Reich Gottes in der Welt. Und die Parabeln sprechen vom Reich Gottes in seinem jetzigen Zustand, in dieser Zeit, im jetzigen Äon und auch von der dereinstigen Vollendung im kommenden Äon. Alle diese Elemente, Göttliches und Menschliches, Einzelmensch und Gesamtkirche, Kirche Gottes jetzt und dereinst, bilden letztlich die große, gottgewollte und gottgegebene Einheit des Reiches Gottes, die alles das umfasst und umspannt.

ZWEITE GRUPPE: DIE GLEICHNISSE VOR DEN JÜNGERN

»Dann verließ er die Menge und ging in das Haus. Und seine Jünger kamen zu ihm.« Mit diesem Satz wird einerseits die Erklärung der Unkrautparabel eingeführt, die also den Jüngern vorbehalten ist, und werden andererseits die drei folgenden Gleichnisse von den bisherigen gesondert. Christus hat an die Seinen besondere Forderungen des Verzichtes und der ganzen Hingabe gestellt. So zeigt er ihnen auch den Wert des Reiches Gottes in besonderer Weise.

Ein Mann stößt zufällig auf einen *Schatz*, der in fremdem *Acker* vergraben ist. In unruhigen Zeiten und Kriegsgefahr geschah das häufig. Nach Schluss des Krieges war vielleicht der Eigentümer des Schatzes tot oder deportiert, seine Angehörigen ebenfalls nicht mehr am Leben oder in Unkenntnis über die Tatsache oder den Ort des vergrabenen Reichtums. Ein Landarbeiter stößt beim Pflügen auf den im Boden vergrabenen Topf, schüttet ihn wieder zu, veräußert seinen ganzen Besitz, um mit dem flüssigen Geld diesen Acker zu erwerben und damit das Mehrfache seiner Ausgaben zu gewinnen. Der Verkauf seines Eigentums hat sich mehr als gelohnt. So ist es mit den Jüngern. Wer den ganzen Einsatz wagt und alles darangibt um des Himmelreiches willen, wer auf Besitz verzichtet und auf die Ehe und auf sein eigenes Ich, gewinnt das Hundertfache, weil er in besonderer Weise das Reich Gottes gewinnt und damit die besondere Liebe Gottes, des Herrn. Der Vergleichspunkt zwischen Bild und Anwendung ist das Lohnende des Opfers. Wie der Acker durch den verborgenen Schatz seinen besonderen Wert hat, den Außenstehende nicht kennen, so birgt das Reich Gottes in sich besondere Reichtümer, die nur dem bekannt sind, der durch den Glauben davon weiß. Wer das aber erfasst hat, wird freudig bereit sein, alles daranzugeben, um alles zu gewinnen. Denn dieses »Alles«, was er hatte, ist lächerlich wenig im Vergleich zu dem »Alles«, das er gewinnt. Er opfert Menschliches, um Göttliches zu erhalten. Der Wert des Gottesreiches ist so groß, dass sich jeder Einsatz lohnt.

Das *Gleichnis von der kostbaren Perle* entwickelt scheinbar den gleichen Grundgedanken, aber mit der Betonung des Suchens. Der Taglöhner auf dem Acker ist zufällig auf den kostbaren Fund gestoßen. Der Kaufmann, der beruflich Perlenhandel treibt, ist auf der Suche nach kostbaren Perlen. Wenn er bei seinem Suchen ein besonders kostbares Stück findet, ist er bereit, alles andere zu verkaufen, um mit dem Erlös dieses eine zu erwerben. Es ist das, was er gesucht, aber bisher nie gefunden hat. So ist es mit dem Reich Gottes. Wer bewusst oder unbewusst Gott sucht, und ihn dann wirklich findet, ist so beglückt, dass er freudig alles darangibt um dieses Einen und Entscheidenden willen. Der Vergleichspunkt ist also auch hier das Lohnende des Einsatzes durch den Wert dessen, was man gewinnt. Aber hier ist das Glück dem Menschen nicht einfach in den Schoß gefallen, sondern es ist nach langem Suchen gefunden worden. Wohlverstanden, gefunden, nicht erarbeitet worden! Es ist also nicht das Ergebnis menschlichen Tuns. Aber das menschliche Tun ist beim Finden beteiligt. Das Suchen nach Gott kann ein bewusstes Fragen und Forschen bis zum eigentlichen Finden sein. Es kann aber auch ein unbewusster innerer Drang sein, das Nichtbefriedigtsein von allem anderen, die seelische Leere, das Verlangen nach Größerem und Schönerem, das Ewige im Menschen, das sich immer wieder regt, die Unruhe zu Gott, die schmerzliche Erfahrung, dass alles andere, was man findet und eine Weile bewundert, doch nicht das ist, was man eigentlich sucht und erhofft. Bis eines Tages durch Gottes freie, schenkende Gnade seine Größe und Schönheit sich dem Menschen kundtut. Die Forderung des Verzichtes, des Opferns und der ganzen Hingabe wird dann für den Menschen nichts Hartes, Mühsames, Bitteres haben. Er wird freudig alles hingeben mit ganzem und glühendem Herzen. Er wird allen Besitz beiseiteschieben, wie eine Last abschütteln, wie hindernde Fesseln abstreifen, damit das freie und beschwingte Schreiten zu Gott möglich wird.

Auch diese zweite Parabelgruppe schließt mit eschatologischer Blickrichtung. Denn das *Gleichnis vom Fischnetz* zeigt, dass die Kirche im Verlauf der Zeit- und der Weltgeschichte neben Gutem auch Schlechtes enthält. Erst wenn ein Schleppnetz ans Ufer gezogen wird, beginnt das Auslesen, Scheiden und Wegwerfen. Solange das Netz noch im Wasser liegt, sind gute und unbrauchbare Fische, sind Fische und Schlamm noch im Netz beisammen. Der Vergleichspunkt zwischen Bild und Wirklichkeit ist hier nicht das Warten wie beim Unkraut unter dem Weizen, sondern das Sortieren und Auslesen, aber erst am Ende der Zeiten. Solange wir noch in der Zeit leben, wird somit noch nicht geschieden. Die Kirche ist keine Engelkirche. Das Gute und Göttliche an ihr wird verdunkelt von Menschlichem und Satanischem. Schmutz liegt neben Kostbarkeiten. Der Anblick ist keineswegs immer schön und verlockend. Es riecht nach Schlamm und Unrat. Und doch sind die lebendigen Fische darin, die dem großen Menschenfischer Christus ins Netz seines Rufens und seiner umgarnenden Liebe gegangen sind. Er wird sie aus den Tümpeln und Teichen dieser Zeitlichkeit ins uferlose Meer Gottes versetzen. Aber all das kommt erst am Ende der Zeiten. »Die Engel werden kommen und die Bösen aus der Mitte der Gerechten aussondern und sie in den Feuerofen werfen.« Die Unerbittlichkeit des Gerichts wird hier sichtbar. Die Entscheidung fällt hier in dieser Zeit, aber die Ausscheidung geschieht erst beim Anbruch der Ewigkeit.

So enthalten diese drei Gleichnisse an die Adresse der Jünger etwas Beruhigendes, Beglückendes und Sicherndes. Wenn sie die Gleichnisse verstanden haben, werden sie freudig alles darangeben, um dem Ruf des Herrn zu folgen. Werden sie wissen, dass sie nun endlich gefunden, was sie in der Stille des Herzens immer gesucht haben. Und werden sie in gläubiger Geduld durch dieses Leben und diese Zeitlichkeit schreiten, weil sie wissen, dass jeder Tag und jede Stunde sie dem Ende näher bringt, wo sie als von Gott Berufene und durch ihn Geheiligte dann »ausgesondert« (Röm 1,1) werden. Das Leben im Reich Gottes ist ein Leben in Drangsal, aber ein Schreiten zur Freiheit. Ein Leben im Hell-Dunkel, aber ein Gehen zum Licht. Vermischt- und Vermengtsein in den Schmutz des Irdisch-Menschlichen, aber ein Befreitwerden in die Reinheit Gottes. Wenn der Herr die Jünger äußerlich durch die besondere Erklärung der Parabeln und durch eigene, nur ihnen mitgeteilte Gleichnisse von den Übrigen trennt, wissen sie jetzt mit beglückender Freude, was dieses Trennen bedeutet. Es ist die besondere Erwählung als Anzeichen einer besonderen Beseligung in der Vollendung des Reiches. Manches an dieser Erkenntnis ist ihnen neu. Anderes hatte der Herr ihnen schon gesagt oder haben sie in ihrem Herzen schon geahnt. Der Herr, der in Gleichnissen spricht, ist eben ein Hausvater, der aus seinen Schätzen gelegentlich alte bekannte Stücke zeigt und gelegentlich auch neue, noch unbekannte blitzende und funkelnde Kostbarkeiten hervorholt. Aber immer sind es Stücke eines großen Thesaurus, eines unschätzbaren Reichtums.

CHRISTUS IN DER GLEICHNISREDE

Die Parabeln zeigen Christus, den Herrn, der mitten im Leben der Natur und des Volkes steht. Zwei Züge sind dabei sehr bezeichnend.

Einmal sein offener Blick für die ganze geschaffene Welt. Er kennt das Leben aus eigener Anschauung und schreitet unbefangen, in voller Freiheit des Geistes und des Herzens durchs Land. Er sieht den Bauer, der die Saat ausstreut, und beobachtet, wie alles wächst. Er schaut der Frau zu, wie sie den Sauerteig in die Teigmasse mengt und wartet, bis der Gärungsprozess so weit ist, dass man mit dem Backen beginnen kann. Er steht bei den Fischern, die ihre Netze ans Ufer ziehen. Er weiß vom Neid eines Feindes, der dem Nachbarn Acker und Ernte verdirbt. Er beobachtet die Kaufleute beim Perlenhandel. Bis in die Einzelheiten zeichnet er alles richtig. Nimmt man die anderen Gleichnisse der Evangelien hinzu, so entwerfen sie geradezu ein Bild der Natur und des Lebens des damaligen Palästina. Christus hat einen Blick für die Blumen und Pflanzen. Er kennt die Senfstaude und das Gras, das vom Wind bewegte Schilfrohr, die Lilien des Feldes, den Weinstock, an dem die Trauben hängen, den Ölbaum und die Palmen. Er prüft den Feigenbaum, ob er Früchte ansetzt. Kennt Disteln und Dornen, Weizen und Unkraut, Minze, Kümmel und Raute. Auch die Tierwelt ist ihm vertraut. Die Schafe, die dem Hirten folgen. Der Fuchs, der sich in seiner Höhle verkriecht. Der Wolf, der in die Herde einbricht. Die Schlange, die sich im Gras ringelt. Das große, höckrige Kamel, das nicht durch ein Nadelöhr geht. Der Hund, der die Wunden des Lazarus leckt. Er spricht vom Ochs und vom Esel, von Fischen und Skorpionen, Mücken und Motten. Er beobachtet die Spatzen auf dem Dach und die girrenden Tauben, die kreisenden Adler, den

Raben, der Nahrung sucht, den Hahn und die Henne. Auch für die Landschaft hat er ein offenes Auge. Er liebt die Berge und den See. Redet von Quellen und Brunnen, von der Wüste und vom Wind, vom Morgenrot und Wetterleuchten, vom Blitz, von der Sonne, vom Mond und von den Sternen. Und er weiß doch, dass am Jüngsten Tag die ganze Schönheit dieses Kosmos in der großen Weltkatastrophe endet. Ebenso offen beobachtet er das Treiben der Menschen, ihr Leben und ihre Kultur. Er kennt die Kleidung der Leute, das feine Linnen und den Purpur des Prassers, die Lumpen des Bettlers und die weichen Gewänder der Könige. Er spricht vom Mantel und vom Rock, vom Gürtel und der Tasche, von den Schuhen und vom Wanderstab. Das Haus und seine Einrichtungen kennt er, das Fundament und den Eckstein, das Dach und die verschlossene Tür, den Schlafraum, in dem der Vater beim Klopfen des Nachbarn mit seinen Kindern liegt, das Licht auf dem Leuchter und unter dem Scheffel, den Herd und die Tenne. Er redet von Hütten und Häusern, Palästen und Synagogen. Er kennt vor allem auch den Tempel mit seinen mächtigen Quadern, den ausgedehnten Säulenhallen und mit dem Jahrmarktbetrieb der Trödler und Händler, mit den blökenden Schafen, meckernden Ziegen, brüllenden Ochsen, mit dem Klirren der Münzen und den feilschenden Verkäufern in den Vorhöfen. Über die Rechtsverhältnisse des Volkes weiß er Bescheid. Er beobachtet die Taglöhner und Pächter, kennt die sozialen Gegensätze, weiß von Diebstahl und Erbschaften, Herren und Knechten, Kriegen, Steuern, Parteien und Prozessen. Auch mit dem Geld hat er zu tun. Es ist die Rede vom Denar und Stater, von Minen, Talenten und Drachmen, von Steuermünzen, Silberlingen und vom Ass. Er redet vom Geld im Beutel und im Gürtel. Er sieht die Tische der Geldwechsler und das Treiben der Zöllner. Wir begegnen ihm bei Beerdigungen. Er lässt die Träger stillstehen, die auf ihrer Bahre den Jüngling von Naïn hinaustragen. Findet das Töchterlein des Jaïrus auf seinem Totenbett und muss die Klageweiber hinausjagen. Er steht am Felsengrab des Lazarus. Aber auch bei Hochzeiten ist er zu finden und bei festlichen Gelagen. Er weiß, wie es zugeht, wenn die Braut mit ihren Freundinnen abgeholt wird, und kennt die Rolle, die der Freund des Bräutigams zu spielen hat. Er beschenkt sogar das Hochzeitspaar mit dem besten süßen Wein. Er weiß, dass man im Hochzeitssaal ein Festgewand tragen muss, und schildert, wie es dann hoch hergeht mit Speisen und Getränken. Aber auch das Elend der Menschen ist ihm vertraut. Die Blinden und die Lahmen, die Krüppel und Taubstummen kennt er. Er begegnet der gekrümmten Frau und dem Aussätzigen. Wassersucht, Fieber, Gicht und Besessenheit, aller Jammer der gequälten Menschen fällt ihn an. Mitten im Volk steht er. Er spricht vom Bauern, seiner Saat und seinem Pflug, vom Hirten und seiner Herde, von Fischern und Winzern, Handelsleuten und Taglöhnern, Verwaltern und Königen, Schriftgelehrten, Soldaten, Beamten, Bettlern und Priestern, Zöllnern, Ärzten und Gastwirten, von Zimmerleuten, Baumeistern, Knechten und Mägden und den spielenden Kindern. Von der Näherin, die einen Flicken aufs Kleid näht. Von der Mutter und der Stunde ihres Gebärens. Von den Weinhändlern und ihren Schläuchen. Von Gärtnern, Holzfällern, von Dieben, Räubern und Dirnen. Er steht wirklich in dieser Welt, sieht sie und hat Freude an ihr. Er ist weder ein Verächter des Lebens noch ein Weltflüchtiger. Im Gegensatz zur asketischen Haltung des Täufers betont er bewusst und klar die Weltaufgeschlossenheit.

Nun aber das andere. Er steht in dieser Welt mit völliger innerer Freiheit und Gelassenheit. Er ist den Dingen nicht verhaftet und ihnen nicht verfallen, ist nirgendwo gebunden und von nichts abhängig. Ob er bei den Geschwistern zu Bethanien schläft oder im Hause des Simon zu Kafarnaum oder irgendwo im Freien auf dem Ölberg oder anderswo, das berührt ihn nicht. »Der Menschensohn aber hat keinen Ort, wo er sein Haupt hinlegen kann.« Ob er zum Gastmahl geladen ist oder zur Hochzeitsfeier, ob er in der Hitze und im Staub zu Sychar um einen Schluck Wasser bitten muss oder am Sabbat Ähren zwischen den Fingern zerreibt, um den Hunger zu stillen, das beeindruckt ihn nicht. Frauen folgen ihm und dienen ihm mit ihrem Vermögen. Aber persönlich hat er nichts und lebt in völliger Bedürfnislosigkeit. In der Armut des Stalles wird er geboren. Und in der völligen Entblößung stirbt er am Kreuz. Um sein letztes Gewand würfeln sie noch zu seinen Lebzeiten. Er sieht die Dinge eben nicht in ihrer Beziehung zu ihm persönlich, sondern in ihrer Beziehung zum Vater im Himmel. Das ist das Entscheidende. Er hat die religiöse Einstellung zu allem. Alles ist ihm Zeichen einer anderen Welt. Die Dinge sind transparent. So sieht er durch alles hindurch, hinter allem und über allem den Vater im Himmel. Darum spricht zu ihm auch alles vom Reich des Vaters. Hier ist der Urgrund seiner Vorliebe für Gleichnisse und Parabeln. Es ist für ihn alles ein Gleichnis. Alles bringt ihm sichtbare Kunde vom Unsichtbaren. So ist ihm der Symbolcharakter, das Gleichnishafte der sichtbaren Welt, eine Selbstverständlichkeit. Selbst so gewöhnliche, alltägliche Dinge wie das Suchen nach einem verlorenen Geldstück, das Mischen des Teiges sind für ihn Erinnerung an das Reich Gottes. Die größten Dinge, wie etwa der Ablauf der Weltgeschichte, die Ereignisse am Ende der Zeiten, findet er wie in mattem Abbild und fernem Echo in alltäglichen Beobachtungen in Natur und Leben. Das heißt nicht, dass er einer einseitigen spiritualistischen Symbolik verfällt. Die Dinge sind ihm keineswegs *nur* Symbol. Aber sie sind ihm *auch* Symbol. Alle Dinge haben zuerst einmal den ganz nüchternen Zweck, dem Menschen zur Erhaltung, Entwicklung und Verschönerung des Lebens zu dienen. Christus ist in seiner Beurteilung durchaus realistisch und steht mit beiden Füßen auf dem harten Boden dieser Erde. Aber die Dinge sind außerdem Zeichen und Symbol der anderen, jenseitigen Welt Gottes. Sie haben einen vordergründigen und einen hintergründigen Charakter. Sie dienen in ihrer Sichtbarkeit und äußeren Brauchbarkeit und stehen zugleich im Dienst des unsichtbaren, über aller bloßen Nützlichkeit erhabenen geistigen Gottes und der Herrlichkeit seines Reiches und seines Kommens.

So tritt Christus uns gerade in den Parabeln als religiöser Mensch entgegen. Als Mensch, der mitten im Reichtum und in der buntfarbigen, bewegten und lärmenden Fülle menschlichen Lebens steht, der aber religiös darin steht, das heißt, die Dinge in ihrer Gottesbeziehung und Gottverbundenheit sieht. Er ist Vorbild und Erfüllung jenes Stehens in der Welt, das frei ist von aller Ängstlichkeit und Verkrampfung, aber ebenso frei ist von allem Sichverlieren und Veräußerlichen und Verausgaben an die Welt, frei von aller Verhaftung und falschen Verwurzelung, frei, weil alles in der Gottbezogenheit gesehen ist und zu Gott führt. Es ist jene Freiheit, die keine lebensfremde und weltferne Übersteigerung, keine träumerische Romantik, keine weltschmerzlich-melancholische Abkehr, keine Flucht in eine unwirkliche Traumwelt besagt. Es ist die Freiheit des Sohnes Gottes als Vorbild der Freiheit der Kinder Gottes.

II. DER RÜCKZUG JESU

Mt 13,53–16,12

Und es geschah, als Jesus diese Gleichnisse beendet hatte, zog er weiter.

Jesus kam in seine Heimatstadt und lehrte die Menschen in ihrer Synagoge, sodass sie außer sich gerieten vor Staunen und sagten: Woher hat er diese Weisheit und die Machttaten? Ist das nicht der Sohn des Zimmermanns? Heißt nicht seine Mutter Maria und sind nicht Jakobus, Josef, Simon und Judas seine Brüder? Leben nicht auch alle seine Schwestern unter uns? Woher also hat er das alles? Und sie nahmen Anstoß an ihm. Da sagte Jesus zu ihnen: Nirgends ist ein Prophet ohne Ansehen außer in seiner Heimat und in seiner Familie. Und er wirkte dort nicht viele Machttaten wegen ihres Unglaubens.

Zu dieser Zeit hörte der Tetrarch Herodes, was man von Jesus erzählte. Er sagte zu seinem Gefolge: Das ist Johannes der Täufer. Er ist von den Toten auferweckt worden; deshalb wirken solche Kräfte in ihm.

Herodes hatte nämlich Johannes festnehmen und in Ketten ins Gefängnis werfen lassen wegen der Herodias, der Frau seines Bruders Philippus. Denn Johannes hatte zu ihm gesagt: Es ist dir nicht erlaubt, sie zur Frau zu haben. Dieser wollte ihn töten lassen, fürchtete sich aber vor dem Volk; denn man hielt Johannes für einen Propheten. Als aber der Geburtstag des Herodes war, tanzte die Tochter der Herodias vor ihnen. Und sie gefiel Herodes, sodass er mit einem Eid zusagte, ihr zu geben, was immer sie sich wünschte. Sie aber, angestiftet von ihrer Mutter, sagte: Gib mir hier auf einer Schale den Kopf Johannes des Täufers! Und der König, der traurig wurde wegen der Eide und wegen der Gäste, befahl, den Kopf zu bringen. Und er schickte und ließ Johannes im Gefängnis enthaupten. Man brachte seinen Kopf auf einer Schale und gab ihn dem Mädchen und sie brachte ihn ihrer Mutter. Und seine Jünger kamen, holten den Leichnam und begruben ihn. Dann gingen sie und berichteten es Jesus.

Als Jesus das hörte, zog er sich allein von dort mit dem Boot in eine einsame Gegend zurück. Aber die Volksscharen hörten davon und folgten ihm zu Fuß aus den Städten nach. Als er ausstieg, sah er die vielen Menschen und hatte Mitleid mit ihnen und heilte ihre Kranken. Als es Abend wurde, kamen die Jünger zu ihm und sagten: Der Ort ist abgelegen und es ist schon spät geworden. Schick die Leute weg, damit sie in die Dörfer gehen und sich etwas zu essen kaufen! Jesus aber antwortete: Sie brauchen nicht wegzugehen. Gebt ihr ihnen zu essen! Sie sagten zu ihm: Wir haben nur fünf Brote und zwei Fische hier. Er antwortete: Bringt sie mir her! Dann ordnete er an, die Leute sollten sich ins Gras setzen. Und er nahm die fünf Brote und die zwei Fische, blickte zum Himmel auf, sprach den Lobpreis, brach die Brote und gab sie den Jüngern; die Jünger aber gaben sie den Leuten und alle aßen und wurden satt. Und sie sammelten die übrig gebliebenen Brotstücke ein, zwölf Körbe voll. Es waren etwa fünftausend Männer, die gegessen hatten, dazu noch Frauen und Kinder.

Gleich darauf drängte er die Jünger, ins Boot zu steigen und an das andere Ufer vorauszufahren. Inzwischen wollte er die Leute nach Hause schicken. Nachdem er sie weggeschickt hatte, stieg er auf einen Berg, um für sich allein zu beten. Als es Abend wurde, war er allein dort. Das Boot aber war schon viele Stadien vom Land entfernt und wurde von den Wellen hin und her geworfen; denn sie hatten Gegenwind. In der vierten Nachtwache kam er zu ihnen; er ging auf dem See. Als ihn die Jünger über den See kommen sahen, erschraken sie, weil sie meinten, es sei ein Gespenst, und sie schrien vor Angst. Doch sogleich sprach Jesus zu ihnen und sagte: Habt Vertrauen, ich bin es; fürchtet euch nicht! Petrus erwiderte ihm und sagte: Herr, wenn du es bist, so befiehl, dass ich auf dem Wasser zu dir komme! Jesus sagte: Komm! Da stieg Petrus aus dem Boot und kam über das Wasser zu Jesus. Als er aber den heftigen Wind bemerkte, bekam er Angst. Und als er begann unterzugehen, schrie er: Herr, rette mich! Jesus streckte sofort die Hand aus, ergriff ihn und sagte zu ihm: Du Kleingläubiger, warum hast du gezweifelt? Und als sie ins Boot gestiegen waren, legte sich der Wind. Die Jünger im Boot aber fielen vor Jesus nieder und sagten: Wahrhaftig, Gottes Sohn bist du.

Sie fuhren auf das Ufer zu und kamen nach Gennesaret. Als die Leute jener Gegend ihn erkannten, schickten sie in die ganze Umgebung. Und man brachte alle Kranken zu ihm und bat ihn, er möge sie wenigstens den Saum seines Gewandes berühren lassen. Und alle, die ihn berührten, wurden geheilt.

Da kamen von Jerusalem Pharisäer und Schriftgelehrte zu Jesus und sagten: Warum übertreten deine Jünger die Überlieferung der Alten? Denn sie waschen sich nicht ihre Hände, wenn sie essen. Er entgegnete ihnen: Warum übertretet denn ihr Gottes Gebot um eurer Überlieferung willen? Gott hat doch gesagt: Ehre Vater und Mutter! und: Wer Vater oder Mutter schmäht, soll mit dem Tod bestraft werden. Ihr aber meint: Wer zu Vater oder Mutter sagt: Was ich dir schulde, sei eine Opfergabe!, der braucht seinen Vater oder seine Mutter nicht mehr zu ehren. Damit habt ihr Gottes Wort um eurer Überlieferung willen außer Kraft gesetzt. Ihr Heuchler! Treffend hat der Prophet Jesaja über euch gesagt: Dieses Volk ehrt mich mit den Lippen, sein Herz aber ist weit weg von mir. Vergeblich verehren sie mich; was sie lehren, sind Satzungen von Menschen. Und er rief die Leute zu sich und sagte: Hört und begreift: Nicht das, was durch den Mund in den Menschen hineinkommt, macht ihn unrein, sondern was aus dem

Mund des Menschen herauskommt, das macht ihn unrein. Da kamen die Jünger zu ihm und sagten: Weißt du, dass die Pharisäer, die dein Wort gehört haben, empört sind? Er antwortete ihnen: Jede Pflanze, die nicht mein himmlischer Vater gepflanzt hat, wird ausgerissen werden. Lasst sie, es sind blinde Blindenführer. Und wenn ein Blinder einen Blinden führt, werden beide in eine Grube fallen. Da sagte Petrus zu ihm: Erkläre uns dieses Rätselwort! Er antwortete: Begreift auch ihr noch nicht? Versteht ihr nicht, dass alles, was durch den Mund hineinkommt, in den Magen gelangt und dann wieder ausgeschieden wird? Was aber aus dem Mund herauskommt, das kommt aus dem Herzen und das macht den Menschen unrein. Denn aus dem Herzen kommen böse Gedanken, Mord, Ehebruch, Unzucht, Diebstahl, falsche Zeugenaussagen und Lästerungen. Das ist es, was den Menschen unrein macht; aber mit ungewaschenen Händen essen macht den Menschen nicht unrein.

Jesus ging weg von dort und zog sich in das Gebiet von Tyrus und Sidon zurück. Und siehe, eine kanaanäische Frau aus jener Gegend kam zu ihm und rief: Hab Erbarmen mit mir, Herr, du Sohn Davids! Meine Tochter wird von einem Dämon gequält. Jesus aber gab ihr keine Antwort. Da traten seine Jünger zu ihm und baten: Schick sie fort, denn sie schreit hinter uns her! Er antwortete: Ich bin nur zu den verlorenen Schafen des Hauses Israel gesandt. Doch sie kam, fiel vor ihm nieder und sagte: Herr, hilf mir! Er erwiderte: Es ist nicht recht, das Brot den Kindern wegzunehmen und den kleinen Hunden vorzuwerfen. Da entgegnete sie: Ja, Herr! Aber selbst die kleinen Hunde essen von den Brotkrumen, die vom Tisch ihrer Herren fallen. Darauf antwortete ihr Jesus: Frau, dein Glaube ist groß. Es soll dir geschehen, wie du willst. Und von dieser Stunde an war ihre Tochter geheilt.

Jesus zog von dort weiter und kam an den See von Galiläa. Er stieg auf einen Berg und setzte sich. Da kamen viele Men-

schen zu ihm und brachten Lahme, Blinde, Verkrüppelte, Stumme und viele andere Kranke; sie legten sie ihm zu Füßen und er heilte sie, sodass die Menschen staunten, als sie sahen, dass Stumme redeten, Verkrüppelte gesund wurden, Lahme gehen und Blinde sehen konnten. Und sie priesen den Gott Israels.

Jesus rief seine Jünger zu sich und sagte: Ich habe Mitleid mit diesen Menschen; sie sind schon drei Tage bei mir und haben nichts mehr zu essen. Ich will sie nicht hungrig wegschicken, sonst brechen sie auf dem Weg zusammen. Da sagten die Jünger zu ihm: Wo sollen wir in dieser Wüste so viel Brot hernehmen, um so viele Menschen satt zu machen? Jesus sagte zu ihnen: Wie viele Brote habt ihr? Sie antworteten: Sieben – und ein paar Fische. Da forderte er die Leute auf, sich auf den Boden zu setzen. Und er nahm die sieben Brote und die Fische, sprach das Dankgebet, brach sie und gab sie den Jüngern und die Jünger gaben sie den Menschen. Und alle aßen und wurden satt. Und sie sammelten die übrig gebliebenen Stücke ein, sieben Körbe voll. Es waren viertausend Männer, die gegessen hatten, dazu noch Frauen und Kinder. Danach schickte er die Menge nach Hause, stieg ins Boot und fuhr in die Gegend von Magadan.

Da kamen die Pharisäer und Sadduzäer zu Jesus, um ihn zu versuchen. Sie forderten von ihm, ihnen ein Zeichen vom Himmel zu zeigen. Er antwortete ihnen: Wenn es Abend wird, sagt ihr: Es kommt schönes Wetter; denn der Himmel ist feuerrot. Und am Morgen sagt ihr: Heute kommt schlechtes Wetter, denn der Himmel ist feuerrot und trübt sich ein. Das Aussehen des Himmels wisst ihr zu beurteilen, die Zeichen der Zeit aber könnt ihr nicht beurteilen. Diese böse und treulose Generation fordert ein Zeichen, aber es wird ihr kein anderes gegeben werden als das Zeichen des Jona. Und er ließ sie stehen und ging weg.

Und die Jünger fuhren an das andere Ufer. Sie hatten vergessen, Brote mitzunehmen. Jesus sagte zu ihnen: Gebt Acht und hütet euch vor dem Sauerteig der Pharisäer und Sadduzäer! Sie aber machten sich untereinander Gedanken und sagten: Wir haben kein Brot mitgenommen. Als Jesus das merkte, sagte er: Ihr Kleingläubigen, was macht ihr euch darüber Gedanken, dass ihr kein Brot habt? Begreift ihr noch nicht? Erinnert ihr euch nicht an die fünf Brote für die Fünftausend und wie viele Körbe ihr eingesammelt habt? Auch nicht an die sieben Brote für die Viertausend und wie viele Körbe ihr eingesammelt habt? Warum begreift ihr denn nicht, dass ich nicht von Brot gesprochen habe, als ich zu euch sagte: Hütet euch vor dem Sauerteig der Pharisäer und Sadduzäer? Da verstanden sie, dass er nicht gemeint hatte, sie sollten sich vor dem Sauerteig der Brote hüten, sondern vor der Lehre der Pharisäer und Sadduzäer.

ERSTE ETAPPE

Wieder folgt auf den Redebericht ein Tatbericht. Er ist die in der Tat verwirklichte Weiterführung jener grundsätzlichen Scheidung, die in den Gleichnisreden vollzogen ist. Aber diese Scheidung vollzieht sich nicht ruhig und kampflos. Es zittert durch den Bericht eine spürbare Leidenschaftlichkeit. Und es liegt über dem Ganzen die innere Unruhe der Auseinandersetzung und auch eine äußere Unrast Jesu. Neunmal ist in diesem kurzen Abschnitt von seinem Weggehen die Rede, und zwar ist sein Wandern diesmal nicht angetrieben von der Liebe, die ihn zu möglichst vielen führt und nirgendwo ruhen lässt, sondern es ist das Zurückweichen vor dem Gegner, ein ständiges Ausweichen und Sichzurückziehen, weil seine Stunde noch nicht gekommen ist. Pharisäer und Schriftgelehrte als die geistigen Führer Israels stehen auf der einen Seite und eröffnen immer wieder den Angriff. Die Apostel stehen auf der anderen Seite. Aber sie sind passiv und müssen für ihr Wirken und ihren Kampf noch geschult und gestärkt werden. Und zwischen beiden Gruppen steht das Volk. Es tritt hier schon stark zurück und wird als ein geplagtes, leidendes Volk gezeichnet, das immer wieder das Mitleid und Erbarmen des Herrn weckt. Er wirbt aber nicht mehr um dieses Volk und predigt ihm nicht mehr. Wenn er ihre Kranken heilt, tut er es wohl aus Mitleid, aber er hat dabei vor allem die Jünger im Auge, die durch die Wunder in ihrem Glauben bestärkt werden sollen.

Und mitten in diesen Auseinandersetzungen und schwerwiegenden Entscheidungen steht Jesus selbst, diesmal mit einer leidenschaftlichen, bisweilen harten Sprache und doch zugleich nicht nur unbeugsam und unnachgiebig, sondern indem er in voller Sicherheit über der Entwicklung steht. Er kennt ihren Verlauf und deutet mit dem Hinweis auf das Zeichen Jonas das menschliche, zugleich aber auch das göttliche Ende der Entwicklung an.

Jesus beginnt diesen Abschnitt seines Wirkens dort, wo er am ehesten Sympathie und Bereitschaft finden müsste, in seiner Vaterstadt Nazareth. Aber er stößt auf Feinde. Sie müssen zwar staunend fragen: »Woher hat er diese Weisheit und die Machttaten?« (Mt 13,54). Aber das ist für sie nicht der Anlass zum Glauben, sondern zum Ärgernis. Er ist doch nur »der Sohn des Zimmermanns«. Man kennt doch in Nazareth seine Mutter, seine Brüder, seine Schwestern. Er ist also einer aus ihrer Mitte und hat somit nach ihrer Überzeugung nicht das Recht, als Lehrer aufzutreten. Die Masse will nivellieren. Sie duldet nicht, dass ihresgleichen über sie hinausragt. So wirkt Jesus dort nur wenige Wunder und zieht sich mit der Feststellung zurück, dass ein Prophet nirgends weniger gilt als in seiner Vaterstadt und in seiner Heimat.

Aber es bleibt nicht beim Unglauben. Seine Gegner bedrohen sein Leben. Und zwar kommt die Bedrohung von keinem Geringeren als dem Fürsten des Landes, Herodes. Schon als Jesus erfahren hatte, dass Johannes der Täufer durch Herodes verhaftet worden war, hatte er sich aus Judäa zurückgezogen und in Galiläa, im Grenzgebiet, zu wirken angefangen (Mt 4,12). Jetzt erfährt er, dass Johannes hingerichtet worden war. Die Botschaft veranlasst ihn, sich irgendwo in der Einsamkeit zu verbergen (Mt 14,13). Die Umstände der Hinrichtung seines Vorläufers und Herolds haben etwas besonders Bedrohliches. Denn Herodes war bisher vor diesem letzten Schritt zurückgeschreckt aus Furcht vor dem Volk, das Johannes als Propheten verehrte. Aber die Intrigen seiner unrechtmäßigen Frau, die in Wirklichkeit die Frau seines Bruders Philippus war, lassen ihn nicht zur Ruhe kommen. Denn es geht dieser Frau um ihre Existenz und Würde am Hof. So benutzt sie den Geburtstag des Königs, lässt ihre Tochter vor dem König und seinen Gästen tanzen und den allgemeinen Beifall finden bis zum prahlerischen Versprechen des Königs, er werde ihr jeden Wunsch erfüllen. Dieser Wunsch lautet kurz und bündig: »Gib mir hier auf einer Schale den Kopf Johannes des Täufers!« Und der König kennt trotz seiner inneren Bestürzung nun keine Schranken. Um sich nicht bloßzustellen, befiehlt er den Justizmord. Dem Befehl folgt die sofortige Exekution. Ein solcher Mann, der wohl Macht, aber kein Gewissen hat, bedeutet eine Gefahr. Sie wird dadurch akut, dass er vom Wirken Jesu Kunde erhält und nun in der abergläubischen Furcht lebt, Jesus sei der vom Tod zurückgekehrte Täufer. Was ist naheliegender als ein nochmaliges Zuschlagen des verängstigten Tyrannen! So endet diese erste Episode mit der Flucht Jesu in die Verborgenheit.

In dieser bedrohlichen Situation brauchen die *Jünger* eine besondere *Bestärkung* im Glauben. Christus gibt sie ihnen durch drei Wunder. Das erste ist die *Brotvermehrung.* Die Jünger stehen dabei im Mittelpunkt. Von ihnen geht die Initiative aus. Denn sie kommen zu Jesus und machen auf die Schwierigkeit aufmerksam: »Der Ort ist abgelegen und es ist schon spät geworden. Schick die Leute weg, damit sie in die Dörfer gehen und sich etwas zu essen kaufen!« Die Jünger sind es auch, die von Christus als Antwort den Auftrag erhalten, dem Volk zu essen zu geben. Sie sind es weiterhin, die in aller Form feststellen, dass nur fünf Brote und zwei Fische da sind. Und die Jünger sind es, die nach dem Gebet und Segen des Herrn von diesem Brot austeilen. Unter ihren Händen vollzieht sich das Wunder der Brotvermehrung. Und weil es zwölf Apostel sind, die hier im Auftrag und im Dienst Christi wirken, wird auch eigens berichtet, dass am Schluss noch zwölf Körbe mit den übrig gebliebenen Stücken gefüllt waren. Dabei zählen die Jünger noch ausdrücklich, dass rund fünftausend Männer zugegen waren, Frauen und Kinder nicht miteingerechnet. Es ist auffallend, wie sehr die Rolle der Jünger in diesem Wunder betont wird.

Das zweite Wunder gilt wieder ausschließlich den Jüngern und unter ihnen in besonderer Weise dem einen, Simon Petrus. Die Jünger fahren auf Jesu Geheiß allein ohne ihn über den See. Der Sturm überrascht sie. *Jesus kommt über die Wasser wandelnd* auf sie zu. Aber das vermehrt nur ihren Schrecken und sie halten ihn für ein Gespenst. Das Wort Christi »Habt Vertrauen, ich bin es; fürchtet euch nicht!« zeigt ihnen das Wunder und gibt ihnen den Glauben. Petrus will ebenfalls über das Wasser wandeln und er kann es auch im Glauben an den Herrn. Sobald sich aber Furcht in diesen Glauben mischt, beginnt er zu sinken und wird von Christus wegen seines schwachen Glaubens getadelt: »Du Kleingläubiger, warum hast du gezweifelt?« Der Sturm beruhigt sich und das Ergebnis des Wunders ist ein neu gefestigter, staunender und bewundernder Glaube der Jünger und insbesondere des Petrus. Sie werfen sich vor dem Herrn nieder mit dem Bekenntnis: »Wahrhaftig, Gottes Sohn bist du.« Mit einer frohen Szene schließt diese erste Etappe: mit dem *Heilungswunder*. Denn wie der Herr mit den Seinen ans Ufer kommt, bringt das Volk von der ganzen Umgegend her alle Kranken zu ihm. Es genügt, dass sie die Quaste seines Gewandes berühren, und alle werden gesund. Mit Unglauben und Bedrohung hat der Gegner diese erste Etappe begonnen. Mit sieghaftem Glauben der Jünger und einem Beweis der helfenden Macht des Herrn schließt sie.

ZWEITE ETAPPE

Die *Feinde* eröffnen den Angriff. Schriftgelehrte und Pharisäer kommen eigens aus Jerusalem mit dem für sie wesentlichen Vorwurf: »Deine Jünger halten sich nicht an die Überlieferung der Vorfahren, denn sie waschen vor dem Essen ihre Hände nicht.« Diese Überlieferungen der Vorfahren sind die Zusatzbestimmungen, welche die Gesetzeslehrer und Pharisäer zum Gesetz gemacht hatten, um dieses zu schützen und seine Übertretung zu verunmöglichen. Sie wollen vor das Heilige Land des Gesetzes noch eine Art Sicherungszone legen. Wer in diese einbricht, begibt sich in die Gefahr einer eigentlichen Gesetzesübertretung. Und doch ist das Gesetz als solches noch vor Übertretung bewahrt. Wer diese Schutzmaßregeln missachtet, erweist sich nach ihrer Überzeugung als Verächter des Gesetzes. Die Schriftgelehrten und Pharisäer hingegen, die sorgsam über die Beobachtung dieser Bestimmungen wachen, erscheinen dadurch als Hüter und Wächter des Gesetzes und mithin als eigentlich religiöse Menschen, denen das Gesetz und der Wille Gottes Norm ihres Handelns ist. Und doch ist diese Frömmigkeit der scheinbar Heiligen nur Schein. Jesus entlarvt sie als Scheinheilige. Denn sie halten sich an Äußerlichkeiten, die zudem nur Menschensatzung sind, und kümmern sich zu gleicher Zeit nicht um den inneren Geist, der durch Gottes Gebot den Gläubigen vorgeschrieben ist. Das Vorgehen dieser Scheinheiligen ist in Wirklichkeit von materieller Selbstsucht bestimmt. So lautet z. B. eine ihrer Satzungen, ein Mensch dürfe sein Geld dem Tempel geben und damit all denen, die vom Tempel leben, selbst wenn seine eigenen Eltern in Not sind. Das Gottesgebot der Kindessorge für die Eltern wird also durchbrochen durch die Menschensatzung, die unter dem Schein der Frömmigkeit das Geld für sich selbst will und somit den Egoismus in täuschender Tarnung als Gottesdienst erscheinen lässt.

Christus begnügt sich nicht damit, ihre Vorwürfe zurückzuweisen. Er ruft das Volk zusammen, um die Gegner vor aller Öffentlichkeit bloßzustellen und die wahre Herzensreinheit gegenüber der bloß äußerlichen Reinheit der Hände als Willen Gottes aufzuzeigen. Wenn das Volk es nicht versteht, so wird es den Jüngern noch eigens klargemacht. Nicht was in den Mund eingeht, verunreinigt den Menschen, sondern was aus unreinem Herzen als böse Gedanken kommt, macht den Menschen in Wirklichkeit unrein. Das Urteil Jesu über die Verführer des Volkes ist hart und scharf. Sie sind eine Pflanzung, die der himmlische Vater nicht angelegt hat und die darum ausgerottet wird. Sie glauben, Sehende zu sein, und sind in Wirklichkeit nicht nur blind, sondern blinde Führer von Blinden. Das Ende ist notwendig der Sturz beider in die Grube. Wieder schließt auch diese Auseinandersetzung mit dem äußeren Rückzug Jesu. Er verlässt diesmal sogar das Land und zieht sich zurück in die heidnische Gegend von Tyrus und Sidon. Dort findet er bei einer schlichten heidnischen Frau großen Glauben, während er bei den eingebildeten Führern Israels nicht nur Unglauben, sondern Feindschaft gefunden hat. Die *Jünger* sind durch dieses vernichtende Urteil über die maßgebenden Männer Israels beunruhigt und verwirrt, werden aber durch Christus wieder durch drei Wunder im Glauben bestärkt. Das erste ist die *Heilung der Tochter der Kanaanäerin* durch ein einziges Wort. Sie lässt sich trotz der abweisenden Haltung Jesu nicht wegschicken. Er ist vom Vater gesandt, Kindern des Reiches das Brot zu geben. Er darf es ihnen nicht nehmen, um es den Hunden hinzuwerfen. Aber der Glaube macht diese Frau demütig. Und sie antwortet schlagfertig, dass auch die Hunde wenigstens die Brosamen erhalten, die von der Tafel der Herren fallen. Solchem Glauben kann Christus nicht widerstehen. Dieser Glaube ist den Jüngern ein Vorbild. Und das Wunder ist ein Zeichen für sie.

Das zweite Wunder ist die *Krankenheilung* großen Stils, ganz ähnlich wie in der ersten Etappe. Es sind wieder große Volksscharen, Lahme, Krüppel, Blinde, Stumme und andere Kranke. Der Herr heilt sie. Die Stummen reden. Die Krüppel werden gesund. Lahme gehen, und Blinde sehen. Staunen erfasst die Menge und sie preist Gott.

Auch das dritte Wunder ist parallel zu dem der ersten Etappe. Es ist wieder eine *Brotvermehrung*. Wieder stehen die Jünger in der Mitte durch ihr Fragen und Antworten, durch das Austeilen der Brote und der Fische und durch die staunende Feststellung, dass viertausend Männer gesättigt wurden, abgesehen von den Frauen und Kindern. Und von den sieben Broten blieben sieben volle Körbe übrig. Es muss im Wunder der Brotvermehrung durch die Jünger eine besondere Bedeutung liegen, dass es zweimal geschieht und zweimal bis in die Einzelheiten berichtet wird. Sie sollen lernen, dass sie eine besondere Stellung haben zwischen Christus und dem Volk, dass sie von Christus erhalten, was sie an das Volk weitergeben sollen, und dass durch dieses Verbundensein mit Christus, durch den Werkzeugcharakter ihres Wirkens das Wunder geschieht, dass menschlich Unmögliches durch Gott möglich wird. Die menschlichen Worte, die sie sprechen, werden die göttliche Wahrheit kundtun. Die menschlichen Riten, Zeichen und Worte der Apostel werden die göttliche Wirkung der Sündenvergebung und der Gnadenspendung hervorbringen. Vor allem aber werden sie die seelisch Hungrigen durch das Brot speisen können, das der Herr ihnen reicht. Denn das Brot, das der Herr geben wird, ist »sein Fleisch für das Leben der Welt« (Joh 6,51). Und es wird nie aufhören, sondern immer und immer wieder werden sie austeilen können. Durch ihre Hände wird auch der geheimnisvolle Fisch gehen, der Ichthys, dessen Buchstaben den Namen und die Bedeutung Jesu Christi zum Ausdruck bringen. So ist das Wunder der Brotvermehrung ein eigenartiges, vorbereitendes Zeichen auf das größere Wunder der Eucharistie, das die Jünger im Auftrag und in der Kraft Christi wirken werden. Und das Volk wird für alle Zukunft wissen, dass es die richtige Nahrung aus den Händen der Jünger des Herrn empfangen darf.

Trotz allem schließt auch diese zweite Etappe mit einem Rückzug Jesu. Er besteigt das Boot und fährt weg in die Gegend von Magadan.

DRITTE ETAPPE

Die *Feinde* greifen wieder an. Es sind diesmal beide Parteien, sowohl Pharisäer wie auch Sadduzäer. Sie fordern ein Zeichen vom Himmel und wollen damit nur ihren Unglauben verbergen, denn der Herr hat ihnen Zeichen genug gegeben. Dementsprechend lautet auch seine Antwort. Sie kennen, so sagt er, die äußeren Zeichen des Himmels sehr genau und wissen danach das kommende Wetter oder Unwetter vorauszusagen. Sie könnten ebensogut und besser die Zeichen des wahren Himmels erkennen und daraus die kommenden Dinge ablesen. Aber sie wollen nicht. Ein einziges Zeichen wird ihnen gegeben. Es wird das eigentliche Zeichen des Unwetters sein. Wie der Prophet Jona im Unwetter auf dem Meer vom Ungeheuer verschlungen und drei Tage lang, nach den Worten der Schrift, im Bauch des Ungeheuers war, dann aber lebendig wieder hervorkam, so wird Jesus im Unwetter der Passion vom Rachen des Todes verschluckt, am dritten Tag aber lebendig wieder hervorkommen. Er deutet ihnen damit an, dass der Hass einen Scheinsieg und einen vorläufigen Triumph feiern wird, dass in Wirklichkeit aber die Macht Gottes diesen Sieg in eine Niederlage verwandeln wird. Das wird das große Zeichen sein. Für sie wird es zu spät sein. Für andere aber ist es ein Zeichen des Himmels, das den Menschensohn als Gottessohn beglaubigt. Kurz und hart schließt das Gespräch mit dem Satz: »Er ließ sie stehen und ging weg.« Der Weggang ist ein äußerer und innerer. Der Trennungsstrich ist endgültig.

Aber Jesus begnügt sich nicht damit. Er warnt die Seinen nun ausdrücklich vor den Lehren der Pharisäer und Sadduzäer, die auch ihrerseits wie ein schlechter Sauerteig die Kraft haben, die Masse des Volkes zu durchsäuern. Darum lautet seine Warnung: »Gebt Acht und hütet euch vor dem Sauerteig der Pharisäer und Sadduzäer!«

Die *Jünger* erhalten aber nicht nur diese Warnung, sondern sie werden noch einmal vor dem endgültigen Entscheid und ihrer Stellungnahme durch die Erinnerung an die Zeichen gestärkt, die sie geschaut haben, vor allem an die beiden Wunder der Brotvermehrung, die unter ihren Händen und durch ihre Hände geschehen sind. So wird ihnen der Entscheid leicht gemacht.

Und dieser Entscheid fällt. Jesus nimmt sie mit in die Einsamkeit von Cäsarea Philippi und stellt ihnen die entscheidende Frage: »Für wen halten die Menschen den Menschensohn?« Die Antwort ist eindeutig: Sie halten ihn im besten Fall für einen Propheten. Sie haben ihn also nicht erkannt. Sie haben sich nicht in wirklichem Glauben für ihn entschieden. Daher die zweite Frage Jesu: »Ihr aber, für wen haltet ihr mich?« Petrus, der bei der Bestärkung durch die Wunder eine besondere Stellung hatte, ist es nun auch, der im Namen der anderen die entscheidende Antwort gibt: »Du bist der Christus, der Sohn des lebendigen Gottes!« Damit ist die Scheidung und Entscheidung getroffen. Jesus nimmt nicht nur mit einem Ausruf der Freude dieses Glaubensbekenntnis an, sondern er betont, dass der Vater im Himmel selbst es kundgetan hat und dass nun infolgedessen anstelle Israels, das verworfen ist, das Reich Gottes als Kirche errichtet wird und dass Simon Petrus, der als Erster dieses neuen Gottesvolkes die Glaubensentscheidung getroffen hat, auch die besondere Stellung als Grundlage, als Felsenfundament dieser neuen Kirche, einnehmen soll. Und damit deutlich wird, dass der Rückzug von Israel nun endgültig vollzogen und der neue Bau der Kirche endgültig in Angriff genommen wird, schärft Jesus den Jüngern ein, von jetzt an niemandem zu sagen, dass er der Messias sei.

So schließt diese dritte Etappe und damit dieser ganze Matthäus-Abschnitt mit einem gewaltigen, welt- und menschheitsgeschichtlichen Entscheid im Unglauben Israels und in dem durch Petrus formulierten Glauben der Jünger. Es ist grundsätzlich das Ende der Synagoge und der Anfang der Kirche. Wenn dann beim Tod des Herrn der Vorhang vor dem Allerheiligsten im Tempel zerreißen wird, ist der Tod des Herrn am Kreuz äußerlich das eigentliche, tatsächliche Ende Israels als des erwählten Gottesvolkes und der eigentliche, tatsächliche Anfang der Weltkirche als des neuen Gottesvolkes. Der Alte Bund ist durch den Neuen abgelöst. Die Stellung der Schriftgelehrten, der Pharisäer, der Sadduzäer, kurz der bisherigen Führer ist zu Ende. Die Führung geht über an die Apostel mit Simon Petrus an der Spitze. So hat dieser Matthäus-Abschnitt einen zugleich erschütternden, tragischen, aber noch mehr einen schöpferischen, zukunftsträchtigen Ausklang. Sein Ende ist ein Anfang. Es ist die große Wende im Leben Jesu, in der Geschichte Israels und im Schicksal der Menschheit.

CHRISTUS IN DER AUSEINANDERSETZUNG

Die Gestalt Christi erscheint in diesem Matthäus-Abschnitt streng, herb, gelegentlich schroff und kämpferisch. Zwar weicht Christus äußerlich dem Gegner immer wieder aus. Er zieht sich vorübergehend in die Verborgenheit zurück, bleibt nirgendwo länger am gleichen Ort, geht sogar über die Grenzen des Landes und zieht den endgültigen Trennungsstrich ganz droben bei den Jordanquellen in Cäsarea. Umso schärfer stellt er sich geistig dem Gegner dort, wo er von ihm angegriffen wird. Er nennt die Führer Israels Heuchler und Scheinheilige, bezieht ausdrücklich auf sie das Wort des Jesaja von den Menschen, die den Herrn nur mit den Lippen ehren, im Herzen aber weit von ihm entfernt sind, und deren Dienst vor Gott keine Geltung hat (Mt 15,8). Er nennt sie blinde Blindenführer und ein ehebrecherisches Geschlecht, also Menschen, die den Bund mit Gott gebrochen haben. Er warnt mit ausdrücklichen Worten nicht nur vor ihrer Person, sondern auch vor ihrer Lehre (Mt 16,12). Auf der anderen Seite zeigt sich gerade hier das tief menschliche Verständnis Christi mit dem irregeleiteten und irregeführten Volk. Schon früher kamen ihm diese Menschen vor wie Schafe ohne Hirten (Mt 9,36). Darum kann er sie auch nicht verurteilen. Er will ja das geknickte Rohr nicht zerbrechen und den glimmenden Docht nicht auslöschen (Mt 12,20). Auch jetzt wieder wird ausdrücklich betont: »Er sah die vielen Menschen und hatte Mitleid mit ihnen« (Mt 14,14). So sucht er ihnen zu helfen und heilt ihre Krankheiten. Selbst der heidnischen Phönizierin gegenüber ist er im Grunde genommen nur äußerlich zurückhaltend. In Wirklichkeit heilt er ihre Tochter und spricht zu ihr das anerkennende Wort: »Dein Glaube ist groß. Es soll dir geschehen, wie du willst« (Mt 15,28). Sein Wort »Ich habe Mitleid mit diesen Menschen« (Mt 15,32) zeigt sein gutes Herz. Vor allem aber gilt seine Aufmerksamkeit der Sorge für die Jünger. Für sie wirkt er Wunder. Und er lässt sie dabei mitwirken. In der Stunde der Gefahr beruhigt er sie: »Habt Vertrauen, ich bin es; fürchtet euch nicht!« (Mt 14,27). Allerdings in einem ist er unerbittlich: in der Glaubensforderung. Der Zweifel des Petrus wird getadelt (Mt 14,31), ebenso der mangelnde Glaube der anderen (Mt 16,8). Aber wie dann Petrus in ihrem Namen dem Glauben an ihn als den Sohn Gottes Ausdruck gibt, ist seine Freude und Anerkennung umso größer.

Dieser scheinbare Gegensatz zwischen äußerer Nachgiebigkeit und innerer Härte gegen die Feinde, zwischen unruhigem Hin- und Herwandern im Land und ruhigem Wissen, wie das Ende sein wird, zwischen einem fast ängstlichen Zurückweichen vor Herodes und dem unerhörten Selbstbewusstsein, mit dem er das Bekenntnis der Jünger nach dem Wandeln auf dem Wasser und das Bekenntnis des Petrus in Cäsarea Philippi entgegennimmt, löst sich ganz einfach in der Tatsache, dass der Herr in seinem Leben in allem dem Willen des Vaters entsprechen will. Er will darum äußerlich so lange ausweichen, bis die Stunde kommt, die der Vater bestimmt hat. Dann aber wird er sich dem Feind stellen, während die Seinen fliehen, und wird sich binden lassen ohne Widerstand. Wenn er schroff gegen die Pharisäer und Sadduzäer ist, dann nicht weil sie seine Gegner sind oder ihn angreifen, sondern weil sie es mit dem Reich Gottes nicht ehrlich meinen und das Volk religiös verführen. Der Wille des Vaters und die Stellung der Menschen zum Vater sind entscheidend. Er weiß, dass das Volk im Grunde genommen gutwillig ist und dass auch die Jünger trotz aller Schwäche eine innere Bereitschaft haben. Und so ist er auch seinerseits immer wieder bereit, ihnen entgegenzukommen und zu helfen.

So wie er im Parabelabschnitt alle Dinge in ihrer Gottbezogenheit sieht, so geht hier im Tatsachenbericht sein Urteil über die Menschen und sein Verhalten zu ihnen von der Beziehung aus, in welcher diese Menschen zum Vater stehen. Sein eigenes Handeln wird vom Vater bestimmt. So zeigt sich die Einheit des Christusbildes immer wieder durch seine völlige Verbundenheit mit dem Vater. Hinter aller äußeren Verschiedenheit seines Redens und Tuns ist das immer wieder das Entscheidende und Bestimmende. Das Bekenntnis der Jünger nach dem Wunder in der Nacht »Wahrhaftig, Gottes Sohn bist du« und das Bekenntnis des Petrus: »Du bist der Sohn des lebendigen Gottes« steht nicht umsonst zweimal in diesem kurzen Abschnitt. Seine Gottessohnschaft ist die Erklärung für sein ganzes Verhalten, für seine Ruhe und Unruhe, seine Härte und Milde, sein Angreifen und Ausweichen. Alles liegt in dem einen begründet: Er ist der Sohn Gottes, der restlos dem Willen des Vaters entspricht. Wohin dieser Wille des Vaters ihn führt, wird er gerade jetzt Petrus und den anderen Jüngern mit erschreckender Deutlichkeit sagen. Er hat es mit der Verheißung des Jona-Zeichens schon angedeutet. Er wird es jetzt mit aller nur wünschbaren Deutlichkeit und Eindringlichkeit wiederholen. Der Bau seiner Kirche wird in Cäsarea erst verheißen. Die eigentliche Gründung erfolgt erst auf der Opferstätte von Golgotha.

DIE WENDE

Mt 16,13–20

Als Jesus in das Gebiet von Cäsarea Philippi kam, fragte er seine Jünger und sprach: Für wen halten die Menschen den Menschensohn? Sie sagten: Die einen für Johannes den Täufer, andere für Elija, wieder andere für Jeremia oder sonst einen Propheten. Da sagte er zu ihnen: Ihr aber, für wen haltet ihr mich? Simon Petrus antwortete und sprach: Du bist der Christus, der Sohn des lebendigen Gottes! Jesus antwortete und sagte zu ihm: Selig bist du, Simon Barjona; denn nicht Fleisch und Blut haben dir das offenbart, sondern mein Vater im Himmel. Ich aber sage dir: Du bist Petrus und auf diesen Felsen werde ich meine Kirche bauen und die Pforten der Unterwelt werden sie nicht überwältigen. Ich werde dir die Schlüssel des Himmelreichs geben; was du auf Erden binden wirst, das wird im Himmel gebunden sein, und was du auf Erden lösen wirst, das wird im Himmel gelöst sein. Dann befahl er den Jüngern, niemandem zu sagen, dass er der Christus sei.

Die gewaltigen Verse 16,13–20 haben eine besondere Bedeutung. Das tritt schon äußerlich durch den eigenartigen landschaftlichen Rahmen in Erscheinung, in welchem sich das Ereignis abspielt. Es ist die Gegend von Cäsarea Philippi. Der Name Cäsarea weist auf die römischen Einflüsse hin. Cäsar hat in Israel entscheidenden Einfluss gewonnen. Sein Name und seine Macht werden auch der Kirche, dem neuen Israel, immer wieder zu schaffen machen. Es ist das Cäsarea des Philippus im Unterschied zu Cäsarea am Meer, also noch israelitisches Gebiet, aber an der äußersten Grenze, wo schon das

Heidentum hineinspielt, wie es der griechische Name dieses israelitischen Fürsten Philippus aufzeigt. Dieses Heidentum geistert auch in der Landschaft herum, denn dort, in den Wäldern am Fuß des Hermon, wo aus der Tiefe die Jordanquellen aufbrechen, ist eine Grotte des Pan als Zeichen der Vergöttlichung der Natur. Und auf dem Felsen steht ein Augustus-Tempel, Symbol der Vergötterung menschlicher Macht. In dieser Umgebung, in Distanz vom Volk, aber umringt von seinen Jüngern, stellt der Messias Israels und der Begründer der Kirche für Juden und Heiden die entscheidenden Fragen. Diese Fragen bedeuten Abschluss und Anfang, Ende und Beginn.

Als Abschluss ziehen sie die Bilanz des bisherigen Wirkens Jesu. Die beiden Linien – Wirken in die breite Öffentlichkeit und besondere Schulung der Jünger – führen zu ihrem Ende. Daher die Doppelfrage Jesu: »Für wen halten die Menschen den Menschensohn? Für wen haltet ihr mich?« Und im Ergebnis zeigt sich jene Doppelhaltung, die vom ersten Kapitel an bis hierher ständig sichtbar wurde, das Nein und das Ja, Ablehnung und Annahme, Unglaube und Glaube.

Das *Volk* hat ihn nicht erkannt. Sie ahnen wohl, dass etwas Neues kommt, dass das Reich Gottes nahe ist. Aber sie haben das Entscheidende nicht erfasst, nämlich dass Jesus selbst der Messias, also der eigentliche Bringer und Begründer dieses Gottesreiches ist. Im günstigsten Fall sind sie zur Erkenntnis gekommen, dass Jesus zur Vorbereitung dieses Gottesreiches gehöre. Sie betrachten ihn dann etwa als den wiedererstandenen Johannes den Täufer – vor allem ist es der Kreis um Herodes – oder als Elija, der ja wiederkommen soll, oder als Jeremia, der beim Untergang des alten Reiches und des alten Tempels vom kommenden neuen Gottesreich gesprochen hatte, oder einfach als irgendeinen Propheten. Jesus würde damit in einer Reihe stehen mit anderen. Er wäre nicht der Eine und Einzige, sondern nur einer unter anderen, einer der Vorbereiter und Vorläufer. Sie haben also seine Worte nicht aufgenommen und den eigentlichen Sinn seiner Zeichen und Wunder nicht verstanden. Die Führer haben ihr Ziel erreicht. Ihre Opposition hat das Volk vom tiefen Erfassen und von der Zustimmung zurückgehalten. Die Wirkung ist verheerend. Denn das Evangelium sagt kurz und schneidend: »Dann befahl er den Jüngern, niemandem zu sagen, dass er der Christus sei« (Mt 16,20).

Auch an die *Jünger* wird die Entscheidungsfrage gestellt. Und ihre Antwort muss zeigen, ob ihre Berufung, ihre Unterweisung, ihre Bestärkung durch Wunder zur Auswirkung kommt, und insbesondere ob die Sonderprüfung und besondere Vorbereitung des Simon Petrus ihren Erfolg zeitigt. Das Ergebnis ist eindeutig. Denn es ist eben dieser Simon Petrus, der im Namen der anderen die Antwort gibt. Sie lautet kurz und prägnant: »Du bist der Christus, der Sohn des lebendigen Gottes!« Jesus ist also mehr als ein Prophet, nicht irgendein Gesalbter, sondern der Gesalbte schlechthin, der Verheißene und Erwartete, der Träger aller Hoffnungen, der Verwirklicher all dessen, was die Propheten verkündet haben, der Traum Israels, die Krönung seiner Geschichte, der von Jahwe selbst zum König, Priester und Propheten Gesalbte. Noch mehr: Er ist der Sohn des lebendigen Gottes. Nicht ein Sohn, sondern *der* Sohn. Er steht also nicht im Licht der Gotteskindschaft wie andere Begnadete, sondern er ist der eine und einzige Sohn Gottes, der Lebendige schlechthin. Also mehr als Sohn Davids und Sohn Abrahams, wie es im ersten Satz des Evangeliums hieß. Mehr als Salomo (Mt 12), mehr als Jona (Mt 12). Er ist der Herr des Sabbats (Mt 12), dem Wind und Wellen gehorchen (Mt 8). Der über die Wasser schreitet (Mt 14) und das Brot vermehrt (Mt 14 u. 15) und Krankheiten heilt (Mt 4,23). Er ist der Eine, dem der Vater alles übergeben hat und ohne den niemand den Vater kennen kann (Mt 11). Der viel geliebte Sohn, an dem der Vater sein Wohlgefallen hat (Mt 3). So ist das Petrus-Bekenntnis das Ergebnis der Selbstoffenbarung Jesu. Petrus ist der Sprecher all derer, die verstanden und aufgenommen haben und das Jawort des Glaubens geben. Sein Bekenntnis besagt nicht notwendig die Erkenntnis der naturhaften Sohnschaft Gottes, wohl aber die klare Erkenntnis der Messianität und einer besonderen und geheimnisvollen Beziehung zum lebendigen Gott als seinem Vater.

Das Ergebnis ist somit klar. Es ist ein Nein der schwankenden Massen und ihrer Verführer und ein Ja der erwählten Jünger, der Führer des neuen Gottesvolkes.

Und nun wird in der *Antwort* Jesu der neue, große Anfang gesetzt. Das Wirken im Volk begann mit den acht Seligpreisungen. Das neue Wirken für das neue Gottesvolk beginnt mit der Seligpreisung des Simon, der den Anfang und das Fundament der neuen Gemeinde Gottes bildet. »Selig bist du, Simon.« Er ist zwar ein gewöhnliches Menschenkind, der Sohn des Jona, während Christus das Menschliche übersteigt und Sohn des lebendigen Gottes ist. Aber der lebendige Gott, der Vater des einzigen, eingeborenen Sohnes Gottes, hat diesem Menschenkind das Große kundgetan. Die Erkenntnis und das Jawort des Jona-Sohnes übersteigt das bloß Menschliche von Fleisch und Blut, denn er hat seine Erkenntnis nicht von einem Menschen, sondern durch Offenbarung Gottes, des Vaters. Und so wird Simon über das Menschliche hinaus in die geistige Welt Gottes hinaufgehoben. Der Parallelismus geht weiter. So wie Simon zu Jesus gesagt hat: »Du bist der Christus, der Sohn des lebendigen Gottes!«, so sagt Jesus zu ihm: »Du bist Petrus und auf diesen Felsen werde ich meine Kirche bauen.« Die Berufung Simons mit der Verleihung des geheimnisvollen Namens »Petrus« (Mt 4,18), die Erwähnung an erster Stelle im Apostelkollegium (Mt 10,2), sein Stehen über den Wassern, gehalten von der Hand Jesu (Mt 14,31), seine Anfrage im Namen aller anderen (Mt 15,15) findet nun seine Erklärung. Er wird zum Petrus, zum Felsen, auf den Jesus seine Kirche baut. Ezechiel (Ez 40) hatte den Bau eines neuen

Tempels beschrieben und seine Maße angegeben. Dieser Tempelbau wird hier im geistigen Sinn in Angriff genommen. Das heißt, es wird das Fundament dazu gelegt. Dieser Tempel ist die Ekklesia, die Gemeinde der Herausgerufenen, also die Gemeinschaft derer, die zum Ruf Gottes das Jawort des Glaubens gegeben haben und so, von den Übrigen getrennt, aus ihnen herausgehoben sind. Es ist die neue Stadt Gottes, das neue geistige Jerusalem, das unbesiegbar und unüberwindlich ist. Es ist »seine«, das heißt Christi Kirche. Nicht nur weil er sie gründet, sondern weil es seine Gemeinde, seine Gemeinschaft ist, die Gemeinschaft derer, die durch ihn, mit ihm und in ihm leben. Selbst die Pforten des Hades sind nicht stärker und können nichts gegen die Stadt Gottes ausrichten. Denn die Macht der Unterwelt kommt nicht gegen die Macht der Überwelt auf. Die beiden Reiche werden miteinander im Kampf stehen, die *Civitas Dei* und die *Civitas terrena*. Die eine von oben her gebaut, die andere von unten her angreifend. Aber gegen Gottes Werk kommt weder menschliche noch dämonische Macht auf. Wenn von den Pforten der Hölle die Rede ist, so besagt das einerseits die verantwortlichen Machtträger, denn an den Toren der Städte wurden die Beratungen der Führer des Volkes, der Richter und Leiter, abgehalten, und so sind die Tore die Bezeichnung für die Macht. Das Wort hat aber andererseits hier in Cäsarea Philippi noch einen eigenen Beiklang. Denn hier rauschen in der Tiefe, unsichtbar und geheimnisvoll, die Jordanquellen. Es ist wie ein Hinabschauen und Hinablauschen in das Brodeln und Schäumen einer unterirdischen Welt.

Ein Zweites fügt Christus hinzu: »Ich werde dir die Schlüssel des Himmelreichs geben.« Jesus ist gekommen, das Reich Gottes zu verkünden und zu bringen. Hier gibt er einem Menschen die Schlüssel zu diesem Reich, also die Macht zu öffnen und zu schließen, hineinzulassen und draußen zu halten, die Vollmacht über den Zugang zu Gott. Wenn die Schlüssel einer

Stadt einem Eroberer oder einem Herrscher übergeben wurden, war es das Zeichen der Gesamtübergabe, die Anerkennung der Macht und Autorität (Jes 22,22, Offb 3,8). Und diese Macht und Autorität ist Simon als dem Ersten unter den Zwölfen übergeben worden.

Und ein Drittes spricht Christus: »Was du auf Erden binden wirst, das wird im Himmel gebunden sein, und was du auf Erden lösen wirst, das wird im Himmel gelöst sein.« Es geht also wirklich um das Reich Gottes im Himmel und auf Erden. Es ist Übertragung einer Vollmacht, die auf Erden betätigt, aber im Himmel anerkannt wird, die unter den Menschen geübt wird, aber vor Gott Gültigkeit hat. »Binden« und »lösen« besagt, etwas als erlaubt und als verboten zu erklären, also Satzungen aufzustellen, Gesetze zu geben mit Gültigkeit vor Gott. Es ist die Ausstellung einer Blankovollmacht auf den Namen Gottes. Es ist die Übertragung einer Autorität, welche die Gewissen bindet, weil es die Bindung vor Gott ist.

In drei einprägsamen Bildern, dem Bild des Fundamentes eines Baues, der Schlüsselgewalt über eine Stadt und des Bindens und Lösens von Menschen ist hier dem Menschen Simon, dem Sohn des Menschen Jona, durch Jesus, den Messias, den Sohn Gottes, die entscheidende Autorität in der neu erbauten Kirche, in der neuen Gemeinde Gottes, im Reich Gottes übertragen. Die ganze Formulierung von Frage, Antwort und Gegenantwort, die Art der Bilder, der Parallelismus, kurz, das ganze Kolorit ist so orientalisch und aramäisch, dass die Echtheit Wort für Wort in die Augen springt. Es sind unsterbliche Worte, die gerade in dieser Formulierung sich Simon und den anderen unvergesslich eingeprägt haben. Und ihr Inhalt als feierliche Übertragung einer Autorität in der Gemeinde Gottes, ihre Bedeutung als klare Vorrangstellung, als Primat des Petrus vor allen anderen und ihre in unmissverständlichen Bildern und Symbolen verliehene Vollmacht, entscheidend zu bestimmen, also Recht zu sprechen, ist so einleuchtend, dass jede Erklärung dieser Verse, die nicht einen Jurisdiktionsprimat des Petrus darin gelten lässt, sich als eine von Vorurteilen befangene, gewaltsame Umdeutung erweist. Diese Verse fassen nicht nur das Ergebnis des bisherigen Wirkens Jesu zusammen, sondern bilden auch die Grundlage für alles Folgende. So bedeuten sie wirklich die unterscheidende und entscheidende Wendung. Sie enthalten innerlich das Ende Israels und den Anfang der Weltkirche. Dem Auf- und Ausbau dieser Kirche gilt nun die zweite Hälfte dieser gewaltigen Schrift des Evangelisten Matthäus.

FÜNFTER TEIL

DIE UNTERWEISUNG DER JÜNGER

I. DAS GESETZ DES KREUZES 16,21–17,21

Erste Leidensprophetie 16,21

1. Das Gesetz 16,22–16,28
2. Die Bestätigung 17,1–17,13
3. Die Voraussetzung 17,14–17,21

II. DIE AUTORITÄT IN DER KIRCHE 17,22–20,16

Zweite Leidensprophetie 17,22.23

1. Die Autorität, die Christus verleiht 17,24–18,35
2. Die Forderungen, die Christus an die Autoritätsträger stellt 19,1–20,16

III. DAS GEHEIMNIS DES OPFERS 20,17–20,28

Dritte Leidensprophetie 20,17–20,19

1. Die falsche Haltung der Jünger 20,20–20,23
2. Der Opferwille Christi 20,24–20,28

CHRISTUS IN DER UNTERWEISUNGSREDE

I. DAS GESETZ DES KREUZES ALS GRUNDGESETZ DER KIRCHE

Mt 16,21–17,21

Von da an begann Jesus, seinen Jüngern zu erklären: Er müsse nach Jerusalem gehen und von den Ältesten und Hohepriestern und Schriftgelehrten vieles erleiden, er müsse getötet und am dritten Tag auferweckt werden. Da nahm ihn Petrus beiseite und begann, ihn zurechtzuweisen, und sagte: Das soll Gott verhüten, Herr! Das darf nicht mit dir geschehen! Jesus aber wandte sich um und sagte zu Petrus: Tritt hinter mich, du Satan! Ein Ärgernis bist du mir, denn du hast nicht das im Sinn, was Gott will, sondern was die Menschen wollen.

Darauf sagte Jesus zu seinen Jüngern: Wenn einer hinter mir hergehen will, verleugne er sich selbst, nehme sein Kreuz auf sich und folge mir nach. Denn wer sein Leben retten will, wird es verlieren; wer aber sein Leben um meinetwillen verliert, wird es finden. Was nützt es einem Menschen, wenn er die ganze Welt gewinnt, dabei aber sein Leben einbüßt? Um welchen Preis kann ein Mensch sein Leben zurückkaufen? Der Menschensohn wird mit seinen Engeln in der Herrlichkeit seines Vaters kommen und dann wird er jedem nach seinen Taten vergelten. Amen, ich sage euch: Von denen, die hier stehen, werden einige den Tod nicht schmecken, bis sie den Menschensohn in seinem Reich kommen sehen.

Sechs Tage danach nahm Jesus Petrus, Jakobus und dessen Bruder Johannes beiseite und führte sie auf einen hohen Berg. Und er wurde vor ihnen verwandelt; sein Gesicht leuchtete wie die Sonne und seine Kleider wurden weiß wie das Licht. Und siehe, es erschienen ihnen Mose und Elija und redeten mit Jesus. Und Petrus antwortete und sagte zu Jesus: Herr, es ist gut, dass wir hier sind. Wenn du willst, werde ich hier drei Hütten bauen, eine für dich, eine für Mose und eine für Elija. Noch während er redete, siehe, eine leuchtende Wolke überschattete sie und siehe, eine Stimme erscholl aus der Wolke: Dieser ist mein geliebter Sohn, an dem ich Wohlgefallen gefunden habe; auf ihn sollt ihr hören. Als die Jünger das hörten, warfen sie sich mit dem Gesicht zu Boden und fürchteten sich sehr. Da trat Jesus zu ihnen, fasste sie an und sagte: Steht auf und fürchtet euch nicht! Und als sie aufblickten, sahen sie niemanden außer Jesus allein. Während sie den Berg hinabstiegen, gebot ihnen Jesus: Erzählt niemandem von dem, was ihr gesehen habt, bis der Menschensohn von den Toten auferweckt ist!

Da fragten ihn die Jünger: Warum sagen denn die Schriftgelehrten, zuerst müsse Elija kommen? Er gab zur Antwort: Ja, Elija kommt und er wird alles wiederherstellen. Ich sage euch aber: Elija ist schon gekommen, doch sie haben ihn nicht erkannt, sondern mit ihm gemacht, was sie wollten. Ebenso wird auch der Menschensohn durch sie leiden müssen. Da verstanden die Jünger, dass er zu ihnen von Johannes dem Täufer sprach.

Als sie zu den Volksscharen zurückkamen, trat ein Mensch auf ihn zu, fiel vor ihm auf die Knie und sagte: Herr, hab Erbarmen mit meinem Sohn! Er ist mondsüchtig und hat schwer zu leiden. Oft fällt er ins Feuer und oft ins Wasser. Ich habe ihn schon zu deinen Jüngern gebracht, aber sie konnten ihn nicht heilen. Da sagte Jesus: O du ungläubige und verkehrte Generation! Wie lange muss ich noch bei euch sein? Wie lange muss ich euch noch ertragen? Bringt ihn her zu mir! Und Jesus drohte ihm und der Dämon fuhr von ihm aus. Und der Knabe war von jener Stunde an geheilt. Als die Jünger mit Jesus allein waren, wandten sie sich an ihn und fragten: Warum konnten denn wir den Dämon nicht austreiben? Er antwortete: Wegen eures Kleinglaubens. Denn, amen, ich sage euch: Wenn ihr Glauben habt wie ein Senfkorn, dann werdet ihr zu diesem Berg sagen: Rück von hier nach dort! und er wird wegrücken. Nichts wird euch unmöglich sein.

1. DAS GESETZ

Die Scheidung ist vollzogen, und zwar in aller Schärfe. Im Gegensatz zur bisherigen Sendung an das Volk heißt es jetzt »Dann befahl er den Jüngern, niemandem zu sagen, dass er der Christus sei« (Mt 16,20). Es handelt sich jetzt darum, die Kirche zu bauen, trotz Israel. Der Alte Bund ist damit innerlich zu Ende. Die Aufmerksamkeit Christi gilt jetzt ganz der Unterweisung der Jünger, besonders des Petrus. Und so ist diese vierte der großen Reden des Herrn eine Unterweisungsrede an die Jünger. Freilich nicht eine Rede mit systematischem Aufbau, sondern es sind Unterweisungen, die von Fall zu Fall bei verschiedenen Gelegenheiten und Anlässen den Jüngern erteilt wurden. Matthäus hat sie zusammengefasst und in logischer Folge aneinandergereiht. Das Tat-Element tritt völlig zurück. Die Unterweisung durch Worte steht im Vordergrund. Ein einziges Wunderzeichen wird berichtet und auch dieses nur, weil es den Anlass zu einer Unterweisung bietet. Das Wunder als solches wird durch Christus beinahe widerwillig gewirkt und mit deutlicher Abwendung vom Volk.

Die Grundlegung der Kirche, um die es in diesen Abschnitten geht, zeigt die seelische Größe und geistige Überlegenheit Christi. Und doch ist dabei alles schon vom Kreuz überschattet. Eine dreimalige Leidensprophezeiung gliedert diesen Abschnitt und zeigt damit schon rein äußerlich, formal, welche Bedeutung dem Kreuz in der Grundlegung und Entwicklung der Kirche zukommt.

Mit einer *Leidensprophezeiung* wird der Abschnitt eingeführt: Von da an begann Jesus seinen Jüngern darzulegen, er müsse nach Jerusalem gehen und von den Ältesten, Hohepriestern und Schriftgelehrten viel leiden und getötet werden. Aber am dritten Tag werde er wieder auferweckt (Mt 16,21).

Diese Voraussage enthält schon alle wesentlichen Elemente. In Jerusalem werden sich Ende und Anfang vollziehen. Das Ende seines irdischen Lebens und der Anfang des mystischen, das Ende des Alten und der Anfang des Neuen Bundes, das Ende der Synagoge und der Anfang der Kirche. Darum wird auch die Verurteilung durch die offizielle Behörde des Volkes Israel, den Hohen Rat, erfolgen, und zwar durch alle drei Gruppen, die ihn bilden: durch die Ältesten als die politische Vertretung der zwölf Stämme, die Hohepriester als die religiöse Vertretung und die Schriftgelehrten als die Vertreter der Wissenschaft, die Fachleute in der Auslegung des Gesetzes. Und es wird nicht nur zum Leiden kommen, also zur blutigen Verfolgung, sondern zum Tod und zum Triumph der Feinde, zum Ende der menschlichen Hoffnungen. Dieses aber wird den Anfang des unwiderleglichen, sichtbaren Wirken Gottes bilden. Denn am dritten Tag wird die Auferstehung erfolgen. Die Voraussage erinnert an das Zeichen des Jona und an den mit untrüglicher Sicherheit ablaufenden Plan Gottes. Die Auferstehung wird das Zeichen der schöpferischen Kraft Gottes sein, der die Enden zu Anfängen macht und die Zusammenbrüche menschlicher Werke als Bausteine seines göttlichen Werkes benutzt.

Mit einer Klarheit ohne Schwanken und Trübung sieht Christus die Dinge und sagt sie voraus. Das Gesetz des Kreuzes ist hier aufgezeigt.

Aber *Petrus* versteht es nicht. Gerade sein Verständnis wäre von besonderer Wichtigkeit, denn er ist das Fundament dieser Kirche, der besonders Erwählte, der amtlich Beauftragte. Sein Unverständnis ist menschlich begreiflich, aber es ist eben allzu menschlich. Er wächst nicht hinein in die Größe der amtlichen Aufgabe, ins Denken Gottes. Zum Amt muss der Geist kommen. Es ist schmerzlich, aber hochbedeutsam, dass hier gleich am Anfang der Unterschied, ja der Gegensatz zwischen Amt und Geist in Erscheinung tritt, und zwar bei demjenigen, der in amtlicher Stellung an der Spitze steht und doch geistig versagt. Sein Wort zu Christus »Das soll Gott verhüten, Herr! Das darf nicht mit dir geschehen!« zeigt, dass er das Gesetz des Kreuzes noch nicht kennt. Die Kenntnis dieses Gesetzes ist aber von grundlegender Bedeutung, sodass Petrus als Fundament hier zu einer klaren Stellungnahme gezwungen wird. Darum die scharfe, schroffe Antwort Christi: »Tritt hinter mich, du Satan! Ein Ärgernis bist du mir, denn du hast nicht das im Sinn, was Gott will, sondern was die Menschen wollen.« Die Versuchung Satans ging von dem Plan aus, mit menschlichen Mitteln das Reich Gottes zu bauen, mit den Mitteln wirtschaftlicher Besserstellung, sensationeller Aufmachung und politischer Macht. Die gleiche satanische Versuchung scheint hier in den Gedanken des Petrus auf. Er will nicht eine Kirche im Zeichen des Kreuzes, sondern im Zeichen irdischer Größe und sieghafter Macht. Zum zweiten Mal muss Christus Satan abweisen. Diesmal war die Gestalt noch verführerischer, denn es war die wohlgemeinte und wohlmeinende menschlich-sympathische Liebe des bevorzugten Jüngers. Umso schärfer muss Christus den Schnitt machen, umso klarer das Nein sprechen. Gottesgedanken und Menschengedanken stehen hier gegeneinander. Die Kirche wird menschliche Hilfsmittel nicht verachten und verschmähen, denn Christus hat in der Aussendungsrede auch auf solche hingewiesen. Und die Kirche wird von den ersten Anfängen an diesem Hinweis entsprechen. Aber dieses Menschliche bildet nicht die eigentliche Kraft der Kirche. Es ist etwas Nebensächliches, völlig Untergeordnetes, oft genug sogar Hemmendes. Die eigentliche Kraft dieser Kirche ist das Kreuz Christi. Ihr Leiden wird immer wieder ihr Erstarken bilden. Ihre Niederlage wird ihr Sieg. Ihre Schwäche wird ihre Kraft. Denn dann wird jeweils sichtbar, dass sie nicht von Menschen gehalten und getragen wird, sondern von der Kraft Gottes.

Die Erkenntnis dieses Grundgesetzes ist so wichtig, dass Jesus hier weiter ausgreift. Nicht nur Petrus, sondern *alle Jün-*

ger müssen ihr Leben und Wirken diesem Gesetz des Kreuzes unterstellen. »Wenn einer hinter mir hergehen will, verleugne er sich selbst, nehme sein Kreuz auf sich und folge mir nach« (Mt 16,24). Das Kreuz besagt den gewaltsamen Tod in der Schmach des verurteilten und hingerichteten Verbrechers. Die Jüngerschaft Christi besagt also die grundsätzliche und tatsächliche Bereitschaft zu einem Leben, dem die Welt widerspricht und das von ihr verurteilt wird. Sie besagt eine Haltung, die dem Andersdenkenden geradezu verbrecherisch erscheint. Die Jüngerschaft des Herrn heißt nicht nur, unverstanden zu sein, sondern geschmäht zu werden, verurteilt zu werden und vernichtet zu werden. Der menschlichen Selbstliebe bis zur Verachtung Gottes muss die Gottesliebe bis zur Verachtung seiner selbst entgegengestellt werden. Die Gottesverleugnung des theoretischen und praktischen Atheismus muss überwunden werden durch restlose Hingabe an Gott bis zur völligen Selbstverleugnung. Christus spricht hier in paradoxer Zuspitzung und unvergleichlicher Schärfe. »Wer sein Leben retten will, wird es verlieren; wer aber sein Leben um meinetwillen verliert, wird es finden« (Mt 16,25). Selbstsucht führt zum Verlust Gottes, das Gottsuchen zum Verlust des eigenen Ich, aber nur vorübergehend und nur scheinbar. Denn in Wirklichkeit findet die Selbstsucht das, was sie sucht, nämlich das eigene Ich, das sich letztlich als etwas Nichtiges entpuppt und im Nichts endet. Denn die Loslösung von Gott, dem Allein-Seienden, endet notwendig im Nihilismus des Nicht-Seienden. Und umgekehrt: Das Suchen Gottes führt weg vom eigenen Ich und damit vom sicheren Boden scheinbar in die Leere und ins Nichts, endet aber im Gottfinden und damit im Finden der Fülle allen Seins und findet in dieser Fülle dann auch das neue bessere Ich, die *nova creatura* (Gal 6,15), den neuen Menschen, jenes Ich, das dem paradiesischen Ideal der *Imago Dei* entspricht. Das Ich als Abbild und Abglanz des Urbildes und reinen Urlichtes Gottes. Unsinn und Sinn des

Lebens werden erst dann und dort sichtbar, wo die äußere Hülle im Tod zerbricht, die Schale gesprengt wird und der geistige Gehalt des Seelischen voll in Erscheinung tritt. Dann wird es sich zeigen, dass diese ganze gleisnerische und lockende Welt wegen ihrer Vergänglichkeit nichts ist im Vergleich zur unvergänglichen Seele. »Was nützt es einem Menschen, wenn er die ganze Welt gewinnt, dabei aber sein Leben einbüßt?« (Mt 16,26). Die Seele ist das Unbezahlbare. »Um welchen Preis kann ein Mensch sein Leben zurückkaufen?« (Mt 16,26). So ist das Kreuz im Leben Christi und des Christen das Entscheidende, denn es ist das Zerbrechen des Irdisch-Menschlichen und das Aufbrechen des Überirdisch-Göttlichen. Dann, aber erst dann, wird es »Kirche in Herrlichkeit« und Christsein in der Glorie sein. Vorher ist es *ecclesia militans* in Dienst und Kampf und Leid und Tod. Und es ist Nachfolge Christi, Jüngerschaft auf der Straße, die nach Golgotha führt. So gipfelt die Leidensprophetie hier in der Voraussage der Herrlichkeit. Und hinter dem Düster des Karfreitags wird das Licht des ersten Ostertages sichtbar. »Der Menschensohn wird mit seinen Engeln in der Herrlichkeit seines Vaters kommen« (Mt 16,27). Wenn Christus hier die Kirche grundlegt im Zeichen des Kreuzes, zeigt er auch schon die *ecclesia triumphans* im Zeichen der Herrlichkeit. Und die Jünger, zu denen er spricht, werden noch zu ihren Lebzeiten die Anfänge, den Aufbruch dieser Herrlichkeit sehen. Sie, die das Kreuz erleben, werden auch die Glorie erleben. Denn der Auferstandene wird ihnen erscheinen und sie werden seine Verklärung schauen. »Amen, ich sage euch: Von denen, die hier stehen, werden einige den Tod nicht schmecken, bis sie den Menschensohn in seinem Reich kommen sehen« (Mt 16,28).

Das Gesetz des Kreuzes als Grundgesetz der Kirche und als einziger Weg zu Sieg und Triumph ist so wichtig, dass es nun in feierlichster Form bestätigt wird. Das ist der Sinn der Szene auf dem Berg der Verklärung.

2. DIE BESTÄTIGUNG

Auf dem Berge wurde das Gesetz des Alten Bundes verkündet, auf dem Berg der Seligpreisungen der Geist des Neuen Bundes und wieder auf einem Berg die Bestätigung des Grundgesetzes der Kirche. Auf dem Sinai war Mose als Empfänger und Vermittler des Gesetzes beim Herrn. Auf dem Berg der Seligpreisungen waren die Jünger und das Volk des Neuen Bundes versammelt. Und hier auf dem Berg der Verklärung stehen die drei großen Vertreter der Jüngerschaft: Petrus, der Amtsträger, Johannes, der Lieblingsjünger und Geistträger, und Jakobus, der erste Blutzeuge des Neuen Bundes. Sie sehen den Herrn in der Glorie. Sein Antlitz leuchtet wie die Sonne. Seine Kleider glänzen wie das Licht. Es ist das Aufstrahlen des *Lumen Gloriae.* Sein Glanz soll das Dunkel des Kreuzes verklären und die *tenebrae* (Dunkelheit) des Karfreitags überstrahlen. Die menschliche Gestalt wird hier transparent. Der Herr des Reiches Gottes ist noch immer in seiner Niedrigkeit und Knechtsgestalt, aber die Erhöhung zur Herrlichkeit wird einen Augenblick sichtbar. Wie mit dem Herrn wird es mit dem Reich Gottes selbst gehen. Die *ecclesia militans* wird zur *ecclesia triumphans* werden. Ihre Knechtsgestalt wird durch die Herrlichkeit abgelöst. Nach den Karfreitagsstunden der Kirchengeschichte wird das ewige Ostern anbrechen. Das Gesetz des Kreuzes besagt nicht Tod allein, sondern Tod und Auferstehung. Nicht zufällig betont Matthäus, die Verklärung sei »nach sechs Tagen« erfolgt. Es ist Vorausnahme des ewigen Sabbats, der mit der Auferstehung des Herrn seinen Anfang nehmen wird.

Die Bestätigung wird noch erhöht durch das Erscheinen des Mose und Elija, also der Vertreter des Gesetzes und der Propheten. Beide haben in ihrem Leben die harte Wanderschaft durch die Wüste erfahren, beide aber auch vorübergehend die Herrlichkeit des Herrn geschaut. Das Leben beider stand unter dem Gesetz des Kreuzes und sie vertraten die ganze Größe und den echten Geist des Alten Bundes. Wenn Gesetz und Prophetie ihr Zeugnis ablegen, so ist das Grundgesetz des Neuen Bundes durch den Alten Bund bestätigt. Die feierlichste Bestätigung aber gibt Gott selbst. Denn aus der Wolke erschallt die Stimme: »Dies ist mein lieber Sohn, an dem ich Wohlgefallen habe; den sollt ihr hören!« (Mt 17,5). Gewaltiger und majestätischer kann das Gesetz des Kreuzes nicht im Willen Gottes bestätigt werden, als es hier geschieht, in der Gestalt des verklärten Herrn, durch das Zeugnis des Alten Bundes und in der Aufforderung Gottes selbst, auf die Stimme des geliebten Sohnes zu hören.

Aber die Herrlichkeit ist nur ein kurzes Aufleuchten. Darum entspricht ein Hüttenbauen auf dem Berg der Verklärung nicht dem Willen Gottes so wenig wie das schreckhafte Niederfallen auf das Angesicht. Noch ist das Reich Gottes nicht in Herrlichkeit gekommen. Aber es wird kommen. Die Bestätigung ist nur den Jüngern gegeben. Darum knüpft der Herr daran die Forderung, von dieser Erscheinung nicht zu reden, bis der Menschensohn von den Toten auferweckt sei (Mt 17,9), also bis die Herrlichkeit des Reiches ihren ersten Anfang genommen hat. Noch ist sie nicht da. Zwar hat sich die Wiederkunft des Elija in eigenartiger Weise schon in der Gestalt des Täufers erfüllt, dieses zweiten Elija. Aber sie haben ihn hingerichtet, und so werden sie auch den Menschensohn, dessen Vorläufer er war, hinrichten. Das Gesetz des Kreuzes heißt: Das Leiden ist der Weg und die Herrlichkeit ist das Ziel am Ende dieses Weges.

3. DIE VORAUSSETZUNG

Das Verständnis für dieses Grundgesetz der Kirche ist nur im Glauben möglich. Darum schließt der Abschnitt mit einer Glaubensforderung. Ein besessener Knabe wird vor den Herrn geführt. Christus heilt ihn. Aber zwei Dinge treten dabei in Erscheinung. Einmal die Tatsache, dass er mit dem Volk gebrochen hat. Denn es ist eine »ungläubige und verkehrte Generation« (Mt 17,17). Christus hat eigentlich mit ihr nichts mehr zu tun. »Wie lange muss ich noch bei euch sein? Wie lange muss ich euch noch ertragen?« (Mt 17,17). Und das Zweite: Die Jünger haben den bösen Geist nicht austreiben können, weil ihr Glaube noch zu schwach ist. Darum gilt ihnen die Mahnung, dass sie Berge versetzen könnten, wenn sie nur Glauben hätten wie ein Senfkörnlein. Böse Geister werden nur durch Gebet und Fasten ausgetrieben, also nicht durch menschliche Kraft, sondern durch Beten um die Kraft Gottes und in büßender Abkehr von der Sünde und der weltlichen Lust, die dem Wirken Gottes im Weg steht. Beten und fasten heißt, die Hilfe von Gott zu erwarten, nicht von menschlichen Kräften. Wer aus dem Glauben heraus diese Haltung hat, versteht das Gesetz des Kreuzes, das heißt, er erwartet die entscheidende Hilfe durch Gott dort, wo menschliche Hilfe zu Ende ist und Gebet und Buße diese Hilfe Gottes herbeirufen.

Mit unerhörter Eindringlichkeit ist dieses Grundgesetz der Kirche an den Anfang ihrer Gründung gestellt und als Grundlehre den Jüngern eingeschärft. Sie werden es nicht mehr vergessen. Seitdem ist das Kreuz das Zeichen dieser Kirche. Und nur wer mit ihm gezeichnet ist, gehört zu ihr.

II. DIE AUTORITÄT IN DER KIRCHE

Mt 17,22–20,16

Als sie in Galiläa zusammen waren, sagte Jesus zu ihnen: Der Menschensohn wird in die Hände von Menschen ausgeliefert werden und sie werden ihn töten; aber am dritten Tag wird er auferweckt werden. Da wurden sie sehr traurig.

Als Jesus und die Jünger nach Kafarnaum kamen, traten jene, welche die Doppeldrachme einzogen, zu Petrus und fragten: Zahlt euer Meister die Doppeldrachme nicht? Er antwortete: Doch! Als er dann ins Haus hineinging, kam ihm Jesus mit der Frage zuvor: Was meinst du, Simon, von wem erheben die Könige dieser Welt Zölle und Steuern? Von ihren eigenen Söhnen oder von den anderen Leuten? Als Petrus antwortete: Von den anderen!, sagte Jesus zu ihm: Also sind die Söhne frei. Damit wir aber bei ihnen keinen Anstoß erregen, geh an den See, wirf die Angel aus und den ersten Fisch, den du heraufholst, nimm, öffne ihm das Maul und du wirst ein Vierdrachmenstück finden. Das gib ihnen als Steuer für mich und für dich.

In jener Stunde kamen die Jünger zu Jesus und fragten: Wer ist denn im Himmelreich der Größte? Da rief er ein Kind herbei, stellte es in ihre Mitte und sagte: Amen, ich sage euch: Wenn ihr nicht umkehrt und werdet wie die Kinder, werdet ihr nicht in das Himmelreich hineinkommen. Wer sich so klein macht wie dieses Kind, der ist im Himmelreich der Größte. Und wer ein solches Kind in meinem Namen aufnimmt, der nimmt mich auf.

Wer einem von diesen Kleinen, die an mich glauben, Ärgernis gibt, für den wäre es besser, wenn ihm ein Mühlstein um den Hals gehängt und er in der Tiefe des Meeres versenkt würde. Wehe der Welt wegen der Ärgernisse! Es muss zwar Ärgernisse geben; doch wehe dem Menschen, durch den das Ärgernis kommt! Wenn dir deine Hand oder dein Fuß Ärgernis gibt, dann hau sie ab und wirf sie weg! Es ist besser für dich, verstümmelt oder lahm in das Leben zu gelangen, als mit zwei Händen und zwei Füßen in das ewige Feuer geworfen zu werden. Und wenn dir dein Auge Ärgernis gibt, dann reiß es aus! Es ist besser für dich, einäugig in das Leben zu kommen, als mit zwei Augen in das Feuer der Hölle geworfen zu werden. Hütet euch davor, einen von diesen Kleinen zu verachten! Denn ich sage euch: Ihre Engel im Himmel sehen stets das Angesicht meines himmlischen Vaters.

Was meint ihr? Wenn jemand hundert Schafe hat und eines von ihnen sich verirrt, lässt er dann nicht die neunundneunzig auf den Bergen zurück, geht hin und sucht das verirrte? Und wenn er es findet – Amen, ich sage euch: Er freut sich über dieses eine mehr als über die neunundneunzig, die sich nicht verirrt haben. So will auch euer himmlischer Vater nicht, dass einer von diesen Kleinen verloren geht.

Wenn dein Bruder gegen dich sündigt, dann geh und weise ihn unter vier Augen zurecht! Hört er auf dich, so hast du deinen Bruder zurückgewonnen. Hört er aber nicht auf dich, dann nimm einen oder zwei mit dir, damit die ganze Sache durch die Aussage von zwei oder drei Zeugen entschieden werde. Hört er auch auf sie nicht, dann sag es der Gemeinde! Hört er aber auch auf die Gemeinde nicht, dann sei er für dich wie ein Heide oder ein Zöllner. Amen, ich sage euch: Alles, was ihr auf Erden binden werdet, das wird auch im Himmel gebunden sein, und alles, was ihr auf Erden lösen werdet, das wird auch im Himmel gelöst sein. Weiter sage ich euch: Was auch immer zwei von euch auf Erden einmütig erbitten, werden sie von meinem himmlischen Vater erhalten. Denn wo zwei oder drei in meinem Namen versammelt sind, da bin ich mitten unter ihnen.

Da trat Petrus zu ihm und fragte: Herr, wie oft muss ich meinem Bruder vergeben, wenn er gegen mich sündigt? Bis zu siebenmal? Jesus sagte zu ihm: Ich sage dir nicht: Bis zu siebenmal, sondern bis zu siebzigmal siebenmal. Mit dem Himmelreich ist es deshalb wie mit einem König, der beschloss, von seinen Knechten Rechenschaft zu verlangen. Als er nun mit der Abrechnung begann, brachte man einen zu ihm, der ihm zehntausend Talente schuldig war. Weil er aber das Geld nicht zurückzahlen konnte, befahl der Herr, ihn mit Frau und Kindern und allem, was er besaß, zu verkaufen und so die Schuld zu begleichen. Da fiel der Knecht vor ihm auf die Knie und bat: Hab Geduld mit mir! Ich werde dir alles zurückzahlen. Der Herr des Knechtes hatte Mitleid, ließ ihn gehen und schenkte ihm die Schuld. Als nun der Knecht hinausging, traf er einen Mitknecht, der ihm hundert Denare schuldig war. Er packte ihn, würgte ihn und sagte: Bezahl, was du schuldig bist! Da fiel der Mitknecht vor ihm nieder und flehte: Hab Geduld mit mir! Ich werde es dir zurückzahlen. Er aber wollte nicht, sondern ging weg und ließ ihn ins Gefängnis werfen, bis er die Schuld bezahlt habe. Als die Mitknechte das sahen, waren sie sehr betrübt; sie gingen zu ihrem Herrn und berichteten ihm alles, was geschehen war. Da ließ ihn sein Herr rufen und sagte zu ihm: Du elender Knecht! Deine ganze Schuld habe ich dir erlassen, weil du mich angefleht hast. Hättest nicht auch du mit deinem Mitknecht Erbarmen haben müssen, so wie ich mit dir Erbarmen hatte? Und in seinem Zorn übergab ihn der Herr den Peinigern, bis er die ganze Schuld bezahlt habe. Ebenso wird mein himmlischer Vater euch behandeln, wenn nicht jeder seinem Bruder von Herzen vergibt.

Und es geschah, als Jesus diese Reden beendet hatte, verließ er Galiläa und zog in das Gebiet von Judäa jenseits des Jordan. Viele Menschen folgten ihm nach und er heilte sie dort.

Da kamen Pharisäer zu ihm, um ihn zu versuchen, und fragten: Darf man seine Frau aus jedem beliebigen Grund aus der Ehe entlassen? Er antwortete: Habt ihr nicht gelesen, dass der Schöpfer sie am Anfang männlich und weiblich erschaffen hat und dass er gesagt hat: Darum wird der Mann Vater und Mutter verlassen und sich an seine Frau binden und die zwei werden ein Fleisch sein? Sie sind also nicht mehr zwei, sondern ein Fleisch. Was aber Gott verbunden hat, das darf der Mensch nicht trennen. Sie sagten zu ihm: Wozu hat dann Mose vorgeschrieben, der Frau eine Scheidungsurkunde zu geben und sie aus der Ehe zu entlassen? Er antwortete: Nur weil ihr so hartherzig seid, hat Mose euch gestattet, eure Frauen aus der Ehe zu entlassen. Am Anfang war das nicht so. Ich sage euch: Wer seine Frau entlässt, obwohl kein Fall von Unzucht vorliegt, und eine andere heiratet, der begeht Ehebruch. Da sagten seine Jünger zu ihm: Wenn das Verhältnis des Mannes zur Frau so ist, dann ist es nicht gut zu heiraten. Jesus sagte zu ihnen: Nicht alle können dieses Wort erfassen, sondern nur die, denen es gegeben ist. Denn manche sind von Geburt an zur Ehe unfähig, manche sind von den Menschen dazu gemacht und manche haben sich selbst dazu gemacht – um des Himmelreiches willen. Wer es erfassen kann, der erfasse es.

Da brachte man Kinder zu ihm, damit er ihnen die Hände auflegte und für sie betete. Die Jünger aber wiesen die Leute zurecht. Doch Jesus sagte: Lasst die Kinder und hindert sie nicht, zu mir zu kommen! Denn Menschen wie ihnen gehört das Himmelreich. Dann legte er ihnen die Hände auf und zog von dort weiter.

Und siehe, da kam ein Mann zu Jesus und fragte: Meister, was muss ich Gutes tun, um das ewige Leben zu gewinnen? Er antwortete: Was fragst du mich nach dem Guten? Nur einer ist der Gute. Wenn du aber in das Leben eintreten willst, halte die Gebote! Darauf fragte er ihn: Welche? Jesus antwor-

tete: Du sollst nicht töten, du sollst nicht die Ehe brechen, du sollst nicht stehlen, du sollst kein falsches Zeugnis geben; ehre Vater und Mutter! Und: Du sollst deinen Nächsten lieben wie dich selbst! Der junge Mann erwiderte ihm: Alle diese Gebote habe ich befolgt. Was fehlt mir noch? Jesus antwortete ihm: Wenn du vollkommen sein willst, geh, verkauf deinen Besitz und gib ihn den Armen; und du wirst einen Schatz im Himmel haben; und komm, folge mir nach! Als der junge Mann das hörte, ging er traurig weg; denn er hatte ein großes Vermögen. Da sagte Jesus zu seinen Jüngern: Amen, ich sage euch: Ein Reicher wird schwer in das Himmelreich kommen. Nochmals sage ich euch: Leichter geht ein Kamel durch ein Nadelöhr, als dass ein Reicher in das Reich Gottes gelangt. Als die Jünger das hörten, gerieten sie ganz außer sich vor Schrecken und sagten: Wer kann dann noch gerettet werden? Jesus sah sie an und sagte zu ihnen: Für Menschen ist das unmöglich, für Gott aber ist alles möglich. Da antwortete Petrus: Siehe, wir haben alles verlassen und sind dir nachgefolgt. Was werden wir dafür bekommen? Jesus erwiderte ihnen: Amen, ich sage euch: Wenn die Welt neu geschaffen wird und der Menschensohn sich auf den Thron der Herrlichkeit setzt, werdet auch ihr, die ihr mir nachgefolgt seid, auf zwölf Thronen sitzen und die zwölf Stämme Israels richten. Und jeder, der um meines Namens willen Häuser oder Brüder oder Schwestern oder Vater oder Mutter oder Kinder oder Äcker verlassen hat, wird dafür das Hundertfache erhalten und das ewige Leben erben. Viele Erste werden Letzte sein und Letzte Erste.

Denn mit dem Himmelreich ist es wie mit einem Gutsbesitzer, der früh am Morgen hinausging, um Arbeiter für seinen Weinberg anzuwerben. Er einigte sich mit den Arbeitern auf einen Denar für den Tag und schickte sie in seinen Weinberg. Um die dritte Stunde ging er wieder hinaus und sah andere auf dem Markt stehen, die keine Arbeit hatten. Er sagte zu ihnen: Geht auch ihr in meinen Weinberg! Ich werde euch geben, was recht ist. Und sie gingen. Um die sechste und um die neunte Stunde ging der Gutsherr wieder hinaus und machte es ebenso. Als er um die elfte Stunde noch einmal hinausging, traf er wieder einige, die dort standen. Er sagte zu ihnen: Was steht ihr hier den ganzen Tag untätig? Sie antworteten: Niemand hat uns angeworben. Da sagte er zu ihnen: Geht auch ihr in meinen Weinberg! Als es nun Abend geworden war, sagte der Besitzer des Weinbergs zu seinem Verwalter: Ruf die Arbeiter und zahl ihnen den Lohn aus, angefangen bei den Letzten, bis hin zu den Ersten! Da kamen die Männer, die er um die elfte Stunde angeworben hatte, und jeder erhielt einen Denar. Als dann die Ersten kamen, glaubten sie, mehr zu bekommen. Aber auch sie erhielten einen Denar. Als sie ihn erhielten, murrten sie über den Gutsherrn und sagten: Diese Letzten haben nur eine Stunde gearbeitet und du hast sie uns gleichgestellt. Wir aber haben die Last des Tages und die Hitze ertragen. Da erwiderte er einem von ihnen: Freund, dir geschieht kein Unrecht. Hast du nicht einen Denar mit mir vereinbart? Nimm dein Geld und geh! Ich will dem Letzten ebenso viel geben wie dir. Darf ich mit dem, was mir gehört, nicht tun, was ich will? Oder ist dein Auge böse, weil ich gut bin? So werden die Letzten Erste sein und die Ersten Letzte.

1. DIE AUTORITÄT, DIE CHRISTUS VERLEIHT

Jetzt erst kann Christus die Kirche zeichnen, wie sie für die Jünger, die berufenen Träger der Autorität, sichtbar werden soll. Auch dieser zweite Abschnitt beginnt mit einer *Leidensprophezeiung*. »Der Menschensohn wird in die Hände von Menschen ausgeliefert. Sie werden ihn töten. Aber am dritten Tag wird er auferweckt« (Mt 17,22). Auffallend ist in der Formulierung die zweimalige Betonung des Menschlichen. Die Kirche in ihrer Menschengestalt ist Menschenhänden ausgeliefert und wird äußerlich auch das Schicksal alles Menschlichen haben. Und doch ist ihr inneres Wesen und Geheimnis etwas Übermenschliches. Es ist die Größe und Autorität Gottes selbst. Um ihretwillen muss der Jünger bereit sein, auf alles zu verzichten, um ganz und nur Bote und Träger dieser Gottesgröße zu sein. Die beiden Grundgedanken, die im Folgenden durch den Herrn entwickelt werden, sind demnach die Autorität der Kirche und die Forderungen, die an die Autoritätsträger gestellt werden.

Autorität, die Christus verleiht, besagt ein Doppeltes: wirkliche Größe, aber gegeben zum Dienen, und wirkliche Vollmacht, aber gegeben zum Helfen.

Größe: Alle *Größe* kirchlicher Amtsträger geht von der Größe Christi selbst aus. Dem größten Amtsträger, Petrus, wird das gezeigt. Die Frage, ob Jesus die Tempelsteuer bezahlt, wird durch Petrus mit einem selbstverständlichen Ja beantwortet. Aber Jesus zeigt ihm, dass dieses Ja völlig unberechtigt ist, denn Steuern verlangt man von Untertanen. Jesus ist aber nicht Untertan des Tempels und nicht Untertan Gottes, sondern Sohn Gottes, also steuerfrei. Und diese Gottessohnschaft zeigt Jesus beinahe spielend, indem er durch ein fast spielerisches Wunder äußerlich die Steuer bezahlt und innerlich die Richtigkeit seiner Behauptung völliger Unabhängigkeit dartut.

Daran schließt sich von selbst die Lehre über die Größe der Jünger eines solchen Meisters an. Wohl sind sie groß, aber es ist Größe, die zum Dienen gegeben ist und darum den Geist der Demut voraussetzt. Ihre menschliche Frage lautet: Wer ist der Größte im Himmelreich? Und die Antwort des Herrn ist die Forderung des Umdenkens und der inneren Umkehr, denn nur wer sich demütigt und klein wird im Inneren, wie ein Kind klein ist im Äußeren, wird groß sein im Reich Gottes. Gerade weil sie groß sind, sollen sie das Kleine beschützen. »Und wer ein solches Kind in meinem Namen aufnimmt, der nimmt mich auf« (Mt 18,5). »Hütet euch davor, einen von diesen Kleinen zu verachten!« (Mt 18,10). Im Reich Gottes gibt es andere Maßstäbe. Selbst ein Kind ist darin groß, weil seine Engel allzeit das Angesicht des Vaters im Himmel schauen und weil auch das kleinste Kind von nun an Züge des Antlitzes Christi trägt und in Christus ist. Wer darum eines dieser Kleinen aufnimmt, nimmt Christus selbst auf. Das Kleine wird groß, weil der große Gott in seiner Kindwerdung klein geworden ist. Durch die Menschwerdung Gottes ist alles Menschliche in Gott einbezogen, geweiht und geheiligt. Das Gottgeweihte und Geheiligte zu schützen, ist Aufgabe der Jünger. Und alles Gottfeindliche muss vom Gottgeweihten ferngehalten werden. Das erschütternde »Wehe« über jedes Sichvergreifen an Schutzlosen und Wehrlosen klingt hier auf. Wer ein Kind zur Sünde verführt, für den wäre es besser, wenn ihm ein Mühlstein an den Hals gehängt und er im Meer ersäuft würde. Unerbittlich muss alles gemieden und ferngehalten werden, was Gott widerspricht. Lieber die Hand und den Fuß abhacken und lieber ein Auge ausreißen, als zu sündigen. Denn es ist besser, verstümmelt oder lahm ins Leben einzugehen, als mit zwei Händen und zwei Füßen ins ewige Feuer geworfen zu werden. Und es ist besser, mit einem Auge ins

Leben einzugehen, als mit zwei Augen ins Feuer der Hölle geworfen zu werden.

Aufgabe der Jünger, die durch den Herrn Größe und Vollmacht erhalten, ist aber nicht nur der Schutz des Kleinen und des Schwachen, sondern noch mehr. Sie sollen geradezu dem Verlorenen und Verirrten nachgehen, um es heimzuholen.

Wie der Hirt die 99 Schafe stehen lässt, um das verlorene heimzuholen, so sollen auch sie als Hirten der Herde Gottes dem Verlorenen nachgehen. Es gibt im Reich Gottes nichts Kleines und Verächtliches, keine *quantité négligeable*. Denn durch den Mensch gewordenen Gott ist alles Menschliche geheiligt und zum Heiligtum des Vaters im Himmel geworden und ist damit der schützenden und der suchenden Hirtensorge anvertraut. Die Frage, wer der Größte im Himmelreich ist, hat damit eine erstaunliche Antwort gefunden. Großmannssucht und Wille zu eigener Größe müssen in ihr Gegenteil »bekehrt« werden, in den Geist der Demut. Und alles scheinbar Kleine muss als groß angesehen und darum geschützt und gesichert werden. So gelten im Reich Gottes neue Maßstäbe und neue Werte.

Vollmacht: Die Umschulung der Jünger durch den Meister geht weiter. Ihre Größe, von der bisher die Rede war, hat letztlich ihre Wurzel in ihrer amtlichen *Vollmacht*. Die Gewalt zu binden und zu lösen ist Petrus bereits übertragen worden. Nun wird sie auch den anderen Jüngern übertragen. Sie haben damit eigentliche Jurisdiktionsgewalt, also Rechtsprechungsgewalt, die Gewalt zu richten und damit zu verurteilen und freizusprechen. Solche Gewalt in Menschenhände zu legen, ist ein unerhörtes Wagnis. Darum wird sie auch vom Herrn mit einer eindringlichen Unterweisung über den rechten Geist beim Gebrauch der Vollmacht verbunden. Ein Doppeltes wird hier von der Kirche ausgesagt. Einmal, dass sie eine wirkliche *richterliche Instanz* ist, und zwar die letzte und höchste Instanz.

Wenn der Jünger sieht, dass bei einem Mitmenschen etwas nicht in Ordnung ist, wenn also ein Delikt vorliegt, das zur Beurteilung kommen muss, geht es dabei nicht in erster Linie um Recht und Gerechtigkeit, sondern um Abhilfe, um Besserung des Delinquenten. Darum ist zuerst eine Aussprache unter vier Augen erforderlich, ein schonendes Aufmerksammachen, eine Kritik unter Ausschluss der Öffentlichkeit. Ist dieses Vorgehen wirkungslos, so wird es trotzdem wiederholt, aber diesmal im Beisein von Zeugen, damit der Ernst eindringlicher in Erscheinung tritt und der Delinquent auf alle Konsequenzen aufmerksam gemacht wird. Erst wenn auch das nichts nützt, soll die Sache in aller Form der kirchlichen Autorität unterbreitet werden. Und nun wird diese Autorität in ihrer Größe sichtbar, denn Christus überträgt ihr die Vollmacht zu binden und zu lösen, und zwar so, dass es Geltung hat vor Gott im Himmel. In feierlicher Form ist hier den Jüngern die Jurisdiktionsgewalt übertragen worden. Wenn auch Binden und Lösen im damaligen Sprachgebrauch in erster Linie eine Art Lehrautorität bedeutet hat, ein feierliches Feststellen, was richtig und was falsch ist, so geht es doch hier um das Handeln des Menschen, also um eine autoritative Feststellung, was erlaubt und was unerlaubt ist, und zwar nicht nur im Allgemeinen, sondern in der ganz konkreten Beurteilung des lebendigen Menschen. Und zwar so, dass es vor Gott Gültigkeit hat, in seinem Namen vorgenommen wird und die Gewissen der Menschen verpflichtet. Die Autorität ist so groß, dass jeder, der sich nicht darum kümmert, wie ein Heide und öffentlicher Sünder zu betrachten ist, also einer der Ausgeschlossenen, der Verworfenen, der Ungläubigen, der nicht zum Volk Gottes Gehörenden. Gerade in der feierlichen Form der Abstufung, die mit dem Reden unter vier Augen beginnt, zum Verhör im Beisein von Zeugen aufsteigt und schließlich vor der von den Jüngern geführten Gemeinde Gottes endet, und zwar im Vollsinn des Wortes endet, sodass eine

Berufung an eine höhere Instanz nicht mehr möglich ist, zeigt sich die Größe der Vollmacht.

Ein Zweites wird von der Kirche gesagt. Sie ist nicht nur eine autoritäre Instanz zur Rechtsprechung und moralischen Besserung, sondern sie ist auch und vor allem eine *Gnadengemeinschaft,* denn die geheimnisvolle, unsichtbare Mitte dieser Gesellschaft ist Christus selbst. »Denn wo zwei oder drei in meinem Namen versammelt sind, da bin ich mitten unter ihnen« (Mt 18,20). Das gibt der Kirche ihre eigentliche Macht, und zwar eine Macht, die sich gerade darum über Himmel und Erde erstreckt. Was immer daher eine solche Gemeinschaft von Gott erbittet, wird sie erlangen. Kirche ist im Kleinen überall dort, wo zwei oder drei im Namen des Herrn beisammen sind. Es ist Gemeinschaft um Christus und in Christus. Kirche ist im Großen dort, wo die Gemeinschaft aller Gläubigen, mit Christus in der Mitte, eine wirkliche Einheit bildet, die *Communio sanctorum*, weil *der* Heilige, Christus der Herr, die unsichtbare Mitte und das eigentlich einigende Prinzip dieser Gemeinschaft bildet. Es ist die Rechtsgemeinschaft der Beauftragten und Gnadengemeinschaft der Betenden. Es ist die Macht zum Rechtsprechen und die Macht des Gebetes.

Die Jünger, denen die Autorität übertragen ist, sollen aber im rechten Geist davon Gebrauch machen. Wieder ist es Petrus, der das Wort ergreift. Sechsmal ist in diesen zweieinhalb Kapiteln von ihm die Rede. Es müsste auffallen, wie sehr er im Vordergrund steht, wenn nicht eben gerade ihm die besondere Vollmacht übertragen wäre. Nur durch Matthäus 16 erklärt sich dieser ganze Abschnitt der Jünger-Unterweisung unter der betonten Führung des Petrus. Seine Frage lautet: Wie oft muss man einem Bruder verzeihen? Und er will andeuten, dass man dabei wohl sehr weit gehen müsse, bis siebenmal, die Zahl der Fülle und des Ganzen. Aber wie menschlich eng und begrenzt bleibt diese scheinbare Hochherzigkeit und Bereitschaft! Christus sprengt mit einem gewaltigen Wort dieses menschliche Maß: nicht siebenmal, sondern siebzigmal siebenmal. Eine Parabel soll die Forderung erläutern. Einem Schuldner, der die unerhörte, überhaupt nicht abzutragende Summe von etwa sechzig Millionen Franken schuldet, wird nur aufgrund einer kurzen Bitte um Geduld und Hinausschieben mit einem einzigen Satz die ganze Schuld gestrichen. Hier ist die Hochherzigkeit des Vergebens und Vergessens auf die menschliche Spitze getrieben, ja eigentlich schon fast ins Unmögliche gesteigert. Der Begnadigte, dem alles geschenkt wird, hat aber seinerseits einen Schuldner, dessen Schuld von ganzen hundert Franken neben seiner Schuld von sechzig Millionen überhaupt nicht der Beachtung wert ist. Aber das Unerhörte geschieht: Der hartherzige Gläubiger reagiert auf genau die gleiche Bitte seines Schuldners nur mit Unerbittlichkeit und lässt ihn in den Kerker werfen. Die Strafe kann nicht ausbleiben, denn wenn der große Schuldner gegen den kleinen ein hartherziger Gläubiger ist, kann er von seinem eigenen Gläubiger keine Schonung erwarten. Der Mensch, dem Gott ein gnädiger Gott ist, darf gegen die Mitmenschen nicht ungnädig sein. Der Mensch, dem von Gott nichts nachgetragen wird, darf dem Mitmenschen nichts nachtragen. Es ist die umgekehrte Formulierung der Vaterunser-Bitte: Vergib uns unsere Schuld, wie auch wir vergeben unseren Schuldigern. Diesmal lautet die Formulierung: Du hast uns unsere Schuld vergeben, so wollen auch wir denen vergeben, die uns etwas schulden. Die Großzügigkeit Gottes uns gegenüber muss uns zur Großzügigkeit den Mitmenschen gegenüber verpflichten. Noblesse oblige. Ein Träger kirchlicher Gewalt und Autorität muss immer wissen, dass er zwar Vorgesetzter seiner Untergebenen, aber noch viel mehr Untergebener des höchsten Vorgesetzten ist. Autorität ist in der Kirche immer ein Dienst der Liebe. Man hat dem kirchlichen Gesetzbuch von Juristenseite gelegentlich den Vorwurf gemacht, dass ihm insofern der

Ernst und die äußerste Konsequenz abgehen, als es bei Lebensgefahr des Delinquenten bereit ist, alle Schranken fallen zu lassen, alle Strafen aufzuheben und alle Türen zu öffnen. Aber gerade darin zeigt es sich, dass in der Kirche eben nicht das Recht um des Rechtes willen gehandhabt wird – *fiat justitia, et pereat mundus* – (Das Recht muss seinen Gang gehen und sollte die Welt darüber zugrunde gehen) –, sondern dass bei ihr das Recht im Dienst der Liebe steht und nur ein Hilfsmittel ist, um die Menschen zu retten und zum Heil zu führen. Ein Großteil der kirchlichen Strafen sind *poenae medicinales*. Wo es um eine *poena vindicativa* geht, hat die Kirche immer das Gemeinwohl vor Augen. Und selbst da tritt, wo es um das Äußerste geht, das Gemeinwohl zurück, und es wird dem reuigen Sünder verziehen.

Mit dem Hinweis auf den himmlischen Vater und seine Liebe als Vorbild für das Verhalten der Menschen untereinander schließt dieser Abschnitt der Jünger-Unterweisung. Die Autorität muss in der Kirche väterlich gehandhabt werden. Es ist eine Art *patria potestas* und muss dementsprechend *paterno modo* werden. Es geht nicht um kaltes Recht und um Handhabung einer unerbittlichen Rechtsautorität, es ist nicht die Herrschaft der Gesetze und Paragrafen, sondern alles ist durchseelt vom Geist der Liebe und der Gnade. So wie wahre Größe in der Kirche nicht menschlichen Ursprungs ist, sondern von der Größe Gottes herkommt und darum der Wille zum Dienen ist, so hat die Macht in der Kirche ihren Ursprung in der Macht Gottes und wird darum im Geiste Gottes und im Willen Gottes gehandhabt. Größe in der Kirche ist gegeben zum Dienen. So wie Christi Königtum ein Dienen ist und gerade dadurch sein Dienen immer etwas Königliches hat, und so wie Christi Macht sich im Helfen auswirkt und gerade dadurch sein Helfen immer machtvoll ist, so sollen auch in der Kirche die Großen dienende Beschützer der Kleinen sein, und die Träger der Macht sollen nicht verbittern, sondern versöhnen. Der Größenwahn ist hier überwunden durch die göttliche Größe im Dienen. Und die Dämonie der Macht ist überwunden durch die Göttlichkeit der Macht im Helfen. Nicht die Größe an sich ist böse, sodass man alles nivellieren müsste, sondern die angemaßte Größe, die sich selbst sucht. Und nicht die Macht an sich ist böse, sondern ihr selbstsüchtiger Missbrauch. Beides ist überwunden durch den Blick auf den allein großen und allein mächtigen Gott, der seine Größe in der Mensch- und Kindwerdung benutzt, um die kleinen Menschen zur Größe der Gottesnähe zu führen, und der seine Allmacht gebraucht, um die Ohnmacht des Sünders durch die Macht der verzeihenden Gnade zu überwinden. So ist den Jüngern nicht nur Größe und Macht übertragen, sondern zugleich der Geist dieser Größe und dieser Macht in eindringlicher, unvergesslicher, von wahrhaft göttlicher Größe und göttlicher Macht zeugender Weise eingeschärft.

2. DIE FORDERUNGEN, DIE CHRISTUS AN DIE AUTORITÄTSTRÄGER STELLT

Schon in der Art, wie der Herr den Jüngern die Autorität übertragen hat, war der Nachdruck auf die geistige Haltung gelegt. Nun werden an die Jünger als Träger dieser Autorität durch Christus noch besondere Forderungen gestellt.

Dieser ganze Abschnitt erhält durch eine scheinbar nebensächliche Bemerkung geografischer Natur einen besonderen Ernst. Denn es heißt zur Einführung: »Und es geschah, als Jesus diese Reden beendet hatte, verließ er Galiläa und zog in das Gebiet von Judäa jenseits des Jordan« (Mt 19,1). Es beginnt der letzte und entscheidende Gang nach Jerusalem, also der Gang nach Golgotha. Und Jesus muss sich noch an dem anderen Ufer des Jordan aufhalten, denn er begibt sich in die Gefahrenzone, in die Nähe seiner Feinde. So erhalten die folgenden Worte und Forderungen an die Jünger ein besonderes Gewicht. Zu drei großen Lebensbereichen bezieht Christus Stellung und zeigt, welches die Haltung seiner Jünger in diesen Lebensbereichen sein soll. Die Verbindungslinien zur Bergpredigt sind darin unverkennbar. Es werden zum Teil die gleichen Fragen aufgegriffen, aber jetzt weitergeführt. Dort sprach Christus zum ganzen Volk, jetzt zu den Jüngern. Seine Forderungen an diese greifen höher und weiter.

Das erste Gebiet ist die *Frage der Ehe*. In der Bergpredigt lautete die Forderung auf äußere und innere Treue in der Ehe. Jetzt geht die Linie weiter. Zuerst wird die gleiche Forderung der ehelichen Treue noch einmal aufgestellt. Ausgangspunkt ist die Frage der Pharisäer: Ist es dem Mann erlaubt, seine Frau aus irgendeinem Grund zu entlassen? Die Antwort Christi ist eindeutig negativ. Die Ehe ist in der Schöpfungsordnung gottgewollt, und zwar als restlose Einheit von Mann und Frau. Das Band der Einheit ist durch Gott selbst geschlossen. »Was aber Gott verbunden hat, das darf der Mensch nicht trennen« (Mt 19,6). Den Einwand, dass doch Mose den Scheidebrief gestattet habe, widerlegt Christus mit dem Hinweis, dass dies ein Kompromiss gewesen sei, der durch die Hartherzigkeit der Juden bedingt war. Jetzt soll aber die Ehe in ihrer ursprünglichen Reinheit und Festigkeit wiederhergestellt werden, denn »am Anfang war es nicht so« (Mt 19,8). Die Jünger verstehen die Antwort des Herrn durchaus richtig, denn sie nehmen das Wort des Herrn so, dass die Verbindung von Mann und Frau eine völlig unauflösliche und darum die Ehe ein großes Wagnis ist. Es ist an diesen Worten Christi nicht zu rütteln. In der Schöpfungsordnung Gottes und in der Heilsordnung, die Christus bringt, ist die Ehe nach dem Willen Gottes unauflöslich und infolgedessen ist die Wiederverheiratung eines Geschiedenen nicht erlaubt. Die Ehe hat ihren Bestand im Willen Gottes. Sie ist nicht eine private Angelegenheit von Mann und Frau, ist nicht nur ein bilateraler Vertrag, sondern Gott ist der entscheidende Dritte im Bund. Vor ihm und in ihm ist die Ehe geschlossen. Das Band liegt in seinen Händen und ist damit der Willkür der Ehegatten entzogen. Die Ehe ist keine nur bürgerliche Sache, sondern ein religiöses Mysterium, über dessen Bestand Gott bestimmt und verfügt. So schwer darum die Tragik in vielen Einzelfällen sein mag, auf das Ganze der Menschheit gesehen ist die bedingungslose Sicherung dieses Ehebandes das Element, das die Ehe festigt, eine völlige, von unerschütterlichem Vertrauen beseelte gegenseitige Hingabe von Ehemann und Ehefrau erst eigentlich ermöglicht, die Ehe über alle Krisen hinwegführt und für Staat und Kirche die naturhaften Fundamente sichert.

Aber diese Wiederholung der Bergpredigt-Forderung ist nur der Ausgangspunkt. Das Entscheidende ist nun die völlig neue Forderung, die Christus an die Adresse der Jünger stellt. Es ist die Forderung der Ehelosigkeit. Es gibt eine Ehelosigkeit durch Naturanlage, denn es gibt Menschen, die naturhaft zur Ehe unfähig sind, körperlich oder seelisch. Christus konstatiert nur diese Tatsache, ohne dazu Stellung zu beziehen. Das Gleiche gilt für die zweite Gruppe. Es gibt Menschen, die normal veranlagt wären, aber durch andere Menschen von der Ehe ausgeschlossen wurden, sei es durch physische Eingriffe in ihre Natur in jeder Form von Kastration, sei es durch eine unnatürliche soziale Ordnung, die unter Umständen dem Menschen die Ehe verunmöglicht. Aber erst die dritte Gruppe verwirklicht das, worum es Christus hier geht: die Ehelosigkeit um des Himmelreiches willen. Und hier fügt der Herr das Wort hinzu: »Wer es erfassen kann, der erfasse es« (Mt 19,12). Wer also das Verständnis dafür und die innere Berufung hat, soll um des Himmelreiches willen auf die Ehe verzichten. Um des Himmelreiches willen! Die Forderung ist allgemein gehalten und enthält darum die Möglichkeit verschiedener Motive. Das entscheidendste und tiefste ist die völlige, ausschließliche und ungeteilte Hingabe an Gott. Wenn Gott die Hand auf einen Menschen legt und ihn ausschließlich besitzen will, ist das eine erwählende Berufung, zu der der Mensch das freudige Jawort geben soll. Oder wenn der Mensch seinerseits aus dem Gedanken der Brautschaft zwischen Gott und der Menschenseele, wie sie im Hohelied angedeutet wird und in der Offenbarung des Johannes wieder in Erscheinung tritt, sich entschließt, der menschlichen Liebe zu entsagen, um ganz und nur in der Liebe Gottes zu leben, so wird diese seine Hingabe seinem religiösen Leben eine besondere Weihe und Tiefe geben. Es könnte der Mensch aber auch durch den Gedanken an die Vergänglichkeit dieses Lebens und die Kürze seiner Dauer so sehr vom Ewigkeitsgedanken erfüllt sein, dass er die Bindung an vergängliche Menschen nicht eingehen will, sondern in völliger Freiheit dem Irdisch-Zeitlichen gegenüber ganz im Überirdisch-Ewigen leben will. So kann das Motiv »Um des Himmelreiches willen« verschiedene Schattierungen haben. Aber es ist immer ein religiöses Motiv. Dieses Christus-Wort ist die eigentliche Begründung der Ehelosigkeit des katholischen Priestertums und der Jungfräulichkeit des katholischen Ordensstandes. Ein erzwungener Zölibat, der dem Verzicht nachtrauert, hat mit diesem Christus-Wort nichts zu tun. Menschen, die ihrer Ehelosigkeit nicht den Inhalt einer besonderen Gottesliebe geben, werden verkümmern, seelisch schrumpfen und verarmen. Wer aber seiner Ehelosigkeit die ganze Blickrichtung auf Gott gibt und im inneren Reichtum der Gottverbundenheit und Gottesliebe lebt, empfängt die Ergänzung, die der Mann sonst durch die Frau und die Frau durch den Mann erhält, in viel höherer, wenn auch gänzlich anderer Weise durch Gott und die Fülle seiner Liebe. Zölibat ohne diese religiöse Fülle ist eine Karikatur und Verzerrung. Zölibat mit innerer Gottverbundenheit schafft dagegen innerlich reiche, lebendige, freie und beglückte Menschen. Dieses Ideal ist hier den Jüngern aufgezeigt mit der Forderung: »Wer es erfassen kann, der erfasse es.«

Ein drittes Element fügt der Herr hinzu. Man bringt ihm Kinder, die er segnen soll. Die Jünger – wieder ist von diesen die Rede – wollen nichts davon wissen. Aber Christus korrigiert ihr Verhalten. »Lasst die Kinder und hindert sie nicht, zu mir zu kommen! Denn Menschen wie ihnen gehört das Himmelreich« (Mt 19,14). Die Jünger, die auf Ehe und Kinder verzichten, sollen deswegen nicht den Verheirateten und den Kindern gegenüber kalt, unnahbar und hart sein, sondern im Gegenteil aus innerer Freiheit und Fülle heraus mit Freuden die Kinder segnen und für sie beten. Damit ist die richtige Haltung aufgezeichnet. Sie besagt den persönlichen Verzicht nicht auf etwas Schlechtes, sondern auf etwas Gutes, und zwar den Verzicht um eines Besseren willen, um des Himmelreiches willen. Gerade dieser bewusste Verzicht aus der inneren Freiheit soll die rechte helfende, dienende und segnende Haltung den Familien gegenüber ermöglichen.

So ist in wenigen Worten das Wesentliche gesagt: Die Ehe ist gottgewollt und durch Gott in ihrem Bestand gesichert. Die Ehelosigkeit um des Himmelreiches willen ist den Jüngern als Ideal aufgezeigt. Sie soll und wird es ihnen ermöglichen, segnend den Familien und besonders den Kindern zu helfen. Das Ideal ist hoch und groß. Die Wirklichkeit wird oft genug hinter ihm zurückbleiben. Aber es wird auch immer wieder Menschen geben, die auf dieses Christus-Wort hin dieses Ideal in ihem Leben zu verwirklichen suchen.

Das zweite Gebiet ist die *Frage des Besitzes*. Auch davon ist in der Bergpredigt die Rede. Dort lautete die Forderung, man dürfe nicht auf das Irdische ausgehen und nicht ängstlich darum besorgt sein. Auch hier geht nun die Forderung Christi an die Jünger wesentlich weiter. Der Besitz, ja selbst der Reichtum ist in sich nicht schlecht und nichts Böses. Der reiche

Jüngling, der dem Herrn die Frage stellt »Meister, was muss ich Gutes tun, um das ewige Leben zu gewinnen?« (Mt 19,16), wird ganz einfach auf die Erfüllung der Gebote hingewiesen. Mehr wird von ihm nicht verlangt. Erst auf seine zweite Frage »Was fehlt mir noch?« (Mt 19,20) erhält er den Hinweis auf etwas Größeres: »Wenn du vollkommen sein willst, geh, verkauf deinen Besitz und gib ihn den Armen; und du wirst einen Schatz im Himmel haben; und komm, folge mir nach!« (Mt 19,21). Es zeigt sich hier, dass der Reichtum, der nicht böse ist, doch zur Gefahr werden kann, denn er kann den Menschen umgarnen, umstricken und völlig gefangen nehmen, sodass er für einen höheren Ruf nicht mehr empfänglich ist, weil er diesen zwar hört und ihm eigentlich im innersten Herzen auch folgen möchte, aber wegen des Reichtums die Kraft dazu nicht aufbringt. Er ist innerlich gebunden. Darum heißt es »Der Jüngling ging traurig davon«. Der Reichtum beglückt ihn nicht, hindert ihn aber, dem wahren und eigentlichen Glück seiner höheren Berufung zu folgen. Darum fügt Christus die Warnung hinzu: »Ein Reicher wird schwer in das Himmelreich kommen« (Mt 19,23). »Leichter geht ein Kamel durch ein Nadelöhr, als dass ein Reicher in das Reich Gottes gelangt« (Mt 19,24). Es ist also schwierig, sich vom äußeren Reichtum innerlich frei zu machen und dann auch äußerlich die Freiheit zu erringen. Ja, es ist so schwierig, dass es nur mit der besonderen Hilfe Gottes möglich ist. Diese Möglichkeit besteht, denn »für Gott aber ist alles möglich« (Mt 19,26). Menschlich und natürlich gesehen ist es »unmöglich«, so unmöglich wie das Schreiten eines Kamels durch ein Nadelöhr. Dieses drastische, scheinbar übertreibende Bild soll die menschliche Unmöglichkeit so recht ins Licht stellen. Wer dem Reichtum verfallen ist, wird für eine höhere Berufung unzugänglich sein und lebt in der großen Gefahr, für das Religiöse überhaupt keine Empfänglichkeit mehr zu haben und infolgedessen nicht ins Reich Gottes einzugehen. Aber auch hier geht es Christus nicht in erster Linie um die Warnung vor dem Reichtum und dem Verfallensein an ihn, sondern es geht ihm um das andere, Positive, um den freiwilligen Verzicht auf den Besitz durch den Ruf Gottes und für die Nachfolge Christi.

Die Szene zeigt deutlich, dass es zwei Wege zu Gott gibt: den Weg der Gebote einerseits und den höheren Weg der Vollkommenheit – »Willst du vollkommen sein …« – andererseits. Es ist keine Doppelmoral, wohl aber der klare Hinweis auf einen gewöhnlichen und einen vollkommenen Weg. Die katholische Lehre von den zwei Ständen, dem Stand der Gebote und dem Stand der Räte, ist hier grundgelegt. Neben der freiwilligen Ehelosigkeit steht die freiwillige Armut, und wieder »um des Himmelreiches willen«. Das ergibt sich aus der Frage des Petrus – nicht umsonst ergreift dieser wieder das Wort – »Siehe, wir haben alles verlassen und sind dir nachgefolgt. Was werden wir dafür bekommen?« (Mt 19,27). Die Antwort Jesu ist deutlich. Sie ist Hinweis auf das Reich Gottes in der Verklärung: »Wenn die Welt neu geschaffen wird und der Menschensohn sich auf den Thron der Herrlichkeit setzt« (Mt 19,28). Dann werden diejenigen, die um seinetwillen alles verlassen haben, von ihm bevorzugt sein. Denn die Zwölf werden dann auf zwölf Thronen sitzen und die zwölf Stämme Israels richten. Und Christus erweitert seine Verheißung: »Und jeder, der um meines Namens willen Häuser oder Brüder oder Schwestern oder Vater oder Mutter oder Kinder oder Äcker verlassen hat, wird dafür das Hundertfache erhalten und das ewige Leben erben« (Mt 19,29). Die Verzichtforderung ist eine totale, aber auch die Verheißung des Vielfachen und des ewigen Lebens eine überschwängliche. Ein hochherziger Verzicht erhält einen mehr als hochherzigen Lohn. Christus will nicht das Lohnmotiv in den Vordergrund stellen, denn er fordert ja den Verzicht um seines Namens willen, nicht um des Lohnes willen. Wer aber um Christi willen verzichtet, wird dann tatsächlich überreich belohnt. Die freiwillige Armut des katholischen Ordensstandes hat hier ihre Begründung. Wie in der Ehelosigkeit Gott die einzige Liebe sein soll, so soll in der freiwilligen Armut Gott der einzige und ganze Reichtum sein. In beiden Forderungen liegt ein Negatives des Verzichts, aber in beiden das Positive des neuen Inhalts: Gott, Christus, das Himmelreich. Nur Menschen, die durch Gottes Gnade die Fähigkeit zu wirklichem Verzicht haben, entsprechen diesem Ideal. Halbheit ist Entstellung. Ganzheit ist das allein Würdige und wirklich Große. Nicht umsonst werden im Lauf der Kirchengeschichte die innere Erneuerung und die Reform immer wieder durch Menschen erfolgen, die den Weg dieser christlichen Vollkommenheit beschritten haben, im Verzicht auf Ehe und Besitz und in ganzer Hingabe an Gottes Liebe und Gottes Fülle.

Ein Drittes fügt Christus hinzu. Es handelt sich um die Frage des *menschlichen Tuns und Wirkens*. Auch davon war in der Bergpredigt die Rede. Die guten Werke, so hieß es dort, sollen die Menschen nicht um der Menschen willen verrichten, sondern einzig im Blick auf den Vater im Himmel. Hier wird die Linie weitergeführt und gezeigt, dass letztlich alles Gnade ist und der Mensch sich darum auf sein Tun nichts einbilden soll und darf. Die Parabel von den Arbeitern im Weinberg erläutert es. Gott ist es, der den Weinberg besitzt und somit die Möglichkeit zum Wirken im Reich Gottes gibt. Gott ist es, der die Menschen wählt und zum Wirken ruft. Gott ist es, der auch den Zeitpunkt für jeden bestimmt. Gott ist es, der die Arbeit belohnt, und zwar in völliger Freiheit, so wie er will. Er gebraucht diese Freiheit so, dass er sich nicht an die strenge Gerechtigkeit hält, sondern durch Güte die Grenzen des Rechts übersteigt und auch dem, der scheinbar wenig tut, einen übergebührlichen Lohn schenkt. So ist alles Gnade und Güte Gottes. Die Jünger, die dem Ruf zum Wirken im Reich des Herrn Folge leisten, sollen dieses Bewusstsein der Gnade haben und völlig in dieser Überzeugung leben, dass sie alles dem Herrn verdanken, somit sich nicht auf ihr Tun etwas einbilden und darauf pochen, sondern freudig alles als Geschenk der freien Gnade und Güte Gottes auffassen sollen. So kann es sein, dass Menschen, an die der Ruf erst spät ergangen ist, die ihm aber in der rechten Gesinnung Folge geleistet haben, am Ende besser dastehen, begnadeter, beschenkter, als andere. Letzte werden Erste und Erste werden Letzte sein. Der menschliche Maßstab, der nach Zeitdauer und äußerer Leistung wertet, gilt vor Gott nicht.

Vom Menschen her gesehen, ist es ein Gerufenwerden und ein Jasagen zum Ruf. Wenn die Kirche in ihrem Stand der Vollkommenheit und der ganzen Hingabe zur freiwilligen Ehelosigkeit und freiwilligen Armut als Drittes den freiwilligen Gehorsam fordert, so hat das scheinbar zu diesem Dritten, was Christus hier betont, keine Beziehung. In Wirklichkeit ist aber die Beziehung vorhanden. Denn weil alles Gnadenruf Gottes ist, ist der Gehorsam die freudige Antwort auf diesen Ruf, und zwar nicht als Leistung, auf die der Berufene sich etwas einbilden kann, sondern als Gnade, die ihn nach freiem Ermessen Gottes gerufen hat.

Damit ist das Ideal der ganzen Jüngerschaft aufgezeichnet. Es ist die ungeteilte Hingabe an den Herrn mit Verzicht auf alles, was nicht des Herrn ist, das ganze Stehen in seiner Liebe, in seinem Reichtum, in der Gnade seiner Berufung. So schließt der zweite Abschnitt mit dem Hinweis auf Gottes Größe und Gnade.

III. DAS GEHEIMNIS DES OPFERS
Mt 20,17–28

Als Jesus nach Jerusalem hinaufzog, nahm er die zwölf Jünger beiseite und sagte unterwegs zu ihnen: Siehe, wir gehen nach Jerusalem hinauf; und der Menschensohn wird den Hohepriestern und Schriftgelehrten ausgeliefert; sie werden ihn zum Tod verurteilen und den Heiden ausliefern, damit er verspottet, gegeißelt und gekreuzigt wird; und am dritten Tag wird er auferweckt werden.

Damals kam die Frau des Zebedäus mit ihren Söhnen zu Jesus, fiel vor ihm nieder und bat ihn um etwas. Er fragte sie: Was willst du? Sie antwortete: Versprich, dass meine beiden Söhne in deinem Reich rechts und links neben dir sitzen dürfen! Jesus erwiderte: Ihr wisst nicht, um was ihr bittet. Könnt ihr den Kelch trinken, den ich trinken werde? Sie sagten zu ihm: Wir können es. Da antwortete er ihnen: Meinen Kelch werdet ihr trinken; doch den Platz zu meiner Rechten und zu meiner Linken habe nicht ich zu vergeben; dort werden die sitzen, für die es mein Vater bestimmt hat. Als die zehn anderen Jünger das hörten, wurden sie sehr ärgerlich über die beiden Brüder. Da rief Jesus sie zu sich und sagte: Ihr wisst, dass die Herrscher ihre Völker unterdrücken und die Großen ihre Vollmacht gegen sie gebrauchen. Bei euch soll es nicht so sein, sondern wer bei euch groß sein will, der soll euer Diener sein, und wer bei euch der Erste sein will, soll euer Sklave sein. Wie der Menschensohn nicht gekommen ist, um sich dienen zu lassen, sondern um zu dienen und sein Leben hinzugeben als Lösegeld für viele.

1. DIE FALSCHE HALTUNG DER JÜNGER

Der dritte Abschnitt beginnt wie der erste und zweite wieder mit einer *Leidensprophezeiung*. Die Situation spitzt sich hier noch mehr zu. Denn es heißt ausdrücklich: »Als Jesus nach Jerusalem hinaufzog« (Mt 20,17). Die Gefahr wird somit größer. Und noch einmal wird betont: »Er nahm die zwölf Jünger beiseite und sagte unterwegs zu ihnen« (Mt 20,17). Es handelt sich somit um die zwölf besonders Berufenen. Und wieder die Voraussage des Leidens und diesmal eindringlicher und ausführlicher: »Siehe, wir gehen nach Jerusalem hinauf; und der Menschensohn wird den Hohepriestern und Schriftgelehrten ausgeliefert; sie werden ihn zum Tod verurteilen und den Heiden ausliefern, damit er verspottet, gegeißelt und gekreuzigt wird; und am dritten Tag wird er auferweckt werden« (Mt 20,18–19).

Die erste Leidensprophezeiung hatte die heftige Reaktion des Petrus ausgelöst. Bei der zweiten hieß es nur: »Da wurden sie sehr traurig« (Mt 17,23). Nach der dritten ist überhaupt keine Reaktion genannt. Das Wort steht einfach schroff und unerbittlich da ohne Vorbereitung und ohne Weiterführung, hart und unausweichlich hingestellt.

Der ganze dritte Teil dieses Abschnittes ist äußerlich auffallend kurz, aber innerlich voller Dynamik, geradezu geladen, geballt, in höchster Konzentration. Es geht um das innerste Geheimnis des Lebens und Wirkens Jesu, um seine Hingabe im großen Erlösungsopfer. Das ist der Grundgedanke, der durch den Gegensatz zum Unverständnis und zur äußerlich-weltlichen Gesinnung der Jünger umso schärfer hervortritt.

Wieder werden die Worte des Herrn durch einen äußeren Anlass eingeführt. Aber diesmal sind es nicht Pharisäer, die eine Frage stellen, auch nicht ein einzelner Außenstehender wie der reiche Jüngling und nicht die Jünger als Ganzes, sondern zwei, und zwar zwei der Bevorzugten aus dem Jüngerkreis: Jakobus und Johannes, also zwei, die den Herrn in der Tabor-Verklärung geschaut hatten, somit zwei, die seinen Geist und seine Forderungen nun bereits verstehen müssten. Aber das Gegenteil ist der Fall. Und es liegt noch etwas Unschönes in der Art ihres Vorgehens. Denn sie kommen nicht selbst, sondern schicken ihre Mutter vor. Man versteht den Zorn der Übrigen. Die Forderung der beiden lautet: Sie wollen bei der Gründung des Reiches zur Rechten und zur Linken des Herrn sitzen. Sie denken sich also das Reich Gottes immer noch als in irdischem Glanz menschlicher Macht kommend, und sie wollen sich rechtzeitig, in naivem Egoismus, die bevorzugte Stellung vor allen anderen sichern. Die Antwort Christi lässt seinen Unwillen spüren. »Ihr wisst nicht, um was ihr bittet« (Mt 20,22). Im Übrigen ist es der Vater im Himmel, der die Plätze zu seiner Rechten und Linken verteilt. Und das Entscheidende ist, dass die beiden eine andere Auffassung von ihrer Aufgabe haben müssten. Es handelt sich darum, dass sie den Kelch trinken sollen, den der Herr selbst trinken muss, den Kelch des Leidens. Damit ist die Leidensprophetie wieder aufgegriffen und der Opfergedanke eingeführt. Das Ganze ist nur Anlass und Auftakt zur entsprechenden Lehre, die nun Jesus nicht nur an die beiden, sondern an alle Zwölf richtet. Im Gegensatz zu den Großen und Machthabern dieser Welt sollen sie, die im Reich Gottes Große und Machthaber sein sollen und werden, sich nicht selbst suchen, sondern im Gegenteil sich selbst vergessen, sich selbst zum Dienst für die anderen hingeben. »Wer bei euch groß sein will, der soll euer Diener sein, und wer bei euch der Erste sein will, soll euer Sklave sein« (Mt 20,26–27). Im Reich Gottes ist Demut Größe und ist Dienen Herrschen. Es soll darum der wirklich Große seine Größe in der Demut zeigen, und der wirklich Herrschende soll dienen. Vorrangstellung im Reich Gottes ist

Vorrang im Helfen und Dienen. Die Größe, die Christus gibt und fordert, ist die Größe in der Hingabe.

2. DER OPFERWILLE CHRISTI

Christus schließt mit dem Hinweis auf seine eigene Funktion im Reich Gottes. »Wie der Menschensohn nicht gekommen ist, um sich dienen zu lassen, sondern um zu dienen« (Mt 20,28). Wer also sein Jünger und seines Geistes Kind sein will, wer in seiner Nachfolge stehen und zu seiner Rechten und Linken sitzen will, wer mit ihm seinen Kelch trinken will, muss die gleiche Bereitschaft zum Dienen haben. Kirchliche Würde ist wesentlich Diakonie. Noch mehr: »Wie der Menschensohn nicht gekommen ist, um sich dienen zu lassen, sondern um zu dienen und sein Leben hinzugeben als Lösegeld für viele« (Mt 20,28). Damit ist das eigentliche Mysterium des Lebens Christi aufgezeigt: das erlösende Opfer. Sein ganzes Leben steht unter dem Opfergedanken. Seine Menschwerdung ist die Bereitung der Opfergabe, sein Leben das Schreiten zur Opferstätte. Sein Wirken ist Aufopferung für die anderen, sein Gebet ein Opfergebet der Hingabe, der Karfreitag der blutige Vollzug des Opfers, die Schlachtung des Opferlammes. Ostern ist das Zeichen der Annahme des Opfers durch den Vater im Himmel. Und Himmelfahrt ist seine große *Communio*, die Einswerdung mit dem Vater. Die Menschheit ist durch die Sünde der Knechtschaft verfallen. Christus ist gekommen, sie loszukaufen um den Preis seines Blutes. Sein Opfer ist Sühnopfer. Dieser Schlusssatz ist die eigentliche Sinngebung für die dreimalige Leidensprophezeiung. Er geht seinem Leiden nicht in stoischer Ruhe entgegen, sondern er bejaht es und will es, weil es opfernde Hingabe für die

Menschheit ist. Der Kelch, den er trinkt, ist der Opferkelch des Blutes. Wer darum in der besonderen Berufung seiner Jüngerschaft und Nachfolge steht, soll eine Opfergesinnung haben wie er, soll Anteil haben an seinem Kelch, Geist der Hingabe, die sich für die anderen opfert. Darum geht es. Menschliches Denken ist Selbstsucht, der alles geopfert wird. Christi Denken ist selbstlose Liebe, die sich für alle opfert. Damit ist das Letzte und Tiefste gesagt, was er seinen Jüngern sagen will. So führt dieser Abschnitt der Jünger-Unterweisung ins innerste Geheimnis seines Herzens und auf die letzte Höhe seines Lebens. Mit dem Gesetz des Kreuzes hat der Abschnitt der Jünger-Unterweisung begonnen. Mit dem Hinweis auf den tiefsten religiösen Sinn des Kreuzes als des großen Erlösungsopfers der Menschheit schließt er. So ist die ausführliche Jünger-Unterweisung über die Größe und Macht, die ihnen verliehen wird, und über die Forderungen, die an sie gestellt werden, umrahmt von zwei kurzen, aber inhaltlich bedeutsamen Abschnitten, die unter sich eine Einheit bilden und alles zu einem Ganzen abrunden: das Gesetz des Kreuzes und das Geheimnis des Opfers. Und so erklärt sich auch die tiefsinnige Einführung aller drei Abschnitte durch je eine Leidensvoraussage. Christus selbst ist es, der sich dem Gesetz des Kreuzes unterstellt, seine Größe und Macht nicht für sich gebraucht, sondern zu dienender Liebe, und der sich und sein Leben hingibt im blutigen Opfer der Erlösung.

CHRISTUS IN DER UNTERWEISUNGSREDE

Wie in der Bergpredigt ist auch durch alle Worte der Unterweisungsrede hindurch die Gestalt Christi sichtbar. Jesus zeichnet sich selbst. Von allen Matthäus-Reden ist diese die intimste, denn Jesus spricht nur zum engsten Kreis der Seinen, kann also offen reden, braucht nichts zurückzuhalten und muss sich keinerlei Gewalt antun. Darum wird hier auch sein innerstes Wesen sichtbar: der Geist einer sich opfernden Liebe.

Über dem Ganzen steht geheimnisvoll, dunkel, und doch wieder hell das Kreuz. Dreimal wird die Leidensvoraussage wiederholt. Und dazu steht am Anfang und am Ende, das Ganze umfassend und bestimmend, das Mysterium des Kreuzes. Gerade hier, wo der Herr auf dem Höhepunkt seines Lebens steht, spricht er am deutlichsten von der kommenden Passion. Sie bricht nicht unversehens über ihn herein, sondern er sieht das Ende in voller Klarheit kommen und sagt es mit aller Deutlichkeit voraus. Er steht über dieser Katastrophe, bejaht sie und lässt das Böse zu, um daraus Gutes zu machen. Aus dem Verbrechen seiner Hinrichtung und des gewaltsamen Mordes macht er das Opfer der Erlösung für das Heil der Welt.

Wenn er die Forderung aufstellt, dass die Seinen ihr Leben verlieren sollen, um es zu gewinnen, so ist er der Erste, der dieses Wort erfüllt. Denn er gibt sein Leben hin, nicht nur um es in der Verklärung selbst wieder zu gewinnen, sondern um durch den äußeren Tod seines Lebens innerlich Tote lebendig zu machen.

Er gibt seiner Kirche autoritativ die Gewalt zu binden und zu lösen und zeigt ihr zugleich, dass die Größe im Dienen besteht und die Vollmacht zum Helfen gegeben ist. Er ist der Größte aller und hat sich zum Diener aller erniedrigt. Ihm »ist alle Gewalt gegeben im Himmel und auf Erden« (Mt 28,18). Er gebraucht sie aber nur zum Helfen und Heilen. Er, der der Sohn Gottes ist, der keine Steuer zu entrichten hat, bezahlt die Steuer seines eigenen Blutes. Er, den Gesetz und Propheten als Messias bestätigen und den die Stimme vom Himmel als »geliebten Sohn« kundtut, er, der wirklich »der Größte im Himmelreich« ist, hat sich in der Menschwerdung zum Kleinsten gemacht, zum Kind und zum dienenden Sklaven. Er ist den Verlorenen nachgegangen, um sie zu retten. Nicht bloß siebzig mal siebenmal verzeiht er reuigen Sündern, sondern immer, ohne zu zählen und zu rechnen. Wenn er Ehelosigkeit verlangt um des Himmelreiches willen, so ist er selbst der große Einsame ohne menschliche Bindungen und doch der Überreiche, durch dessen Seele das unendliche Meer der Liebe seines Vaters wogt. Seine Braut ist die heilige Kirche. Seine Wiederkunft wird die Feier der Hochzeit sein (Offb 21,2.9). Wenn er Armut fordert, freiwilligen, freudigen Verzicht, und das Vielfache dafür verspricht, ist er selbst der Bedürfnislose, der als Armer im Stall geboren wird, im öffentlichen Leben nichts hat, wo er sein Haupt hinlegen kann, und von allem entblößt am Kreuz stirbt, und der doch der Reichste ist, weil die Herrlichkeit des Himmels ihm gehört. Er ist der Herr des Weinbergs, der beim Auszahlen des Lohnes nicht berechnend und knauserig ist, sondern dessen Gnade alle Grenzen bloßer Gerechtigkeit überschreitet. Wenn die Seinen den Kelch trinken sollen, so ist er der Erste, der ihn trinkt und bis zur Neige leert. Und all das nicht erzwungen und nicht mühsam erkämpft, nicht sich selbst abgerungen, sondern aus den Händen frevlerischer Menschen, aber in Wirklichkeit aus der Hand des Vaters bereitwillig angenommen und als Lösegeld für alle verschenkt und hingegeben. Er ist der, der sich selbst opfert, Priester und Opfer zugleich.

So steht er in diesem Abschnitt als der dienende Knecht, der Erniedrigte, Verworfene, Misshandelte, Geopferte, und doch zugleich als der Herr über allem in göttlicher Größe. Er vereinigt Niedrigkeit und Hoheit in der Liebe, die in ihrem Opfer Sünden tilgt und Gnade schenkt und damit das Reich Gottes gründet und aufbaut. Er ist der Meister. Alle Jüngerschaft wird an seinem Leben die Größe und Tiefe seiner Worte ermessen können. Nachfolge seines Lebens ist Erfüllung seiner Lehre, ist Hingabe in den Tod hinein und dadurch zum Leben.

SECHSTER TEIL

DAS GERICHT

I. GERICHT ÜBER DIE FÜHRER ISRAELS 20,29–23,39

Vorbereitung 20,29–21,17

1. Der Angriff Jesu: 3 Parabeln 21,18–22,14
2. Der Angriff der Feinde: 3 Gruppen: Herodianer, Sadduzäer, Pharisäer 22,15–22,46
3. Das Urteil Jesu 23,1–23,39

II. GERICHT ÜBER DIE WELT 24,1–25,46

Vorbereitung 24,1–24,3

1. Das Kommen des Endes: für Jerusalem, für die Welt 24,4–24,36
2. Die Vorbereitung auf das Ende: Wachen, Wirken 24,37–25,30
3. Das Gericht 25,31–25,46

CHRISTUS IN DEN GERICHTSREDEN

I. GERICHT ÜBER DIE FÜHRER ISRAELS

Mt 20,29–23,39

Als sie Jericho verließen, folgte ihm eine große Zahl von Menschen nach. Und siehe, an der Straße saßen zwei Blinde, und als sie hörten, dass Jesus vorbeikam, riefen sie laut: Hab Erbarmen mit uns, Herr, Sohn Davids! Die Leute aber befahlen ihnen, zu schweigen. Sie aber schrien noch lauter: Hab Erbarmen mit uns, Herr, Sohn Davids! Jesus blieb stehen, rief sie zu sich und sagte: Was wollt ihr, dass ich euch tue? Sie antworteten: Herr, dass unsere Augen geöffnet werden. Da hatte Jesus Mitleid mit ihnen und berührte ihre Augen. Im gleichen Augenblick konnten sie sehen und sie folgten ihm nach.

Als sie sich Jerusalem näherten und nach Betfage am Ölberg kamen, schickte Jesus zwei Jünger aus und sagte zu ihnen: Geht in das Dorf, das vor euch liegt; dort werdet ihr eine Eselin angebunden finden und ein Fohlen bei ihr. Bindet sie los und bringt sie zu mir! Und wenn euch jemand zur Rede stellt, dann sagt: Der Herr braucht sie, er lässt sie aber bald zurückbringen. Das ist geschehen, damit sich erfüllte, was durch den Propheten gesagt worden ist: Sagt der Tochter Zion: Siehe, dein König kommt zu dir. Er ist sanftmütig und er reitet auf einer Eselin und auf einem Fohlen, dem Jungen eines Lasttiers. Die Jünger gingen und taten, wie Jesus ihnen aufgetragen hatte. Sie brachten die Eselin und das Fohlen, legten ihre Kleider auf sie und er setzte sich darauf. Viele Menschen breiteten ihre Kleider auf dem Weg aus, andere schnitten Zweige von den Bäumen und streuten sie auf den Weg. Die Leute aber, die vor ihm hergingen und die ihm nachfolgten, riefen: Hosanna dem Sohn Davids! Gesegnet sei er, der kommt im Namen des Herrn. Hosanna in der Höhe! Als er in Jerusalem einzog, erbebte die ganze Stadt und man fragte: Wer ist dieser? Die Leute sagten: Das ist der Prophet Jesus von Nazaret in Galiläa.

Jesus ging in den Tempel und trieb alle Händler und Käufer aus dem Tempel hinaus; er stieß die Tische der Geldwechsler und die Stände der Taubenhändler um und sagte zu ihnen: Es steht geschrieben: Mein Haus soll ein Haus des Gebetes genannt werden. Ihr aber macht daraus eine Räuberhöhle. Im Tempel kamen Lahme und Blinde zu ihm und er heilte sie. Als nun die Hohepriester und die Schriftgelehrten die Wunder sahen, die er tat, und die Kinder im Tempel rufen hörten: Hosanna dem Sohn Davids!, da wurden sie ärgerlich und sagten zu ihm: Hörst du, was sie rufen? Jesus antwortete ihnen: Ja. Habt ihr nie gelesen: Aus dem Mund der Kinder und Säuglinge schaffst du dir Lob? Und er ließ sie stehen und ging aus der Stadt hinaus nach Betanien; dort übernachtete er.

Als er am Morgen in die Stadt zurückkehrte, hatte er Hunger. Da sah er am Weg einen Feigenbaum und ging auf ihn zu und fand an ihm nichts als nur Blätter. Da sagte er zu ihm: In Ewigkeit soll keine Frucht mehr an dir wachsen. Und der Feigenbaum verdorrte auf der Stelle. Als die Jünger das sahen, fragten sie erstaunt: Wie konnte der Feigenbaum so plötzlich verdorren? Jesus antwortete ihnen: Amen, ich sage euch: Wenn ihr Glauben habt und nicht zweifelt, dann werdet ihr nicht nur das vollbringen, was ich mit dem Feigenbaum getan habe; selbst wenn ihr zu diesem Berg sagt: Heb dich empor und stürz dich ins Meer!, wird es geschehen. Und alles, was ihr im Gebet erbittet, werdet ihr erhalten, wenn ihr glaubt.

Als er in den Tempel ging und dort lehrte, kamen die Hohepriester und die Ältesten des Volkes zu ihm und fragten: In welcher Vollmacht tust du das und wer hat dir diese Vollmacht gegeben? Jesus antwortete und sprach zu ihnen: Auch ich will euch eine Frage stellen. Wenn ihr mir darauf antwor-

tet, dann werde ich euch sagen, in welcher Vollmacht ich das tue. Woher stammte die Taufe des Johannes? Vom Himmel oder von den Menschen? Da überlegten sie und sagten zueinander: Wenn wir antworten: Vom Himmel!, so wird er zu uns sagen: Warum habt ihr ihm dann nicht geglaubt? Wenn wir aber antworten: Von den Menschen!, dann müssen wir uns vor den Leuten fürchten; denn alle halten Johannes für einen Propheten. Darum antworteten sie Jesus: Wir wissen es nicht. Da erwiderte er: Dann sage auch ich euch nicht, in welcher Vollmacht ich das tue.

Was meint ihr? Ein Mann hatte zwei Söhne. Er ging zum ersten und sagte: Mein Kind, geh und arbeite heute im Weinberg! Er antwortete: Ich will nicht. Später aber reute es ihn und er ging hinaus. Da wandte er sich an den zweiten und sagte zu ihm dasselbe. Dieser antwortete: Ja, Herr – und ging nicht hin. Wer von den beiden hat den Willen seines Vaters erfüllt? Sie antworteten: Der erste. Da sagte Jesus zu ihnen: Amen, ich sage euch: Die Zöllner und die Dirnen gelangen eher in das Reich Gottes als ihr. Denn Johannes ist zu euch gekommen auf dem Weg der Gerechtigkeit und ihr habt ihm nicht geglaubt; aber die Zöllner und die Dirnen haben ihm geglaubt. Ihr habt es gesehen und doch habt ihr nicht bereut und ihm nicht geglaubt.

Hört noch ein anderes Gleichnis: Es war ein Gutsbesitzer, der legte einen Weinberg an, zog ringsherum einen Zaun, hob eine Kelter aus und baute einen Turm. Dann verpachtete er den Weinberg an Winzer und reiste in ein anderes Land. Als nun die Erntezeit kam, schickte er seine Knechte zu den Winzern, um seine Früchte holen zu lassen. Die Winzer aber packten seine Knechte; den einen prügelten sie, den andern brachten sie um, wieder einen anderen steinigten sie. Darauf schickte er andere Knechte, mehr als das erste Mal; mit ihnen machten sie es genauso. Zuletzt sandte er seinen Sohn zu ihnen; denn er dachte: Vor meinem Sohn werden sie Achtung haben. Als die Winzer den Sohn sahen, sagten sie zueinander: Das ist der Erbe. Auf, wir wollen ihn umbringen, damit wir sein Erbe in Besitz nehmen. Und sie packten ihn, warfen ihn aus dem Weinberg hinaus und brachten ihn um. Wenn nun der Herr des Weinbergs kommt: Was wird er mit jenen Winzern tun? Sie sagten zu ihm: Er wird diese bösen Menschen vernichten und den Weinberg an andere Winzer verpachten, die ihm die Früchte abliefern, wenn es Zeit dafür ist. Und Jesus sagte zu ihnen: Habt ihr nie in der Schrift gelesen: Der Stein, den die Bauleute verworfen haben, er ist zum Eckstein geworden; vom Herrn ist das geschehen und es ist wunderbar in unseren Augen? Darum sage ich euch: Das Reich Gottes wird euch weggenommen und einem Volk gegeben werden, das die Früchte des Reiches Gottes bringt. Und wer auf diesen Stein fällt, wird zerschellen; auf wen der Stein aber fällt, den wird er zermalmen. Als die Hohepriester und die Pharisäer seine Gleichnisse hörten, merkten sie, dass er von ihnen sprach. Sie suchten ihn zu ergreifen; aber sie fürchteten die Menge, weil sie ihn für einen Propheten hielt. Jesus antwortete und erzählte ihnen ein anderes Gleichnis: Mit dem Himmelreich ist es wie mit einem König, der seinem Sohn die Hochzeit ausrichtete. Er schickte seine Diener, um die eingeladenen Gäste zur Hochzeit rufen zu lassen. Sie aber wollten nicht kommen. Da schickte er noch einmal Diener und trug ihnen auf: Sagt den Eingeladenen: Siehe, mein Mahl ist fertig, meine Ochsen und das Mastvieh sind geschlachtet, alles ist bereit. Kommt zur Hochzeit! Sie aber kümmerten sich nicht darum, sondern der eine ging auf seinen Acker, der andere in seinen Laden, wieder andere fielen über seine Diener her, misshandelten sie und brachten sie um. Da wurde der König zornig; er schickte sein Heer, ließ die Mörder töten und ihre Stadt in Schutt und Asche legen. Dann sagte er zu seinen Dienern: Das Hochzeitsmahl ist vorbereitet, aber die Gäste waren nicht würdig. Geht also an die Kreuzungen der Straßen und ladet alle, die ihr trefft, zur Hochzeit ein! Die Diener gingen auf die Straßen hinaus und holten alle zusammen, die sie trafen, Böse und Gute, und der Festsaal füllte sich mit Gästen. Als der König eintrat, um sich die Gäste anzusehen, bemerkte er unter ihnen einen Menschen, der kein Hochzeitsgewand anhatte. Er sagte zu ihm: Freund, wie bist du hier ohne Hochzeitsgewand hereingekommen? Der aber blieb stumm. Da befahl der König seinen Dienern: Bindet ihm Hände und Füße und werft ihn hinaus in die äußerste Finsternis! Dort wird Heulen und Zähneknirschen sein. Denn viele sind gerufen, wenige aber auserwählt.

Damals kamen die Pharisäer zusammen und beschlossen, Jesus mit einer Frage eine Falle zu stellen. Sie veranlassten ihre Jünger, zusammen mit den Anhängern des Herodes zu ihm zu gehen und zu sagen: Meister, wir wissen, dass du die Wahrheit sagst und wahrhaftig den Weg Gottes lehrst und auf niemanden Rücksicht nimmst, denn du siehst nicht auf die Person. Sag uns also: Was meinst du? Ist es erlaubt, dem Kaiser Steuer zu zahlen, oder nicht? Jesus aber erkannte ihre böse Absicht und sagte: Ihr Heuchler, warum versucht ihr mich? Zeigt mir die Münze, mit der ihr eure Steuern bezahlt! Da hielten sie ihm einen Denar hin. Er fragte sie: Wessen Bild und Aufschrift ist das? Sie antworteten ihm: Des Kaisers. Darauf sagte er zu ihnen: So gebt dem Kaiser, was dem Kaiser gehört, und Gott, was Gott gehört! Als sie das hörten, staunten sie, ließen ihn stehen und gingen weg.

Am selben Tag kamen zu Jesus einige von den Sadduzäern, die behaupten, es gebe keine Auferstehung. Sie fragten ihn: Meister, Mose hat gesagt: Wenn ein Mann stirbt, ohne Kinder zu haben, dann soll sein Bruder dessen Frau heiraten und seinem Bruder Nachkommen verschaffen. Bei uns lebten einmal sieben Brüder. Der erste heiratete und starb, und weil er keine Nachkommen hatte, hinterließ er seine Frau seinem Bruder, ebenso der zweite und der dritte und so weiter bis zum sieb-

ten. Als letzte von allen starb die Frau. Wessen Frau wird sie nun bei der Auferstehung sein? Alle sieben haben sie doch zur Frau gehabt. Jesus antwortete und sprach zu ihnen: Ihr irrt euch; ihr kennt weder die Schrift noch die Macht Gottes. Denn nach der Auferstehung heiratet man nicht, noch wird man geheiratet, sondern die Menschen sind wie Engel im Himmel. Habt ihr im Übrigen nicht gelesen, was Gott euch über die Auferstehung der Toten mit den Worten gesagt hat: Ich bin der Gott Abrahams, der Gott Isaaks und der Gott Jakobs? Er ist nicht der Gott von Toten, sondern von Lebenden. Als das Volk das hörte, geriet es außer sich vor Staunen über seine Lehre.

Als die Pharisäer hörten, dass Jesus die Sadduzäer zum Schweigen gebracht hatte, kamen sie am selben Ort zusammen. Einer von ihnen, ein Gesetzeslehrer, wollte ihn versuchen und fragte ihn: Meister, welches Gebot im Gesetz ist das wichtigste? Er antwortete ihm: Du sollst den Herrn, deinen Gott, lieben mit ganzem Herzen, mit ganzer Seele und mit deinem ganzen Denken. Das ist das wichtigste und erste Gebot. Ebenso wichtig ist das zweite: Du sollst deinen Nächsten lieben wie dich selbst. An diesen beiden Geboten hängt das ganze Gesetz und die Propheten.

Danach fragte Jesus die Pharisäer, die versammelt waren: Was denkt ihr über den Christus? Wessen Sohn ist er? Sie antworteten ihm: Der Sohn Davids. Er sagte zu ihnen: Wie kann ihn dann David im Geist Herr nennen? Denn er sagt: Der Herr sprach zu meinem Herrn: Setze dich mir zur Rechten, bis ich dir deine Feinde unter die Füße lege. Wenn ihn also David Herr nennt, wie kann er dann sein Sohn sein? Niemand konnte ihm darauf etwas erwidern und von diesem Tag an wagte keiner mehr, ihm eine Frage zu stellen.

Darauf sprach Jesus zum Volk und zu seinen Jüngern und sagte: Auf dem Stuhl des Mose sitzen die Schriftgelehrten und die Pharisäer. Tut und befolgt also alles, was sie euch sagen, aber richtet euch nicht nach ihren Taten; denn sie reden nur, tun es aber nicht. Sie schnüren schwere und unerträgliche Lasten zusammen und legen sie den Menschen auf die Schultern, selber aber wollen sie keinen Finger rühren, um die Lasten zu bewegen. Alles, was sie tun, tun sie, um von den Menschen gesehen zu werden: Sie machen ihre Gebetsriemen breit und die Quasten an ihren Gewändern lang, sie lieben den Ehrenplatz bei den Gastmählern und die Ehrensitze in den Synagogen und wenn man sie auf den Marktplätzen grüßt und die Leute sie Rabbi nennen. Ihr aber sollt euch nicht Rabbi nennen lassen; denn nur einer ist euer Meister, ihr alle aber seid Brüder. Auch sollt ihr niemanden auf Erden euren Vater nennen; denn nur einer ist euer Vater, der im Himmel. Auch sollt ihr euch nicht Lehrer nennen lassen; denn nur einer ist euer Lehrer, Christus. Der Größte von euch soll euer Diener sein. Denn wer sich selbst erhöht, wird erniedrigt, und wer sich selbst erniedrigt, wird erhöht werden. Weh euch, ihr Schriftgelehrten und Pharisäer, ihr Heuchler! Ihr verschließt den Menschen das Himmelreich. Denn ihr selbst geht nicht hinein und lasst die nicht hinein, die hineingehen wollen. Weh euch, ihr Schriftgelehrten und Pharisäer, ihr Heuchler! Ihr zieht über Land und Meer, um einen einzigen Menschen für euren Glauben zu gewinnen; und wenn er gewonnen ist, dann macht ihr ihn zu einem Sohn der Hölle, doppelt so schlimm wie ihr selbst. Weh euch, ihr seid blinde Führer! Ihr sagt: Wenn einer beim Tempel schwört, gilt es nicht, wenn er aber beim Gold des Tempels schwört, gilt es. Ihr blinden Narren! Was ist wichtiger: das Gold oder der Tempel, der das Gold erst heilig macht? Auch sagt ihr: Wenn einer beim Altar schwört, gilt es nicht, wenn er aber bei dem Opfer schwört, das auf dem Altar liegt, gilt es. Ihr Blinden! Was ist wichtiger: das Opfer oder der Altar, der das Opfer erst heilig macht? Wer beim Altar schwört, der schwört bei ihm und bei allem, was darauf liegt. Und wer beim Tempel schwört, der schwört bei ihm und bei dem, der darin wohnt. Und wer beim Himmel schwört, der schwört beim Thron Gottes und bei dem, der darauf sitzt. Weh euch, ihr Schriftgelehrten und Pharisäer, ihr Heuchler! Ihr gebt den Zehnten von Minze, Dill und Kümmel und lasst das Wichtigste im Gesetz außer Acht: Recht, Barmherzigkeit und Treue. Man muss das eine tun, ohne das andere zu lassen. Blinde Führer seid ihr: Ihr siebt die Mücke aus und verschluckt das Kamel. Weh euch, ihr Schriftgelehrten und Pharisäer, ihr Heuchler! Ihr haltet Becher und Schüsseln außen sauber, innen aber sind sie voll von Raffsucht und Gier. Du blinder Pharisäer! Mach den Becher zuerst innen sauber, dann ist er auch außen rein. Weh euch, ihr Schriftgelehrten und Pharisäer, ihr Heuchler! Ihr seid wie getünchte Gräber, die von außen schön aussehen, innen aber voll sind von Knochen der Toten und aller Unreinheit. So erscheint auch ihr von außen den Menschen gerecht, innen aber seid ihr voll Heuchelei und Gesetzlosigkeit. Weh euch, ihr Schriftgelehrten und Pharisäer, ihr Heuchler! Ihr errichtet den Propheten Grabstätten und schmückt die Denkmäler der Gerechten und sagt dabei: Wenn wir in den Tagen unserer Väter gelebt hätten, wären wir nicht wie sie am Blut der Propheten schuldig geworden. Damit bestätigt ihr selbst, dass ihr die Söhne der Prophetenmörder seid. Macht nur das Maß eurer Väter voll! Ihr Nattern, ihr Schlangenbrut! Wie wollt ihr dem Strafgericht der Hölle entrinnen? Darum siehe, ich sende Propheten, Weise und Schriftgelehrte zu euch; ihr aber werdet einige von ihnen töten und kreuzigen, andere in euren Synagogen auspeitschen und von Stadt zu Stadt verfolgen. So wird all das unschuldige Blut über euch kommen, das auf Erden vergossen worden ist, vom Blut Abels, des Gerechten, bis zum Blut des Zacharias, Barachias Sohn, den ihr zwischen dem Tempelgebäude und dem Altar ermordet habt. Amen, ich sage euch: Das alles wird über diese Generation kommen. Jerusalem, Jerusalem, du tötest die Propheten und steinigst die Boten, die zu dir gesandt sind. Wie oft wollte ich deine Kinder sammeln, so wie eine Henne ihre Küken unter ihre Flügel nimmt; aber ihr habt nicht gewollt. Siehe, euer Haus wird euch öde gelassen. Und ich sage euch: Von jetzt an werdet ihr mich nicht mehr sehen, bis ihr ruft: Gepriesen sei er, der kommt im Namen des Herrn!

VORBEREITUNG

Die Kirche ist ohne Israel und trotz Israel grundgelegt. Die zwölf Apostel haben anstelle der zwölf Stämme Israels göttlich-menschliche Gewalt empfangen, an ihrer Spitze der eine, Simon Petrus. Zugleich ist ihnen gezeigt, in welchem Geist sie von ihrer Größe und Macht Gebrauch machen sollen. Die neue Kirche ist von Anfang an unter das Gesetz des Kreuzes gestellt. Ihr innerstes Geheimnis ist das Opfer der Erlösung. Aber das Nein Israels kann nicht einfach stillschweigend hingenommen werden. Das Volk ist durch die Ablehnung dem Gericht verfallen. Darum ist die letzte der großen Reden Christi eine Gerichtsrede. Es geht um das jetzige Gericht über die ungläubigen Führer Israels und das kommende Gericht über alle ungläubigen Menschen. Damit sind die beiden Abschnitte dieses sechsten Teiles gegeben.

Dem Ganzen wird ein *Auftakt* vorausgeschickt, der nicht nur äußerlich etwas Gewaltiges und Majestätisches hat, sondern der auch innerlich von einem vorwärtsdrängenden, stürmischen Geist getragen und von unwiderstehlicher Kraft durchglüht ist. In drei Stufen vollzieht sich der Aufmarsch: von Jericho nach Jerusalem, im feierlichen Einzug in die Stadt und im Besitzergreifen des Tempels.

Schon bei der ersten Etappe ist die Situation wieder eine völlig andere als im Vorausgehenden. Christus tritt aus dem kleinen, engen Kreis der Seinen heraus und ist wieder von einer gewaltigen Menschenmenge umgeben. Zwei Blinde erkennen ihn als den Sohn Davids, während das sehende Israel verblendet ist. Der Herr macht die Blinden sehend. Es ist wie ein Symbol der Rettung der Heidenwelt bei der Blindheit Israels.

Auch die zweite Etappe hat ihre Größe. Christus erfüllt die Prophezeiung des Sacharja (Sach 9,9). Auf dem Reittier zieht er als deren König in die Stadt ein, umjubelt vom Volk. Sie breiten die Kleider auf die Straße aus, schwingen Palmzweige über ihren Köpfen und begrüßen ihn als den Sohn Davids, als den Messias, »der da kommt im Namen des Herrn«. Die ganze Stadt ist in Bewegung. Der 118. Psalm erfüllt sich. Und doch hat der Jubel seinen unheimlichen Hintergrund, denn es ist der 10. Nisan, der Tag, an dem die Opferlämmer für das Opfer festlich geschmückt in die Stadt geführt werden.

Der Vormarsch erreicht seinen Höhepunkt in der dritten Etappe beim Einzug in den Tempel. Christus ergreift Besitz vom Heiligtum, jagt die Händler und Trödler hinaus, stößt die Tische der Geldwechsler um und macht die Räuberhöhle wieder zu einem Haus des Gebets. Blinde und Lahme heilt er. Die Priester und Schriftgelehrten erkennen ihn nicht und nehmen Anstoß. Er aber beruft sich auf das Wort des 8. Psalms, dass Kinder und Säuglinge sein Lob verkünden, während die Großen und Mächtigen des Volkes sich ihm verschließen. Wie ein Sturmwind fegt er durch Stadt und Tempel, unwiderstehlich, alles mit sich reißend. Ohnmächtig muss der Gegner seinem Aufmarsch zuschauen. So ist der erste Tag ein Tag des Sieges. Und nun erst beginnt das Gericht.

Es beginnt mit einem erschütternden Symbol. Christus sieht auf dem Weg in die Stadt einen Feigenbaum. Er sucht daran

Früchte, findet aber nur Blätter. So verflucht er den Baum und dieser verdorrt auf der Stelle. Den erstaunten Jüngern sagt der Herr, dass sie Glauben haben müssten, dann könnten sie Berge versetzen und durch gläubiges Gebet alles erhalten. Wo Glaube ist, ist Fruchtbarkeit. Der Unglaube ist steril. Und sofort zeigt Jesus, wer dieser unfruchtbare Feigenbaum sei, denn auf die Frage der Hohepriester und Ältesten, mit welcher Vollmacht er über den Tempel verfüge, antwortet er mit der Gegenfrage, was sie von der Taufe des Johannes halten. Sie können sich nicht zu einer Antwort entschließen und weichen in der Verlegenheit mit der Erklärung aus: »Wir wissen es nicht« (Mt 21,27). Sie haben keinen Glauben und wollen nicht glauben. Denn wenn sie zugeben, dass die Johannes-Taufe von Gott kommt, müssen sie die Konsequenz des Glaubens ziehen. Wenn sie es aber nicht zugeben, haben sie das Volk zu fürchten, das an Johannes glaubt. Um das eigene Ich zu retten, weichen sie Gott und dem Volk aus. Sie sind mit Unfruchtbarkeit geschlagen und so wird der Fluch Gottes sie treffen wie jenen Feigenbaum.

Im Stoß und Gegenstoß rollt nun der Kampf ab und wird durch das vernichtende Endurteil Christi zum Abschluss gebracht.

1. DER ANGRIFF JESU

Jesus eröffnet selbst den Angriff durch drei Parabeln.

Das *erste Gleichnis* zeigt zwei Söhne, von denen der eine mit Worten Ja sagt, aber keine Taten aufzuweisen hat. Der andere antwortet mit Nein, ändert dann aber seine Gesinnung und setzt die Tat eines Ja um. Die Führer Israels haben wohl ein Lippenbekenntnis zu Gott, aber ihre Taten und ihr Leben entsprechen ihm nicht. Ihre Heiligkeit ist nur Schein, ihre Frömmigkeit nur Theorie, ihr Glaube nur Wort. Zöllner und Dirnen dagegen scheinen gottfern und unfromm zu sein. Aber sie bekehren sich, kommen zum Glauben und damit in das Reich Gottes. Stahlhart klingt das Wort Jesu an die Adresse der Führer Israels: »Ihr habt nicht bereut und ihm nicht geglaubt« (Mt 21,32).

Im *zweiten Gleichnis* wird er noch deutlicher. Ein Hausherr hat mit großer Sorgfalt seinen Weinberg angelegt, ihn mit einem schützenden Zaun umgeben, einen Wachtturm hineingebaut und eine Kelter gegraben. Dann hat er ihn an die Winzer verpachtet. Zur Zeit der Traubenlese schickt er seine Knechte, um den Pachtzins in Naturalien einzufordern. Aber die Winzer antworten nicht nur mit einem Nein, sondern sie werden tätlich, schlagen und töten die Knechte. In unbegreiflicher Geduld schickt der Herr eine zweite Gruppe in größerer Zahl. Aber sie erfährt das gleiche Schicksal. Schließlich schickt er den eigenen Sohn, vor dem sie doch wohl Achtung haben müssen. Aber sie werfen ihn aus dem Weinberg hinaus und schlagen ihn tot. Die Pharisäer sprechen, ohne es zu merken, ihr eigenes Todesurteil, wenn sie auf die Parabel antworten: »Er wird diese bösen Menschen vernichten und den Weinberg an andere Winzer verpachten« (Mt 21,41). Genauso wird es kommen. Aus dem 80. Psalm und dem 5. Jesaja-Kapitel müssten die Schriftgelehrten wissen, dass Israel der Weinberg des Herrn ist. Immer wieder sind die Propheten gekommen, um Früchte der Buße und der Anbetung zu fordern. Aber Israel ist Propheten-Mörderin geworden. Und nun ist der Sohn Gottes selbst gekommen, aber sie werden ihn aus dem Weinberg des Herrn, aus Jerusalem, hinausschleppen und draußen – *extra castra* (Hebr 13,11) – töten. Das Gericht aber wird darin bestehen, dass Gott den verworfenen Stein zum Eckstein des neuen Gottesreiches macht. Israel fällt über diesen Stein und geht daran zugrunde. Und dieser Stein fällt schwer auf das Haupt Israels und zerschmettert es. Die Verwerfung des Messias wird von Gott nicht einfach hingenommen, sondern sie wird zum Gericht über Israel, zur Verwerfung, zum Todesurteil. Dieses Bild vom Eckstein aus dem 118. Psalm wird hier erfüllt. Israel kann die Pläne Gottes nicht durchkreuzen. Wenn es nicht mitgeht, baut Gott seine Kirche ohne es. Es bringt sich selbst zu Fall und spricht sich selbst das Gericht.

Das *dritte Gleichnis*, die Parabel vom Hochzeitsmahl des Königssohnes, zeigt das Kommen des Messias als die eigentliche Hoch-Zeit des Volkes und der Menschheit. Aber Gott zwingt die Seinen nicht. Das Hochzeitsmahl ist bereitet. Die Geladenen kommen nicht. Sie werden eindringlich noch einmal gemahnt und gebeten. Aber sie kümmern sich nicht darum. Ja, sie werden ebenfalls tätlich, misshandeln und töten die Boten. Das Gericht ist unausweichlich. Der König schickt seine Truppen aus, lässt die Mörder hinrichten und ihre Stadt in Brand setzen. Es ist ja nicht ein beliebiges Hochzeitsmahl, von dem das Gleichnis redet, sondern die Hochzeit des Kronprinzen, also ein hochwichtiges Ereignis. Darum kann der König die Gleichgültigkeit und beleidigende Absage nicht einfach hinnehmen. Die Strafe ist berechtigt. Es muss ein Exempel statuiert werden. Trotzdem findet aber die Hochzeit statt. Und nun werden Gäste geladen, die sich das nie haben träumen lassen. An allen Straßenecken werden sie aufgeboten, Böse und Gute. Der Sinn ist klar: Das Nein Israels zur Einladung Gottes bewirkt die Berufung der Heidenwelt. In hellen Scharen werden sie in die Kirche kommen. Aber auch dann wird noch einmal Gericht gehalten. In der Parabel werden den Geladenen in den Vorräumen des königlichen Palastes Festgewänder angeboten. Wer sie ablehnt und damit zu verstehen gibt, dass er sich aus dem Fest nichts mache, verachtet den König und wird darum dem Gericht nicht entgehen. Er wird in die Finsternis der Nacht hinausgeworfen. Dort mag er um

Mitleid winseln oder wütend mit den Zähnen knirschen. Er ist und bleibt ein Verworfener. Von allen Himmelsrichtungen werden Völker und Menschen durch die Portale der Kirche strömen. Aber wer das Festgewand der Gnade ablehnt und sich aus der Nähe Gottes nichts macht, wird ein Verworfener sein. Das Urteil wird ihn treffen, wie es Israels Führer getroffen hat, denn der einladende Ruf Gottes ergeht an viele. Aber nicht alle, die äußerlich dem Ruf folgen, gehören auch wirklich zu den Auserwählten. Nur wer das Seine tut, wenn der Ruf an ihn ergangen ist, wird am Hochzeitsmahl des Herrn im Reich Gottes teilhaben.

So liegt in den drei Parabeln eine schrittweise Entwicklung. Die erste stellt den Unglauben der Führer Israels bloß. Die zweite zeigt den Übergang der Frohbotschaft an die Heiden. Und die dritte endlich redet vom Strafgericht über alle Neinsager unter den Berufenen, wer immer sie sein mögen. Der Angriff Jesu ist unwiderstehlich, seine Drohung unheimlich, sein Urteil unerbittlich.

2. DER ANGRIFF DER FEINDE

Auf den dreimaligen Angriff Jesu antworten die Feinde mit einem dreimaligen Gegenstoß. Drei Gruppen greifen an. Zuerst die *Herodianer.* Sie kommen vom Hof des Königs. Ihre große Frage ist infolgedessen die politische Stellung des Königs Herodes und sein Verhältnis zum römischen Kaiser. Die Problematik spitzt sich zu auf die ganz konkrete Frage, ob der Jude verpflichtet ist, dem heidnischen Cäsar Steuer zu bezahlen. Aber es geht in diesem Fall den Herodianern weder um Freiheit noch um Politik, weder um die Größe Israels noch um die Rechte der Söhne Gottes, sondern sie wollen ganz einfach

Jesus in Verlegenheit bringen. Antwortet er nämlich mit einem Ja, so macht er sich beim freiheitsliebenden und jahwetreuen Volk unmöglich. Antwortet er mit Nein, so ist er vor den römischen Machthabern als Revolutionär kenntlich gemacht. Die Falle ist gut gestellt. Aber die Antwort Jesu wird mit vollendeter Ruhe und Klarheit gegeben. Er lässt sich eine Steuermünze reichen, nötigt die Gegner zum Eingeständnis, dass darauf Inschrift und Bildnis des Cäsars sind, dass die Steuermünze also von ihm ins Land gebracht wurde und somit von ihm wieder zurückgefordert werden kann. Aber das ist nur nebensächlich. Er stößt nun ins Zentrale, Lebendige und Entscheidende vor. Sie sollen nicht nur dem Cäsar geben, was des Cäsars ist, sondern Gott geben, was Gottes ist. Ihre Seele ist gezeichnet mit dem Bild Gottes. Sie sind als Glieder des Gottesvolkes Eigentum Gottes und sollten darum Gott geben, was Gottes ist, im Jawort des Glaubens, in der seelischen Bereitschaft, in der Hingabe des eigenen Ich. Sie verstummen. Denn sie, denen es scheinbar immer nur um gewissenhafte Pflichterfüllung zu tun ist, verweigern das Entscheidendste, die Erfüllung ihrer Pflicht. Sie suchen sich selbst anstatt Gott.

Den zweiten Angriff eröffnen die *Sadduzäer.* Sie sind Freigeister. Religion ist für sie höchstens eine Garantie für irdische Wohlfahrt, denn mit dem Tod ist nach ihrer Überzeugung alles aus. Darum geht ihr Angriff auch gegen den Jenseitsglauben, den Jesus verkündet. Auf dem Weg der Kasuistik wollen sie diesen Glauben lächerlich machen. Denn wenn eine Frau hintereinander sieben Männer hatte, weil sie nach dem Tod eines Mannes immer wieder heiratete, wird doch im Jenseits eine peinliche, ja lächerliche Situation entstehen. Wem soll sie dann angehören? Aber die Antwort Jesu zerreißt ihre künstlichen Spinngewebe und zeigt, dass in Wirklichkeit diese sadduzäische Auffassung vom Jenseits eine Lächerlichkeit ist, nicht der Jenseitsglaube an sich. Sie haben keinen rechten Gottesbegriff, sonst wüssten sie, dass nach der Auferstehung

Gott alles ist und dass die Menschen dann so von Gott erfüllt sind und so von der Herrlichkeit Gottes hingerissen, dass darob alles andere als Nichtigkeit wegfällt und zerrinnt. Wie die Engel Gottes nicht ans Heiraten denken, sondern im Jubel Gottes leben und von der Majestät und Herrlichkeit des Herrn erfüllt sind, so werden es auch die Menschen sein. Das Menschliche, Irdische, Kleine hat ein Ende. Alles ist ins Große, Unendliche hinaufgehoben. Das Jenseits ist also völlig anders, als menschlich primitive Vorstellungen es sich ausmalen. Aber es gibt dieses Jenseits. Gott ist nicht ein Gott der Toten, sondern der Lebendigen. Wenn er also der Gott Abrahams, Isaaks und Jakobs ist, so können diese nicht tot, sondern müssen im ewigen Leben zu finden sein. Denn Gott ist nicht ein Gott von Totengerippen oder von Gestalten, die einmal gewesen sind und jetzt nicht mehr leben, sondern wenn er der Gott Abrahams ist, lebt Abraham. Und wenn Abraham lebt, leben die Toten und gibt es ein Jenseits. So sind die Gegner wieder geschlagen. Sie sind bloßgestellt als Menschen mit lächerlichen Vorstellungen und Ideen. Gott dagegen ist der Herr über Tod und Leben, dem alles Lebendige gehört, auf dessen ewiges Leben alles zeitliche Leben hingeordnet sein müsste.

Den dritten Angriff führen die *Pharisäer*. Sie schicken einen Gesetzeslehrer vor mit der berechtigten und scheinbar harmlosen Frage, was denn im Gesetz das Wichtigste sei. In Wirklichkeit lauert hinter der Frage eine böse Absicht. Sie erwarten, dass Jesus sich selbst zum Mittelpunkt des Gesetzes machen und damit vor dem Volk als Gotteslästerer dastehen würde. Unter dem Schein der Frömmigkeit haben sie die unfromme Absicht, die Frömmigkeit Jesu als Sünde bloßzustellen. Aber auch ihr Angriff geht ins Leere. Die Antwort Jesu lautet: Das Wichtigste im Gesetz ist die Liebe, und zwar die Liebe zu Gott, wie sie im Buch Deuteronomium (Dtn 6,5) gefordert wird, und um Gottes willen die Liebe zum Nächsten, wie das Buch Levitikus (Lev 19) sie fordert. Und wieder erweitert Jesus seine Antwort. Wenn sie erwartet haben, dass er sich in die Mitte des Gesetzes stellen würde, so geht er nun auf diese Erwartung ein durch die Gegenfrage, was sie denn eigentlich vom Messias halten. Wessen Sohn ist er? Sie antworten: »Der Sohn Davids.« Aber, so fährt Jesus fort, wenn er der Sohn Davids ist, wie kann David ihn dann seinen Herrn nennen? Denn im 110. Psalm sagt doch David: »So spricht der HERR zu meinem Herrn: Setze dich zu meiner Rechten und ich lege deine Feinde als Schemel unter deine Füße.« Wenn David also den Messias seinen Herrn nennt, kann dieser nicht nur sein Sohn sein, sondern muss mehr sein als David und muss zur Rechten Gottes sitzen, und zwar so, dass all seine Gegner, und wären es auch die Führer Israels, nur Schemel seiner Füße sind. So schließt dieser dritte Angriff mit einem Bekenntnis Jesu zu seiner Messianität, zu seiner Gottessohnschaft, ja zu seiner Gottgleichheit, »denn er sitzt zur Rechten Gottes«. Und der Kampf wird damit enden, dass ihm alle Feinde zu Füßen geworfen werden. Die drei Angriffe enden mit dem vielsagenden Satz: »Keiner wagte mehr, ihm eine Frage zu stellen« (Mt 22,46). Die Gegner sind verstummt und geschlagen. Jetzt holt Jesus aus zum vernichtenden Urteil über sie.

3. DAS URTEIL JESU

Er beginnt mit einer Warnung vor Pharisäern und Schriftgelehrten. Sie sitzen auf den Lehrstühlen des Mose. Sie haben also rechtmäßige Lehrautorität. Und darum soll man das, was sie lehren, annehmen. Aber ihre Werke entsprechen nicht ihren Worten und darum darf man sich nicht nach ihrem Tun richten. Ihr Tun ist verkehrt und widerspricht dem Willen

Gottes. Denn durch ihre Forderungen legen sie zwar Lasten auf die Schultern anderer bis zur Unerträglichkeit (Apg 15,10). Selbst aber wollen sie nichts tun, ja nicht einmal mit einem Finger an die Last rühren. Und das, was sie tun, tun sie nicht um Gottes willen, sondern »um von den Menschen gesehen zu werden« (Mt 23,5). Ihr Tun ist Heuchelei. Um als fromm zu gelten, tragen sie möglichst breite, für alle sichtbare Gebetsriemen und große, lange Quasten als Zeichen ihrer Rabbi-Würde. Das Gesetz hatte geboten, dass man den Namen Gottes immer vor Augen und im Herzen trage. Sie erfüllen das in wortwörtlichem Sinn und verfertigen sich kleine lederne Kapseln, in welchen sie die vier Stellen des Gesetzes aufgeschrieben und eingeschlossen haben, nämlich aus dem Buch Exodus 13,9 und 13,16 und aus dem Buch Deuteronomium 6,8 und 11,18. Diese vier Kapseln haben sie mit Lederriemen untereinander verbunden und tragen sie so, dass die einen ihnen beim Beten auf der Stirn senkrecht über der Nasenwurzel zu liegen kommen, sodass sie das Gesetz vor Augen haben. Die andere wird am linken Oberarm angebracht, sodass sie gegenüber dem Herzen zu liegen kommt. Die feierlichen Quasten tragen sie im Anschluss an das Buch Numeri 15,38. So verlieren sie sich im Äußerlichen und vernachlässigen zu gleicher Zeit den inneren Geist. Es ist ihnen um die Ehre vor den Menschen zu tun. Darum wollen sie auch bei Einladungen und in den Synagogen auf den Ehrenplätzen sitzen und als Rabbi begrüßt und angeredet werden. Davor warnt Christus. Wozu einen feierlichen Magistertitel tragen, wo Gott allein der wirkliche Lehrmeister ist! Wozu einen offiziellen Vaternamen tragen, wo Gott allein der Vater ist! Man soll nicht sich selbst suchen und seine Ehre, sondern wer groß sein will, soll dienen, denn wer sich erhöht, wird erniedrigt, und wer sich erniedrigt, wird erhöht. Der richtige Blick auf Gott lässt den Menschen seine eigene Kleinheit und Nichtigkeit erkennen. Wer dem Größenwahn und der Überheblichkeit verfällt, beweist damit, dass er nicht auf Gott schaut und keinen rechten Gottesbegriff hat. Aber Christus begnügt sich nicht mit der Warnung vor dieser Scheingröße und Scheinheiligkeit, sondern er fasst nun das vernichtende Urteil über die Pharisäer in einem achtmaligen »Wehe« zusammen. Die erste Rede des Herrn hatte mit den acht Seligpreisungen begonnen. Die letzte Rede des Herrn schließt mit dem achtmaligen »Wehe«.[11]

Das erste »Wehe« enthält den unheimlichen Vorwurf, dass die Pharisäer und Schriftgelehrten, die doch die Menschen zum Himmel führen sollten, in Wirklichkeit nicht ins Himmelreich eintreten und die anderen am Eintritt hindern. Das zweite »Wehe« hält ihnen vor, dass sie aus der Frömmigkeit ein Geschäft machen. Das dritte »Wehe« entlarvt ihre Frömmigkeit als unecht. Sie geben sich zwar scheinbar Mühe, Menschen zu Gott zu führen, denn sie ziehen über Land und Meer, um auch nur einen einzigen Glaubensgenossen zu gewinnen, dann aber verführen sie ihn zur falschen Frömmigkeit und machen ihn, der ein Kind Gottes sein sollte, zu einem Sohn der Hölle. Das vierte »Wehe« stellt sie bloß als blinde Führer, die mit ihrer lächerlichen Kasuistik Gott die Ehre nehmen, um selbst einen Vorteil zu haben. In sophistischen Distinktionen machen sie Unterschiede zwischen verschiedenen Formen des Eides, um daraus für sich einen Gewinn herauszuschinden. Im fünften »Wehe« wird gesagt, dass sie in Kleinigkeiten und Kleinlichkeiten scheinbar voll Übereifer Gott dienen, denn auch vom Kleinsten, von Minze, Anis und Kümmel, zahlen sie noch den Zehnten, dabei aber das Größte vernachlässigen,

---

[11] Das 2. »Wehe«, V. 14, fehlt in manchen gewichtigen Texten, ist aber in anderen Texten enthalten, sodass schwer zu beurteilen ist, ob es im ursprünglichen Matthäus-Text stand oder später aus Mk 12,40 herübergenommen wurde. In diesem zweiten Fall wäre kein Parallelismus zu den acht Seligkeiten, sondern wieder ein Beispiel der so beliebten Siebenzahl gegeben.

die gottgewollte Gesinnung der Gerechtigkeit, Barmherzigkeit und Treue. In unübertrefflicher Schärfe formuliert der Herr dieses Tun: »Ihr siebt die Mücke aus und verschluckt das Kamel« (Mt 23,24). Das sechste »Wehe« zeigt ihre Frömmigkeit als etwas bloß Äußerliches. Sie reinigen äußerlich Becher und Schüsseln, sind aber innerlich voll moralischer Unreinheit. Im siebten Wehe wird im Bild eines getünchten Grabes ihre Scheinheiligkeit angeprangert. Ein Felsengrab, das mit weißer Tünche gestrichen ist, sieht äußerlich schön und sauber aus und doch birgt es innerlich Modergeruch und Totengebein. So sind die Pharisäer äußerlich fromm, doch innerlich voller Schlechtigkeit. Und im achten »Wehe« erscheinen die Schriftgelehrten als Prophetenmörder, ja als Mörder des Messias. Sie bauen zwar den Propheten Denkmäler, sind aber in Wirklichkeit schlimmer als die Prophetenmörder der Vergangenheit. Ja, sie machen das Maß ihrer Väter voll. Sie sind Schlangenbrut und Natterngezücht und werden dem Gericht nicht entrinnen. Wie die Väter die Propheten verfolgt haben, werden auch sie die neuen Gottesboten in den Synagogen auspeitschen und von Stadt zu Stadt hetzen. Aber das unschuldige Blut wird über sie kommen. Das vernichtende Urteil wird zusammengefasst in der erschütternden Klage des Messias: »Jerusalem, Jerusalem, du tötest die Propheten und steinigst die Boten, die zu dir gesandt sind. Wie oft wollte ich deine Kinder sammeln, so wie eine Henne ihre Küken unter ihre Flügel nimmt; aber ihr habt nicht gewollt. Siehe, euer Haus wird euch öde gelassen. Und ich sage euch: Von jetzt an werdet ihr mich nicht mehr sehen, bis ihr ruft: Gepriesen sei er, der kommt im Namen des Herrn!« (Mt 23,37 ff.). Der Ruf des von seinen Führern aufgehetzten Volkes »Sein Blut komme über uns und unsere Kinder!« ist hier schon vorausgenommen. Aber auch das Gericht. Denn ihre Stadt und ihr Tempel werden verlassen stehen. Und zugleich ist der Hinweis auf die Wiederkunft des Messias beim letzten und eigentlichen Gericht gegeben, wenn er kommt als der Hochgelobte des Herrn, wenn er in Macht und Herrlichkeit seinen Richterstuhl einnehmen wird. Dann wird es sich zeigen, was sein »Wehe« bedeutet, und wird es erschütternd sichtbar werden, was sein Fluch bewirkt. Das achtmalige »Wehe« dröhnt wie dumpfe Donnerschläge des nahenden Gewitters und wie die unheimlichen Posaunenstöße des Jüngsten Gerichtes. Der Schnitt ist endgültig. Die Gnadenstunde ist zu Ende. Das Gericht nimmt seinen Anfang. Unheimlich lautet der letzte Satz mit nüchterner Sachlichkeit: »Als Jesus den Tempel verlassen hatte, wandten sich seine Jünger an ihn [...]« (Mt 24,1).

Die Frage drängt sich auf: Wie konnte es zu diesem Gegensatz kommen? Der Pharisäismus hatte doch ursprünglich das Gute gewollt. In der Zeit des Exils zu Babylon hatten ernste Männer sich mit dem Willen und Entschluss zusammengetan, nach der Rückkehr nach Jerusalem mit dem Gesetz des Herrn ernst zu machen, jede Vermischung mit der heidnischen Welt und mit heidnischem Denken zu vermeiden, sich von allem abzusondern, was nicht dem Willen des Herrn entsprach, sodass man sie die Abgesonderten, die Peruschim, Pharisäer nannte. Aber die Weiterentwicklung war nach zwei Seiten hin zu einer Fehlentwicklung geworden. Einmal verabsolutierten sie die Buchstaben des Gesetzes und verfielen einer bloßen Legalität der äußerlichen Gesetzesbeobachtung mit einer Vernachlässigung einer wirklichen Ethik der inneren Gesinnung. Andererseits bildeten sie sich auf diese ihre Gesetzestreue etwas ein und suchten damit nicht mehr Gott, sondern sich selbst. Veräußerlichung im Religiösen und geistiger Eigennutz anstelle des Suchens Gottes hat die wahre Frömmigkeit bei den Pharisäern in ihr Gegenteil verdreht, in ein So-tun-als-ob und damit in Heuchelei. Das Wort Gottes im Gesetz ist durch sie zur Karikatur geworden. Die Größe und Heiligkeit des Gottesgesetzes ist entstellt. Damit ist Gott nicht geehrt, sondern verunehrt. Gott ist durch den selbstsüchtigen Menschen ersetzt worden. Religion, die doch Gottesdienst sein soll, ist zum Menschendienst erniedrigt worden. Es ist die Umwertung der Werte, der Umsturz der gottgewollten Ordnung. Und das alles unter der Maske der Heiligkeit und mit Berufung auf Gott selbst. Daher die unerbittliche Schärfe und rücksichtslose Demaskierung in den Worten Jesu. Scheinheiligkeit ist die große Versuchung derer, die beruflich im Religiösen stehen. Es ist die Gefahr, von der Heiligkeit zu reden, sie aber nicht zu leben. Es ist religiöser Schein und damit die Verfälschung des Wortes und Wesens Gottes. Der Sohn Gottes, der der Widerschein und das Aufleuchten des göttlichen Wesens in menschlicher Gestalt ist – *imago Dei invisibilis* (Kol 1,15) – muss mit der denkbar größten Schärfe dagegensprechen und -kämpfen. Er ist gekommen, Gott die Ehre zu geben, und muss darum rücksichtslos alle entlarven, die Gott die Ehre nehmen und ihre eigene Ehre suchen. Im achtmaligen »Wehe« über die Pharisäer zittert nicht bloß der Groll eines ehrlichen Gewissens und einer heiligen Entrüstung, der den Schein entlarvt und der Lüge die Maske vom Gesicht reißt, sondern es vibriert darin der Eifer für die Ehre des Vaters. Es glühen darin die Liebe zu Gott und der Wille, Gottes Ehre aufleuchten zu lassen. Im Neinsagen zur Entstellung, im gewaltigen Niederreißen falscher Tempel und Götzenbilder ist der Wille zu spüren, das Heiligtum Gottes aufzurichten und dem Herrn die Ehre zu geben, die ihm gebührt.

II. GERICHT ÜBER DIE WELT

Mt 24,1–25,46

Als Jesus den Tempel verlassen hatte, wandten sich seine Jünger an ihn und wiesen ihn auf die Bauten des Tempels hin. Er antwortete und sagte zu ihnen: Seht ihr das alles? Amen, ich sage euch: Kein Stein wird hier auf dem andern bleiben, der nicht niedergerissen wird.

Als er auf dem Ölberg saß, wandten sich die Jünger, die mit ihm allein waren, an ihn und fragten: Sag uns, wann wird das geschehen und was ist das Zeichen für deine Ankunft und das Ende der Welt? Jesus antwortete und sagte zu ihnen: Gebt Acht, dass euch niemand irreführt! Denn viele werden unter meinem Namen auftreten und sagen: Ich bin der Christus! und sie werden viele irreführen. Ihr werdet von Kriegen und Kriegsgerüchten hören. Gebt Acht, lasst euch nicht erschrecken! Das muss geschehen. Es ist aber noch nicht das Ende. Denn Volk wird sich gegen Volk und Reich gegen Reich erheben und an vielen Orten wird es Hungersnöte und Erdbeben geben. Doch das alles ist erst der Anfang der Wehen. Dann wird man euch der Not ausliefern und euch töten und ihr werdet von allen Völkern um meines Namens willen gehasst. Und viele werden zu Fall kommen und einander ausliefern und einander hassen. Viele falsche Propheten werden auftreten und sie werden viele irreführen. Und weil die Gesetzlosigkeit überhand nimmt, wird die Liebe bei vielen erkalten. Wer aber bis zum Ende standhaft bleibt, der wird gerettet werden. Und dieses Evangelium vom Reich wird auf der ganzen Welt verkündet werden – zum Zeugnis für alle Völker; dann erst kommt das Ende.

Wenn ihr dann am heiligen Ort den Gräuel der Verwüstung stehen seht, der durch den Propheten Daniel vorhergesagt worden ist – der Leser begreife –, dann sollen die Bewohner von Judäa in die Berge fliehen; wer gerade auf dem Dach ist, soll nicht hinabsteigen, um etwas aus seinem Haus zu holen, und wer auf dem Feld ist, soll nicht zurückkehren, um seinen Mantel zu holen. Weh aber den Frauen, die in jenen Tagen schwanger sind oder ein Kind stillen! Betet darum, dass eure Flucht nicht im Winter oder an einem Sabbat geschieht! Denn es wird dann eine große Drangsal sein, wie es sie nie gegeben hat, vom Anfang der Welt bis heute, und wie es auch keine mehr geben wird. Und wenn jene Tage nicht verkürzt würden, dann würde kein Mensch gerettet; doch um der Auserwählten willen werden jene Tage verkürzt werden. Wenn dann jemand zu euch sagt: Seht, hier ist der Christus! oder: Da ist er!, so glaubt es nicht! Denn es wird mancher falsche Christus und mancher falsche Prophet auftreten und sie werden große Zeichen und Wunder wirken, um, wenn möglich, auch die Auserwählten irrezuführen. Siehe, ich habe es euch vorausgesagt. Wenn sie also zu euch sagen: Siehe, er ist in der Wüste!, so geht nicht hinaus; siehe, er ist im Innern des Hauses!, so glaubt es nicht. Denn wie der Blitz im Osten aufflammt und bis zum Westen hin leuchtet, so wird die Ankunft des Menschensohnes sein. Wo ein Aas ist, da sammeln sich die Geier.

Sofort nach den Tagen der großen Drangsal wird die Sonne verfinstert werden und der Mond wird nicht mehr scheinen; die Sterne werden vom Himmel fallen und die Kräfte des Himmels werden erschüttert werden. Danach wird das Zeichen des Menschensohnes am Himmel erscheinen; dann werden alle Völker der Erde wehklagen und man wird den Menschensohn auf den Wolken des Himmels kommen sehen, mit großer Kraft und Herrlichkeit. Er wird seine Engel unter lautem Posaunenschall aussenden und sie werden die von ihm

Auserwählten aus allen vier Windrichtungen zusammenführen, von einem Ende des Himmels bis zum andern.

Lernt etwas aus dem Vergleich mit dem Feigenbaum! Sobald seine Zweige saftig werden und Blätter treiben, erkennt ihr, dass der Sommer nahe ist. So erkennt auch ihr, wenn ihr das alles seht, dass das Ende der Welt nahe ist. Amen, ich sage euch: Diese Generation wird nicht vergehen, bis das alles geschieht. Himmel und Erde werden vergehen, aber meine Worte werden nicht vergehen. Doch jenen Tag und jene Stunde kennt niemand, auch nicht die Engel im Himmel, nicht einmal der Sohn, sondern nur der Vater.

Denn wie es in den Tagen des Noach war, so wird die Ankunft des Menschensohnes sein. Wie die Menschen in jenen Tagen vor der Flut aßen und tranken, heirateten und sich heiraten ließen, bis zu dem Tag, an dem Noach in die Arche ging, und nichts ahnten, bis die Flut hereinbrach und alle wegraffte, so wird auch die Ankunft des Menschensohnes sein. Dann wird von zwei Männern, die auf dem Feld arbeiten, einer mitgenommen und einer zurückgelassen. Und von zwei Frauen, die an derselben Mühle mahlen, wird eine mitgenommen und eine zurückgelassen. Seid also wachsam! Denn ihr wisst nicht, an welchem Tag euer Herr kommt.

Bedenkt dies: Wenn der Herr des Hauses wüsste, in welcher Stunde in der Nacht der Dieb kommt, würde er wach bleiben und nicht zulassen, dass man in sein Haus einbricht. Darum haltet auch ihr euch bereit! Denn der Menschensohn kommt zu einer Stunde, in der ihr es nicht erwartet.

Wer ist denn der treue und kluge Knecht, den der Herr über sein Gesinde einsetzte, damit er ihnen zur rechten Zeit die Nahrung gebe? Selig der Knecht, den der Herr damit beschäftigt findet, wenn er kommt! Amen, ich sage euch: Er wird ihn über sein ganzes Vermögen einsetzen. Wenn aber der Knecht böse ist und in seinem Herzen sagt: Mein Herr verspätet sich! und anfängt, seine Mitknechte zu schlagen, und mit Zechern isst und trinkt, dann wird der Herr jenes Knechtes an einem Tag kommen, an dem er es nicht erwartet, und zu einer Stunde, die er nicht kennt; und der Herr wird ihn in Stücke hauen und ihm seinen Platz unter den Heuchlern zuweisen. Dort wird Heulen und Zähneknirschen sein.

Dann wird es mit dem Himmelreich sein wie mit zehn Jungfrauen, die ihre Lampen nahmen und dem Bräutigam entgegengingen. Fünf von ihnen waren töricht und fünf waren klug. Die törichten nahmen ihre Lampen mit, aber kein Öl, die klugen aber nahmen mit ihren Lampen noch Öl in Krügen mit. Als nun der Bräutigam lange nicht kam, wurden sie alle müde und schliefen ein. Mitten in der Nacht aber erscholl der Ruf: Siehe, der Bräutigam! Geht ihm entgegen! Da standen die Jungfrauen alle auf und machten ihre Lampen zurecht. Die törichten aber sagten zu den klugen: Gebt uns von eurem Öl, sonst gehen unsere Lampen aus! Die klugen erwiderten ihnen: Dann reicht es nicht für uns und für euch; geht lieber zu den Händlern und kauft es euch! Während sie noch unterwegs waren, um es zu kaufen, kam der Bräutigam. Die Jungfrauen, die bereit waren, gingen mit ihm in den Hochzeitssaal und die Tür wurde zugeschlossen. Später kamen auch die anderen Jungfrauen und riefen: Herr, Herr, mach uns auf! Er aber antwortete ihnen und sprach: Amen, ich sage euch: Ich kenne euch nicht. Seid also wachsam! Denn ihr wisst weder den Tag noch die Stunde.

Es ist wie mit einem Mann, der auf Reisen ging. Er rief seine Diener und vertraute ihnen sein Vermögen an. Dem einen gab er fünf Talente Silbergeld, einem anderen zwei, wieder einem anderen eines, jedem nach seinen Fähigkeiten. Dann reiste er ab. Sofort ging der Diener, der die fünf Talente erhalten hatte hin, wirtschaftete mit ihnen und gewann noch fünf weitere dazu. Ebenso gewann der, der zwei erhalten hatte, noch zwei weitere dazu. Der aber, der das eine Talent erhalten hatte, ging und grub ein Loch in die Erde und ver-

steckte das Geld seines Herrn. Nach langer Zeit kehrte der Herr jener Diener zurück und hielt Abrechnung mit ihnen. Da kam der, der die fünf Talente erhalten hatte, brachte fünf weitere und sagte: Herr, fünf Talente hast du mir gegeben; sieh her, ich habe noch fünf dazugewonnen. Sein Herr sagte zu ihm: Sehr gut, du tüchtiger und treuer Diener. Über Weniges warst du treu, über Vieles werde ich dich setzen. Komm, nimm teil am Freudenfest deines Herrn! Dann kam der Diener, der zwei Talente erhalten hatte, und sagte: Herr, du hast mir zwei Talente gegeben; sieh her, ich habe noch zwei dazugewonnen. Sein Herr sagte zu ihm: Sehr gut, du tüchtiger und treuer Diener. Über Weniges warst du treu, über Vieles werde ich dich setzen. Komm, nimm teil am Freudenfest deines Herrn! Es kam aber auch der Diener, der das eine Talent erhalten hatte, und sagte: Herr, ich wusste, dass du ein strenger Mensch bist; du erntest, wo du nicht gesät hast, und sammelst, wo du nicht ausgestreut hast; weil ich Angst hatte, habe ich dein Geld in der Erde versteckt. Sieh her, hier hast du das Deine. Sein Herr antwortete und sprach zu ihm: Du bist ein schlechter und fauler Diener! Du hast gewusst, dass ich ernte, wo ich nicht gesät habe, und sammle, wo ich nicht ausgestreut habe. Du hättest mein Geld auf die Bank bringen müssen, dann hätte ich es bei meiner Rückkehr mit Zinsen zurückerhalten. Nehmt ihm also das Talent weg und gebt es dem, der die zehn Talente hat! Denn wer hat, dem wird gegeben werden und er wird im Überfluss haben; wer aber nicht hat, dem wird auch noch weggenommen, was er hat. Werft den nichtsnutzigen Diener hinaus in die äußerste Finsternis! Dort wird Heulen und Zähneknirschen sein.

Wenn der Menschensohn in seiner Herrlichkeit kommt und alle Engel mit ihm, dann wird er sich auf den Thron seiner Herrlichkeit setzen. Und alle Völker werden vor ihm versammelt werden und er wird sie voneinander scheiden, wie der Hirt die Schafe von den Böcken scheidet. Er wird die

Schafe zu seiner Rechten stellen, die Böcke aber zur Linken. Dann wird der König denen zu seiner Rechten sagen: Kommt her, die ihr von meinem Vater gesegnet seid, empfangt das Reich als Erbe, das seit der Erschaffung der Welt für euch bestimmt ist! Denn ich war hungrig und ihr habt mir zu essen gegeben; ich war durstig und ihr habt mir zu trinken gegeben; ich war fremd und ihr habt mich aufgenommen; ich war nackt und ihr habt mir Kleidung gegeben; ich war krank und ihr habt mich besucht; ich war im Gefängnis und ihr seid zu mir gekommen. Dann werden ihm die Gerechten antworten und sagen: Herr, wann haben wir dich hungrig gesehen und dir zu essen gegeben oder durstig und dir zu trinken gegeben? Und wann haben wir dich fremd gesehen und aufgenommen oder nackt und dir Kleidung gegeben? Und wann haben wir dich krank oder im Gefängnis gesehen und sind zu dir gekommen? Darauf wird der König ihnen antworten: Amen, ich sage euch: Was ihr für einen meiner geringsten Brüder getan habt, das habt ihr mir getan. Dann wird er zu denen auf der Linken sagen: Geht weg von mir, ihr Verfluchten, in das ewige Feuer, das für den Teufel und seine Engel bestimmt ist! Denn ich war hungrig und ihr habt mir nichts zu essen gegeben; ich war durstig und ihr habt mir nichts zu trinken gegeben; ich war fremd und ihr habt mich nicht aufgenommen; ich war nackt und ihr habt mir keine Kleidung gegeben; ich war krank und im Gefängnis und ihr habt mich nicht besucht. Dann werden auch sie antworten: Herr, wann haben wir dich hungrig oder durstig oder fremd oder nackt oder krank oder im Gefängnis gesehen und haben dir nicht geholfen? Darauf wird er ihnen antworten: Amen, ich sage euch: Was ihr für einen dieser Geringsten nicht getan habt, das habt ihr auch mir nicht getan. Und diese werden weggehen zur ewigen Strafe, die Gerechten aber zum ewigen Leben.

VORBEREITUNG

Das Gericht über die Pharisäer besteht in Worten. Aber es wird das Gericht der Tat über Jerusalem und über die Welt kommen. War die Gerichtsrede bisher zu den Pharisäern gesprochen, so spricht nun Christus vom Gericht über Jerusalem und die Welt wieder zum Kreis seiner Jünger.

Auch dieser Abschnitt beginnt mit einer Symbolhandlung. Jesus verlässt den Tempel und geht mit den Seinen zum Ölberg hinaus. Er wird von jetzt an den Tempel nicht mehr betreten. Das Ganze ist die Erfüllung einer Vision Ezechiels. Der Prophet schaute in einem Gesicht, wie die Herrlichkeit des Herrn den Tempel in der Richtung zum Ölberg hin verlässt. So verlässt Christus den Tempel und geht zum Ölberg, äußerlich unauffällig, und doch ist es die Herrlichkeit des Herrn, die weggeht und den Tempel leer und bedeutungslos zurücklässt. Der Heilige hat das Heiligtum verlassen. Der Tempel ist damit sinnlos geworden. Was nützen seine noch so stolzen Türme und Mauern! Den Hinweis der Jünger auf diese Tempelbauten beantwortet Christus mit dem Wort: »Amen, ich sage euch: Kein Stein wird hier auf dem andern bleiben, der nicht niedergerissen wird« (Mt 24,2). Wenn Jesus den Tempel verlässt, hat Gott sein Volk verlassen. Tempel, Stadt und Volk sind aber durch die Gottverlassenheit dem Untergang geweiht und dem Gericht ausgeliefert. So spricht nun Jesus vom Untergang des Tempels und Jerusalems, ja vom Ende der ganzen Welt.

Die Frage der Jünger lautet: »Wann wird das geschehen und was ist das Zeichen für deine Ankunft und das Ende der Welt?« (Mt 24,3). Auf die Doppelfrage nach der zeitlichen Bestimmung und nach dem Vorzeichen gibt Jesus die Antwort.

1. DAS KOMMEN DES ENDES

Das Gericht steht nicht unmittelbar bevor. Im Gegenteil! Die Weltgeschichte wird ihren Gang weitergehen. Es wird Kriege geben, Volk wird gegen Volk aufstehen und Reich gegen Reich. Es wird Naturkatastrophen geben, Seuchen, Erdbeben, bald da, bald dort. Das alles besagt nichts und ist kein Zeichen des nahenden Endes. Auch geistig wird die Weltgeschichte weitergehen. Irrlehren werden aufkommen. Die Verfolgung der Jünger Jesu wird einsetzen. Der Hass wird seine Triumphe feiern. Religiöse Kälte wird um sich greifen. Gottlosigkeit und Lieblosigkeit werden zu finden sein. Auch das besagt nichts über das Ende. Neben allem Dunklen und Harten wird auch das Helle sich in der Weltgeschichte auswirken. Denn die Botschaft vom Reich Gottes wird verkündet werden, und zwar »in der ganzen Welt« und »für alle Völker«. Aus dem Ablauf der Geschichte wird man also keine Kennzeichen für das nahende Ende finden. Er zeigt vielmehr, dass das Ende noch fern ist. Was Johannes in der Apokalypse schreibt über den Kampf zwischen dem Lamm und seinen Anhängern einerseits und dem Tier und seinem Anhang andererseits, zwischen der mit der Sonne bekleideten Frau und der großen Hure, zwischen dem Sohn der Frau und dem Drachen, zwischen Christus und dem Antichrist ist das Gleiche, was Jesus hier andeutet: die Weltgeschichte als ein Kampf zwischen Finsternis und Licht, zwischen den feindlichen Mächten, die gegen die Seinen aufstehen, und dem Weitergreifen des Reiches Gottes und seiner Botschaft. Vom Ende ist hier nicht die Rede, sondern vom lang andauernden Ablauf der Welt- und Heilsgeschichte.

Dann erst kommt das Ende. Und es kommt urplötzlich, ohne Anzeichen und ohne Vorbereitung.

Plötzlich kommt es *über Jerusalem*. So plötzlich, dass keine Zeit mehr ist, irgendwelche Vorbereitungen zu treffen. Wer in

Judäa ist, kann nicht mehr in die Stadt zurück, sondern kann nur noch schleunigst in die Berge fliehen. Wer auf dem flachen Dach seines Hauses steht, kann nicht mehr ins Haus zurück, um etwas mitzunehmen, sondern nur noch auf der äußeren Treppe das Haus verlassen und fliehen. Und sollte die Flucht in den Winter fallen oder auf einen Sabbat, wo nur ein Sabbat-Weg gestattet ist, so ist das Unheil nicht mehr abzuwenden. Plötzlich wird es kommen. Und schaurig wird es sein.

Ebenso wird es sein mit dem *Ende der Welt.* Es wird keine Vorzeichen und keine Anzeichen geben. Wohl werden falsche Propheten aufstehen und falsche Messiasse mit falschen Botschaften, um die Menschen zu verwirren. Sie werden da und dort, in Städten und in der Einsamkeit und zu allen möglichen Zeiten vom nahen Ende reden. Aber sie sind Irrlehrer und Lügenpropheten. Man soll ihnen nicht glauben, auch wenn sie Zeichen und Wunder wirken. Denn wie das Ende plötzlich über Jerusalem kommt, so kommt es noch viel plötzlicher über die Welt. So plötzlich wie der Blitz aufflammt und im gleichen Augenblick über den ganzen Himmel sichtbar ist. So plötzlich, wie auf einmal die Geier auftauchen, wenn irgendwo ein Aas liegt. Und wenn es dann kommt, wird es von schauerlicher Größe sein. Die Katastrophe wird von der Erde her so aussehen, als ob die Sonne sich verfinstern, der Mond nicht mehr leuchten, die Sterne vom Himmel fallen und alle kosmischen Kräfte erschüttert würden. Dann erst kommt der Menschensohn zum Gericht. Sein Zeichen wird am Himmel sichtbar. Alle Völker werden beben, wenn der Menschensohn in Macht und Herrlichkeit erscheint auf den Wolken des Himmels, wenn seine Engel die Völker zum Gericht aufbieten und die Auserwählten holen von allen Enden der Erde. Der Feigenbaum ist ein Gleichnis. Im Orient, der keinen Frühling kennt, weil die winterliche Regenzeit plötzlich in den Sommer umschlägt, hat er auf einmal ganz unerwartet weiche Zweige und treibt Blätter. So wird es sein mit dem Ende Jerusalems und dem Ende der Welt. Plötzlich ist es da. Himmel und Erde können vergehen, aber die Worte des Herrn vergehen nicht. Kommen wird es also, so sicher die Worte Christi sind. Und sie sind sicherer als Himmel und Erde. Die zur Zeit Christi lebende Generation wird das Ende Jerusalems noch erleben. Und die ganze Menschheit wird das Ende der Welt erleben. Aber »jenen Tag und jene Stunde kennt niemand, auch nicht die Engel im Himmel, nicht einmal der Sohn, sondern nur der Vater« (Mt 24,36). Damit sind die Fragen der Jünger beantwortet. Die Frage nach dem Wann ist beantwortet durch den Hinweis, dass es noch lange dauern wird, aber plötzlich kommt. Die Frage nach den Anzeichen ist beantwortet durch den Hinweis, dass es keine Anzeichen gibt und das Ende unerwartet hereinbricht. Die Frage nach der Wiederkunft des Menschensohnes ist beantwortet durch den Hinweis darauf, dass er tatsächlich in Macht und Herrlichkeit wiederkommt zum Gericht über die Völker.

2. DIE VORBEREITUNG AUF DAS ENDE

Christus holt aber weiter aus. Es genügt nicht zu wissen oder nicht zu wissen, wann das Ende kommt. Wichtiger ist es, die Wartezeit richtig zu verbringen. Eine doppelte Forderung wird hier erhoben: »Wachen und wirken«.

Wachen. Gerade weil das Ende sich verzögert und gerade weil es keine sicheren Anzeichen gibt, werden die Menschen in Leichtsinn dahinleben. So war es schon vor der Sintflut. Sie aßen und tranken, heirateten und feierten, bis plötzlich die Sintflut hereinbrach. So wird es sein mit dem Ende der Welt. Weil dieses Ende plötzlich kommt, wird es dann zu spät sein, sich zu rüsten. Und so wird dieses Ende wie ein Schwertstreich alles scheiden und trennen. Es wird wie ein Blitz durch alles hindurchfahren. Er wird seine Front der Scheidung quer durch alles hindurchziehen. Wenn zwei auf der Mühle mahlen, wird die eine gerettet, die andere ist verloren. Wenn zwei auf dem Feld sind, wird der eine in die Herrlichkeit aufgenommen, der andere nicht. Also ist Wachsamkeit die Forderung. »Wachet, denn ihr wisst nicht den Tag, an dem der Herr kommt!« Diese Forderung des Wachens wird durch drei Parabeln erläutert. Die erste ist das Gleichnis vom Hausherrn. Wenn er wüsste, dass seinem Haus ein Einbruch durch Diebe droht, würde er wach bleiben. Der gleiche Gedanke steckt in der zweiten Parabel. Wenn der Hausherr ausgegangen ist, werden gute Knechte wachsam sein und dafür vom heimkehrenden Herrn belohnt werden. Schlechte Knechte aber werden das Ausbleiben des Herrn missbrauchen, werden zechen und schmausen, Streit und Balgereien haben. Wenn der Herr aber dann plötzlich und unerwartet kommt, wird er die Sklaven niedermachen lassen oder sie hinauswerfen, wo Heulen und Zähneknirschen ist. Am ausführlichsten zeichnet die dritte Parabel die Notwendigkeit des Wachens: das Gleichnis von den klugen und törichten Jungfrauen. Wegen der Hitze wird die Hochzeit im Orient am Abend gefeiert. Die Freundinnen der Braut erwarten in deren Haus den Bräutigam, der mit seinen Freunden kommt, um die Braut abzuholen. Dann ziehen alle im Festzug mit Lichtern und Fackeln ins Haus des Bräutigams. Aber der Bräutigam lässt auf sich warten. Er kommt vielleicht von weit her, aus einem anderen Dorf. Weil sich die Ankunft verzögert, kümmern sich die fünf törichten Jungfrauen nicht um eine wache Bereitschaft, sondern überlassen sich einem sorglosen Schlaf. Kommt dann der Bräutigam unerwartet und plötzlich, so ist es zu spät, sich bereit zu machen. Wer kein Öl in den Lampen hat, kann nicht mitgehen. Er wird zu spät kommen und verschlossene Türen vorfinden. So ist es mit dem Ende der Welt. Wenn die große Hochzeitsfeier jenseitiger Verklärung anbricht, plötzlich und unerwartet, kann der Mensch sich nicht mehr bereit machen. Er muss bereit sein. Seelische Wachsamkeit, Haltung der Bereitschaft ist also die Forderung. Mit besonderer Eindringlichkeit stellt Christus diese Forderung auf. Die Frage nach dem Zeitpunkt des Endes und das neugierige Forschen nach Zeichen ist wertlos, denn man weiß den Zeitpunkt nicht, und es gibt keine Zeichen. Die Bereitschaft entscheidet. Zweimal wiederholt es der Herr: »Seid also wachsam! Denn ihr wisst nicht, an welchem Tag euer Herr kommt« (Mt 24,42). Und noch einmal: »Seid also wachsam! Denn ihr wisst weder den Tag noch die Stunde« (Mt 25,13).

Die zweite Forderung heißt *Wirken*. Wurde die Forderung des Wachens durch drei Parabeln illustriert, so wird die Forderung des Wirkens durch eine Parabel, aber mit drei Gestalten erläutert. Ein Mann, der in die Fremde zieht, vertraut drei Knechten seine Güter an. Er gibt dem ersten fünf Talente, dem zweiten zwei und dem dritten eines. Lange Zeit bleibt er weg und lässt auf sich warten. Man weiß nicht, wann er zurückkommt. Es dauert lange. Ausdrücklich wird gesagt: »Nach langer Zeit kehrte der Herr zurück« (Mt 25,19). Dann richtet er über das Tun der Knechte. Entscheidend ist dabei nicht das absolute Ergebnis, sondern das relative. Nicht das, was einer als Resultat vorzuzeigen, sondern das, was er an Einsatz aufzuweisen hat. Also die Leistung entscheidet, nicht das Ergebnis. Der erste hat seine fünf Talente verdoppelt. Er kann also die Summe von etwa 60 000 Franken auf den Tisch legen. Auch der zweite hat seine Summe verdoppelt. Aus seinen zwei Talenten sind vier geworden. Er kann also mehr als 20 000 Franken vorweisen. Der dritte dagegen hat zwar nichts verloren, aber auch nichts gewonnen. Er hat also nicht gearbeitet, nicht gewirkt. Das Urteil des Richters lautet für den ersten und zweiten wortwörtlich gleich, weil der Einsatz, die Anstrengung, das Wirken beider das Gleiche war. Vernichtend lautet dagegen das Urteil über den dritten, weil sein Einsatz, sein Wirken, null war. Es genügt also nicht, auf die Wiederkunft des Herrn und auf das Gericht zu warten, sondern der Mensch muss die Zeit des irdischen Lebens nutzen, um zu arbeiten und zu wirken nach dem Willen Gottes, mit den Gaben Gottes und für das Reich Gottes.

3. DAS GERICHT

Jetzt erst, nachdem die Forderung zu wachen und zu wirken gestellt und eindringlich eingeschärft ist, spricht der Herr vom eigentlich Letzten, vom *Gericht*.

Zuerst wird der Richter bezeichnet. Der Menschensohn wird kommen, umgeben von allen Engeln, und er wird den Thron der Herrlichkeit einnehmen. Alle Völker werden um ihn versammelt sein. Es ist wirklich das Weltgericht über alle Menschen und Völker. Christus selbst ist der Richter, denn der Vater hat ihm das Gericht übergeben. Er, der von den Menschen gerichtet wurde, wird die Menschen richten. Der Verurteilte wird urteilen. Seine Richter werden Angeklagte sein, und er, der Angeklagte, wird richten. Dann vollzieht sich die Scheidung. Der Herr illustriert es am Bild des Hirten, der in seiner Herde Schafe und Böcke scheidet. So wird auch der Hirt der Welt beim Gericht die große Scheidung vornehmen. Er wird sein Urteil begründen. Er wird es abhängig machen vom Wirken der Menschen, wie die Parabel von den Talenten es gezeichnet hat. Hier wird nun sichtbar, worin dieses Wirken besteht. Es sind Werke der Liebe. Denn der Geist Christi ist der Geist helfender Liebe. Was in der Bergpredigt über die Barmherzigkeit gesagt, was als eigentliches Ethos Christi immer wieder betont wurde, die Liebe zum Nächsten um Gottes willen, gibt beim Gericht den Ausschlag. Und auch jenes andere Wort wird beim Gericht sichtbar werden: »Was ihr für einen meiner geringsten Brüder getan habt, das habt ihr mir getan« (Mt 25,40). Die Liebe zum Nächsten erweist sich als Liebe zu Gott. Soziales Tun aus religiöser Haltung ist Wirken nach dem Willen Gottes und entscheidet beim Gericht. Wer den Hungrigen zu essen gegeben hat und den Dürstenden zu trinken, wer Fremdlinge und Flüchtlinge beherbergt hat und Dürftige gekleidet, wer Kranken geholfen hat und Gefangene getröstet, der hat für den Herrn gelebt und gewirkt. Und wer es nicht getan hat, hat den Herrn verlassen und verraten. Denn »was ihr für einen dieser Geringsten nicht getan habt, das habt ihr auch mir nicht getan« (Mt 25,45). Die Scheidung wird eine endgültige sein. Denn die einen gehen dann ein in die ewige Pein und die anderen in das ewige Leben. Die Ewigkeit als Zeit ohne Ende bricht an. So wird es ein Gericht auf Tod und Leben: gewaltig in Form und Aufmachung, tiefsinnig in der Begründung und unwiderruflich im Entscheid. Christenleben ist Entscheidung, denn es führt zur Scheidung durch Christus.

Der nächste Abschnitt beginnt mit dem Satz »Als Jesus alle diese Reden beendet hatte, sagte er zu seinen Jüngern: Ihr wisst, dass in zwei Tagen das Paschafest ist; da wird der Menschensohn ausgeliefert, um gekreuzigt zu werden« (Mt 26,1–2). »Alle diese Reden«: Es ist also nicht nur der letzte Redeabschnitt, sondern es sind alle Redeabschnitte vollendet, abgerundet und abgeschlossen. Es bleibt bloß noch das Ende des Geschehens, das blutige Ende des Kreuzes und das triumphale Ende des Ostertages zu vollbringen. Dann ist wirklich alles voll-endet.

CHRISTUS IN DEN GERICHTSREDEN

Jesu messianisches Selbstbewusstsein tritt hier in voller Größe in Erscheinung.

Das zeigt sich schon in der Art, wie er nach Jerusalem zieht. Bis jetzt ist er ausgewichen, hat sich zurückgezogen und betont, dass seine Stunde noch nicht gekommen sei. Und nun ändert sich alles mit einem Schlag. Eine gewaltige Volksmenge begleitet ihn (Mt 20,29). Er verfügt als Herr über das fremde Reittier, hält einen triumphalen Einzug in die Stadt, lässt sich als Sohns Davids begrüßen, als den, der da kommen soll, als den verheißenen und erhofften Messias. Er nimmt vom Tempel Besitz, jagt die Käufer und Verkäufer in eigener Vollmacht hinaus und lässt sich auch im Tempel wieder als Davidssohn mit Heilrufen stürmisch feiern. Etwas Unwiderstehliches ist in ihm. Er hat jede Hemmung fallen lassen, schiebt jede Rücksicht beiseite. Er steht mitten im Lager seiner Feinde, dort wo die Hohepriester alle Macht in Händen haben. Und doch sind sie machtlos. Bei ihrer Beratung können sie nur den Beschluss fassen, »ihn mit List in ihre Gewalt zu bringen«. Und selbst das wollen sie bis nach den Festtagen verschieben, denn sie fürchten das Volk und fühlen ihre Ohnmacht.

Die Größe seines messianischen Selbstbewusstseins zeigt sich auch in der Art, wie er hier über seine Gegner spricht. Es ist nicht mehr ein einladendes Werben. Er rechnet nicht mehr mit der Möglichkeit einer Bekehrung. Es sind auch nicht einmal Kampfreden, sondern eigentliche Gerichtsurteile. Der Bruch ist vollzogen. Sie sind für ihn erledigt und verurteilt. Sein Fluch über den unfruchtbaren Feigenbaum zeigt, wie er denkt. Sein achtmaliges »Wehe« ist eine Verfluchung der Feinde. Er verweigert ihnen die Auskunft, weil sie nicht guten Willens sind. »Ich sage euch nicht, in welcher Vollmacht ich das tue« (Mt 21,27). Sie sind wie jener charakterlose Sohn, der Ja sagt und das Gegenteil tut. Sie sind schlimmer als Zöllner und Dirnen, denn sie haben »nicht bereut und ihm nicht geglaubt« (Mt 21,32). Sie haben die Propheten gemordet und werden nun den Sohn erschlagen. Darum wird das Reich Gottes von ihnen genommen und einem Volk gegeben, das Früchte hervorbringt (Mt 21,43). Sie werden das Schicksal der Hochzeitsgäste erleiden, welche die Boten misshandelt und getötet haben. Das heißt, sie werden umgebracht und ihre Stadt wird verbrannt (Mt 22,7). Sie weigern sich, Gott zu geben, was Gottes ist (Mt 22,21). Sie kennen »weder die Schrift noch die Macht Gottes« (Mt 22,29). Sie treten nicht ins Gottesreich ein und versperren anderen den Eingang (Mt 23,13). Sie sind blinde Führer, sieben Mücken aus und verschlucken Kamele (Mt 23,24). Getünchte Gräber sind sie. Sie scheinen äußerlich vor den Menschen gerecht und sind doch inwendig voll Heuchelei und Gesetzlosigkeit (Mt 23,28). Sie machen das Maß ihrer Väter voll, sind eine Schlangenbrut und ein Natterngezücht und werden der Verurteilung zur Hölle nicht entrinnen (Mt 23,33). Sein Urteil ist eine Verurteilung zur Verdammnis der Hölle. Unheimlicheres kann nicht mehr gesagt werden. Er hat sie bloßgestellt vor allem Volk und bis aufs Blut gereizt. Ein Zurück ist nicht mehr möglich. Er will es auch nicht. Sein Urteil ist endgültig.

Noch größer tritt aber sein messianisches Selbstbewusstsein in den Worten zutage, die er an die Seinen richtet. Er sagt ihnen, dass er der König ist, der zur Tochter Zion kommt (Mt 21,5). Und dass der 8. Psalm ihn gemeint hat, dem die Kleinen allen Feinden zum Trotz das Lob verkünden. Die Feinde werden ihn äußerlich töten können und doch können sie ihm in Wirklichkeit nichts anhaben. Denn er, der verworfene Stein, ist der Eckstein des neuen geistigen Tempels. Er ist der Gottessohn, zu dessen Hochzeitsfeier der Vater im Himmel selbst die Einladungen ergehen lässt. Er ist nicht nur der Davidssohn, sondern auch der Herr Davids. So wendet er das Wort des 110. Psalms auf sich selbst an: die Thronrede Gottes des Herrn an seinen eigenen Sohn, die Einladung, zur Rechten Gottes zu sitzen und alle Feinde als Fußschemel zu benutzen (Mt 22,44). Er wird wiederkommen zum Gericht, sodass sie ihn begrüßen müssen: »Gepriesen sei er, der kommt im Namen des Herrn!« (Mt 23,39). Die Zukunft, die den Menschen verschlossen und verhüllt ist, liegt offen vor seinem Blick, sowohl das Ende Jerusalems als auch das Ende der Welt. Er überblickt den Ablauf der Weltgeschichte mit Kriegen und Katastrophen. Er weiß um die falschen Propheten und Pseudo-Messiasse, die auftreten werden. Und doch weiß er auch, dass seine Botschaft vom Reich Gottes der ganzen Welt verkündet wird, allen Völkern zum Zeugnis (Mt 24,14). Er wird wiederkommen wie der flammende Blitz (Mt 24,27) auf den Wolken des Himmels mit großer Macht und Herrlichkeit. Und sein Kommen wird die Menschen scheiden. Es ist die endgültige (Ent-)scheidung. Er ist der Hausherr, der nun lange Zeit weggeht, der aber wiederkommen wird, um seine Knechte zu belohnen oder zu bestrafen, je nach ihrem Verhalten. Er ist der Bräutigam, der seine Braut, die heilige Kirche, heimholen wird zur Hochzeitsfeier. Aber nur diejenigen, die bereit sind, werden mitkommen können. Er ist der Herr, der den Seinen Talente gegeben hat und kommen wird, um Rechenschaft zu fordern. Er ist der Weltenrichter, vor dessen Richterstuhl alle Völker der Erde erscheinen müssen. Er bringt die Weltgeschichte zum Abschluss und fasst sie zusammen von ihrem Anfang bis zu ihrem Ende. Denn er gibt den Seinen das Reich, das seit Anbeginn der Welt für sie bereitet ist (Mt 25,34). Er entscheidet über ewiges Leben und ewige Strafe (Mt 25,46). Er sieht sich selbst in übermenschlicher Größe, indem er über seine Feinde triumphiert und seine Freunde belohnt. Er ist die entscheidende Mitte nicht nur Israels, sondern aller Völker und der ganzen Menschheit. Mitte und Sinn im ganzen Ablauf der Weltgeschichte. Sein Reich beginnt am Schöpfungsmorgen, feiert seinen Triumph bei seiner Wiederkunft und kennt kein Ende. Er sieht sich auf dem Thron Gottes zur Rechten Jahwes und weiß alle Engel in seinen Dienst gestellt. Diese Worte voll unerhörten Selbstbewusstseins sind zugleich umrahmt von den zwei Sätzen, die deutlich genug von seinem Tod reden. Denn der letzte Satz vor den Gerichtsreden lautet: »Wie der Menschensohn gekommen ist, sein Leben hinzugeben als Lösegeld für viele« (Mt 20,28). Und der erste Satz nach den Gerichtsreden heißt: »Der Menschensohn wird ausgeliefert, um gekreuzigt zu werden« (Mt 26,2). Sein Selbstbewusstsein ist also keine unwirkliche Illusion, Verkennung der Tatsachen, kein ahnungsloses Sich-in-falscher-Sicherheit-Wiegen, sondern es ist im Gegenteil eine klare Kenntnis der Sachlage. Er weiß, dass sein Ende unmittelbar bevorsteht. Es sind Abschiedsworte und gerade darum von besonderem Ernst und besonderem Gewicht. Wie die Sonne vor ihrem Untergang noch einmal glühend aufflammt und den ganzen Himmel mit Purpur übergießt, so zeigen diese Gerichtsreden, die von seinem vorübergehenden Untergang, von des Tempels und Jerusalems Ende und vom Ende der ganzen Welt reden, gerade in diesem Zusammenhang seine übermenschliche, übergeschichtliche und überweltliche Größe. Er wird sichtbar als der Herr seines eigenen Schicksals, als Herr des Tempels und der Heiligen Stadt, als König aller Völker, aller Menschen und Engel und als Herr der Welt. Es ist ein gewaltiges, majestätisches Aufleuchten und doch zugleich ein blitzartiges, gewitterhaftes, Sturm verkündendes Auflodern seiner Größe. Es ist die gewaltigste aller Matthäus-Reden, die unerhörte Selbstoffenbarung, mit Flammenschrift an den Himmel geschrieben, mit blutigem Ernst in die Gewissen gesprochen: Jesus, der Messias.

SIEBTER TEIL

CHRISTI TOD UND SIEG

I. DER TOD DES MESSIAS 26,1–27,54

1. Die Vorbereitung 26,1–26,35
   Der Feinde 26,1–26,16
   Jesu selbst 26,17–26,35
2. Die Passion 26,36–27,54
   Gefangen 26,36–26,56
   Gerichtet 26,57–27,31
   Gekreuzigt 27,32–27,54

II. DER SIEG DES MESSIAS 27,55–28,20

1. Der Umschwung 27,55–27,66
2. Die Auferstehung 28,1–28,15
3. Die Sendung 28,16–28,20

CHRISTUS IN NIEDERLAGE UND SIEG

I. DER TOD DES MESSIAS
Mt 26,1–27,54

Und es geschah, als Jesus alle diese Reden beendet hatte, sagte er zu seinen Jüngern: Ihr wisst, dass in zwei Tagen das Paschafest ist; da wird der Menschensohn ausgeliefert, um gekreuzigt zu werden. Da versammelten sich die Hohepriester und die Ältesten des Volkes im Palast des Hohepriesters, der Kajaphas hieß, und beschlossen, Jesus mit List in ihre Gewalt zu bringen und ihn zu töten. Sie sagten aber: Ja nicht am Fest, damit kein Aufruhr im Volk entsteht.

Als Jesus in Betanien im Haus Simons des Aussätzigen war, kam eine Frau mit einem Alabastergefäß voll kostbarem Salböl zu ihm, als er bei Tisch war, und goss es über sein Haupt. Die Jünger wurden unwillig, als sie das sahen, und sagten: Wozu diese Verschwendung? Man hätte das Öl teuer verkaufen und das Geld den Armen geben können. Jesus bemerkte ihren Unwillen und sagte zu ihnen: Warum lasst ihr die Frau nicht in Ruhe? Sie hat ein gutes Werk an mir getan. Denn die Armen habt ihr immer bei euch, mich aber habt ihr nicht immer. Als sie das Öl über mich goss, hat sie meinen Leib für das Begräbnis gesalbt. Amen, ich sage euch: Auf der ganzen Welt, wo dieses Evangelium verkündet wird, wird man auch erzählen, was sie getan hat, zu ihrem Gedächtnis.

Darauf ging einer der Zwölf namens Judas Iskariot zu den Hohepriestern und sagte: Was wollt ihr mir geben, wenn ich euch Jesus ausliefere? Und sie boten ihm dreißig Silberstücke. Von da an suchte er nach einer Gelegenheit, ihn auszuliefern.

Am ersten Tag des Festes der Ungesäuerten Brote gingen die Jünger zu Jesus und fragten: Wo sollen wir das Paschamahl für dich vorbereiten? Er antwortete: Geht in die Stadt zu dem und dem und sagt zu ihm: Der Meister lässt dir sagen: Meine Zeit ist da; bei dir will ich mit meinen Jüngern das Paschamahl feiern. Die Jünger taten, wie Jesus ihnen aufgetragen hatte, und bereiteten das Paschamahl vor.

Als es Abend wurde, begab er sich mit den zwölf Jüngern zu Tisch. Und während sie aßen, sprach er: Amen, ich sage euch: Einer von euch wird mich ausliefern. Da wurden sie sehr traurig und einer nach dem andern fragte ihn: Bin ich es etwa, Herr? Er antwortete: Der die Hand mit mir in die Schüssel eintunkt, wird mich ausliefern. Der Menschensohn muss zwar seinen Weg gehen, wie die Schrift über ihn sagt. Doch weh dem Menschen, durch den der Menschensohn ausgeliefert wird! Für ihn wäre es besser, wenn er nie geboren wäre. Da fragte Judas, der ihn auslieferte: Bin ich es etwa, Rabbi? Jesus antwortete: Du sagst es. Während des Mahls nahm Jesus das Brot und sprach den Lobpreis; dann brach er das Brot, reichte es den Jüngern und sagte: Nehmt und esst; das ist mein Leib. Dann nahm er den Kelch, sprach das Dankgebet, gab ihn den Jüngern und sagte: Trinkt alle daraus; das ist mein Blut des Bundes, das für viele vergossen wird zur Vergebung der Sünden. Ich sage euch: Von jetzt an werde ich nicht mehr von dieser Frucht des Weinstocks trinken, bis zu dem Tag, an dem ich mit euch von Neuem davon trinke im Reich meines Vaters.

Nach dem Lobgesang gingen sie zum Ölberg hinaus. Da sagte Jesus zu ihnen: Ihr alle werdet in dieser Nacht an mir Anstoß nehmen; denn in der Schrift steht: Ich werde den Hirten erschlagen, dann werden sich die Schafe der Herde zerstreuen. Aber nach meiner Auferstehung werde ich euch nach Galiläa vorausgehen. Petrus erwiderte ihm: Und wenn alle an dir Anstoß nehmen – ich werde niemals an dir Anstoß nehmen! Jesus sagte zu ihm: Amen, ich sage dir: In dieser Nacht, ehe der Hahn kräht, wirst du mich dreimal verleugnen. Da sagte Petrus zu ihm: Und wenn ich mit dir sterben müsste –

ich werde dich nie verleugnen. Das Gleiche sagten auch alle Jünger.

Darauf kam Jesus mit ihnen zu einem Grundstück, das man Getsemani nennt, und sagte zu den Jüngern: Setzt euch hier, während ich dorthin gehe und bete! Und er nahm Petrus und die beiden Söhne des Zebedäus mit sich. Da ergriff ihn Traurigkeit und Angst und er sagte zu ihnen: Meine Seele ist zu Tode betrübt. Bleibt hier und wacht mit mir! Und er ging ein Stück weiter, warf sich auf sein Gesicht und betete: Mein Vater, wenn es möglich ist, gehe dieser Kelch an mir vorüber. Aber nicht wie ich will, sondern wie du willst. Und er ging zu den Jüngern zurück und fand sie schlafend. Da sagte er zu Petrus: Konntet ihr nicht einmal eine Stunde mit mir wachen? Wacht und betet, damit ihr nicht in Versuchung geratet! Der Geist ist willig, aber das Fleisch ist schwach. Wieder ging er weg, zum zweiten Mal, und betete: Mein Vater, wenn dieser Kelch an mir nicht vorübergehen kann, ohne dass ich ihn trinke, geschehe dein Wille. Als er zurückkam, fand er sie wieder schlafend, denn die Augen waren ihnen zugefallen. Und er ließ sie, ging wieder weg und betete zum dritten Mal mit den gleichen Worten. Danach kehrte er zu den Jüngern zurück und sagte zu ihnen: Schlaft ihr immer noch und ruht euch aus? Siehe, die Stunde ist gekommen und der Menschensohn wird in die Hände von Sündern ausgeliefert. Steht auf, wir wollen gehen! Siehe, der mich ausliefert, ist da.

Noch während er redete, siehe, da kam Judas, einer der Zwölf, mit einer großen Schar von Männern, die mit Schwertern und Knüppeln bewaffnet waren; sie waren von den Hohepriestern und den Ältesten des Volkes geschickt worden. Der ihn auslieferte, hatte mit ihnen ein Zeichen vereinbart und gesagt: Der, den ich küssen werde, der ist es; nehmt ihn fest! Sogleich ging er auf Jesus zu und sagte: Sei gegrüßt, Rabbi! Und er küsste ihn. Jesus erwiderte ihm: Freund, dazu bist du gekommen? Da gingen sie auf Jesus zu, ergriffen ihn und nahmen ihn fest. Und siehe, einer von den Begleitern Jesu streckte die Hand aus, zog sein Schwert, schlug auf den Diener des Hohepriesters ein und hieb ihm ein Ohr ab. Da sagte Jesus zu ihm: Steck dein Schwert in die Scheide; denn alle, die zum Schwert greifen, werden durch das Schwert umkommen. Oder glaubst du nicht, mein Vater würde mir sogleich mehr als zwölf Legionen Engel schicken, wenn ich ihn darum bitte? Wie würden dann aber die Schriften erfüllt, dass es so geschehen muss? In jener Stunde sagte Jesus zu den Männern: Wie gegen einen Räuber seid ihr mit Schwertern und Knüppeln ausgezogen, um mich festzunehmen. Tag für Tag saß ich im Tempel und lehrte und ihr habt mich nicht verhaftet. Das alles aber ist geschehen, damit die Schriften der Propheten in Erfüllung gehen. Da verließen ihn alle Jünger und flohen.

Nach der Verhaftung führte man Jesus zum Hohepriester Kajaphas, bei dem sich die Schriftgelehrten und die Ältesten versammelt hatten. Petrus folgte Jesus von Weitem bis zum Hof des Hohepriesters; er ging in den Hof hinein und setzte sich zu den Dienern, um zu sehen, wie alles ausgehen würde. Die Hohepriester und der ganze Hohe Rat bemühten sich um falsche Zeugenaussagen gegen Jesus, um ihn zum Tod verurteilen zu können. Sie fanden aber nichts, obwohl viele falsche Zeugen auftraten. Zuletzt kamen zwei Männer und behaupteten: Er hat gesagt: Ich kann den Tempel Gottes niederreißen und in drei Tagen wieder aufbauen. Da stand der Hohepriester auf und fragte Jesus: Willst du nichts sagen zu dem, was diese Leute gegen dich vorbringen? Jesus aber schwieg. Darauf sagte der Hohepriester zu ihm: Ich beschwöre dich bei dem lebendigen Gott, sag uns: Bist du der Christus, der Sohn Gottes? Jesus antwortete: Du hast es gesagt. Doch ich erkläre euch: Von nun an werdet ihr den Menschensohn zur Rechten der Macht sitzen und auf den Wolken des Himmels kommen sehen. Da zerriss der Hohepriester sein Gewand und rief: Er hat Gott gelästert! Wozu brauchen wir noch Zeugen? Jetzt habt ihr die Gotteslästerung gehört. Was ist eure Meinung? Sie antworteten: Er ist des Todes schuldig. Dann spuckten sie ihm ins Gesicht und schlugen ihn. Andere ohrfeigten ihn und riefen: Christus, du bist doch ein Prophet, sag uns: Wer hat dich geschlagen?

Petrus aber saß draußen im Hof. Da trat eine Magd zu ihm und sagte: Auch du warst mit diesem Jesus aus Galiläa zusammen. Doch er leugnete es vor allen und sagte: Ich weiß nicht, wovon du redest. Und als er zum Tor hinausgehen wollte, sah ihn eine andere Magd und sagte zu denen, die dort standen: Der war mit Jesus dem Nazoräer zusammen. Wieder leugnete er und schwor: Ich kenne den Menschen nicht. Wenig später kamen die Leute, die dort standen, und sagten zu Petrus: Wirklich, auch du gehörst zu ihnen, deine Mundart verrät dich. Da fing er an zu fluchen und zu schwören: Ich kenne den Menschen nicht. Gleich darauf krähte ein Hahn und Petrus erinnerte sich an das Wort, das Jesus gesagt hatte: Ehe der Hahn kräht, wirst du mich dreimal verleugnen. Und er ging hinaus und weinte bitterlich.

Als es Morgen wurde, fassten die Hohepriester und die Ältesten des Volkes gemeinsam den Beschluss, Jesus hinrichten zu lassen. Sie ließen ihn fesseln und abführen und lieferten ihn dem Statthalter Pilatus aus.

Als nun Judas, der ihn ausgeliefert hatte, sah, dass Jesus verurteilt war, reute ihn seine Tat. Er brachte den Hohepriestern und den Ältesten die dreißig Silberstücke zurück und sagte: Ich habe gesündigt, ich habe unschuldiges Blut ausgeliefert. Sie antworteten: Was geht das uns an? Das ist deine Sache. Da warf er die Silberstücke in den Tempel; dann ging er weg und erhängte sich. Die Hohepriester nahmen die Silberstücke und sagten: Man darf das Geld nicht in den Tempelschatz tun; denn es klebt Blut daran. Und sie beschlossen, von dem Geld den Töpferacker zu kaufen als Begräbnisplatz für die Fremden. Deshalb heißt dieser Acker bis heute Blut-

acker. So erfüllte sich, was durch den Propheten Jeremia gesagt worden ist: Sie nahmen die dreißig Silberstücke – das ist der Preis, den er den Israeliten wert war – und kauften für das Geld den Töpferacker, wie mir der Herr befohlen hatte.

Als Jesus vor dem Statthalter stand, fragte ihn dieser: Bist du der König der Juden? Jesus antwortete: Du sagst es. Als aber die Hohepriester und die Ältesten ihn anklagten, gab er keine Antwort. Da sagte Pilatus zu ihm: Hörst du nicht, was sie dir alles vorwerfen? Er aber antwortete ihm auf keine einzige Frage, sodass der Statthalter sehr verwundert war. Jeweils zum Fest pflegte der Statthalter einen Gefangenen freizulassen, den das Volk verlangte. Damals war gerade ein berüchtigter Mann namens Jesus Barabbas im Gefängnis. Pilatus fragte nun die Menge, die zusammengekommen war: Was wollt ihr? Wen soll ich freilassen, Jesus Barabbas oder Jesus, den man den Christus nennt? Er wusste nämlich, dass man Jesus nur aus Neid an ihn ausgeliefert hatte. Während Pilatus auf dem Richterstuhl saß, sandte seine Frau zu ihm und ließ ihm sagen: Habe du nichts zu schaffen mit jenem Gerechten! Ich habe heute seinetwegen im Traum viel gelitten. Inzwischen überredeten die Hohepriester und die Ältesten die Menge, die Freilassung des Barabbas zu fordern, Jesus aber hinrichten zu lassen. Der Statthalter fragte sie: Wen von beiden soll ich freilassen? Sie riefen: Barabbas! Pilatus sagte zu ihnen: Was soll ich dann mit Jesus tun, den man den Christus nennt? Da antworteten sie alle: Ans Kreuz mit ihm! Er erwiderte: Was für ein Verbrechen hat er denn begangen? Sie aber schrien noch lauter: Ans Kreuz mit ihm! Als Pilatus sah, dass er nichts erreichte, sondern dass der Tumult immer größer wurde, ließ er Wasser bringen, wusch sich vor allen Leuten die Hände und sagte: Ich bin unschuldig am Blut dieses Menschen. Das ist eure Sache! Da rief das ganze Volk: Sein Blut – über uns und unsere Kinder! Darauf ließ er Barabbas frei, Jesus aber ließ er geißeln und lieferte ihn aus zur Kreuzigung.

Da nahmen die Soldaten des Statthalters Jesus, führten ihn in das Prätorium und versammelten die ganze Kohorte um ihn. Sie zogen ihn aus und legten ihm einen purpurroten Mantel um. Dann flochten sie einen Kranz aus Dornen; den setzten sie ihm auf das Haupt und gaben ihm einen Stock in die rechte Hand. Sie fielen vor ihm auf die Knie und verhöhnten ihn, indem sie riefen: Sei gegrüßt, König der Juden! Und sie spuckten ihn an, nahmen ihm den Stock wieder weg und schlugen damit auf seinen Kopf.

Nachdem sie so ihren Spott mit ihm getrieben hatten, nahmen sie ihm den Mantel ab und zogen ihm seine eigenen Kleider wieder an. Dann führten sie Jesus hinaus, um ihn zu kreuzigen. Auf dem Weg trafen sie einen Mann aus Kyrene namens Simon; ihn zwangen sie, sein Kreuz zu tragen. So kamen sie an den Ort, der Golgota genannt wird, das heißt Schädelhöhe. Und sie gaben ihm Wein zu trinken, der mit Galle vermischt war; als er aber davon gekostet hatte, wollte er ihn nicht trinken. Nachdem sie ihn gekreuzigt hatten, verteilten sie seine Kleider, indem sie das Los über sie warfen. Dann setzten sie sich nieder und bewachten ihn dort. Über seinem Kopf hatten sie eine Aufschrift angebracht, die seine Schuld angab: Das ist Jesus, der König der Juden. Zusammen mit ihm wurden zwei Räuber gekreuzigt, der eine rechts von ihm, der andere links. Die Leute, die vorbeikamen, verhöhnten ihn, schüttelten den Kopf und riefen: Du willst den Tempel niederreißen und in drei Tagen wieder aufbauen? Wenn du Gottes Sohn bist, rette dich selbst und steig herab vom Kreuz! Ebenso verhöhnten ihn auch die Hohepriester, die Schriftgelehrten und die Ältesten und sagten: Andere hat er gerettet, sich selbst kann er nicht retten. Er ist doch der König von Israel! Er soll jetzt vom Kreuz herabsteigen, dann werden wir an ihn glauben. Er hat auf Gott vertraut, der soll ihn jetzt retten, wenn er an ihm Gefallen hat; er hat doch gesagt: Ich bin Gottes Sohn.

Ebenso beschimpften ihn die beiden Räuber, die mit ihm zusammen gekreuzigt wurden.

Von der sechsten Stunde an war Finsternis über dem ganzen Land bis zur neunten Stunde. Um die neunte Stunde schrie Jesus mit lauter Stimme: Eli, Eli, lema sabachtani?, das heißt: Mein Gott, mein Gott, warum hast du mich verlassen? Einige von denen, die dabeistanden und es hörten, sagten: Er ruft nach Elija. Sogleich lief einer von ihnen hin, tauchte einen Schwamm in Essig, steckte ihn auf ein Rohr und gab Jesus zu trinken. Die anderen aber sagten: Lass, wir wollen sehen, ob Elija kommt und ihm hilft. Jesus aber schrie noch einmal mit lauter Stimme. Dann hauchte er den Geist aus. Und siehe, der Vorhang riss im Tempel von oben bis unten entzwei. Die Erde bebte und die Felsen spalteten sich. Die Gräber öffneten sich und die Leiber vieler Heiligen, die entschlafen waren, wurden auferweckt. Nach der Auferstehung Jesu verließen sie ihre Gräber, kamen in die Heilige Stadt und erschienen vielen. Als der Hauptmann und die Männer, die mit ihm zusammen Jesus bewachten, das Erdbeben bemerkten und sahen, was geschah, erschraken sie sehr und sagten: Wahrhaftig, Gottes Sohn war dieser!

1. DIE VORBEREITUNG

Der erste der sieben Matthäus-Teile war ein Bericht über Geschehnisse. Die fünf mittleren Teile sind um fünf große Reden gruppiert. Der siebte und letzte Teil ist wieder ein Bericht über Geschehnisse. Nur vereinzelte Worte spricht Christus noch. Seine Reden sind zu Ende. Aber das Geschehen, über das nun berichtet wird, ist das größte Geschehen der Geschichte. Es ist das Geschehen, das den eigentlichen Mittelpunkt und das innerste Mysterium der Welt- und Heilsgeschichte bildet. Es berichtet nicht bloß über die Niederlage und den Sieg des Messias, sondern über das, was er selbst aus eben dieser Niederlage und aus eben diesem Sieg gemacht hat, das große Opfer der Erlösung, das Mysterium des Heils.

Mit dem Hinweis auf Ostern beginnt der Bericht. Ostern war die Erinnerung an die Befreiung des Gottesvolkes aus der Knechtschaft der Ägypter. Nun soll das neue und eigentliche Gottesvolk aus einer ganz anderen Knechtschaft in die Freiheit geführt werden. Ostern war das Fest, an welchem die Osterlämmer geschlachtet und geopfert wurden. Nun soll das wahre Osterlamm geschlachtet und das wahre und eigentliche und einzige Opfer der Menschheit dargebracht werden. Ostern war die Rettung der Erstgeburt vor dem Tod durch das Blut eines Lammes. Jetzt sollen die Erstgeborenen Gottes, die Söhne Gottes, vor dem geistigen und ewigen Tod gerettet werden durch das Blut des Gotteslammes. Der Menschensohn wird zur Kreuzigung überliefert. Seine Auslieferung an die Menschen ist eine freiwillige Hingabe aus der Gesinnung der Opferbereitschaft und aus dem Willen zur Hingabe an die Menschen und letztlich an den Vater. Die Menschwerdung war Auslieferung, der Kreuzestod ist die letzte Auslieferung. Das Kreuz war bisher Hinrichtung der Verbrecher. Das Kreuz wird von jetzt an das Zeichen des Menschensohnes sein. Denn der Unschuldige wird sich hinrichten lassen, damit Sünder geheiligt werden, weil der Heilige die Sünden der Menschen benutzt, um seine Gnade zu zeigen. Kreuzigung heißt: Gott verwandelt Böses in Gutes.

Das Geschehen, von dem hier berichtet wird, ist so gewaltig, dass seine Vorbereitung ausführlich geschildert wird. Beide Gruppen treffen ihre Vorbereitungen, die Feinde und Jesus selbst.

Die Vorbereitung der Feinde beginnt im Hauptquartier der Gegner, im Palast des Hohepriesters Kajaphas. Die Priester und die Ältesten sind versammelt, die religiösen und die politischen Häupter. Es ist eine offizielle Beratung. Der Tod Jesu ist längst eine beschlossene Sache. Es handelt sich nur noch um das Wie. Und es zeigt sich bei dieser Beratung, dass die Gegner Christi im Grunde genommen machtlos sind. Sie können nicht offen vorgehen. So beschließen sie, mit List zu ihrem Ziel zu kommen. Und auch da befürchten sie noch Schwierigkeiten und beschließen zu warten, bis das Fest vorüber ist. Aber selbst dieser Beschluss wird sich als undurchführbar erweisen. Denn gegen ihren Willen und gegen ihren Beschluss wird das Geschehen nicht weiter hinausgezögert, sondern muss zum Festtag, ja sogar noch vor dem Fest vollzogen werden, und zwar in aller Öffentlichkeit vor dem Volk, dem sie doch ausweichen wollten.

Noch ein anderer Gegner trifft seine Vorbereitungen, der Verräter. Es ist einer der Zwölf. Auch das gehört zum Werk Christi. Seine Kirche ist noch nicht *ecclesia triumphans*. Er hat selbst vom Unkraut auf seinen Äckern gesprochen und von den faulen Fischen in seinem Netz. Nun zeigt es sich, dass in seinem engsten Kreis der Verräter zu finden ist, einer der erwählten Zwölf. Die Salbung in Bethanien gibt den letzten Ausschlag. Judas hat von Gott und dem messianischen Reich irdische Vorteile erwartet. Nun ist die Erkenntnis bei ihm durchgebrochen, dass diese Erwartung eine Täuschung ist. Denn es zeigt sich, dass Jesus keinen Sinn für materiellen Gewinn hat. Er lässt die Verschwendung geschehen, dass jene Frau das Alabastergefäß zerbricht und das kostbare Salböl über sein Haupt schüttet. Judas erkennt weiterhin, dass der Untergang Jesu bevorsteht, denn Jesus selbst redet von seinem Begräbnis und von einer Art Vorausnahme der Einbalsamierung, die durch diese Frau geschieht. So will Judas wenigstens aus seinem Abgang noch einen Gewinn herausschlagen. Er läuft über ins Lager der Feinde und empfängt als Verräterlohn dreißig Silberlinge. Es ist der Preis, den man in Israel bezahlen musste, wenn man einen Sklaven tötete. Judas wird den »Knecht Jahwes« dem Tod überliefern. Aber er bezahlt dafür nicht die dreißig Silberlinge, sondern er empfängt sie. Damit sind die Vorbereitungen des Gegners getroffen. Der Mann ist gefunden, der den Beschluss des Hohen Rates in seiner Weise zur Ausführung bringen kann.

Aber auch Jesus trifft seine Vorbereitungen.

Diese *Vorbereitung Jesu* ist das Abschiedsmahl mit den Seinen. Es ist zum letzten Mal eine sinnvolle Feier des jüdischen Paschamahles. Und es ist die erste Feier des neuen und wahren Oster- und Opfermahles der Eucharistie. Jesus ist sich über die Situation vollkommen im Klaren. Er weiß um den Verrat, warnt noch einmal den Verräter und sagt Judas ins Gesicht, dass er der Verräter ist, aber so, dass die anderen es nicht beachten. Dann feiert er das große Liebesmahl, denn er bricht mit seinen Jüngern das Brot mit den Worten: »Nehmt und esst; das ist mein Leib.« Und er trinkt mit ihnen den Kelch mit den Worten: »Trinkt alle daraus; das ist mein Blut des Bundes, das für viele vergossen wird zur Vergebung der Sünden« (Mt 26,26–28). Wie das Brot hier gebrochen wird, wird sein Leib im Tod brechen. Und wie der Wein hier in den Kelch fließt, wird sein Blut am Kreuz fließen. Und dieser sein geopferter Leib und dieses sein Opferblut ist hier zugegen unter den Symbolen des Brotes und des Weines, denn sein Leib wird zur Speise und sein Blut wird zum Trank der Seele. Wie aus vielen Ähren das eine Brot gebacken und aus vielen Trauben der eine Kelch gefüllt wird, so werden die vielen in ihm zur Einheit werden, wenn sie sein Fleisch essen und sein Blut trinken. Der Alte Bund ist auf dem Sinai durch das Blut eines Opfertieres geweiht und gesegnet worden. Der Neue Bund, den Christus gründet, wird geweiht und gesegnet durch sein Blut, das Blut des wahren Opferlammes. Die Eucharistische Feier als Tischgemeinschaft und Liebesmahl, als geistige Speise und geistiger Trank, als Geheimnis des Neuen Bundes zwischen Gott und der Menschheit und als Mysterium des Erlösungsopfers wird hier begründet und zum ersten Mal gefeiert. So ist dieses Mahl zugleich Abschluss und Anfang, Abschluss der bloßen Symbolik des Alten Bundes, der alten Feste und der alten Opfer, und Anfang des Neuen Bundes, der neuen Festfeiern und des neuen Opfers. Das Symbol ist abgelöst durch die Wirklichkeit. Es ist Abschiedsmahl. Denn er wird jetzt »von der Frucht des Weinstocks nicht mehr trinken« bis zu dem Tag, an dem er es mit den Seinen neu trinkt im Reich des Vaters, wenn er nach der Auferstehung wieder bei ihnen ist. Eine eigene Weihe liegt über dieser Vorbereitung, die in Wirklichkeit mehr als bloße Vorbereitung ist, denn sie greift schon über den Tod des Herrn hinaus und sichert die Weiterführung seines Opfers durch Raum und Zeit.

Noch ein Letztes fehlt an der Vorbereitung. Bei der Gründung der Kirche und der Unterweisung der Jünger hatte Petrus immer eine Sonderstellung. Er hat sie auch hier bei der Vorbereitung auf die Passion. Mit voller Klarheit sagt Jesus den Seinen, dass sie alle an ihm irrewerden. Denn es muss das Prophetenwort in Erfüllung gehen (Sach 13,7), dass der Hirte geschlagen wird und die Herde sich zerstreut. Zugleich weiß aber auch Jesus, dass dies nur vorübergehend ist, denn dann wird er auferstehen und als Hirte wieder an der Spitze seiner Herde schreiten. Er wird den Seinen nach Galiläa vorausgehen. Aber in diesem Geschehen der Passion wird Petrus eine traurige Führerrolle spielen. Denn er, der sich anmaßt, nicht nur eine amtliche, sondern auch eine moralische Sonderstellung zu haben, sodass, wenn auch alle anderen am Herrn irrewerden, er selbst es niemals werde, empfängt die Antwort Jesu: »Amen, ich sage dir: In dieser Nacht, ehe der Hahn kräht, wirst du mich dreimal verleugnen.« In drei Bildern hat Jesus ihm seinen Vorrang gezeichnet: im Bild des Fundamentes am Bau, der Schlüsselgewalt im Reich und der Vollmacht zu binden und zu lösen. Dreimal wird Petrus den Herrn verleugnen. Es muss sichtbar werden, dass die Führung im Reich Gottes nicht von Menschen abhängt, sondern von Gott gegeben ist, dass das Papsttum trotz menschlicher Schwäche in göttlicher Kraft seinen Bestand hat.

Damit ist die Vorbereitung getroffen. Für die Gegner und ihr besonderes Werkzeug, für Christus und seinen besonderen Jünger.

2. DIE PASSION

In drei Abschnitten vollzieht sich der Verlauf der Passion. Jesus wird gefangen, gerichtet und gekreuzigt.

Gefangen. Freiwillig schreitet Jesus in die Passion. Wohl ist er seelisch niedergedrückt. Aber dreimal betont er ausdrücklich im Gebet zum Vater seine Bereitschaft, während er dreimal die Jünger in mangelnder Bereitschaft schlafend findet. Und es sind doch die drei, die ihn in der Verklärung geschaut haben. Sie sehen ihn jetzt in der Niedergeschlagenheit. Aber wie sie dort die Zeichen seiner Größe nicht richtig gedeutet haben, so geht ihnen auch hier das Verständnis für seine Erniedrigung ab. Aufrecht schreitet er seinem Schicksal entgegen. »Siehe, die Stunde ist gekommen und der Menschensohn wird in die Hände von Sündern ausgeliefert. Steht auf, wir wollen gehen! Siehe, der mich ausliefert, ist da« (Mt 26,45–46). Die Freiwilligkeit zeigt sich auch darin, dass er den Verräter kennt und ihn ein letztes Mal warnt. Der Kuss als Zeichen der Liebe wird durch Judas zum Zeichen des Verrats. Jesus lehnt jeden Widerstand ab. »Steck dein Schwert in die Scheide; denn alle, die zum Schwert greifen, werden durch das Schwert umkommen« (Mt 26,52). Er weiß, dass sein Vater ihm anstelle dieser zwölf Apostel, von denen der eine schon zum Verräter geworden ist, der zweite ihn noch diese Nacht verleugnen wird und die übrigen ihn verlassen, zwölf Legionen Engel schicken würde, wenn er ihn darum bäte. Aber Jesus will den Willen des Vaters tun. Er will das Opfer der Erlösung darbringen. So ist es in der Schrift vorausgesagt. So will er es erfüllen. Zweimal betont er, dass sich die Schrift erfüllen soll (Mt 26,54; 26,56). So schreitet er freiwillig, bewusst, in Erfüllung der Schrift, nach dem Willen seines Vaters, allein, von allen anderen verlassen, in die dunkle Nacht des Todes.

Gerichtet. Zwei Gerichtsverhandlungen werden geschildert: das Gericht vor den Juden und das Gericht vor den Heiden. Das jüdische Gericht wird ihn als Messias verurteilen, das heidnische ebenfalls als Messias, aber unter der für Pilatus allein maßgebenden politischen Rücksicht, dass der Messias sich als »König der Juden« ausgibt. Zugleich betont aber Pilatus, dass dieses Königtum religiöser Natur sei. Denn Pilatus verurteilt ihn nicht, sondern überlässt ihn den Juden, das heißt, er lässt die Juden machen, gibt ihnen die Freiheit, ihr Urteil zu vollstrecken, während Pilatus »keine Schuld an ihm findet«, also keine Schuld vom politischen Standpunkt aus. So stirbt Jesus in aller Form als *religiöser* Messias. Die Kreuzigung wird ihn ausweisen als Sohn Gottes. Der dreifache Ehrentitel, Messias, König von Israel, Sohn Gottes, wird in der Schmach seiner Erniedrigung und im blutigen Tod sichtbar. Alle drei sind Schattierungen des einen messianischen Charakters.

Das *jüdische Gericht* hat offiziellen Charakter. Alle drei Gruppen sind versammelt, Priester, Schriftgelehrte und Älteste. Die Vorwürfe und Anklagen, die sie gegen Jesus erheben, brechen in nichts zusammen. Falsche Zeugen, die man bestochen hat, können ihm nichts nachweisen. Der letzte Vorwurf wird sogar zum Hinweis auf seine Auferstehung. Denn sein Wort vom Niederreißen des Tempels und vom Wiederaufbau in drei Tagen ist eine geheimnisvolle Andeutung seines gewaltsamen Todes und seiner Auferstehung am dritten Tag. Nur ein einziger Vorwurf und eine einzige Klage ergibt sich aus den Verhandlungen, formuliert in feierlichster Form durch das Oberhaupt des Volkes Israel, den Hohepriester: »Ich beschwöre dich bei dem lebendigen Gott, sag uns: Bist du der Christus, der Sohn Gottes?« (Mt 26,63). Die Frage, die Christus in Cäsarea Philippi an die Seinen gestellt hat, wird hier als Gegenfrage an ihn gestellt: Für wen hältst du dich? Seine Antwort ist eindeutig. Unter Eidschwur vor dem lebendigen Gott legt er das Bekenntnis ab, dass er der Messias, der Sohn Gottes ist. Und er erweitert das Bekenntnis jetzt und hier in seiner Erniedrigung durch den Hinweis auf seine Wiederkunft auf den Wolken des Himmels und seine Herrlichkeit zur Rechten des allmächtigen Gottes. Die Frage war eindeutig. Die Antwort ebenfalls. Und sie wird richtig verstanden. Wenn er sich selbst auf dem Thron Gottes sieht, ist das für jüdische Ohren eine Gotteslästerung. Das Urteil lautet dementsprechend auf Gotteslästerung. Zeugen sind überflüssig. Das Delikt der Gotteslästerung liegt in flagranti vor. Das Todesurteil wird einstimmig gefällt. Und es folgt ihm die erste Verhöhnung: Sie speien ihm ins Gesicht, schlagen ihn mit Fäusten, und zwar verhöhnen sie ihn als Messias. »Christus, du bist doch ein

Prophet, sag uns: Wer hat dich geschlagen?« (Mt 26,68). Die Verhandlung vor dem jüdischen Gericht ist zu Ende. Das Todesurteil über ihn als den Messias ist gefällt.

Zwei Ereignisse unterbrechen hier den Gang der Geschehnisse. Das eine ist die Verleugnung durch Petrus. Dreimal hintereinander erfolgt sie. Und zwar in immer stärkerer Form. Das erste Mal lautet seine Antwort: »Ich weiß nicht, wovon du redest«, das zweite Mal: »Ich kenne den Menschen nicht«. Und das dritte Mal wird die Behauptung »Ich kenne den Menschen nicht« von Schwüren begleitet und durch Fluchworte bekräftigt. Aber der Hahn kräht. Und Petrus erinnert sich an die Voraussage des Herrn. Christi Wort hat sich erfüllt. Der Jünger ist gefallen. Aber er bereut in bitteren Tränen.

Die zweite Unterbrechung ist anderer Art. Sie berichtet das Ende des Judas. Auch er bereut, aber nicht richtig. Er bringt das Verrätergeld zurück, findet aber bei den Hohepriestern keine Aufnahme. So wirft er es in den Tempel, geht hinaus und erhängt sich. Wieder tritt die Scheinheiligkeit der Priester in Erscheinung. Sie wollen den Buchstaben des Gesetzes beobachten und so nehmen sie das Geld nicht in den Tempelschatz, sondern kaufen den Töpferacker als Begräbnisstätte für Fremdlinge. Matthäus bemerkt ausdrücklich, dass damit Prophezeiungen des Jeremia und des Sacharja erfüllt sind. Zwei Jünger sind gefallen. Der eine hat den Rückweg zum Herrn gefunden. Der andere ist ins Verderben gelaufen. Der Tod Christi beginnt die Geister zu scheiden und ewige Schicksale zu bestimmen.

Es folgt *das heidnische Gericht.* Zuerst wird in der Morgenfrühe pro forma die Gerichtsverhandlung der Juden noch einmal erneuert und das Todesurteil bestätigt, damit alles in voller Legalität nach den Vorschriften des Gesetzes vollzogen wird. Dann führen sie den Gefangenen vor das heidnische Gericht des Pilatus. Hier geht es ebenfalls um den Messias-Titel, aber mit der politischen Färbung, die für den Römer infrage kommt. Die Anklage lautet auf Usurpation des israelitischen Thrones, denn vor dem Politiker Pilatus muss Jesus als politischer Verbrecher hingestellt werden. Auf die Frage »Bist du der König der Juden?« lautet die Antwort Jesu: »Du sagst es.« Auf die Messias-Frage hat er bejahend geantwortet. Auf die Frage nach seinem Königtum gibt er die gleiche bejahende Antwort. Pilatus erkennt und anerkennt seine Unschuld, und zwar zu wiederholten Malen, und nennt ihn einen Gerechten (Mt 27,24). Aber aus Rücksicht auf das Volk und um keine Unannehmlichkeiten zu haben, begeht er, der als Richter Recht sprechen müsste, das Unrecht, dass er einen Gerechten zur Hinrichtung verurteilt. Er ist schuldig am Blut dieses Gerechten, auch wenn er seine Hände wäscht und seine Unschuld beteuert.

Auch diese Verhandlungen erleiden zwei Unterbrechungen. Die eine ist die Mahnung an Pilatus durch seine Frau, er solle sich mit diesem Gerechten nichts zu schaffen machen. Die zweite Unterbrechung ist der Versuch, durch die Wahl zwischen Barabbas und Jesus einen Ausweg zu finden. Barabbas ist einer der politischen »Partisanen«, die gegen die Römerherrschaft ins Maquis gegangen sind[12] und dort eine wilde Wegelagerer-Existenz führen. Von Pilatus aus gesehen ist somit die Gegenüberstellung mit Jesus verständlich. Aber das Volk wählt Barabbas und fordert die Kreuzigung Jesu. So gibt Pilatus den Barabbas frei. Jesus aber lässt er geißeln und zur Kreuzigung ausliefern. Der Verbrecher ist freigesprochen, der Unschuldige wird als Verbrecher verurteilt. Der politische Aufrührer, der ein Feind des Cäsaren ist, wird vom Vertreter des Cäsaren freigegeben und der Messias-König Israels von

---

12 Maquis bezeichnet ursprünglich den undurchdringlichen Buschwald in den Mittelmeerländern. Dort haben sich traditionell Banditen und Gesetzlose versteckt (Anm. d. V.).

seinem Volk ans Kreuz geliefert. So haben sich beide menschlichen Gerichtshöfe, vor Heiden und vor Juden, als Instanzen des Unrechtes ausgewiesen. Jesus, der Gerechte, ist durch das Unrecht menschlicher Gerichte gerichtet worden. Der Richter der Welt ist durch weltliche Gerichte zur Hinrichtung verurteilt worden. Die Verhandlungen enden mit dem grauenhaften, zynischen Ruf des Volkes: »Sein Blut komme über uns und unsere Kinder!« (Mt 27,25). Und wieder folgt eine Verhöhnung. Es ist die zweite. Galt die erste seinem Messias-Titel, so ist die zweite ein Hohn auf sein Königtum. Sie hängen ihm als »Triumphator« einen roten Mantel um, setzen ihm einen »Siegeskranz« aus Dornen aufs Haupt und geben ihm als Zepter einen Stecken in die Hand. Höhnisch vollziehen sie durch Kniebeugung eine scheinbare Huldigung und begrüßen ihn als König der Juden. So wird er als Messias und als König von Israel verhöhnt und verspottet. Durch seine Hinrichtung wird der dritte Ehrentitel dem Hohn ausgeliefert.

Gekreuzigt. Zwei Episoden werden im Hinrichtungsbericht des Matthäus geschildert: die Kreuzigung und das Sterben.

Jesus hat nicht mehr die Kraft, das Kreuz selbst zu tragen. Simon von Kyrene muss ihm helfen. Trotzdem weist er den angebotenen Rauschtrank ab und will seinen Tod bis zum Letzten verkosten. Sie kreuzigen ihn und werfen über seine Kleider das Los, wie es im 22. Psalm von ihm vorausgesagt ist. Dann beginnt die dritte Verspottung. Sie liegt schon in der Inschrift »König der Juden«, die an den Galgen des Kreuzes genagelt ist. Sie liegt auch darin, dass man zu seiner Rechten und zu seiner Linken je einen politischen Verbrecher aufhängt. Die Vorübergehenden verhöhnen ihn als Sohn Gottes. »Wenn du Gottes Sohn bist, steig herab vom Kreuz!« (Mt 27,40). Und wieder das Wort vom Niederreißen und Aufbauen des Tempels in drei Tagen als geheimnisvolle Anspielung, die er gegen ihren Willen erfüllen wird. Auch die Priester, Schriftgelehrten und Ältesten stimmen ein. Wieder geht es dabei um seine Gottessohnschaft. »Er hat doch gesagt: Ich bin Gottes Sohn.« Selbst die Verbrecher zu beiden Seiten tun mit. So ist der Hohn durch alle Gruppen vollzogen. Er trifft ihn im Innersten, in seinem Vertrauen auf Gott und in seinem Wesen als Sohn Gottes.

Der Bericht über sein Sterben ist nicht weniger gewaltig und erschütternd. Finsternis bricht äußerlich über das Land und innerlich über seine Seele ein und findet Ausdruck in seinem lauten Ruf: »Mein Gott, mein Gott, warum hast du mich verlassen?« (Mt 27,46). Und doch war auch dieser Schrei der Verzweiflung die Erfüllung des Wortes aus dem 22. Psalm. Das Missverständnis der Umstehenden, die glauben, er rufe Elija, ist wieder Hinweis auf die Messianität seines Sterbens. Denn mit dem messianischen Reich soll ja Elija wiederkommen. Dann stirbt er mit einem Schrei. In der feierlichen Stille der Nacht hat sein Leben begonnen. Mit einem Schrei in der unnatürlichen Finsternis des hellen Nachmittags endet es.

Und doch ist es nicht zu Ende. Der Bericht des Evangeliums fährt fort: »Und siehe, der Vorhang riss im Tempel von oben bis unten entzwei« (Mt 27,51). Mit seinem Sterben stirbt Israel. Mit seiner Verwerfung ist es selbst verworfen. Sie haben diesen lebendigen Tempel niedergerissen. Er wird ihn am dritten Tag wieder aufbauen. Aber der Tempel zu Jerusalem ist damit der Zerstörung ausgeliefert. Darum zerreißt der Vorhang vor dem Allerheiligsten, denn durch seinen Tod ist das Allerheiligste leer. Sein Tod ist aber der Anfang des eigentlichen Lebens. Darum öffnet sich die Erde, bersten die Felsen, springen die Gräber auf und erheben sich die Toten zu neuem Leben. Ein nüchterner Beobachter dieser Vorgänge, der römische Hauptmann, fasst alles zusammen in das staunende, angsterfüllte und doch bewundernde Bekenntnis: »Wahrhaftig, Gottes Sohn war dieser!« (Mt 27,54). So steht in der Kreuzigungsszene seine Gottessohnschaft dreimal betont.

Zweimal wird er als Gottessohn gelästert, das dritte Mal aber als Gottessohn erkannt und anerkannt. Wo die Menschen verstummen, reden die Steine. Wo sein Leben stirbt, wird die tote Natur lebendig. Wo Israel ihn verwirft, um selbst verworfen zu werden, kommt der römische Heide zum Glauben. Der Umschwung ist vorbereitet. Seine Niederlage wird zum Sieg, sein Sterben zum Leben. Der Schrei des Sterbenden wird zum Jubelruf der Erlösung. Das Sterben des Messias ist der Anbruch des messianischen Reiches. Die Synagoge ist tot. Die Kirche ist geboren.

In der Matthäus-Passion ist vieles weggelassen, was in anderen Leidensberichten ausführlich dargestellt ist. Vergleicht man etwa den Matthäus-Bericht mit dem johanneischen, so fehlen in jenem Ersteren die Einzelheiten bei der Gefangennahme, das Verhör vor Hannas, die Szene vor Herodes, ein Teil der Verhandlungen vor Pilatus, das *Ecce homo*, der Kampf um die Kreuzesinschrift, die Worte des Sterbenden an seine Mutter und an Johannes und das Öffnen der Seite. Von den sieben letzten Worten ist nur eines angeführt. Der Matthäus-Bericht ist ganz auf die Messianität Jesu eingestellt. Darum das immer wiederkehrende Betonen, dass Schrifttexte in Erfüllung gehen. Darum das Hervorheben des messianischen Bekenntnisses vor Kajaphas, die eindringliche Betonung, dass er als König von Israel verurteilt wird und stirbt. Und darum vor allem der ständig wiederkehrende Titel: Sohn Gottes. Es stirbt hier nicht irgendeiner. Und es ist auch nicht einmal in erster Linie die menschliche Seelengröße, die bei diesem Sterben sichtbar wird, sondern es ist das Tun des Messias. Darum ist sein Tod aber auch nicht sein Ende, sondern eigentlich erst sein Anfang. Der Umschwung vom Sterben zum Leben, vom Verlöschen zum Aufflammen, vom Verhöhntwerden zum Triumphieren, von der Niederlage zum Sieg ist aufs Engste mit dem Passionsbericht verbunden und bildet mit ihm eine Einheit.

II. DER SIEG DES MESSIAS

Mt 27,55–28,20

Auch viele Frauen waren dort und sahen von Weitem zu; sie waren Jesus von Galiläa aus nachgefolgt und hatten ihm gedient. Zu ihnen gehörten Maria aus Magdala, Maria, die Mutter des Jakobus und des Josef, und die Mutter der Söhne des Zebedäus.

Gegen Abend kam ein reicher Mann aus Arimathäa namens Josef; auch er war ein Jünger Jesu. Er ging zu Pilatus und bat um den Leichnam Jesu. Da befahl Pilatus, ihm den Leichnam zu überlassen. Josef nahm den Leichnam und hüllte ihn in ein reines Leinentuch. Dann legte er ihn in ein neues Grab, das er für sich selbst in einen Felsen hatte hauen lassen. Er wälzte einen großen Stein vor den Eingang des Grabes und ging weg. Auch Maria aus Magdala und die andere Maria waren dort; sie saßen dem Grab gegenüber.

Am nächsten Tag gingen die Hohepriester und die Pharisäer gemeinsam zu Pilatus; es war der Tag nach dem Rüsttag. Sie sagten: Herr, es fiel uns ein, dass dieser Betrüger, als er noch lebte, behauptet hat: Ich werde nach drei Tagen auferstehen. Gib also den Befehl, dass das Grab bis zum dritten Tag bewacht wird! Sonst könnten seine Jünger kommen, ihn stehlen und dem Volk sagen: Er ist von den Toten auferstanden. Und dieser letzte Betrug wäre noch schlimmer als alles zuvor. Pilatus antwortete ihnen: Ihr sollt eine Wache haben. Geht und sichert das Grab, so gut ihr könnt! Darauf gingen sie, um das Grab zu sichern. Sie versiegelten den Eingang und ließen die Wache dort.

Nach dem Sabbat, beim Anbruch des ersten Tages der Woche, kamen Maria aus Magdala und die andere Maria, um nach dem Grab zu sehen. Und siehe, es geschah ein gewaltiges Erdbeben; denn ein Engel des Herrn kam vom Himmel herab, trat an das Grab, wälzte den Stein weg und setzte sich darauf. Sein Aussehen war wie ein Blitz und sein Gewand weiß wie Schnee. Aus Furcht vor ihm erbebten die Wächter und waren wie tot. Der Engel aber sagte zu den Frauen: Fürchtet euch nicht! Ich weiß, ihr sucht Jesus, den Gekreuzigten. Er ist nicht hier; denn er ist auferstanden, wie er gesagt hat. Kommt her und seht euch den Ort an, wo er lag! Dann geht schnell zu seinen Jüngern und sagt ihnen: Er ist von den Toten auferstanden und siehe, er geht euch voraus nach Galiläa, dort werdet ihr ihn sehen. Siehe, ich habe es euch gesagt. Sogleich verließen sie das Grab voll Furcht und großer Freude und sie eilten zu seinen Jüngern, um ihnen die Botschaft zu verkünden.

Und siehe, Jesus kam ihnen entgegen und sagte: Seid gegrüßt! Sie gingen auf ihn zu, warfen sich vor ihm nieder und umfassten seine Füße. Da sagte Jesus zu ihnen: Fürchtet euch nicht! Geht und sagt meinen Brüdern, sie sollen nach Galiläa gehen und dort werden sie mich sehen.

Noch während die Frauen unterwegs waren, siehe, da kamen einige von den Wächtern in die Stadt und berichteten den Hohepriestern alles, was geschehen war. Diese fassten gemeinsam mit den Ältesten den Beschluss, die Soldaten zu bestechen. Sie gaben ihnen viel Geld und sagten: Erzählt den Leuten: Seine Jünger sind bei Nacht gekommen und haben ihn gestohlen, während wir schliefen. Falls der Statthalter davon hört, werden wir ihn beschwichtigen und dafür sorgen, dass ihr nichts zu befürchten habt. Die Soldaten nahmen das Geld und machten alles so, wie man es ihnen gesagt hatte. Und dieses Gerücht verbreitete sich bei den Juden bis heute.

Die elf Jünger gingen nach Galiläa auf den Berg, den Jesus ihnen genannt hatte. Und als sie Jesus sahen, fielen sie vor ihm nieder, einige aber hatten Zweifel. Da trat Jesus auf sie zu und sagte zu ihnen: Mir ist alle Vollmacht gegeben im Himmel und auf der Erde. Darum geht und macht alle Völker zu meinen Jüngern; tauft sie auf den Namen des Vaters und des Sohnes und des Heiligen Geistes und lehrt sie, alles zu befolgen, was ich euch geboten habe. Und siehe, ich bin mit euch alle Tage bis zum Ende der Welt.

1. DER UMSCHWUNG

Der Tod Jesu hat mit einem feierlichen Zeugnis für seine Gottheit geendet. Es war das Zeugnis des Alten Bundes, der durch das Zerreißen des Tempelvorhanges seine Liquidation kundgab, das Zeugnis der Natur, die durch das Beben der Erde und das Bersten der Felsen dem kosmischen Ereignis des Todes Christi Ausdruck gab, das Zeugnis der Toten, deren Leiber sich aus den Gräbern erhoben, um zu zeigen, dass durch den Tod des Lebensspenders in Wirklichkeit nicht das Leben getötet, sondern der Tod in Leben verwandelt ist. Also ein Zeugnis für das Kreuz »qua vita mortem pertulit et morte vitam protulit«[13]. Und es war das soldatisch sachliche Zeugnis des römischen Hauptmanns: »Wahrhaftig, Gottes Sohn war dieser!« So ist sein Sterben ein Sieg. Dementsprechend setzt auch sofort der völlige Umschwung der Situation ein.

Dieser *Umschwung* zeigt sich zuerst bei den Anhängern Jesu. Einige Frauen, die ihn von Galiläa her begleitet und immer für ihn gesorgt hatten, haben ihm die Treue bewahrt bis zum Tod und Grab. Sie waren die Letzten bei seinem Sterben. Sie sind darum auch die Ersten bei der Auferstehung. Der Umschwung wird deutlich bei Josef von Arimathäa. Furchtlos bekennt er sich zu Jesus und verschafft ihm ein ehrenvolles Begräbnis. Der Umschwung wird aber am deutlichsten bei den Feinden. Sie sollten eigentlich nun Ruhe haben und Grund zum Triumph, aber das Gegenteil ist der Fall. Sie werden sichtlich unruhig und beginnen zu fürchten, dass sich ihr Sieg in eine Niederlage, seine Niederlage in einen Sieg verwandeln könnte. Sie müssen, ohne es zu wollen, Zeugen seiner Auferstehung werden, denn sie betonen, dass er gesagt habe:

---

[13] Ein lateinischer Hymnus auf das Kreuz Christi, den Venantius Fortunatus verfasste (Anm. d. V.).

»Ich werde nach drei Tagen auferstehen.« So müssen sie das Zeichen des Jona, das er ihnen angedroht hatte, noch besonders hervorheben, und zwar nicht nur durch ihr Wort, sondern auch durch ihr Tun. Sie versiegeln den Stein vor dem Grab und lassen eine militärische Wache davorstellen, um sich durch staatliche und militärische Maßregeln gegen das zu sichern, was sie befürchten. Ihre eigene Ausrede, mit der sie sich später zu retten suchen, dass nämlich die Jünger kommen würden, um den Leib zu stehlen und die Auferstehung vorzutäuschen, machen sie durch ihre Schutzmaßnahmen wirkungslos. So ziehen sie sich selbst den Boden unter den Füßen weg.

2. DIE AUFERSTEHUNG

Die *Auferstehung* ist scheinbar verunmöglicht, in Wirklichkeit aber gerade dadurch vorbereitet.

Ein staatliches Siegel und ein militärisches Aufgebot sind Gott gegenüber Lächerlichkeiten. Die Auferstehung vollzieht sich majestätisch. Die Erde bebt. Ein Engel des Herrn wird sichtbar, grell wie ein Blitz, in einer Gestalt, die schimmert wie weißer Schnee. Das Überirdische wird sichtbar. Die militärischen Wachen fallen wie leblos zu Boden. Der Engel aber wird, wie schon sein Name besagt, zum Boten, und zwar zum Verkünder der Frohbotschaft der Auferstehung. »Ihr sucht Jesus, den Gekreuzigten. Er ist nicht hier; denn er ist auferstanden, wie er gesagt hat« (Mt 28,5). Die Frauen, welche die Botschaft vernehmen, sollen auch ihre ersten Boten für die Jünger sein, und diese sollen die Botschaft weitertragen in die Welt. Die Nachricht vom großen Geschehen ist nicht mehr aufzuhalten. Sie wird weitergehen durch die Jahrtausende.

Zugleich werden die Jünger aufgefordert, nach Galiläa zu gehen, wo sie den Herrn sehen sollen.

Nach dem Engel, dem Vorläufer des Auferstandenen, wird Jesus selbst sichtbar. Auch er schickt die Frauen zu den Jüngern mit der gleichen Aufforderung, nach Galiläa zu gehen. Dieser zweimalige Hinweis durch den Engel und durch Jesus soll das Geschehen in Galiläa besonders vorbereiten und seine Wichtigkeit betonen. Aber vor diesem letzten Ereignis wird die Niederlage der Gegner noch angedeutet. Sie sind völlig ratlos und müssen zum Mittel der Bestechung greifen, um die Soldaten zu falschen Zeugen zu machen. Als Ausrede müssen sie nun gerade das gebrauchen, was sie durch ihre Maßnahmen verunmöglichen wollten. Denn sie müssen sich durch die lügnerische Behauptung retten, die Jünger hätten den Leib gestohlen. Hätten sie kein Staatssiegel am Stein angebracht und keine militärische Wache aufgestellt, wäre diese Lüge allenfalls geglaubt worden. Aber nun ist es eine Lächerlichkeit, sich gerade mit dem retten zu wollen, was sie selbst verunmöglicht haben. Die Ausweglosigkeit ist deutlich, die Hilflosigkeit vollkommen. Sie sind geschlagen und erledigt, und zwar nicht nur äußerlich, sondern innerlich. Denn sie sind so verstockt und verblendet, dass sie das Zeichen des Jona nicht mehr sehen. Eine Umkehr und damit eine Bekehrung ist für sie nicht mehr möglich. Sie sind auf der ganzen Linie geschlagen. Jetzt erst berichtet der Evangelist das große Ereignis in Galiläa.

3. DIE SENDUNG

Die *Sendung der Jünger in die Welt* bildet den Abschluss des Matthäus-Evangeliums. Die Situation ist eigenartig. Die Geschehnisse in Jerusalem sind vorüber. Die letzte Sendung vollzieht sich wieder in Galiläa, also dort, wo der Herr die Seinen gesammelt, unterrichtet und zum ersten Mal ausgesandt hat, dort, wo er die Wunder gewirkt, die Kirche grundgelegt und alles, was inzwischen geschehen ist, vorausgesagt hat. Er hatte beim letzten Abendmahl noch betont, dass er ihnen nach der Auferstehung nach Galiläa vorausgehen werde (Mt 26,32). Nun erfüllt sich auch diese Voraussage.

Die letzte Sendung wird auf einem Berg gegeben. Auf einem Berg ist der Alte Bund gegründet worden. Auf einem Berg hat der Herr den Geist und das Gesetz seines neuen Reiches verkündet. Auf dem Berg wird den Seinen in der Verklärung zum ersten Mal seine Herrlichkeit gezeigt. Auf einem Berg wird er jetzt als Auferstandener sichtbar und gibt ihnen seine Sendung.

Die elf Jünger sind um ihn versammelt. Sie sind alle wieder beisammen mit Ausnahme des einen, der den Rückweg nicht gefunden, sondern seinen Verrat durch Selbstmord besiegelt hat. Beim Sichtbarwerden Jesu zweifeln noch einige. Aber als er näher kommt und sie ihn in voller Deutlichkeit vor sich sehen, schwinden alle Zweifel und enden in Anbetung und Huldigung. Nun steht Jesus als der Messias und der Sohn Gottes in Herrlichkeit vor ihnen. »Mir ist alle Vollmacht gegeben im Himmel und auf der Erde« (Mt 28,18). Er, der den Seinen hier die Vollmacht überträgt, hat als Messias vom Vater alle Gewalt erhalten und besitzt als Sohn Gottes wesenhaft alle Gewalt im Himmel, also in der Herrlichkeit des Reiches Gottes, und auf Erden, also im Kampf des Gottesreiches. Die Zeit der Ohnmacht ist vorüber. Er hat von seiner Macht Besitz ergriffen. Himmel und Erde sind durch ihn wieder zur Einheit geworden. Und die machtvolle Herrschaft Gottes setzt sich durch. Sein Wort an die Seinen ist Sendung. »Darum geht.« Er selbst ist der Gottgesandte. Sein Hervorgehen aus dem Vater durch die ewige Geisteszeugung findet in der Menschwerdung die geradlinige Weiterführung. Seine *proces-*

sio a Patre wird zur missio. Und diese *missio* geht von ihm weiter auf die Seinen. Der Gesandte sendet. Diesmal ist es nicht mehr eine vorläufige, vorübergehende und einmalige Sendung, sondern eine endgültige, bleibende und dauernde. »Macht alle Völker zu meinen Jüngern.« Die Universalität der Sendung liegt in diesen Worten. Die Enge der Synagoge ist durchbrochen und zur Katholizität der Weltkirche geworden. Der Neue Bund soll alle Völker umfassen. Nationales Denken ist überwunden durch katholische Sendung. Weltmission gehört zum Wesen des Christentums.

Ein dreifaches Element ist in dieser Sendung enthalten. Einmal das Element des Lehrens. »Lehrt sie!« Jesus ist der Logos, das Wort Gottes. Seine Sendung ist die Wortverkündigung. Der Auftrag der Seinen ist dementsprechend das Weitertragen seines Wortes. Die Lehre der Kirche ist somit nicht eine Philosophie, Weisheit und Wort erwählter Menschen, sondern Wort Gottes, Offenbarung von Christus her. Dieses Lehren ist nicht nur die Mitteilung der Wahrheit, sondern Verpflichtung zur Nachfolge. »Macht alle Völker zu meinen Jüngern« heißt es wörtlich. Das Wort Gottes ist Anruf und Forderung. Das zweite Element ist das Sakramentale. »Tauft sie!« Zum Lehramt kommt das Priesteramt der Gnadenvermittlung. Die Taufe ist der feierliche Aufnahmeritus ins Reich Gottes und besagt äußerlich die Gliedschaft der Kirche, innerlich den Sündennachlass und die Gnadenspendung. Das dritte Element ist die Leitung und Führung der Menschen. »Lehrt sie, alles zu befolgen, was ich euch geboten habe.« Es ist die Durchführung der Anordnungen des Herrn, Überwachung des Gehorsams gegenüber seinem Willen, Führung und Leitung der Menschheit. Dieses dreifache Amt der Lehre, der Sakramentenspendung und der Leitung geschieht auf den Namen des dreifaltigen Gottes, des Vaters, des Sohnes und des Heiligen Geistes hin. Auch darin liegt eine Zusammenfassung der ganzen Verkündigung Jesu. Vom Vater hat er immer wieder gesprochen. Sich selbst hat er als den wesensgleichen Sohn des Vaters erwiesen. Und die Sendung des Geistes hat er des Öfteren angedeutet. Aber die drei haben nur den einen Namen und sind darum eins im Wesen.

Noch fehlt das Letzte an der Sendung: »Und siehe, ich bin mit euch alle Tage bis zum Ende der Welt« (Mt 28,20). Das Wörtlein »siehe« weist immer hin auf etwas Wichtiges und Überraschendes. Das Wichtige und Überraschende ist hier, dass Jesus zwar äußerlich in der Sichtbarkeit weggeht, innerlich unsichtbar aber bei ihnen bleibt, und zwar nicht nur eine Zeit lang oder gelegentlich, sondern alle Tage. Das Wesen der Kirche wird hier sichtbar. Sie ist äußerlich die Organisation der Völker unter der Leitung der Jünger des Herrn. Sie ist aber innerlich ein Weiterleben und Weiterwirken Jesu selbst, die Kirche als der mystische Leib Christi, die übernatürliche gnadenvolle Gemeinschaft der Christen mit Christus, der Berufenen mit dem Rufenden, der Gesandten mit dem Sendenden. Jesus als die Mitte und das Geheimnis seiner Kirche. Die Christen werden nur sein, weil Christus in ihrer Mitte ist. Und das »alle Tage«, also nicht nur in Tagen des Glanzes, des Aufstiegs, des Erfolgs, der Triumphe und der spürbaren Nähe, sondern auch in Tagen des Dunkels, der Niederlagen, der Verfolgungen und der scheinbaren Ferne. Und so wird es sein »bis zum Ende der Welt«. Zur Universalität des Raumes in der Sendung zu allen Völkern kommt die Universalität der Zeit bis zum Ende und zur Vollendung. Die Wiederkunft Christi in sichtbarer Herrlichkeit wird das eigentliche *telos*, das Ende und Ziel und den eigentlichen Zweck in der Welt- und Heilsgeschichte bilden. Wenn dieser Äon zu Ende ist, wird Christus kommen und den endlosen Äon herbeiführen, wo er sichtbar und in Herrlichkeit mit den Seinen ist. Der Gottesname »Jahwe« – »Ich bin, der ich bin« und der Messias-Name »Immanuel« – »Gott mit uns« wird durch Jesus, den Gottessohn und Messias, erfüllt: Er ist immer da und ist immer mit den Seinen.

Das Evangelium hatte mit einem Rückblick begonnen, von Christus aus in die Vergangenheit. Seine Genesis wurde zurückgeführt auf David und Abraham. Es schließt mit einem Ausblick von Christus aus in die Zukunft, in seine endlose Ewigkeit, an der die Seinen teilhaben werden. Sie sind mit ihm, weil er mit ihnen ist. Und so gipfelt das Matthäus-Evangelium im Hinweis auf die messianische Größe Christi im kommenden Äon. Das erste Kapitel hatte die zeitgeschichtliche Vorbereitung auf das Kommen des Messias skizziert. Die übrigen Kapitel haben das Kommen und Wirken des Messias geschildert. Das letzte Kapitel zeigt sein Bleiben bei den Seinen. Von den Feinden ist hier nicht mehr die Rede. Sie sind ihrer Verworfenheit überlassen. Sie werden in der Verstocktheit und Verhärtung verharren, aber die Jünger Christi werden seine Sendung durchführen den Feinden zum Trotz, in der Kraft Christi selbst, der bei ihnen ist bis zum Ende der Zeiten. Und dieses Ende wird die Vollendung sein, also das Ende in der Fülle dessen, ohne den alles leer ist und durch den allein alles Fülle und Vollendung empfängt, durch Jesus, den Messias.

CHRISTUS IN NIEDERLAGE UND SIEG

Der Leidens- und Auferstehungsbericht des Matthäus-Evangeliums will nicht in erster Linie das Grauenhafte der Passion und das Frohmachende der Auferstehung zeigen. Diese Dinge werden nur berührt und die Einzelheiten werden dabei weitgehend außer Acht gelassen. Es geht auch nicht in erster Linie um die seelische Größe Jesu. Diese ist nur angedeutet, etwa in der Art, wie Jesus am Ölberg den Widerstand ablehnt, auf Golgotha den Rauschtrank abweist usw. Auch die persönliche Größe und Herrlichkeit des Auferstandenen wird nicht gezeichnet. Der ganze Matthäus-Bericht ist nur auf einen Gedanken ausgerichtet: das Aufzeigen der Messianität Jesu. Dementsprechend ist der Leidensbericht gestaltet. Das Leiden bricht nicht plötzlich, völlig unerwartet über Jesus herein. Er hat mehrmals darauf hingewiesen, selbst die Einzelheiten vorausgesagt. Ja, er hat sein Sterben und Auferstehen geradezu als das große Zeichen, das Jona-Zeichen, seiner Gottessendung und Messianität hingestellt. Und er will dieses Leiden auf sich nehmen, weil es das Opfer der Erlösung ist, das Lösegeld, das er bezahlt, das eigentliche messianische Werk, das er vollbringt.

Schon in der Vorbereitung zeigt er, dass er über die Pläne der Feinde Bescheid weiß, die Absicht des Verräters kennt, ihn an der Ausführung nicht hindert, die Salbung in Bethanien als eine Art Vorwegnahme seines Begräbnisses annimmt und beim Abendmahl ausdrücklich sein Sterben als die Gründung des Neuen Bundes in seinem Blut feiert. Er weiß auch um das Versagen seines erwählten Hauptjüngers Petrus und sagt es ihm in voller Deutlichkeit voraus. Am Ölberg führt er als Messias zwar einen inneren Kampf gegen das rein menschliche Widerstreben, aber in völliger Hingabe an den Willen dessen, der ihn gesandt hat, und mit der Entschlossenheit, das Werk zu vollenden, das ihm aufgetragen ist. Während die Jünger schlafen, steht er in wacher Bereitschaft. Und als die Stunde schlägt, ist es *seine*, die messianische Stunde. Wissend und wollend schreitet er in die Passion. Er verzichtet nicht nur auf den Widerstand der Jünger, sondern auch auf ein wunderbares Eingreifen Gottes. Denn er weiß, was die Schrift vom Messias vorausgesagt hat, und ist gekommen, das Werk zu vollenden. Während alle ihn verlassen, schreitet er allein den Weg, den der Vater ihm gewiesen hat.

Auch in den Gerichtsverhandlungen wird sein messianisches Wesen hell ins Licht gerückt, so vor dem jüdischen Gericht. Während er zu allen falschen Anwürfen schweigt, beantwortet er die Frage nach seiner Messianität klar und bestimmt und weist noch auf die Größe dieser seiner messianischen Stellung hin, die einmal sichtbar werden wird, wenn er das Gericht vollzieht, das der Vater in seine Hände legt. Die Verhöhnung gilt ihm als dem Messias und er zeigt gerade in seiner Erniedrigung seine Größe. Die dreimalige Verleugnung durch Petrus bestätigt die Richtigkeit seiner Voraussage. Nichts geschieht, das er nicht gewusst und zugelassen hätte. Er steht zwar mittendrin, ja scheinbar unter den Geschehnissen, in Wirklichkeit aber doch darüber, denn er kennt den Ablauf und bejaht ihn nach dem Willen seines Vaters. Selbst der Verrat des Judas und das scheinheilige Verfügen der Feinde über das Verrätergeld ist die Erfüllung von Prophezeiungen und rückt auch dieses unwürdige, klägliche und verbrecherische Tun in die Klarheit und Größe seines messianischen Werkes. Auch vor dem heidnischen Gericht steht seine Messianität im Vordergrund. Er ist nicht irgendein Revolutionär und Kronprätendent, sondern er ist *der* König der Juden, von dem die Propheten gesprochen und die Psalmen gesungen haben, der Gesalbte Jahwes, der König Israels. Als solcher wird er verurteilt, als solcher gelästert und verhöhnt. Die Bevorzugung des Barabbas ist die Verwerfung des gottgesandten Königs durch Israel.

Die Kreuzigung lässt diese Messianität noch heller aufleuchten, denn als Christus, als Gesalbter Jahwes, ist er nicht nur König, sondern Priester. Als Priester feiert er hier das blutige Opfer, das er unblutig beim Abendmahl vorausgenommen hat. Als Sohn Gottes wird er verhöhnt. Als Sohn Gottes wird er vom Hauptmann anerkannt, als Sohn Gottes vom Vater scheinbar verlassen, als Sohn Gottes führt er durch seine Verlassenheit die verlorenen Söhne, die Gott verlassen haben, zum Vater zurück. Alle Ereignisse sind förmlich von Schrifttexten durchsetzt, die Punkt für Punkt, Einzelheit für Einzelheit die Erfüllung dessen zeigen, was vom Messias vorausgesagt war. So wird alles zum Zeugnis für ihn, der im Sterben selbst das große Zeugnis seiner Messianität ablegt, sodass die Passion zu einem »Martyrium« im eigentlichen Sinn des Wortes wird. Zum Blutzeugnis für das messianische Werk und Reich, das er gründet und besiegelt.

Auch sein Sieg hat eindeutig messianisches Gepräge. Denn selbst der Tote wirkt noch zum Schrecken seiner Feinde und zur inneren Umwandlung der Freunde. Haben Engel in der Heiligen Nacht sein Kommen in die Welt mit ihrem Gesang begrüßt, so ist es ein Engel, der seine Auferstehung kundtut, sodass Anfang und Ende seines messianischen Lebens von den Engeln Gottes begleitet wird. Der Messias ist *der* große Bote, der »Engel« Jahwes. Alle anderen Boten Gottes leisten ihm Botendienste. Viele Erscheinungen des Auferstandenen sind im Matthäus-Bericht weggelassen. Alles ist hingeordnet auf die eine große Erscheinung auf dem Berg in Galiläa, die seine messianische Sendung durch Raum und Zeit verlängert und vollendet. Die Sendung des Engels an die Frauen und die Sendung der Frauen an die Jünger sind nur eine Vorbereitung der großen Sendung, die er als der Gottgesandte den Seinen überträgt. Selbst in seinem Triumph und seiner Herrlichkeit hält er sich an seine messianische Sendung. Denn alle Gewalt im Himmel und auf Erden hat er empfangen und er gibt sie weiter zum Ausbau seines messianischen Reiches. An seiner Salbung und Sendung sollen die Menschen und Völker Anteil haben. Denn durch die Taufe werden sie selbst Gesalbte des Herrn, einbezogen ins geheimnisvolle, göttliche Leben des Vaters, des Sohnes und des Heiligen Geistes. Das innertrinitarische Wesen des Sohnes als des Gesalbten des Vaters, der mit dem Vater zusammen den Geist haucht, kommt zur Auswirkung in der Welt und in den Menschen. Denn durch ihn, der alle Tage bei ihnen ist, empfangen auch sie die Salbung vom Vater, durch ihn, den Sohn, werden sie zu Söhnen Gottes und durch seinen Geist werden sie vom Geist des Vaters erfüllt. Seine messianische Sendung wird durch ihn selbst unsichtbar weitergeführt und durch die Seinen in Sichtbarkeit weitergetragen über die ganze Erde hin und bis zum Ende der Zeiten. So wird gerade in den Schlusskapiteln des Matthäus-Berichtes der große Grundgedanke des ganzen Evangeliums sichtbar: Jesus ist der Messias.

JESUS DER MESSIAS

Über dem Matthäus-Evangelium liegt eine unverkennbare Spannung, die sich ständig steigert und erst am Schluss zur Entspannung führt. Sie hat ihre Ursache im Gegensatz zwischen Christus und den Führern des Volkes. Die zunehmende Steigerung und Zuspitzung dieses Gegensatzes beruht auf der Tatsache, dass Jesus am Anfang mit der Offenbarung seiner Messianität zurückhält, dann aber immer deutlicher wird bis zum klaren Bekenntnis vor Gericht, und dass infolgedessen auch die Opposition anfangs schwächer ist, dann aber immer schärfere Formen annimmt bis zur Vollstreckung des Todesurteils durch die Hinrichtung am Kreuz.

Der Grund dieser nur allmählich sich vollziehenden Selbstoffenbarung des Herrn ist in der politischen und seelischen Lage zu suchen, die Jesus vorfindet.

Jahrhunderte hindurch hatte Israel auf den Messias gewartet. Von ihm haben die Propheten gesprochen und die Psalmen gesungen. Die Hoffnung auf sein Kommen ist an den Festen Israels immer wieder neu belebt worden. Die Erwartung des Messias gehört zum eigentlichen Geheimnis dieses Volkes. Aber im Laufe der Zeit hat sich das Bild, das man sich vom Messias und von der messianischen Zeit machte, verändert. Das Politische und Materielle trat immer mehr in den Vordergrund. Wohl hatten die Propheten immer wieder das messianische Zeitalter als eine Zeit der Gerechtigkeit, der Treue, der Barmherzigkeit und des Friedens geschildert und so seinen religiösen und sittlichen Charakter betont. Aber sie haben das, der Eigenart des Orients entsprechend, oft in kühnen Bildern und farbengesättigten Symbolen getan. Darin lag die Gefahr, dass man die Symbole für Wirklichkeit nahm und die geistige Welt nicht mehr schaute, die durch sinnenfällige Bildhaftigkeit dargestellt wurde. Man blieb am Bild hängen und machte nicht mehr den Durchstoß zum Geistigen. Das »Land, in dem Milch und Honig fließen«, die mauerbewehrte Stadt Jerusalem, der schimmernde Tempel, die rauchenden Opfer, die siegreichen Heere und die großen Königsgestalten hatten alle Symbolcharakter. Aber ihre Symbolik galt nicht einem materiell gesättigten, militärisch gesicherten und politisch die Welt beherrschenden Reich der Zukunft, sondern dem geistigen Reich eines neuen geistigen Israel, in welchem die von den Propheten versprochene »Ausgießung des Geistes« Allgemeinbesitz der Völker werden sollte. Je mehr Israel äußerlich verarmte, militärisch geschlagen wurde und seine politische Freiheit verlor, desto weniger hatte es Verständnis für die prophetischen Texte vom Messias als »Knecht Jahwes«, der geschlagen wird, und vom »geschlachteten Lamm«, das das Volk Gottes aus der geistigen Knechtschaft, nicht Ägyptens, sondern der Sünde und Satans erlösen sollte.

Die Gründe liegen aber noch tiefer. Israel dachte kollektiv. Der Einzelne spielt dabei keine Rolle, sondern das Ganze ist maßgebend. Dieses Kollektiv hat nationalen Charakter, denn das Volk Israel als Ganzes ist, im Unterschied zu den anderen Völkern, der Liebling Jahwes. Wer zu diesem Volk gehört, gehört zu Gott. Dementsprechend muss das messianische Reich nach den Erwartungen Israels kollektiv-nationalen Charakter haben, das heißt, es muss die Macht und Größe des Volkes Israel auf Dauer befestigen. Dazu kommt als weiteres Element die Eigenart des Jenseitsglaubens in Israel. Die Sadduzäer leugnen das Jenseits. Die anderen halten zwar daran fest, empfinden es aber nicht als etwas Frohes und Beglückendes, sondern als ein Reich der Schatten und des Dunkels. Gewiss kennt vor allem das nachexilische Israel den Gerichtsgedanken und damit eine Scheidung, aber es ist doch noch alles überlagert vom Gedanken an das Dunkel des Jenseits. Der Segen Jahwes muss sich dementsprechend im Diesseits auswirken. Das messianische Reich muss also die Macht und Größe Israels auf dieser Erde und in dieser Zeit bringen.

Das Denken Jesu ist gerade umgekehrt. Christus denkt einerseits individualistisch. Der Einzelmensch wird von Gott gerufen und steht mit seinem Gewissen vor Gott. »Von zwei Männern, die auf dem Feld arbeiten, wird einer mitgenommen und einer zurückgelassen. Und von zwei Frauen, die an derselben Mühle mahlen, wird eine mitgenommen und eine zurückgelassen.« Andererseits denkt Christus universalistisch. Es geht ihm eben nicht um ein Volk, sondern um die ganze Menschheit. »Geht und macht alle Völker zu meinen Jüngern.« Und endlich liegt der Schwerpunkt des Reiches Gottes nach der Lehre Jesu im Jenseits. Es beginnt zwar in dieser Zeit und auf dieser Erde, denn durch Jesu Kommen ist das Reich Gottes angebrochen, aber es wird erst in der Ewigkeit, im Jenseits, vollendet, dort, wohin der verklärte Christus vorausgeht. Es stehen sich also zwei diametral entgegengesetzte Geisteswelten gegenüber: das kollektiv-national denkende und ein irdisches Paradies erhoffende Israel einerseits und der die persönliche Würde des Einzelnen verkündende universal-menschheitlich denkende und das jenseitig-ewige Reich Gottes bringende Messias. Der Konflikt war unvermeidlich.

Er erhält außerdem eine besondere Schärfe, weil die Zeit Jesu eine Zeit politischer Hochspannung in Israel war. Der verhasste Fremdling Herodes war tot. Sein grausamer Nachfolger Archelaus war abgesetzt. Judäa war zu Lebzeiten Jesu römische Provinz geworden, vom heidnischen Statthalter verwaltet und von heidnischen Truppen besetzt. Die Hoffnung, aus eigener Kraft oder durch irgendein politisches Bündnis mit einem Nachbarn wieder hochzukommen, war tot. Es gab nur noch *eine* Hoffnung: das Kommen des Messias. Was man von ihm erwartete, war infolgedessen politische Freiheit und politische Macht. Allerdings war diese Erwartung keineswegs einheitlich. Die Gruppe der Sadduzäer, welche das Kollegium der Oberpriester stellte, war in ihrem Denken rationalistisch, tolerant, in einer Art freigeistigen Aufklärung. An einen Kampf gegen die politische Weltmacht Roms und gar an einen Sieg war nach ihrer Überzeugung gar nicht zu denken. Die einzig vernünftige Politik schien darin zu liegen, sich mit dem Unvermeidlichen abzufinden und sich mit dem Herrenvolk der Römer gut zu stellen. Eine messianische Bewegung, die ins Politische ging, war zwar die große Zukunftshoffnung, aber für den gegenwärtigen Augenblick denkbar unerwünscht, wurde als ein Abenteuer gesehen, das von vornherein hoffnungslos und zum Scheitern verurteilt war. So wurde von dieser Priesterkaste, der es vor allem um die eigene Stellung und den eigenen Wohlstand ging, jedes Aufflammen einer messianischen Bewegung mit größtem Argwohn gesehen und so rasch wie möglich niedergeschlagen. Wenn darum Kajaphas dem versammelten Hohen Rat erklärt: »Ihr versteht nichts« (Joh 11,49), so ist gemeint: Ihr versteht nichts von Politik. Denn wenn man Jesus gewähren lässt, dann »werden die Römer kommen und uns die heilige Stätte und das Volk nehmen«. Infolgedessen »ist es besser für euch, wenn ein einziger Mensch für das Volk stirbt, als wenn das ganze Volk zugrunde geht«. Der Status quo, der für die Sadduzäer vorläufig das Günstigste ist, das sie erreichen können, muss unbedingt erhalten bleiben. Darum muss diese messianische Bewegung durch den Tod ihres Führers rasch erledigt werden. Religiöse Erwägungen spielen dabei nicht die entscheidende Rolle.

Die offizielle Anfrage des Kajaphas an Jesus »Bist du der Christus, der Sohn Gottes?« hat nur den Sinn, den Tatbestand eindeutig festzustellen. Damit ist das Todesurteil schon gefällt. Wenn dann Jesus gar noch darüber hinausgeht und sich in seiner Antwort übermenschliche, göttliche Rechte zuschreibt, so ist das für den Hohepriester eine höchst willkommene Erhöhung des kriminellen Tatbestands. Die »Gotteslästerung« erleichtert das Todesurteil und verdeckt dessen egoistisch-politisches Motiv mit einem religiösen Schein.

Anders die Pharisäer. Für sie ist die Fremdherrschaft Roms ein Zustand, mit dem sie sich nur zähneknirschend abfinden. Sie sind aber überzeugt, dass jeder gewaltsame Versuch, diesen Zustand zu ändern, vorläufig hoffnungslos ist, und dass es auch für sie nur *eine* Hoffnung gibt: den Messias. Dieser Messias muss aber ihrem Denken und ihren Wünschen entsprechen, das heißt, er muss das Gesetz mit all seinen Vorschriften zur Geltung bringen. Er muss mit unwiderstehlicher Gewalt die Römer und alle Feinde verjagen, muss Jerusalem und seinen Tempel zum politischen und religiösen Mittelpunkt der Welt machen und damit die Vorrangstellung, welche die Pharisäer als Kenner und Beobachter des Gesetzes sich errungen haben, ins Ungeahnte steigern. Ein Messias, wie Jesus es ist, der von dieser Vorrangstellung nichts wissen will, ja der diese Geisteshaltung mit schärfsten Worten brandmarkt und bloßstellt, kommt als Messias überhaupt nicht infrage und wird nicht nur mit polititischer Kaltblütigkeit wie bei den Sadduzäern, sondern geradezu mit leidenschaftlichem Hass verfolgt, einem Hass, der uns im Evangelium auf Schritt und Tritt begegnet. So sind Pharisäer und Sadduzäer, so gegensätzlich sie sonst sind, doch einig in der Verurteilung Jesu als Messias.

Wieder anders ist die Einstellung einer dritten Gruppe: der Herodianer. Herodes Antipas, ein Sohn Herodes des Großen, ist kein Israelit, sondern ein Fremder. Durch die Gunst der Römer hat er die Königswürde und die Herrschaft über Galiläa erhalten, stellt sich darum möglichst gut mit den Römern, um Thron und Krone behalten zu können. Aber zu gleicher Zeit hat er ein zweites Eisen im Feuer. Er sucht sich auch die Sympathie der Juden zu sichern, besucht an ihren großen Festen Jerusalem, unterstützt mit berechnender Scheinfrömmigkeit ihre religiösen Bestrebungen, um sowohl bei Römern wie bei Juden in Gunst zu stehen. Es geht ihm nur um seine eigene

Stellung. Ein Messias, dem es ums Religiöse geht, um das Reich Gottes, um Glauben und Gnade, ist für ihn ein weltfremder, religiöser Fanatiker, für den er nur überlegenen Spott übrighat. Darum ist die Szene der Verspottung im Prozess Jesu ganz seinem Denken und seiner Haltung entsprechend. Der Messias und das messianische Reich interessieren ihn nicht.

Wieder anders das Volk. Es ist ein verarmtes, unterdrücktes und leidendes Volk. In der Stadt ist es als große Masse leicht entflammt, für alles Neue rasch zu haben, aber ebenso rasch kann seine Begeisterung wieder umschlagen. Es sind Massenmenschen ohne viel eigenes Urteil. Sie erwarten von einem Messias irdisch-materielle Hilfe und Besserstellung, ein »Paradies auf Erden«. So jubeln sie am Palmsonntag dem Sohn Davids zu, lassen sich aber durch die Pharisäer wieder umstimmen und schreien ihr »Crucifige« ebenso laut wie zuvor ihr »Hosanna«. Wieder anders das Volk auf dem Land, besonders in Galiläa. Die Galiläer waren politisch ein unruhiges Völklein. Es gab in Galiläa eine eigentliche Freiheitsbewegung, eine Art Widerstandsbewegung, geführt von Partisanen – Zeloten nennt sie das Evangelium –, die im Geheimen auf den Tag warteten, an dem sie losschlagen könnten. Schon im Jahre 40 v. Chr. hatte Herodes der Große, als er von Rom zurückkam, mit dieser politischen Freiheitsbewegung in Galiläa zu schaffen. Er musste militärisch gegen sie vorgehen und die Widerstandskämpfer, die sich in Felshöhlen an den Steilhängen am See Genesareth verborgen hielten, in diesen Nestern regelrecht ausräuchern und massenhaft hinrichten. Als die Römer neben der Tempelsteuer auch noch eine Kopfsteuer für Rom einführten, flammte die Unruhe wieder auf. Ein politischer Bandenführer namens Ezechias war hingerichtet worden. Sein Sohn, Judas der Galiläer, hatte bei Sephoris in Galiläa einen regelrechten Aufstand entfesselt, der nur durch das Eingreifen des römischen Statthalters Varus in einer Schlacht niedergeschlagen werden konnte. Die Stadt Sephoris wurde erobert und verbrannt, die Einwohner als Sklaven verkauft. Im Geheimen aber bestand diese Freiheitspartei weiter und hatte in Galiläa viele Anhänger.[14] Zwei Söhne des Führers dieser Aufständischen wurden gekreuzigt. Am Laubhüttenfest, bei welchem Jesus im Tempel auftrat, versuchte eine Gruppe dieser Widerstandsbewegung einen Aufstand, der aber von Pilatus blutig niedergeschlagen wurde. Barabbas war ein solcher politischer Bandenführer, und die zwei »Schächer«, die mit Jesus zusammen gekreuzigt wurden, gehörten wohl der Bewegung an. Die Hinrichtung der drei Gekreuzigten hat somit auch einen politischen Hintergrund.

Als letzte Gruppe sind die Römer zu nennen. Sie hatten das Land erobert, aber keineswegs beruhigt. Immer wieder mussten sie mit Aufstandsversuchen und Putschen rechnen. Darum zog der Statthalter jeweils bei großen Festen persönlich aus Cäsarea hinauf nach Jerusalem, um für alle Fälle zur Stelle zu sein. Er führte ein großes Truppenkontingent mit sich. Militärische Wachen beobachteten alle Vorgänge in Jerusalem und besonders in den Vorhöfen des Tempels, wo das Volk in Massen beisammen war. Pilatus mischte auch Soldaten in Zivil, mit Knütteln und Stöcken bewaffnet, unter das Volk, einerseits um zu wissen, was vorging, andererseits um jedes Aufflackern eines Putschversuches sofort im Keim zu ersticken.

So verschieden und gegensätzlich all diese Gruppen waren, in einem waren sich alle einig: in der Ablehnung eines Messias, wie Jesus es war, und eines messianischen Reiches, das »nicht von dieser Welt« war, sondern rein religiösen Charakter hatte und nur eines wollte: die unbedingte Herrschaft Gottes über die Welt und die Menschen. Nur die »Stillen im Lande«, die religiösen, vom wirklichen Geist der Propheten erfüllten Menschen waren bereit, die Botschaft Jesu aufzuneh-

---

14 Vgl. Josef Pickl: *Messias König Jesus*. Verlag Kösel & Pustet, München.

men und sie mit dem befreienden Jubel eines *Benedictus*, eines *Nunc dimittis* und eines Magnifikat zu begrüßen. Selbst die Apostel waren von den politischen Ideen angesteckt. Judas fällt in dem Augenblick innerlich von Jesus ab, in dem er die Überzeugung gewinnt, dass dieser Jesus die politischen und wirtschaftlichen Hoffnungen nicht erfüllen wird und nicht erfüllen will, weil er den »Marsch auf Jerusalem« am Palmsonntag nicht ausnutzt, sondern völlig anders gestaltet, als Judas es gehofft hatte. Es bleibt ihm nur noch die eine Möglichkeit, aus seiner Täuschung und Enttäuschung materiellen Nutzen zu ziehen. Und so lässt er sich das Überlaufen ins andere Lager gut bezahlen. Jakobus und Johannes erhoffen durch Jesus einen messianischen Rang, in welchem sie sich politische Vorzugsstellung zu seiner »Rechten und Linken« (Mt 20,21) sichern. Petrus kann die Vorhersage des Leidens und Todes nicht verstehen, denn auch er erwartet ein politisches Reich, in welchem dann das Religiöse »auch« zur Entfaltung kommt. Darum will er noch am Ölberg »mit dem Schwerte dreinschlagen«, denn er hofft, dass die Stunde des Sieges gekommen sei. Der Apostel Simon gehört zur Partei der Zeloten, also der Freiheitskämpfer. So gehen die falschen Ideen bis in die engste Umgebung Jesu hinein.

In diese politische und geistige Lage fiebernder Unruhe, gespannter Erwartungen ist das Wirken Jesu zu stellen.

Als die Magier aus dem Osten kamen und sich nach dem »neugeborenen König der Juden« erkundigten, musste bei solcher Situation wirklich nicht nur Herodes, sondern ganz Jerusalem in Bewegung geraten (Mt 2,3). Es ist darum auch begreiflich, dass Josef nach der Rückkehr aus Ägypten sich nicht in Judäa niederlassen wollte und konnte, sondern in die Verborgenheit Galiläas ging. Als dreißig Jahre später Johannes der Täufer am Jordan die unerhörten Worte sprach »Das Himmelreich ist nahe« (Mt 3,2), musste das eine ungeheure Bewegung auslösen. Und es ist nicht erstaunlich, dass »die

Leute von Jerusalem und ganz Judäa und aus der ganzen Jordangegend zu ihm hinauszogen« (Mt 3,5). Und als dann Jesus selbst auftrat und sein Wirken mit den gleichen Worten begann »Das Himmelreich ist nahe« (Mt 4,17), fiel diese Botschaft wie ein Feuerbrand ins trockene Reisig.

Jesus kannte die falschen messianischen Vorstellungen, die im Volk umgingen. In der Wüste hatte er die Gedanken eines messianischen Reiches mit materieller Wirkung, die Aufforderung, Steine in Brot zu verwandeln, als Versuchung Satans abgewiesen. Er hatte auch die Vorstellung von einem Kommen auf den Wolken des Himmels und mit der Sensation einer unwiderstehlichen Wundermacht abgelehnt und hatte vor allem die politische Weltherrschaft, durch welche ihm alle Reiche der Erde untertan sein würden, als satanische Versuchung zurückgewiesen. Gerade weil er diese falschen, aber überall verbreiteten Vorstellungen kannte, musste er mit seiner messianischen Selbstoffenbarung vorsichtig sein und nur schrittweise vorgehen. Es ist nicht etwa ein langsames Wachsen des messianischen Selbstbewusstseins. Das Evangelium bezeichnet ihn von Anfang an in voller Klarheit als Messias. Der erste Satz nennt ihn »Christus«. Der ganze Stammbaum gipfelt im Satz, dass durch Maria Jesus geboren wurde, »der der Christus genannt wird« (Mt 1,16). Und die dreimal vierzehn Geschlechter des 17. Verses gipfeln im Kommen des Messias. Seine Geburt wird bezeichnet als die Geburt des Messias. Das Kommen der Magier und die Reaktion des Herodes gehen in die gleiche Richtung. Der Täufer verkündet ihn als den erwarteten und verheißenen Messias. Die Taufe am Jordan bestätigt ihn als solchen. Seine erste große Rede, die Bergpredigt, zeigt ihn schon auf der vollen Höhe seines messianischen Bewusstseins: »Ihr habt gehört, dass zu den Alten gesagt worden ist. Ich aber sage euch.« Wenn er seine Wunder wirkt, beruft er sich auf die Propheten, die den kommenden Messias so gezeichnet hatten. Und er weiß und betont, dass er es sei, der diese messianische Prophezeiung erfüllt. Von einer Entwicklung im messianischen Selbstbewusstsein Jesu ist bei Matthäus keine Rede, wohl aber von einer fortschreitenden Entwicklung in einer immer klareren Offenbarung dieser Messianität dem Volk gegenüber. Jesus beginnt mit Andeutungen, wird aber dann immer deutlicher. Zuerst zeigt er nur, dass er die Propheten erfüllt, bezeichnet sich geheimnisvoll als »Menschensohn« und weist damit auf die messianische Vision des Daniel hin. Dann zeigt er, dass er ein besonderes, von allen anderen Menschen verschiedenes Verhältnis zum Vater im Himmel hat (Mt 10,33; 11,27). Er nennt sich Herrn über den Sabbat (Mt 12,8), betont, dass er mehr sei als Jona und mehr als Salomo (Mt 12,41). Er ist stärker als der Teufel, in dessen Haus er eindringt und den er bindet und überwältigt (Mt 12,29). Im Gleichnis vom Unkraut ist es der Menschensohn, der den Samen Gottes über die ganze Welt ausstreut, während der Teufel das Unkraut sät. Die Engel sind seine Schnitter. Die Ernte ist das Ende der Welt. Der Menschensohn ist der Richter aller Menschen (Mt 13,37).

Aber Jesus muss Zeit haben, seine Botschaft zu verkünden und das messianische Reich zu bringen. Darum will er nicht, dass der Gegenstoß zu früh erfolgt, und darum verbietet er, die Botschaft, dass er der Messias sei, schon gleich am Anfang überall bekannt zu geben. Dem Aussätzigen, den er heilt, schärft er ein: »Erzähl niemandem davon« (Mt 8,4). Auf die Begrüßung der Blinden, die ihn Sohn Davids nennen, hört er nicht. Erst zu Hause geht er auf ihre Begrüßung und ihren Wunsch ein (Mt 9,28). Und auch dann noch »wies er sie streng an: Niemand darf es erfahren« (Mt 9,30). Den vielen, die er heilt, gebietet er, ihn nicht bekannt zu machen (Mt 12,16). Und auf die Frage des Täufers »Bist du der, der kommen soll« gibt er eine vorsichtige Antwort. Er weist darauf hin, dass er das Wort des Propheten Jesaja (Jes 35) von den Wundern, die der Messias wirken wird, verwirklicht, sagt aber nicht ausdrücklich: »Ja, ich bin es.« Wohl aber gibt er zu verstehen, dass der Täufer gewissermaßen Elija sei, der dem kommenden messianischen Reich vorausgehe (Mt 11,14). So ist sachlich seine Antwort klar, aber das Wort »Messias« gebraucht er noch nicht. Erst nachdem alles vorbereitet und der Glaube der Jünger durch die Wunder grundgelegt ist, wird er deutlicher. Beim wunderbaren Fischfang erkennen es Petrus und die anderen Jünger: »Wahrhaftig, Gottes Sohn bist du« (Mt 14,33). Und erst in der entscheidenden großen Wende zu Cäsarea Philippi nimmt er das klare Bekenntnis »Du bist der Christus, der Sohn des lebendigen Gottes!« freudig entgegen als etwas, das der Vater im Himmel Petrus geoffenbart hat. Die Seinen wissen nun klar Bescheid. Aber gerade da ist es, wo Jesus den Jüngern einschärft, den anderen nicht zu sagen, dass er der Messias sei (Mt 16,20). Von da an betont nun auch Jesus mit besonderer Eindringlichkeit und immer wieder, dass er, der Messias, leiden und sterben müsse, dann aber auferweckt werde. Mit dem Betonen seines Leidens ist aber zugleich die Betonung seiner Herrlichkeit verbunden. Sie werden »den Menschensohn in seinem Reich kommen sehen« (Mt 16,28). Die Szene auf dem Tabor ist eine Vorausnahme dieses Schauens seiner Herrlichkeit. Jetzt wird Christus immer deutlicher. Er betont, dass er als Sohn Gottes der Herr im Hause Gottes sei (Mt 17,27), sagt den Jüngern, dass sie die zwölf Stämme Israels richten werden, »wenn der Menschensohn sich auf den Thron der Herrlichkeit setzt« (Mt 19,28), und sagt ihnen, dass der Menschensohn kommen wird »auf den Wolken des Himmels, mit großer Kraft und Herrlichkeit« (Mt 24,30), dass er den Thron der Herrlichkeit einnehmen wird, umgeben vom Hofstaat aller Engel, und dass er dann als Herr der Welt die Völker richten wird (Mt 25,31). Erst jetzt lässt er sich auch *öffentlich* Messias und Sohn Davids nennen durch die Blinden vor Jericho (Mt 20,31). Er beruft sich den Pharisäern gegenüber auf den messianischen Psalm 109, in welchem David den Messias seinen Herrn nennt. Beim öffentlichen feierlichen Einzug in Jerusalem lässt er sich vom ganzen Volk als Messias begrüßen und nimmt die Huldigung entgegen. Und in der großen Gerichtsszene gibt er auf die Frage des Hohepriesters »Bist du der Christus, der Sohn Gottes?« die klare, unter Eidschwur gestellte Antwort: »Du hast es gesagt«, und verweist wieder auf die Stunde, wo er auf den Wolken des Himmels in Herrlichkeit kommen wird zur Rechten des allmächtigen Gottes (Mt 26,64). Für dieses Bekenntnis seiner Messianität geht er in den Tod. Sterbend wird er als Messias und Sohn Gottes verlacht und gelästert. Die Auferstehung weist ihn aus als den von Gott nicht verlassenen, sondern erhörten und erhöhten Messias. Und die Sendung der Seinen zu allen Völkern ist Auftrag zur Ausbreitung des wahren messianischen Reiches in der ganzen Welt. So ist seine Offenbarung als Messias schrittweise erfolgt von den Andeutungen und Hinweisen bis zur klaren, deutlichen Antwort, bis zum sieghaften Ausweis und bis zur großen Sendung der Seinen in die ganze Welt. Es liegt in dieser Entwicklung eine gewaltige Spannung.

Diese Spannung wird erhöht durch den ebenfalls ständig wachsenden, sich zuspitzenden und verschärfenden Widerstand der Feinde. Der Gegensatz zwischen Jesus und ihnen wird zusehends größer.

Schon der Vorläufer tritt als Gegner der Pharisäer und Sadduzäer auf. Er nennt sie »Schlangenbrut« und droht ihnen mit Gericht und Vernichtung. Jesus selbst betont schon in der Bergpredigt, dass die Frömmigkeit der Seinen anders sein müsse als die der Pharisäer und Schriftgelehrten. Denn an die Stelle einer bloß äußerlichen Legalität der Gesetzesbeobachtung müsse eine innere Gesinnungsethik treten. Und die Seinen dürfen nicht Gutes tun um der Menschen willen, sondern nur im Blick auf den Vater im Himmel. So ist es nicht verwunderlich, dass Pharisäer und Schriftgelehrte auch ihrerseits ihren Widerstand versteifen. Zuerst behalten sie ihr Urteil noch für sich. Nur in Gedanken sprechen sie innerlich: »Er lästert Gott« (Mt 9,3). Dann beginnen sie ihren Widerspruch indirekt, indem sie ihre Fragen nicht an Christus, aber an dessen Jünger richten: »Wie kann euer Meister zusammen mit Zöllnern und Sündern essen?« (Mt 9,11). Vor dem Volk halten sie sich nicht zurück, sondern erklären: »Mit Hilfe des Anführers der Dämonen treibt er die Dämonen aus« (Mt 9,34). Nur allmählich wagen sie sich an den Meister selbst heran. Zuerst noch mit Fragen, mit denen sie scheinbar im Recht sind: »Sieh her, deine Jünger tun etwas, das am Sabbat verboten ist« (Mt 12,2). Und gleich darauf fragen sie ihn noch einmal: »Ist es am Sabbat erlaubt zu heilen?« (Mt 12,10). Aber sie fragen nur, weil sie einen Grund suchen, ihn anzuklagen (Mt 12, 10). Dann berufen sie sich ihm gegenüber auf die Tradition der großen Gesetzeslehrer: »Weshalb übertreten deine Jünger die Überlieferung der Alten?« (Mt 15,2). Die Angriffe verdichten sich. Alle drei Gruppen, Herodianer, Pharisäer und Sadduzäer, führen hintereinander den Kampf (Mt 22,15 ff.). Aber sie sind ihm nicht gewachsen. So bleibt ihnen nur noch der Weg der Gewalt. Zuerst sind es die Pharisäer, die den Beschluss fassen, ihn umzubringen (Mt 12,14). Dann aber ist es der gesamte Hohe Rat, Priesterschaft und Laienadel, die unter dem Vorsitz des Hohepriesters beschließen, ihn heimlich in ihre Gewalt zu bringen und zu töten (Mt 26,3). Die Priesterschaft führt die Verhandlungen mit Judas (Mt 26,14). Beide Gruppen, Priesterschaft und Älteste, schicken die Tempelwache aus zur Verhaftung Jesu (Mt 26,47). Und der gesamte Hohe Rat fällt in nächtlicher Sitzung in aller Form das Todesurteil. Sie misshandeln Christus körperlich und erneuern ihr Todesurteil am frühen Morgen noch einmal, um dem Buchstaben des Gesetzes zu entsprechen (Mt 26,55 ff.; 27,1). Sie sind es auch, welche vor Pilatus die Verhandlungen führen (Mt 27,13) und das Volk gegen Jesus aufbringen (Mt 27,20). Mit dem Todesurteil sind sie noch nicht zufrieden. Den sterbenden Messias lästern sie. Ausdrücklich heißt es: »Ebenso verhöhnten ihn auch die Hohepriester, die Schriftgelehrten und die Ältesten« (Mt 27,41). Selbst sein Tod beruhigt sie nicht. Denn »Hohepriester und Pharisäer« fordern von Pilatus die militärische Bewachung des Grabes (Mt 27,62). Und die Priesterschaft muss nach der Auferstehung noch zum Mittel der Bestechung greifen, um die römischen Soldaten mundtot zu machen.

So führt denn der leidenschaftliche Hass vom inneren Neinsagen in Gedanken über das Geplänkel mit den Jüngern Jesu und der Stimmungsmache im Volk zu den Scheinmanövern öffentlicher Diskussion und zum Versuch, ihn durch Kasuistik in Verlegenheit zu bringen, dann zu eigentlichen, immer größeren Vorwürfen, schließlich zum geheimen Beschluss, ihn umzubringen, zu Verrat und Bestechung, zu körperlichen Misshandlungen und endlich zur grausamen Hinrichtung und zum blutigen Hohn, mit dem sie bei ihrem äußeren Triumph ihre innere Unruhe überdecken und überschreien.

Auch Jesus seinerseits ist im Vorgehen gegen die Feinde immer schärfer geworden. Mit der Ablehnung ihrer falschen Frömmigkeit hat er in der Bergpredigt den Anfang gemacht. Er hat ihnen, die sich als Gerechte betrachten, erklärt, er sei nicht gekommen, die Gerechten zu rufen, sondern die Sünder (Mt 9,13). Dann nennt er sie »Schlangenbrut« (Mt 12,34), eine »böse und treulose Generation« (Mt 12,39). Sie sind Heuchler, die nur mit den Lippen Gott ehren. Ihre Lehren sind nur Menschensatzungen (Mt 15,7). Sie sind blinde Blindenführer (Mt 15,14). Er warnt vor ihnen, denn man muss sich vor ihnen in Acht nehmen wie vor einem schlechten Sauerteig (Mt 16,6). Er weiß, dass Hohepriester und Schriftgelehrte ihn zum Tode verurteilen, den Heiden ausliefern, verspotten, geißeln und kreuzigen werden (Mt 20,18). Die Parabeln von den ungleichen Brüdern, von den Winzern und vom Hochzeitsmahl sind gegen die Pharisäer gerichtet (Mt 21; 22). Und schließlich formuliert er in bitteren Worten das achtmalige »Wehe euch, ihr Schriftgelehrten und Pharisäer, ihr Heuchler«. In der schärfsten Form schleudert er ihnen öffentlich seine Vorwürfe ins Gesicht. Es ist eine leidenschaftliche Abrechnung und Ablehnung, nach welcher eine Aussöhnung nicht mehr möglich ist. Der Zusammenprall des Gefangenen und Angeklagten mit ihnen als den Richtern mit dem Hinweis, dass er selbst einmal über sie als Angeklagte zu Gericht sitzen werde, ist nur der äußerliche Abschluss dieser inneren Entwicklung.

So ist die Antwort auf die immer klarere Selbstoffenbarung Jesu als Messias eine immer schärfere Ablehnung durch die Führer Israels und zugleich eine immer ernstere Warnung Jesu vor ihnen. Schließlich flammt der Hass auf in den Szenen vor dem jüdischen und dem heidnischen Gericht und feiert seine blutigen Orgien in der Kreuzigung Christi und dem Hohn der äußerlich triumphierenden Feinde.

So ist das Evangelium geladen mit Spannungen, die zur unheimlichen Entladung in der Endkatastrophe führen. Und doch ist diese Entladung nicht die eigentliche Entspannung, denn diese erfolgt ganz anders. Sie erfolgt nicht durch Menschen, sondern durch Gott. Äußerlich unterliegt der Messias und seine Feinde siegen. In Wirklichkeit ist aber deren Sieg ihre Niederlage und ist seine Niederlage sein Sieg. Somit ist die Entspannung, das göttliche Dennoch und Trotzdem gegen alle menschlichen Versuche, mit heimtückischer List und brutaler Gewalt in Wort und Werk den Messias unmöglich zu machen. Das Matthäus-Evangelium ist nicht einfach ein Bericht über das Leben Jesu oder ein schlichtes Zeugnis eines Jüngers Christi, sondern es ist eine Kampfschrift. Ihr Inhalt ist das Dennoch und Trotzdem Gottes.

Dieses Dennoch hat einen herben, leidenschaftlichen Klang, aber zugleich etwas Sieghaftes, Überlegenes. Das Dennoch gilt dem »Volk mit dem starren Nacken« und gilt allen, die sich dem Werk des Messias widersetzen, damals, heute und immer. Sie bieten alle Mittel des Widerstandes auf: List, Gewalt, Verleumdung, Propaganda, Einschüchterung, Bestechung, Verrat und schließlich den Justizmord. Trotzdem gelingt es ihnen nicht, das Werk Jesu aufzuhalten. Es setzt sich dennoch durch. Ihr Nein wird ihnen zum Verhängnis. Ihr Verwerfen führt zum Verworfensein. So geht etwas Unheimliches, Tragisches und zugleich Drohendes durch dieses Dennoch.

Dieser Kampf mit ungleichen Waffen ist nicht eine einmalige Angelegenheit, sondern erneuert sich immer wieder durch die ganze Kirchengeschichte, und zwar immer mit dem gleichen Ergebnis des Gerichtes, dass nämlich die Verurteilenden verurteilt werden. Die Kläger enden auf der Anklagebank und der Angeklagte wird zum Richter. Dieser fällt im Grunde genommen nur den Spruch, den die Neinsager bereits gefällt haben. »Wer nicht glaubt, ist schon gerichtet.«

Das Dennoch hat aber auch ein helles, fast jubilierendes Klingen. Der Messias ist der Gottgesalbte. Darum vollendet er das Gotteswerk trotz menschlicher Bosheit, denn die Liebe Gottes ist stärker als die menschliche Sünde. Das Leben siegt über den Tod. Auch das Hintergründige im Widerstand Israels, die Unheimlichkeit des Dämonischen, die Macht Satans steht im Dienst Gottes. Die Allmacht der Liebe bewirkt, dass selbst aus Bösem Gutes wird und dass alles, auch Sünde, Tod und Teufel, zum Ausbau des messianischen Werks beiträgt. Denn die Absage Israels wird zur Sendung an die Völker, und der Mord des Messias wird zum Heil der Welt. Damit ist alle Unsicherheit und alle Ängstlichkeit gebannt und das siegreiche Ende des Ablaufs der ganzen Welt- und Kirchengeschichte sichergestellt. Das Evangelium, das mit der Bezeichnung Jesu als Sohn Davids und Sohn Abrahams beginnt, endet mit der

Aussendung der Seinen in die ganze Welt und mit der Versicherung seines Bleibens bei den Seinen alle Tage bis zum Ende dieser Zeit. Also mit sieghaftem Vordringen durch alle Weiten des Raumes und der Zeit.

Dieser doppelte Klang des Kämpferischen und des Sieghaften zieht sich durch die ganze Matthäus-Schrift.

Im *ersten Teil* zeigen sich die gesetzlichen Vorfahren Jesu ihrer Aufgabe nicht gewachsen und bei der Ankunft Jesu nehmen die Seinen ihn nicht auf. Ja, er muss nach Ägypten fliehen, weil er von Mord bedroht wird. Sein Vorläufer ist genötigt, ihm mit den harten Worten einer hämmernden Bußpredigt die Wege zu bereiten. Und selbst der Teufel macht sich als Versucher an den Messias heran, bevor dieser auch nur vor das Volk hingetreten ist. Dennoch wird der Messias geboren, bleibt am Leben und kehrt aus der Fremde zurück. Alle listigen Machenschaften und alle gewaltsamen Versuche, ihn aus dem Wege zu räumen, haben nichts vermocht. Die Liebe Gottes hat sich durch die sündige Geschichte Israels nicht abhalten lassen. Die Botschaft seines Kommens dringt schon zu den Magiern im Land der Heiden. Die Stimme vom Himmel bestätigt den Messias feierlich am Jordan. Und Satan wird bei der ersten Begegnung geschlagen.

Im *zweiten Teil* geht die gleiche Linie weiter. Wieder ist die Opposition spürbar. Schriftgelehrte haben das Gesetz entstellt. Pharisäer haben die Frömmigkeit zur Karikatur gemacht. Jesus muss in der Bergpredigt gegen sie auftreten und seine erste Verkündigung schon in klaren Gegensatz gegen sie stellen. Aber er setzt sich durch, reißt die Volksscharen zur Begeisterung hin, »denn er lehrte sie wie einer, der Vollmacht hat, und nicht wie ihre Schriftgelehrten« (Mt 7,29).

Selbst bei den Wundern, die Jesus zur Bestätigung seiner Bergpredigt wirkt, setzt der Widerspruch ein. Die Gadarener bitten ihn, er möge sich aus ihrem Gebiet entfernen (Mt 8,34). Die Schriftgelehrten verurteilen ihn als Gotteslästerer (Mt 9,3).

Viele lachen ihn aus (Mt 9,24). Und schließlich lautet das Endurteil der Pharisäer: »Mit Hilfe des Anführers der Dämonen treibt er die Dämonen aus« (Mt 9,34). Trotzdem wirkt Jesus. Er findet Glauben beim heidnischen Hauptmann (Mt 8,13), beim Volk, das staunend fragt: »Was für einer ist dieser, dass ihm sogar die Winde und der See gehorchen?« (Mt 8,27). Und voll Verwunderung ruft das Volk: »So etwas ist in Israel noch nie gesehen worden« (Mt 9,33). Der Messias erbarmt sich des Volkes, heilt Aussätzige, Blinde, Lahme, kommt als Arzt zu den Kranken. Er ist gekommen, nicht Gerechte zu berufen, sondern Sünder (Mt 9,13). Kein Unglaube und kein Widerstand kann ihn abhalten. Er wird keinen Flicken auf ein altes Kleid setzen und den neuen Wein nicht in alte Schläuche füllen (Mt 9,16). Unaufhaltsam »zog er durch alle Städte und Dörfer, lehrte in ihren Synagogen, verkündete das Evangelium vom Reich und heilte alle Krankheiten und Leiden« (Mt 9,35).

Die gleiche Linie zieht sich durch den *dritten Teil* des Evangeliums. Hier zeigt es sich, dass Jesus mit aller Deutlichkeit diese Linie auch in die Zukunft verlängert. Bei der Sendung der Seinen warnt er sie vor den Menschen, sagt ihnen alle möglichen Verfolgungen voraus und rüstet sie zu Kampf und Tod (Mt 10,16 ff.). Auch hier grollt ein unheimliches Drohen. Sodom und Gomorra wird es besser gehen als Israel (Mt 10,15). Die Seinen brauchen sich nicht zu fürchten (Mt 10,26.28). Er ist nicht gekommen, den Frieden zu bringen, sondern das Schwert (Mt 10,34). Aber aufhalten können sie ihn und sein Werk nicht. Er beruft die zwölf Apostel, gibt ihnen seine Aufträge und dazu die beruhigende Versicherung, dass selbst die Haare ihres Hauptes gezählt sind und dass er jeden, der ihn vor den Menschen bekennt, auch vor dem Vater im Himmel bekennen wird (Mt 10,30.32). Die Feinde mögen ihn einen Fresser und Säufer, einen Freund der Zöllner und Sünder nennen (Mt 11,19). Sie fassen sogar den Plan, ihn umzubringen (Mt 12,14). Aber sie sprechen damit nur sich selbst das Vernichtungsurteil, denn Tyrus und Sidon wird es am Tag des Gerichts erträglicher gehen als ihnen (Mt 11,22). Sie sind eine Schlangenbrut und sind Bäume, die nur schlechte Früchte hervorbringen (Mt 12,33). Ihrem bösen und ehebrecherischen Geschlecht wird nur das Zeichen des Jona gegeben werden (Mt 12,39). Die Liebe lässt sich aber nicht verbittern. Jesus preist den Vater, den Herrn des Himmels und der Erde, dass er das Große den Kleinen geoffenbart habe (Mt 11,25). Er wird das Recht zum Sieg führen, denn er weiß, dass die Völker auf seinen Namen ihre Hoffnung setzen werden (Mt 12,21). Wer immer den Willen seines Vaters im Himmel erfüllt, ist ihm Bruder, Schwester und Mutter (Mt 12,50). So klingt, allem Widerstand zum Trotz, dieser dritte Teil aus in die frohe Botschaft unüberwindlicher Liebe.

Noch schärfer werden Widerstand und Sieg im *vierten Teil*. Die Gleichnisse des Herrn sind an sich von besonderer Klarheit und gewinnender Schönheit. Aber das Herz dieses Volkes ist verstockt. Es hat schwerhörige Ohren und geschlossene Augen. Sie wollen weder hören noch sehen und sich nicht bekehren (Mt 13,15). Jesus weiß, dass ein großer Teil seiner Worte auf steinigen Boden fällt und unter Disteln und Dornen, dass Unkraut auf seinem Acker wachsen wird und dass sich schlechte Fische in seinen Netzen befinden. Aber er weiß auch, dass der Tag kommt, an dem das Unkraut gebündelt und verbrannt wird und die Fische sortiert werden. Der Menschensohn wird seine Engel aussenden. Diese werden aus seinem Reich alle Verführer und Übeltäter zusammenbringen und in den Feuerofen werfen (Mt 13,30.41.48). Er weiß aber auch, dass trotz allem sein Wort auch auf guten Boden fällt und dreißigfache, sechzigfache, ja hundertfache Frucht bringt (Mt 13,23). Sein Reich wird wachsen wie ein Senfkorn, wirken wie ein Sauerteig. Menschen werden bereit sein, alles daranzugeben, um sein Reich zu finden. Und darum werden die

Gerechten im Reich des Vaters wie die Sonne leuchten (Mt 13,23.31.33.43).

Der Widerstand verdichtet sich. Der Vorläufer Jesu wird hingerichtet. Pharisäer, Schriftgelehrte und Sadduzäer wollen auch Jesus erledigen. Dafür erkennen die Jünger Christus als Messias und Sohn des lebendigen Gottes (Mt 16,16). Jesus zieht aus Glauben und Unglauben, aus Widerspruch und Hingabe die Konsequenz und baut seine Kirche als das neue Zwölfstämmevolk auf den zwölf Aposteln mit dem einen Simon Petrus als Fundament auf (Mt 16,17).

So hat die Opposition ihn nicht aufhalten können. Und er hat sich seinerseits durch den Widerstand nicht aufhalten lassen. Die Gründung seiner Kirche ist der Sieg seiner Liebe, allem Nein sagenden Hass zum Trotz, über allen Unverstand und alle Kleingläubigkeit hinweg. Sie ist ein Dennoch der Gnade.

Im *fünften Teil* beginnt dieses Dennoch unheimliche Formen anzunehmen. Das Kreuz tritt in den Vordergrund. Mehrmals wiederholt Christus in aller Deutlichkeit die Voraussage seines Leidens und Sterbens am Kreuz. Er nennt die Bereitschaft zum Kreuz das Grundgesetz seiner Kirche, die wesentliche Voraussetzung seiner Nachfolge. Und zugleich wird hier am Kreuz, wo der Widerspruch seiner Gegner den Triumph feiert, die überlegene, alles überwindende Kraft seiner Liebe sichtbar werden. Denn er will aus dem Mord den Beginn des Heils, aus dem Kreuz das Opfer der Hingabe, das große Werk der sühnenden Liebe machen. So wird Christus gerade in diesem Abschnitt, in dem immer deutlicher von seinem menschlichen Unterliegen die Rede ist, in Wirklichkeit immer größer. Gerade in diesem Zusammenhang nennt er sich den Sohn des Hauses, der steuerfrei ist (Mt 17,26). Und gerade hier fordert er von den Seinen die ganze Hingabe mit dem Verzicht auf Ehe und Familie (Mt 19), auf Besitz (Mt 19) und jedweden Anspruch (Mt 20). Die Bereitschaft zum Kreuz ist Hingabe bis zum Letzten, wird aber gerade dadurch zu der wirklichen Größe sühnender und versöhnender Liebe.

Der *sechste Teil* ist wie eine Art Vertauschung der Rollen. Christus geht selbst zum Angriff über. Mit vernichtenden Worten geißelt er die pharisäische Scheinheiligkeit seiner Gegner, stellt sie vor allem Volk bloß und erhebt schärfsten Widerspruch gegen ihr ganzes Tun. Die Gegenangriffe seiner Feinde prallen völlig an ihm ab. Ihre Ohnmacht wird sichtbar. Ihre geistige und moralische Unterlegenheit ist eindeutig. Seine Worte sind wie eine Vorwegnahme des Jüngsten Gerichts. Und das nahe Ende Jerusalems, von dem er spricht, ist ein flammendes Warnsignal des dereinstigen Endes der Welt und des vernichtenden Gerichts über die Feinde, ein Hinweis auf den Tag, an welchem jeder Widerspruch gerichtet und vernichtet wird.

Im *siebten Teil* überstürzen sich die Ereignisse Schlag auf Schlag. Der Messias unterliegt äußerlich in Gefangennahme, Verurteilung und Hinrichtung, zeigt sich aber innerlich gerade in diesen Stunden der Entscheidung als der Größere und Überlegene. Dann folgt der Umschwung durch die Auferstehung, die alle feindliche Macht als Ohnmacht aufzeigt. Christus sendet die Seinen zu allen Völkern und verheißt sein unsichtbares Verbleiben in der Mitte seiner Kirche bis zum Ende der Tage. Es ist das Dennoch göttlicher Macht und göttlicher Liebe allen menschlichen Widerständen, allem menschlichen Hass, aller menschlichen Sünde und aller Dämonie zum Trotz. Es ist ein Ausblick in die Kirchengeschichte, in die ganze Entwicklung seines Werkes, mit dem Dennoch und Trotzdem der Gnade, bis zum Ende dieser Zeit, wo der Triumph des Messias (end-)gültig sein wird, weil dann ein Widerstand nicht mehr möglich ist. Denn es wird sein »Gott alles in allem« (1 Kor 15,28).

So hat sich Jesus als Messias Israels ausgewiesen, als Erfüllung seiner Erwartungen und Inhalt seines Schicksals. Zugleich aber ist die Enge Israels gesprengt und das eigentliche, wahre, geistige Israel grundgelegt, die Christenheit. Die Stellung des Messias wird zum Schicksal der ganzen Menschheit. Jesus ist der Mensch gewordene Gott. Sein Gegenspieler ist nicht Israel, sondern Satan, der in seiner Art ebenfalls Mensch wird, das heißt, von Menschen Besitz ergreift, Menschen so besitzt, dass sie besessen sind und als seine Werkzeuge seinen Kampf führen. Es gibt aber keinen Kampf zwischen Gott und Satan. Der bloße Gedanke an einen solchen Kampf ist eine Lächerlichkeit, denn gegen Gott ist wohl Widerspruch, aber nicht Widerstand möglich. Dem Allmächtigen kann nichts widerstehen. Ein Kampf ist nur möglich im menschlichen Bezirk, dort, wo die Möglichkeit einer freien Entscheidung, eines Ja und eines Nein gegeben ist. Darum spielt sich alles auf dem Boden der Menschheit ab. Auf diesem Boden werden die zwei Welten sichtbar, die zwei Reiche, die zwei Mächte: die Welt Christi und die Welt des Antichrists. Und es wird deutlich, dass die Entscheidung zwischen diesen zwei Welten von jedem Menschen, von jedem Volk und von der ganzen Menschheit getroffen werden muss. Der Sinn des menschlichen Lebens, das Schicksal menschlicher Völker und die geheimsten Kräfte und Mächte der Weltgeschichte werden sichtbar. Was im Matthäus-Evangelium für das Leben Jesu gesagt ist, das ist in der Apokalypse für die Kirche Jesu geoffenbart. Auch hier findet der gleiche Kampf zwischen Christus und den antichristlichen Mächten statt und auch hier der Endkampf in gigantischen Ausmaßen mit dem Endsieg Christi. Dann erst ist der Sieg des Messias vollendet und dann erst bricht das messianische Reich in der eigentlichen Vollendung an. Dann erst ist das alte Jerusalem endgültig abgelöst durch das neue Jerusalem, das vom geistigen Israel bewohnt ist. Dann haben Kampfruf und Kampflärm ein Ende, denn der ewige Friede hebt an. Und so ist Jesus als der Messias die Mitte der Weltgeschichte: Jesus, der Christus, der Gesalbte und Gesandte Gottes. Zu ihm müssen Menschen, Völker und die Menschheit Stellung beziehen. Der Messias ist das Entscheidende in der Weltgeschichte. Darum haben auch alle großen Bewegungen messianisches Gepräge angenommen und haben alle großen Geistesführer der Menschheit etwas Prophetisches an sich. Sie sind meist Pseudo-Propheten und Pseudo-Messiasse, deren Kommen der eigentliche Prophet und Messias, Jesus Christus, vorausgesagt hat. So wird der Wendepunkt des Matthäus-Evangeliums zum entscheidenden Wendepunkt in jedem Menschenleben, in jedem Völkerschicksal und in der ganzen Menschheit: die Stellungnahme zu Christus. Über alle wirtschaftlichen, sozialen, politischen, geistigen, kulturellen Kämpfe und Entwicklungen hinaus wird die Stellungnahme zu Christus zur eigentlichen (Ent-)scheidung. Leben und Geschichte haben nur dann Sinn und Wert, sind nur dann eigentliche Erfüllung, wenn sie zum bekennenden Glauben an Jesus durchstoßen: »Du bist der Christus, der Sohn des lebendigen Gottes!« (Mt 16,16).